Heinrich Boos

# Geschichte der Freimaurerei. Ein Beitrag zur Kultur- und Literatur-Geschichte des 18. Jahrhunderts



SEVERUS Verlag

ISBN: 978-3-95801-571-5
Druck: SEVERUS Verlag, 2016

Der SEVERUS Verlag ist ein Imprint der Diplomica Verlag GmbH.
Bibliografische Information der Deutschen Nationalbibliothek:
Die Deutsche Nationalbibliothek verzeichnet diese Publikation in der Deutschen Nationalbibliografie; detaillierte bibliografische Daten sind im Internet über http://dnb.d-nb.de abrufbar.


http://www.severus-verlag.de
Printed in Germany

Heinrich Boos

# Geschichte der Freimaurerei. Ein Beitrag zur Kultur- und Literatur-Geschichte des 18. Jahrhunderts

SEVERUS

# Vorwort.

Das achtzehnte Jahrhundert ist reich an Gegensätzen. Des eigenen Wertes vollauf bewußt, sah man mit Verachtung oder Mitleid auf frühere Zeiten. Einzig und allein die Vernunft wollte man als Wertmaßstab an die Dinge legen und mit Leidenschaft verfolgte man den Aberglauben oder das, was man dafür hielt, in die entferntesten Schlupfwinkel, um der Aufklärung zum Siege zu verhelfen. Aber diese selben aufgeklärten Leute waren so kritik- und urteilslos, daß sie ohne große Mühe die Beute von Schwindlern und Abenteurern wurden, indem sie sich leichtgläubig die tollsten Märchen und Phantasien aufbinden ließen. So triumphierte schließlich doch der verfehmte Aberglauben über die Aufklärung. Die Freimaurerlogen und die geheimen Gesellschaften, besonders der Rosenkreuzer, wurden die Stätten, wo diese Gegensätze sich am schärfsten geltend machten. Die Freimaurerei, auf dem freien protestantischen Boden Englands erwachsen, breitete sich rasch in Frankreich und noch mehr in Deutschland aus und wurde ein bedeutender Faktor der Kultur des 18. Jahrhunderts. Die Logen waren die Pflegerinnen edler Geselligkeit, in denen namentlich der Aufklärung gehuldigt wurde. Andererseits bemächtigte sich die Neigung zum Aberglauben und Mystizismus der Freimaurerei und mißbrauchte sie für ihre unreinen Zwecke. So hat die Freimaurerei eine große Rolle im 18. Jahrhundert gespielt und die Geister nachhaltig beschäftigt. Gerade das Humanitätsideal jener Zeit hat aus der Freimaurerei die reichste Nahrung gesogen. Wenn nun ein moderner Literaturhistoriker es lächerlich findet, „daß unsern ersten Dichtern und Denkern durch irgend einen Mann im Schurzfell die Binde vom Auge hätte gelöst werden sollen," so ist dies ein schweres Mißverständnis. Denn, indem diese ersten Dichter und Denker sich ernstlich bemühten, das Schurzfell als Symbol der Zugehörigkeit zum Freimaurerbunde zu erlangen, bewiesen sie damit nur, welchen Wert sie eben diesem Institut beilegten.

Von diesem Gesichtspunkt aus ist die Geschichte der Freimaurerei bisher nicht behandelt worden. Insbesondere haben die Historiker diesen wichtigen Faktor des Kulturlebens entweder ignoriert oder höchstens gestreift.[1] Und wenn die Literaturhistoriker nicht umhin konnten, der Freimaurerei einige Aufmerksamkeit zu schenken, so geschah es mit sichtlicher Abneigung wie bei R. Haym in seiner Biographie Herders oder wie bei Erich Schmidt in seinem Leben Lessings mit unverholener Ironie. Ja, der neuste Biograph Goethes, der zu früh gestorbene A. Bielschowsky bringt es fertig, das Wort Freimaurerei in seinem zweibändigen Werk zu vermeiden, obwohl sie eine nicht ganz unbedeutende Rolle in Goethes Leben spielt. Nur Hermann Hettner ist ausführlich auf dieses Thema eingegangen, indeß hat er nicht aus den Originalquellen geschöpft, weßhalb seine Darstellung des Ursprungs der Freimaurerei in England und der Entstehung der Großloge von London total falsch ist, und indem er die Freimaurerei mit dem Deismus in engste Verbindung bringt, hat er alle, die vertrauensvoll seiner Führung folgten, getäuscht. Daher ist es kein so überflüssiges Unternehmen, die Bedeutung der Freimaurerei für die Kultur des 18. Jahrhunderts auf Grundlage der Quellen darzustellen und in diesem Sinne habe ich mein Buch als einen Beitrag zur Kulturgeschichte

---

[1] So bei K. Lamprecht, Deutsche Geschichte VII, I. Hälfte. Freiburg i. Br. 1905 p. 138—140.

des 18. Jahrhunderts bezeichnet. Es erschien in erster Auflage im Jahr 1894 und wurde mit vielem Beifall und Lob ausgezeichnet,[1] fand aber bei den Herren Literaturhistoriker keine Beachtung. Als die Auflage vergriffen war, entschloß ich mich zu einer sorgfältigen Revision. Kaum eine Seite ist unberührt geblieben, die Kapitel III. (Geheime Gesellschaften), V. (Bauhütten und Werkmaurerlogen in England), VI. (Entstehung der Großloge) und VIII. (Entartung) sind vollständig neu bearbeitet worden, so daß es sich tatsächlich um ein neues Buch handelt.

Basel, 11. November 1905.

H. Boos.

[1] Literarisches Zentralblatt 1894 nr. 49. 1. Dez. Sp. 1758 f. heißt es u. a.: „So erscheint uns das Werk von Boos als ein Meisterstück scharf charakterisierender Darstellungskunst etc.“

# Inhaltsverzeichnis.

# Einleitung.

Bei den schwersten Eiden mußten ehedem die Brüder des Freimaurerbundes geloben, alles, was die Loge berührte, ihre Einrichtungen, Gebräuche, Rituale, sowie die innern Vorgänge geheim zu halten. Die Gebräuche wurden nur mündlich überliefert, und noch in der ersten Hälfte des 18. Jahrhunderts weigerte sich die Grossloge von England, den in Frankreich, Deutschland und anderwärts gestifteten Tochterlogen die Rituale in Abschrift zu übergeben.[1] Kein Wunder, wenn es uns Spätern beinahe unmöglich ist, die Vorgänge, die zur Entstehung des Freimaurerbundes geführt haben, klar zu erkennen. Dokumente darüber gibt es wenige und schriftliche Aufzeichnungen nur über Dinge, die das eigentliche Wesen der Freimaurerei unberührt lassen. Wohl hat Anderson kurz nach Gründung der Londoner Großloge die Erlaubnis erhalten, die „Alten Pflichten" und die Konstitutionen der Freimaurer im Drucke herauszugeben, und er hat sodann eine Geschichte der Werkmaurerei beziehungsweise der Baukunst vorausgeschickt, wonach Adam, Noah, Tubalkain, Salomo, Pythagoras etc. die Ahnen des Bundes seien, allein diese angebliche Geschichte enthält soviel Ungereimtes und läppisches Zeug, daß sie für uns wertlos ist.

---

[1] S. Kloß. Geschichte der Freim. in England etc., p. 438.

Führt schon die erste Schrift, die wir über die Freimaurerei besitzen, von der Wahrheit ab, so entfernte man sich mit der Zeit immer mehr von der echten Tradition; die Freimaurerei erlitt die mannigfaltigsten Wandlungen und Entartungen, und damit war auch der Anlaß gegeben, die Geschichte mit der grössten Willkür zu verfälschen. Man brachte schon früh die Freimaurerei mit der Vertreibung der Stuarts in Verbindung und ebenso früh mit dem Untergang des Tempelherrenordens; man knüpfte an die Geheimnisse in den Pyramiden Ägyptens an, oder auch an die Eleusinischen Mysterien, man fand den Ursprung im Pythagoräischen Bunde oder erklärte die Essäer für die wahren Väter des Bundes, dann mußten wieder die Druiden, Culdeer, Benediktiner oder Rosenkreuzer dafür gelten. Der ausschweifendsten Phantasie wurde Spielraum gegeben; von methodischer Forschung war keine Rede, ja man vergaß völlig das Faktum der Gründung der Englischen Großloge im Jahre 1717, und die allein maßgebenden „Alten Pflichten" wurden mißachtet. Die Verständigen gaben sich schließlich mit der Erklärung Lessings zufrieden, daß die Freimaurerei ihrem Wesen nach ebenso alt sei, wie die bürgerliche Gesellschaft

Es war ein Profaner, der um die Geschichte Straßburgs hochverdiente Abbé Grandidier, der die Forschung in neue Bahnen lenkte, indem er zuerst auf die Steinmetzenbrüderschaft aufmerksam machte.[1] Vogel hat dann den von Grandidier hingeworfenen Gedanken aufgenommen,[2] und seitdem zweifelt Niemand mehr, daß die Freimaurerei aus den Deutschen Steinmetzenbauhütten entsprungen sei. Freilich konnte man sich auch jetzt noch nicht von dem liebgewordenen Glauben trennen, daß die Freimaurerei eine uralte Einrichtung sei, und Krause[3] weiß viel von Römischen Baukorporationen, von der Geschichte der Baukunst in Angel-

---

[1] Essais historiques et topographiques sur l'église cathedrale de Straßbourg 1782.

[2] Briefe, die Freimaurerei betreffend. Dritte Sammlung. Nürnberg 1785.

[3] Die drei ältesten Kunsturkunden der Freimaurerbrüderschaft, Dresden, 2 Bände 1810. 1813.

sächsischer Zeit zu erzählen. Es ist ein wahrhaft tragisches Verhängnis für die maurerische Forschung gewesen, daß die meisten maurerischen Geschichtschreiber Dilettanten gewesen sind. Daher kam es, dass fast alle diese Forscher auf Abwege gerieten, entweder aus Mangel an kritischem Sinn oder durch ausschweifende Phantasie verführt. Leider spielt in der Geschichte der Freimaurerei die Lüge und die absichtliche Fälschung eine allzu große Rolle. Schon die erste Geschichte des Freimaurerbundes ist eine Täuschung. Seitdem man dann anfing nach Dokumenten zu forschen, hörte die Fälschung von solchen nicht auf. Bekannt ist ja, daß die drei Kunsturkunden, die Krause publizierte und kommentierte, unecht sind,[1] von andern noch plumpern Fälschungen, wie die Kölner Urkunde[2] oder die Geheimstatuten des Tempelherrenordens[3] und die Eckleff'schen Akten[4] zu geschweigen. Nachdem einmal die Aufmerksamkeit auf die Deutschen Bauhütten gelenkt worden war, haben Eingeweihte und Uneingeweihte gewetteifert, neues Material ans Licht zu ziehen, beinahe sämtliche Statuten der Deutschen Bauhütten sind jetzt durch den Druck bekannt und auch die Urkunden und Statuten der Bauhandwerker in Frankreich liegen vor, was aber alles nicht hindert, dass man der Erkenntnis der Wahrheit ausweicht, indem man mit vorgefassten Meinungen an das Studium dieser Dinge herantritt und eben das findet, was man sucht. Immer und immer wird dem neueintretenden Bruder die Lehre wiederholt, daß die Freimaurerei aus den Bauhütten des Mittelalters entstanden sei, und in unzähligen Aufsätzen hat man sich bemüht, die Organisation, das innere und äußere Leben dieser Bauhütten darzustellen und Beziehungen zu den Logen zu finden. Aber selbst dem fleißigen Forscher Kloß

---

[1] S. Kloß, Die Freimaurerei in ihrer wahren Bedeutung. Keller, kurzgefaßte allgemeine Geschichte der Freimaurerei etc.

[2] S. Keller, l. c. p. 95 ff.

[3] S. H. Prutz, Geheimlehre und Geheimstatuten des Tempelherrenordens. Berlin, 1879 p. 106–173.

[4] G. A. Schiffmann, Die Entstehung der Rittergrade. Leipzig 1882.

ist es nicht gelungen, nachzuweisen, dass die Deutschen Steinmetzen die Väter der Freimaurerei seien.

Denn nicht sie sind es gewesen, sondern die englischen Werkmaurer. Aus ihrer Zunft sind die Werkmaurerlogen hervorgegangen und einige von diesen haben sich dann zu einer Gesellschaft zusammengetan, deren Zweck gemütliche Geselligkeit und Wohltätigkeit war[1], und erst allmählig steckte sich die Freimaurerei höhere ethische Ziele, hauptsächlich dank der begeisterten Teilnahme der deutschen Geistesheroen.

---

[1] G. W. Speth in seiner Besprechung meines Buches im Ars Quatuor Coronatorum VII, 173 f.

ERSTES KAPITEL.

# Die Gilden im Mittelalter.[1]

Es ist eine alte Beobachtung, dass, wenn ein Reisender in fremde Länder kommt, ihm anfänglich alle Gesichter ähnlich erscheinen. Es fällt ihm eben zuerst das Allgemeine ins Auge, und erst später sieht er die individuellen Züge. Je weiter wir in die Vergangenheit zurückblicken, um so schwerer ist es für den Beobachter, das Individuum aus der Maße herauszuheben, und wir müßen uns begnügen, das Allgemeine der Erscheinungen festzuhalten. Wir lernen den Menschen in der Vergangenheit selten als Einzelwesen kennen, sondern meist nur als Glied eines Organismus, sei es des Staates, sei es der Kirche oder religiöser, sozialer und gewerblicher Verbände. Der einzelne Mensch geht dahin, ohne eine Spur seines Daseins zu hinterlassen; die Verbände dagegen haben eine grössere Lebensdauer, ihre Struktur bleibt die nämliche, ob noch so viele Individuen ein- und austreten, gleich wie ein Organismus sein äußeres Aussehen behält, trotz des Ein- und Austritts der Moleküle, aus denen er besteht. „Wie viele Geschlechter der Menschen, wie viele Gestaltungen der Gesellschaft hat die mächtigste Organisation, welche der Boden dieser Erde bisher getragen hat, die katholische Kirche, kommen und gehen sehen, von der Zeit, in welcher Sklaven neben ihren Herren zu den unterirdischen Grüften der Märtyrer schlichen, zu der Zeit, in welcher in ihren mächtigen

---

[1] Vgl. das erschöpfende Buch von K. Hegel, Städte und Gilden der Germanischen Völker im Mittelalter. 2 Bände. Leipzig 1891.

Domen der adelige Grundherr und der leibeigene Mann, dazwischen ein freier Bauer, der Innnungsgenosse aus der Stadt und der Mönch vereinigt waren, bis zu dem heutigen Tag, an dem diese bunte Gliederung in den modernen Staat großenteils untergegangen ist!"[1] So sind in der Geschichte Verbände der verschiedensten Lebensdauer ineinander verflochten. Unter dieser schützenden Hülle wird der Schatz der unermeßlichen Kulturarbeit aufgespeichert und weiter vererbt. Die Gegenwart knüpft an die Vergangenheit an und leitet zur Zukunft über. Diese Verbände bilden die mannigfaltigsten Kreise, die sich oft berühren, durchkreuzen und verschlingen, und aus der Reibung entstehen Kämpfe, die eben den Inhalt der Weltgeschichte ausmachen. Die Assoziation, die Genossenschaftsbildung, ist eines der mächtigsten Hilfsmittel geschichtlichen Fortschrittes, dessen Fruchtbarkeit keine Phantasie vollständig ausdenken kann. Nur dem Philosophen schwebt das Traumbild bald dunkler, bald lichter vor Augen, welcher zu dem Gefühl von Verwandtschaft, das die Menschheit einschließt, zu der Koordination unserer Tätigkeiten und unserer Zwecke, zu der örtlichen Vereinigung auf dieser Erde, als unserm gemeinsamen Wohnhause auch die äußere Verbindung hinzudachte: eine das Menschengeschlecht umfassende Assoziation.[2] Bloß der Traum eines Philosophen? Nein, die Freimaurerei erhebt in der Tat den Anspruch, diesen Menschenbund zu verwirklichen. Der edle Philosoph Krause konnte sich von dieser Auffassung der Freimaurerei nicht losreißen, und in immer erneuter Fassung variiert er den schönen Gedanken.[3]

Die Gabe der Genossenschaftsbildung ist keiner Zeit und keinem Volk der Erde fremd; aber am mannigfaltigsten ausgebildet bei den Germanischen Völkern, wo die Lust zu freier

---

[1] W. Dilthey, Einleitung in die Geisteswissenschaften. I. Leipzig 1883. p. 82.

[2] S. Kant; von ihm unabhängig Krause, s. R. Eucken, zur Erinnerung an K. Ch. F. Krause. Leipzig 1881. p. 22 ff.

[3] S. Krause, Kunsturkunden. I. Vorbericht, ferner Höhere Vergeistigung der echt überlieferten Grundsymbole der Freimaurerei. 2. Aufl. 1811.

Assoziation nicht von oben belebte, sondern von innen heraus tätige Genossenschaften in unübersehbarer Reichhaltigkeit erschaffen hat. Die Bruderschaft der Freimaurer ist nun eben nichts anderes, als eine solche Genossenschaftsbildung, aus derselben Wurzel entsprungen, wie die Zünfte und andere ähnliche Bildungen im Mittelalter, eine Verbindung, geschaffen, um dem Einzelnen einen Schutz und Halt zu geben in den mannigfachen äußern und innern Verirrungen und Konflikten, in die der Mensch gerät, wenn er sich selbst überlassen bleibt.

Schon in den ältesten Quellen der Deutschen Geschichte begegnen uns solche Verbände, die Gilden oder Brüderschaften heißen. Brüder nennen sie sich untereinander, weil sie unlösbar aneinander gefesselt waren, voll und ganz dem Verband angehörten; ihre Verbindung erfaßte den ganzen Menschen und erstreckte sich auf alle Seiten des Lebens. Durch furchtbare Eide müssen die Mitglieder sich verpflichten, einander in allen Dingen hilfreich zu sein. Die Staatsgewalt kann jedoch solche Verbände, die den Zweck und die Aufgabe des Staates ignorieren oder verwerfen, nicht dulden, darum hat schon Karl der Große diese Gilden unter Androhung schwerer Strafen verboten,[1] und auch später ging die Reichsgewalt gegen diese Verbindungen vor, wenngleich vergebens, denn der Genossenschaftstrieb war zu tief eingewurzelt, und sie waren zudem unentbehrlich, da der Feudalstaat noch weniger als der moderne im Stande war, die tiefern Bedürfnisse des Menschen zu befriedigen. Das religiöse Moment trat bei all diesen Gilden stark hervor; ursprünglich waren sie heidnische Opfergemeinschaften, bis es der Kirche allmählich gelang, an Stelle der heidnischen Formen christlichen Inhalt zu setzen. Die früheren Festtage zu Ehren der heidnischen Götter wurden nun ersetzt durch christliche Festtage; nun trank man sich am Tage des Schutzpatrons einen gewaltigen Rausch an, wie früher zu Ehren des Wodans oder irgend eines andern heidnischen Gottes. Die Stiftung von Messen, Kerzen, Al-

[1] G. Waitz, Verfassungsgeschichte IV, 364 f.

mosen etc. war nun Vereinszweck geworden. Eine Hauptpflicht der Genossenschaft war, für das Begräbnis und Seelenheil der verstorbenen Brüder zu sorgen. Kurz, in allen Nöten des Lebens fand der Bruder hier seine Zuflucht, Trost und Hilfe. Daneben wurde die Geselligkeit intensiv gepflegt. Regelmäßige Zusammenkünfte fanden statt, teils als Totenmahl, teils als Liebesmahl, weßhalb sie auch Convivia genannt wurden. Bei diesen Gelagen war eine Tafelordnung üblich, wobei ein bestimmtes Ceremoniell beobachtet wurde. Alt und weit verbreitet war die Sitte, die Gesundheit in drei Zügen auszubringen. Manche der bei Studenten, Handwerkern und Freimaurern üblichen Tisch- und Trinkgebräuche gehen auf uralte Zeiten zurück.[1]

In allen Wechselfällen des Lebens sollte jeder Bruder bei der Gilde einen Rückhalt finden. Diese hatte daher die Verpflichtung, für den erkrankten oder den verarmten Bruder zu sorgen; Brüder, welche in Gefangenschaft geraten waren, sollten losgekauft werden etc.[2] Darum erhob die Gilde von den Mitgliedern Beiträge. Sie wird zuweilen als Schutzgilde bezeichnet, die durch gemeinsame Selbsthilfe den vom Staate nicht genügend gewährten Rechtsschutz zu leisten suchte. Zur Genossenschaft gehörten aber nicht nur die Brüder, sondern auch seine Angehörigen. Die Versammlung aller Brüder übte die Gewalt in allen genossenschaftlichen Angelegenheiten aus. Diese Ver-

---

[1] S. Wanner, die Toaste der Freimaurer-Bruderschaft in Bauhütte 1878 p. 56 ff. 64 ff. 71 ff. Jachin und Boaz bei F. K. Schwalbach, Geschichte des ältern maur. Gebrauchtums. I. Berlin 1889 p. 86, 103. In den Französischen Ritualen kommen die Ausdrücke Kanone, Pulver, Laden, Feuern vor; auch die Tischgeräte erhielten hier eigene, sonderbare Namen s. Latomia IX (1847) p. 74 ff. Mit Recht sind diese Albernheiten aus der Mode gekommen. R. Walden, Die Laienbruderschaften und die Logen. Bauhütten, Baulogen und Arbeit am Bau. Berlin 1889 p. 25 erklärt die Ausdrücke Kanone, Laden, Feuer, dahin, daß bei Trinksprüchen aus kleinen Kanonen geschossen wurde; so am Berliner Hofe bis zur Zeit König Friedrich Wilhelms IV. Auch die Loge Royal York in Berlin besaß solche kleine Kanonen. Daher der Ausdruck: «Auf mich» (d. h. sehet auf mich).

[2] Darauf bezieht sich der alte rituelle Trinkspruch: «Allen auf der Erde zerstreuten Brüdern.»

sammlung war die Trägerin eines alle Genossen umfassenden Gildfrieden; daher besaß sie Strafgewalt, konnte den Friedensstörern und Ungehorsamen Bußen auferlegen oder sie ganz ausschließen. Kurz, sie waren in ihrer Organisation ein Abbild der Germanischen Volksgemeinde.

Dieser Genossenschaftstrieb durchdrang alle Schichten des Volkes. Daher konnten die weltlichen und geistlichen Gewalten nicht gleichgiltig dieser Erscheinung gegenüberstehen; entweder mußten sie die freie Assoziation verbieten und beschränken oder in ihr System aufnehmen; das erstere geschah im Fränkischen Reich (Deutschland, Frankreich, Italien), das letztere in England und Skandinavien.

In England wurden die Londoner Friedensgilden schon im 10. Jahrhundert staatlich anerkannt und ihnen öffentlichrechtliche Funktionen übertragen. Auch die Hundertschaften und die Shire wurden als gildenartige Vereine, als durch freie Verbindung geschaffene und doch notwendige und erzwungene Friedensgilden aufgefaßt, wodurch die Selbstverwaltung, die ja die Englische Verfassung charakterisiert, ermöglicht wurde. Ja, sogar den ganzen englischen Staat verglich man mit einer großen Schutzgilde.

Diese Gilden und Bruderschaften entwickelten sich nun seit dem 10. Jahrhundert nach verschiedener Seite hin, bald mehr das geistliche Moment betonend, bald mehr das weltliche. Allein diese Scheidung war während des ganzen Mittelalters niemals eine scharfe, indem auch die weltlichen Genossenschaften religiöse Pflichten erfüllten. Eine große Rolle spielen die geistlichen Bruderschaften, deren es zu Stadt und Land unendlich viele gab. Ihre Zwecke waren mannigfaltige, bald zur Unterhaltung und zur Teilnahme an bestimmten gottesdienstlichen Verrichtungen gestiftet, bald zur Instandhaltung von Kirchen oder Teilen derselben, zur Unterstützung von Geistlichen und Klöstern, von Wohltätigkeitsanstalten wie Spitälern, Armenhäusern etc. Niemals aber fehlt bei solchen Bruderschaften die Pflicht zur Geselligkeit und gegenseitiger Liebe. Sie hatten ihre Ordnungen, ihren Vorstand, meist auch ein eigenes Versammlungshaus. Brüder und Schwestern, Geistliche und Weltliche konnten Mitglieder sein; doch gab es auch Bruderschaften rein geistlichen Standes, in Niedersachsen die Kalandsbruderschaften, Rechtsverbrüderungen, um ihr Recht gegenüber ihren Obern wahrzunehmen.

Die weltlichen Gilden waren vornehmlich Vereine zur Gewährung des Rechtsschutzes. Ihre Hauptpflicht war, den Genossen beizustehen, sei es vor Gericht oder außergerichtlich. Sie übernahmen oft die Aufgabe der Geschlechtsgenossen und rächten den Mord eines Genossen. Kein Bruder sollte vor einem Gericht gegen einen andern Bruder das Recht suchen, wenn er nicht zuvor die Sache vor die Gilde gebracht hatte.[1] Sie übten über ihre Genossen Gerichtsbarkeit aus. Wir besitzen eine große Anzahl von Statuten solcher Schutzgilden in Englischen. Dänischen, Französischen und Niederländischen Städten. Sie bildeten hier vor Entstehung der Stadtverfassung eine freie, sich selbstregierende und vielfach privilegierte Genossenschaft, die oft mehr Macht besaß, als der Stadtherr. Auch in Niederdeutschland spielen die Gilden als Kaufmannsgenossenschaften eine große Rolle. In Süddeutschland heißen sie Einung. In den Rheinischen Bischofsstädten, in Konstanz, Basel, Worms, Mainz etc. finden sich solche kaufmännischen Korporationen, die ihrem Wesen nach der Gilde entprechen. Ein anderer Ausdruck hiefür ist Hansa, berühmt geworden durch den Hansabund; aber es gab in Paris, in vielen Städten Nordfrankreichs, in Regensburg unter diesem Namen kaufmännische Korporationen. In Skandinavien ist dafür der Name Lag[2] gebräuchlich.

Ihnen schließen sich die Hausgenossenschaften an, in Basel,

---

[1] S. auch die «Alten Pflichten» VI.

[2] In Schleswig kommt eine 1130 schon als alt bezeichnete Schutzgilde der erbgesessenen Bürger vor, Hezlagh oder convivium genannt. Lag, lac althochdeutsch, angelsächsisch, nordfriesisch und altniederdeutsch heißt sowohl Gesetz, Ordnung, als Genossenschaft. Mit Loge hat es nichts zu tun. Dies gegen Walden, Laienbruderschaften etc. p. 29.

Straßburg, Speier, Worms, Mainz etc., Korporationen, die in den genannten Städten die Münzgerechtsame ausübten und allein das Privileg hatten, mit edlen Metallen zu handeln. Ähnlichen Charakter haben sodann die gewerblichen Verbände, in Süddeutschland und der Schweiz Zünfte genannt, sonst auch Innungen (= Einung), Bruderschaft, Zeche, Gaffel etc., die in Deutschland, Frankreich und England im wirtschaftlichen Leben von großer Bedeutung gewesen sind. Welches auch ihr Ursprung sein mag, immer sind sie freie Einungen, gestiftet zum Schutz der Genossen gegen außen, zur Regelung der das Handwerk berührenden Fragen und zuletzt zur Befriedigung religiöser und geselliger Bedürfnisse. Trotz aller Verbote, Beschränkungen und gewaltsamer Eingriffe seitens der Obrigkeiten hielten sich diese Verbrüderungen bis in unser Jahrhundert hinein und bildeten Gebräuche aus, die ja die größten Variationen zeigen, die aber doch alle auf einen Ton gestimmt sind. Sie verbanden ihre Mitglieder für alle menschlichen Gemeinschaftszwecke, für sie war die Zunft ein Gemeinwesen im Kleinen, und Ehre, Macht und Ansehen der Genossenschaft wurden ebensosehr mächtige Triebfedern für den Einzelnen, wie es für die Bürger Ehre, Macht und Ansehen seiner Stadt waren. Das gesellige Moment hatte bei ihnen, wie bei den alten Gilden eine große Bedeutung. Die Bußen mußten oft in Wein oder Bier entrichtet werden; wer aufgenommen wurde, mußte ein Mahl für die Genossen stiften.[1] Die Tafelordnung, der gesellige Anstand, und die gute Sitte bei den festlichen Anlässen der Genossen und ihrer Frauen waren Gegenstände der Zunftverordnungen. Es bildeten sich eine Reihe von Sittengebräuchen aus, die sowohl das tägliche Leben auf den Zunftstuben und Herbergen als die einzelnen feierlichen Akte vor der Genossenschaft mit sinnig poetischen Formen umkleideten und die erst später zu formellen Ceremonien erstarrten. Die Zunft war aber auch eine sittliche Verbindung,

[1] Das war noch im 18. Jahrhundert Logensitte s. Fr. A. Eckstein, Maurerische Vorträge über Lessing und seine Schriften. Leipzig 1885, p. 57.

die den Genossen eine werktätige brüderliche Liebe zur Pflicht machte und über sie eine Sittenpolizei ausübte.

Trägerin der gesamten genossenschaftlichen Rechte war die Versammlung der Vollgenossen, der **Meister**, die aber gewöhnlich Brüder heißen, indem dem Vorstand der Ehrentitel Meister gebührte. Frauen und Kinder waren Schutzgenossen der Zunft. Söhne genossen bei der Aufnahme in die Zunft Vorteile.[1] In Unterordnung standen die Gesellen und Lehrlinge, die ja im Hause des Meisters lebten und der Zunftgerichtsbarkeit unterworfen waren. Nach Ablauf der Lehrzeit — sie schwankt von 2 bis 8 Jahren, meistens aber dauerte sie in Deutschland 3 Jahre, in England 7 Jahre — ward der Lehrling Geselle. Früher geschah der Übergang vom Lehrling zum Gesellen ohne Formalitäten und Kosten, später wurden Einweihungszeremonien rechtliches Erfordernis. Die Gesellen hatten kein aktives Recht in der Zunft, wohl aber den Anspruch, als Meister in die Zunft aufgenommen zu werden. Sie bildeten keinen besondern Stand neben den Meistern, sondern die Gesellenzeit war nur eine Vorstufe des Handwerks. Erst im 14. Jahrhundert bildete sich ein eigentlicher Arbeiterstand heraus, seitdem das Meisterwerden immer mehr erschwert wurde. Sofort verbanden sich die Gesellen untereinander zu einer eigenen Korporation mit Statuten, Vermögen und Vorständen.[2]

Der Trieb zur Assoziation wucherte weiter. Wie die Städte, die Ritter, sich zu großen landschaftlichen Bünden zusammentaten, so verbanden sich nun auch die Zünfte eines Handwerkes miteinander. Immer aber blieb diese Verbindung eine örtlich beschränkte. Diese Beschränkung wurde aufgehoben durch die Sitte des Wanderns, wodurch gemeinsame Gebräuche über ganz Deutschland verbreitet wurden. Es entstand die Vorstellung einer Gesamtgenossenschaft. In Frankreich entsprachen die

---

[1] So auch bei den Freimaurern, wo sie Lufton heißen; franz. louveton, louveteau, engl. lewis = Wolf d. i. die Klammer, womit Steine in die Höhe gehoben werden vgl. Latomia XXIII, 284 ff.

[2] Schanz, Gesellenverbände im Mittelalter. Leipzig 1877.

Compagnons[1] den Deutschen Gesellenverbänden. Selbst bis in die höchsten Gesellschaftskreise erstreckte sich dieser Bündnis-Trieb. An den fürstlichen Höfen bildeten die Dienstmannschaften (Ministeriales) eine Familie, zuweilen Masonie genannt. Unbedingte Lehnstreue, Zusammenhang der Brüder im Leben und Tod, strengste Wahrung der Ritterpflichten, waren die hohen Ziele dieser Masoneien, für die die fabelhafte Tafelrunde König Artus das Ideal abgab. Das Wort stammt aus dem Romanischen maisnie, maison, latein. mansio. Bekanntlich wollte Lessing, Ernst und Falk, fünftes Gespräch, aus diesen Masoneien die Freimaurerei herleiten, indem nach ihm Mason nicht Maurer bedeute, sondern von „Mase", der Tisch, die Tafel abstamme. Masony sei eine geschlossene Tischgesellschaft, und eine solche habe sich in London erhalten. Wren, der Baumeister der St. Pauls-Kirche, in deren Nähe sich eine uralte Masoney von undenklichen Jahren her versammelte, sei ein Mitglied dieser Masoney gewesen, welche er die 30 Jahre über, die der Bau dauerte, um so öfter besuchte.[2] Die Kritik verhüllt das Haupt! Indeß besteht eine Verwandtschaft zwischen Freimaurern und jenen Masoneien, insofern beiden Vereinen bestimmte Gebräuche gemeinsam sind.[3]

Auch die Adelsorden kommen hier in Betracht, deren es eine große Anzahl gibt, von dem vom schwarzen Prinzen Eduard gestifteten Hosenbandorden an bis zu den neuesten Schöpfungen Deutscher Fürsten. Sie alle sind Bruderschaften, gestiftet zur gegenseitigen Hilfe in Notfällen. Besonders interessant ist der 1440 vom Markgrafen Friedrich II von Brandenburg gestiftete Schwanenorden, dessen Zweck war, daß die Ordensbrüder an der Heilung der Schäden und der Milderung der Sitten mitwirken sollten. König Friedrich Wilhelm IV., der Romantiker

[1] Latomia XXV, 109 ff. Gould, The History of Masonry. London 1886 I, 178—252.

[2] Schon Herder, Sämtliche Werke ed. Suphan (Berlin 1888) XV, 58 lehnt Lessings Ableitung ab. Mason kommt von maçon, maçon von spätlat. machio (bei Isidor XIX, 8). S. Fr A. Eckstein, Maurerische Vorträge über Lessing und seine Schriften. Leipzig 1886 p. 87 ff.

[3] S. Walden, Laienbruderschaften p. 19 f.

auf dem Throne, stellte diesen Orden wieder her und gab ihm die Aufgabe, auf dem Wege der Bildung von Vereinen physische und moralische Leiden zu lindern.[1]

Dieser Genossenschaftstrieb war ungeheuer fruchtbar und mächtig, in allen Schichten des Volkes wirksam. Viele dieser Genossenschaften starben am Ende des Mittelalters ab, als eine neue Zeit hereinbrach, als neue Gedanken die Welt erfüllten, aber dafür bildeten sich neue. Der Staat konsolidierte sich zur Zeit der Reformation mehr und mehr und ließ keinen Spielraum mehr für die Korporationen von politischer Bedeutung, und ebenso wurden die religiösen Genossenschaften von der Reformation in ihren Grundlagen erschüttert. Der Staat übernahm nun eine Reihe von Aufgaben, die früher von den freien Korporationen gelöst worden waren. Allein auch die mehr geselligen Zwecken huldigenden Vereine gingen nun einem raschen Verfalle entgegen. Aus der sich frei fortbildenden und neuerzeugenden Sitte wurde nun ein erstarrtes, zopfiges Zeremoniell, aus den alten poesievollen Symbolen wurden leere, unverstandene Formeln, die frohe Geselligkeit artete in Rohheit und Völlerei aus, an die Stelle des Genossenschaftsgeistes trat der Korpsgeist, der sich in engherziger Abschließung, Mißbrauch der neueintretenden Glieder durch die ältern, Pochen auf Privilegien, bornierter Betonung von Äußerlichkeiten gefiel; kurz, Entartungen des Vereinslebens, die uns am besten aus den Studentenorden[2] und Handwerkervereinen des 17. und 18. Jahrhunderts bekannt sind. Nur auf wissenschaftlichem Gebiete entfaltete sich ein frischeres Leben. Nach dem Beispiele in Italien, wo 1439 die Platonische Akademie eine große Wirksamkeit kundgab, der dann sich die 1582 gestiftete Akademie della crusca[3] anschloß, entstanden aller Orten ähnliche Gesellschaften, wie die von K. Celtes gegründeten humanistischen Vereine, die Sodalitates in Wien, in Straßburg, Schlettstatt, Basel, die alle der Wende des 15. und 16. Jahr-

[1] S. Walden l. c. p. 21 f.

[2] S. (G. Friederich) Der geheime Bund der schwarzen Brüder. Mainz 1834.

[3] Auch Goethe gehörte ihr an. S. Italienische Reise.

hunderts angehören, sodann im 17. Jahrhundert die nach dem Muster der Italienischen Sprachgesellschaften gebildeten Vereine für Reinhaltung der Sprache, in Deutschland der berühmte Palmenorden oder die fruchtbringende Gesellschaft 1617—1680 etc., in Frankreich die von Richelieu protegierte Academie française, in England, wo die Pflege der Naturwissenschaften obenan stand, die kgl. Gesellschaft der Wissenschaft. Allein, der Staat trat mit seinen Polizeiverordnungen der freien Entfaltung des Korporationslebens hemmend entgegen, eine eigentliche Vereinstätigkeit für politisch-sittliche Zwecke war fast unmöglich geworden: alle diese mannigfachen Vereine wurden von der Obrigkeit argwöhnisch überwacht und wegen Verdacht geheimer politischer oder religiöser Tendenzen oft verboten.

Das natürliche Schutzmittel gegen Polizeiwillkür ist die Heimlichkeit. Denn Unfreiheit und Heimlichkeit sind von jeher enge verschwistert. Den Trieb der Genossenschaftsbildung konnte man nicht ausrotten. Die Verschwiegenheit wurde nun in diesen Verbindungen zu einer der Hauptpflichten der Genossen gemacht, die oft genug über die Leiter der Gesellschaft, über den Zweck und die Ziele derselben im Unklaren waren. Wenngleich sie häufig von phantastischen und mystischen Anschauungen ausgingen, so suchten dennoch einige dieser geheimen Gesellschaften des ausgehenden 17. und des 18. Jahrhunderts die Idee einer sittlichen Genossenschaft, einer sozialen Verbrüderung zu verwirklichen. Als die bedeutsamste solcher geheimen Gesellschaften kann eben der Freimaurerbund angesehen werden, welcher außer der vielen andern Gesellschaften gemeinsamen Idee der Brüderlichkeit ein neues ihm eigenes Prinzip, das der Toleranz in allen politischen und religiösen Fragen und der Humanität zur Geltung brachte.

Formen und Gebräuche all dieser verschiedenen Vereine seit den ältesten Zeiten bis ins 18. Jahrhundert wurden nur mündlich überliefert und meist erst schriftlich fixiert, als sie schon versteinert waren. Allen Korporationen des Mittelalters gemeinsam waren trotz lokaler und zeitlicher Verschiedenheiten bestimmte Gebräuche: Rede und Gegenrede der Vorsteher, die Meldung, daß die Versammlung bereit sei, dann Fragen und Antworten über die Wahrung der Formalien, über die Zeit der Handlung etc., feierliche Verkündigung des Friedens, Ausschluß der Nichtberufenen, feierliche Eröffnung und Schließen der Sitzung. Das Individuelle tritt in der Frühzeit der Geschichte hinter dem Allgemeinen zurück. Der Mensch konnte sich nur unter seinen Genossen wohl fühlen, in ihnen hatte er seinen Halt; allein auf sich gestellt, ist er verloren, wie das Tier in der Einöde. Der Schatz von Gedanken, Erinnerungen, Eindrücken und Erfahrungen war noch unendlich geringer als heutzutage, und der Ausdruck für die Empfindungen nahm leicht eine formelhafte Wendung. Denn „alles Menschenleben, vom Kaiser bis zum fahrenden Bettler, von der Geburt bis zum Tode, vom Morgen bis zur Nacht ist durch festes Ceremoniell, sinnvollen Brauch, stehende Formeln eingehegt. Ein merkwürdiger schöpferischer Trieb arbeitet unendliche Fülle von Bildern, Symbolen, von Sprüchen und energischen Bewegungen heraus, um jede Erdenhandlung zu idealisieren. Wie das Volk sein Verhältnis zum Göttlichen, wie es alle menschliche Tätigkeit verstand, ist darin ausgedrückt. Es ist ein völliges Umschaffen des realen Lebens zu bedeutungsvoller Bildlichkeit; und es ist die Methode naiver Zeit, dem Menschen „Zucht" zu geben. Oft schuf das Volk solche Formen nur, um freudigem Behagen lebhaften Ausdruck zu finden, in andern Fällen wirkte der Drang, Geistiges auch sinnlich wahrnehmbar zu machen, und das Bedeutende, was in dem einzelnen Geschäft lag, zu imponierendem Ausdruck zu bringen, oft sollte dadurch das Zufällige, Kleine geweiht und an Hohes angefügt werden. Endlich diente vieles Ritual zum Schutzmittel gegen schädlichen Eindruck überirdischer Gewalten; in diesem Falle hat Wort und Handlung geheimnisvolle Wirkung.

Bei jeder Rechtshandlung ist mimische Bewegung, bildliche Aktion; . . . an jedem bedeutsamen Tage des Jahres hingen eigentümliche Gewohnheiten, um jede große Funktion des Lebens, um jedes Fest standen sie in überreicher Fülle. Viele Trümmer solcher Sitte haben sich bis auf unsere Zeit erhalten. Lächelnd bewahren wir einige, die meisten sind uns unnütz, sinnlos, abergläubisch geworden."[1]

Die Sitzungen der Gesellschaften fanden, wenn irgend möglich, in altgewohnten Räumen statt, in Kirchen und Kapellen, in Zunfthäusern oder Vereinslokalen. Sie wurden stets durch einen gottesdienstlichen Akt eröffnet, dann folgte ein Mahl und darnach die Verhandlungen. Da man früher zwischen 10 und 11 Uhr zu Mittag aß, so konnten die Verhandlungen erst um 12 Uhr begonnen werden, daher lautet die Antwort auf die Frage: „Welche Zeit ist es?" — Nach Zwölf oder Hoch Mittag." Die Aufnahme in die Gesellschaft erfolgte erst nach einer Prüfung der moralischen Integrität des Kandidaten. Ehelich freie Geburt war eine absolute Vorbedingung. Die Vorsteher hießen in England und Skandinavien Alderman, Olderman, in Frankreich Prevost, in Deutschland Meister; die andern Beamten meist Schaffner. Auch hießen die Beamten zuweilen Stuhlbrüder, weil sie auf Stühlen saßen und nicht wie die andern Genossen auf Bänken. Eine Gliederung der Genossen in Meister, Gesellen oder Knappen, Lehrlinge oder Jungen war oft üblich. Von den Gebräuchen bei den Festen habe ich schon gesprochen. Ich erwähne nur noch die Sitte, während der Tischrede die Servietten über die linke Schulter zu schlagen, ein Gebrauch, der in England für das 17. Jahrhundert urkundlich bezeugt ist.[2] Die Tafel wurde in Hufeisenform gestellt. An der Quertafel saßen die Ehrengäste, in der Mitte der Meister, an den untern Enden jeder Längstafel die Schaffner. Die Fußböden waren mit Binsen bestreut und der Festsaal mit Blumen geschmückt. Als Symbol der Verschwiegenheit hing eine Rose über der Tafel. Daß es an Gesang nicht fehlte, ist selbstverständlich. Die Brüder trugen zuweilen besondere Kleidungsstücke oder Abzeichen.

---

[1] G Freytag. Aus dem Mittelalter p. 18 f.

[2] S. die Sloane-Handschrift Nr. 3329 im British Museum abgedruckt bei Schwalbach l. c. I p. 2.

Bekannt ist dasjenige der Zirkeler-Bruderschaft in Lübeck, eine Hocke, d. h. ein kurzer Mantel und ein goldener, offener Zirkel in einem unten offenen Ring. Die symbolische Bedeutung des Zirkels ist uns bekannt; der unten offenstehende Kreis bedeutet nach Walden die Tafelrunde.[1] Die meisten der in der Freimaurer-Bruderschaft gebräuchlichen Symbole sind also kein spezielles Eigentum derselben, sondern uraltes Besitztum der Korporationen überhaupt, was natürlich nicht ausschließt, daß in den Logen diese Gebräuche eigentümlich weitergebildet und verwertet wurden, namentlich insofern als vielfach eine andere symbolische Auslegung stattfand, eine Vergeistigung, die in früheren Zeiten unmöglich gewesen wäre.

[1] S. die instruktive Abhandlung von R. Walden, Die Laienbruderschaften etc., bei dem aber ebenfalls die Kritik öfters das Haupt verhüllt.

ZWEITES KAPITEL.

# Die Baukorporationen im Mittelalter.

## Die Deutschen Steinmetzen und die Bauhütten.

Laut der herrschenden Lehre sollen die Deutschen Steinmetzenbruderschaften eine besonders hervorragende Bedeutung gehabt haben 1) für die Entwicklung der Baukunst und 2) als Vorläufer der Freimaurerei. Findel, der den Anspruch erhebt ein kritischer Forscher zu sein,[1] ist gestützt auf die Werke von Fallou[2] und Winzer[3] überzeugt: daß die Deutschen Steinmetzen und die Englischen Freisteinmaurer nicht blos Gewerbsgilden, sondern zugleich auch Bruderschaften waren, die eine geheime Kunstlehre übten . . ., daß die Englischen Steinmetzen diese Geheimnisse von Deutschland aus erhalten haben etc. Allein diese Sätze sind niemals bewiesen worden, trotzdem sie hundert und hundertmal nachgeplappert werden, und all das, was sowohl Uneingeweihte wie Freimaurer über die Steinmetzen und ihre vermeintliche hohe Bedeutung vorbringen, hält vor einer besonnenen Kritik nicht Stich. „Staub und nichts als Staub", sagt Lessing.

Eines der schwierigsten aber auch interessantesten Probleme der Kulturgeschichte wäre festzustellen, wie viel von der römi-

[1] J. G. Findel, Geschichte der Freimaurerei. 6. Auflage. Leipzig 1893. Erste Auflage 1861. Die neueste Ausgabe ist im wesentlichen eine Wiederholung der 4. und 5.

[2] Die Mysterien der Freimaurer etc. Leipzig 1848, ein ganz unkritisches Buch, das viel Verwirrung angestiftet hat.

[3] Die Deutschen Bruderschaften des Mittelalters etc. Giessen 1857.

schen Kulturarbeit sich durch die Stürme der Völkerwanderung gerettet hat, welchen Grad der Einwirkung Römischer Kultur auf die in das ehemalige Römische Weltreich eingedrungenen Germanen man anzunehmen habe. Franzosen und Engländer überschätzen durchweg diesen Einfluß, die Deutschen unterschätzen ihn. Er ist in den südwestlichen Landschaften Deutschlands größer als in den nordöstlichen, stärker in der Provence als in der Normandie, in den Flußtälern eher wahrzunehmen als im Gebirg. So viel ist sicher, daß in allen Gegenden, wo die Römische Kultur feste Wurzeln gefaßt hat, ihre Einwirkung auch in den Zeiten der hereinbrechenden Barbarei niemals ganz aufgehört hat. Die romano-gallische Kultur, so morsch und abgelebt sie auch war, ging nirgends ganz zu Grunde, da die Germanen, trotz ihrer Abneigung gegen die Städte, bald gelehrige Schüler der Römer geworden sind. Ohne diese Zuneigung zu den Römischen Institutionen wäre ein wirklicher Kulturfortschritt für die Germanen unmöglich gewesen. Freilich die Einrichtungen des Römischen Staates, die Grundsätze und Organisation der Verwaltung, der Rechtspflege, sind sogar in Italien und Südfrankreich vollständig durch die neue Staats-, Gesellschafts- und Rechtsordnung beseitigt worden, und es kann keine Rede davon sein, daß die Römische Städteverfassung mit ihren Kurien und Kollegien sich ins Mittelalter hinein erhalten hätte. Hingegen vererbten sich die Römischen Traditionen in Wissenschaft, Kunst und Handwerk auf die Germanen. Die Kontinuität der Kultur blieb somit bewahrt. Die Technik der Luxusarbeiten dauerte fort, da die Reichen, die Könige und Bischöfe, ihrer bedurften zur Ausschmückung ihrer Hallen und Kirchen. Die Kunst der Bildner und Steinmetzen war in den Genossenschaften Römischer Handwerker erstarrt und in den gallisch-rheinischen Landschaften verroht, die Erfindungskraft erlahmt und außerordentlich dürftig; doch die Formen und Kunstgriffe wurden von einer Generation zur andern vererbt. Die Bauhandwerker arbeiteten mit den gleichen Hilfsmitteln weiter wie zur Zeit der Blüte Römischer Kultur; ihre Werkzeuge und Erfahrungssätze über Konstruktion des Rüstzeuges, Tragkraft, Mörtelbereitung etc. haben sich bis auf Karl den Großen wenig geändert. Vorbilder hatte man genug; unfähig eigenes zu schaffen, kopierte man sie oft mit wenig Geschick oder man baute die Kirchen mit geraubtem Material. Die Römischen Markteinrichtungen, das Römische Maß- und Gewichtssystem, das Römische Münzwesen, die allgemeinen Grundzüge der Römischen Gewerbepolizei haben sich in das Mittelalter hinübergerettet, nicht aber die Römischen Zünfte, die Collegia. Zwischen ihnen und den mittelalterlichen Zünften, Gilden, Bauhütten besteht absolut keine direkte Verbindung. Man führt als schlagenden Beweis für eine solche an, daß auf Grabdenkmälern Römischer Bauleute Zirkel, Winkelmaß, Spitzhammer und Senkblei abgebildet seien, öfters auch zwei Schuhe mit darauf liegendem halbgeöffneten Zirkel, das man als Symbol rechtschaffenen geselligen Wandels oder der ehelichen Treue deutet.[1] Es genügt darauf hinzuweisen, daß es bei den Alten Sitte war, auf den Grabdenkmälern den Stand, die Beschäftigung anzudeuten, sei es durch figurenreiche Reliefdarstellungen, sei es durch symbolische Instrumente.

Man gefällt sich oft darin, die Germanen als Barbaren hinzustellen, die wie Wilde in Erdhöhlen oder elenden Hütten lebten, ohne Sinn für Schönheit und Kunst.[2] Die großartigen Ausgrabungen und Funde der letzten Jahrzehnte sollten endlich einmal diese irrigen Anschauungen beseitigen. Die Germanen besaßen schon früh eine ziemlich ausgebildete Metalltechnik mit originalen Stilformen, eine Kunst, die durchaus symbolisch gedacht war.[3] Auch das, was sie aus der antiken Kunst in sich

[1] S. Krause, Kunsturkunden II, 166; sodann die verständigen Bemerkungen von Dr. R. Schöner. Eine altrömische Symboltafel in Bauhütte 1876 p. 361 ff.

[2] So Thierry, Guizot, zuletzt noch Fustel de Coulanges. Es ist stark, wenn Findel, Geschichte p. 41 noch von unsern kulturlosen Vorfahren spricht: vgl. dagegen G. Waitz, Verfassungsgeschichte I. 3. Aufl.

[3] S. K. Lamprecht, Deutsche Geschichte I. H. Boos, Geschichte der rheinischen Städtekultur. Berlin I. 1897. 6 Kapitel.

aufnahmen, verarbeiteten sie nach ihrer Weise. Sie sind die eigentlichen Schöpfer des romanischen Baustiles. „Es sind die Deutschen Lande und neben ihnen Nordfrankreich, die Normandie und England, Burgund und Lombardei, diese mit germanischem Blute verjüngten, mit germanischem Geist und Wesen allesamt, wenn auch in ungleichem Grade durchsetzten Gebiete, in welchen der romanische Stil seine früheste Ausbildung wie seine höchste Blüte und in ihm die Gesinnung des Mittelalters ihre treueste baukünstlerische Interpretation gefunden hat.“ [1] Auch in der Baukunst wie im Staats- und Rechtsleben nimmt Karl der Große eine epochemachende Stellung ein. Er ist der eigentliche Begründer der romano-germanischen Kultur, er ist der Abschluß der alten Geschichte und mit ihm beginnt das Mittelalter.

Der neue fränkische Baustil ging von den linksrheinischen Landschaften aus; hier war die Heimat des karolingischen Geschlechts; in Worms ist Karl der Große geboren,[2] hier war, bis er seine Residenz bleibend in Aachen fixierte, sein Lieblingssitz und der Schwerpunkt seiner Regierung. Der wandernde Hof war der Sammelpunkt der besten Talente, der Brennpunkt aller Bildungsinteressen der Zeit. Von hier aus verbreitete sich die Kultur nach allen Seiten bis in die entferntesten Winkel des Reichs. In den dem Christentume neu erschlossenen Gebieten in Sachsen mußte eine große Anzahl Kirchen errichtet werden; wenn schon viele nur aus Holz gebaut wurden, so fehlte der Monumentalbau nicht ganz. Wohl hob dann der Zerfall der karolingischen Monarchie die Verbindung zwischen den ehemaligen Reichsteilen auf, jede Provinz ging nun ihren eigenen Weg und verfolgte Sonderziele, allein die Kirche bewahrte dennoch den geistigen und kulturellen Zusammenhang der Länder

---

[1] G. Dehio und G. von Bezold, Die kirchliche Baukunst des Abendlandes. I. Stuttgart 1892. p. 147.

[2] H. Boos, Geschichte der rheinischen Städtekultur. 2. Aufl. Berlin. 1897. p. 1, 176 f.

Westeuropas. So zeigt denn die kirchliche Baukunst innerhalb ihres allgemeinen katholischen Charakters noch einen besondern, ein entschieden nationales Gepräge. Erst als das System der großen Päpste von Gregor VII. bis auf Innocenz IV. den Völkern in Fleisch und Blut übergegangen war, vermochte ein wahrhafter katholischer universaler Baustil durchzudringen, der Gotische.

---

Das politische und geistige Leben Europas im Mittelalter pulsierte hauptsächlich in den drei aus der karolingischen Monarchie hervorgegangenen Völkergruppen: Deutsche, Franzosen und Italiener; diese sind die Führer in allen Dingen, und die andern Länder, England, Spanien, Böhmen, Polen und Skandinavien nehmen die von jenen ausgegangenen Anregungen auf, variieren sie oft in eigentümlicher nationaler Weise, ohne aber neues zu schaffen. Vorzüglich gebührt Deutschland zur Zeit der Sächsischen und Salischen Kaiser der Ruhm, der Vorkämpfer der Kultur gewesen zu sein. Auf der engsten Verbindung des Königtums mit der Kirche, mit dem Episkopate, beruhte die Kraft des Reiches; die Bischöfe waren zugleich königliche Beamte, und vermittelst dieses Systems war es allein möglich den Partikularismus der Stämme zu überwinden. Allenthalben am Rhein, am Main, an der Donau, mitten in Sachsen, erhoben sich eine große Anzahl bewunderungswürdiger Bauten. Bauherren waren außer den Königen und Herzogen die Bischöfe und Äbte, darunter Männer von hervorragender künstlerischer Fähigkeit, wie Bernward Bischof von Hildesheim, Benno Bischof von Osnabrück, Otto Bischof von Bamberg, Burkhard Bischof von Worms, Poppo Abt von Stablo etc., die zugleich im Auftrage des Königs wie für sich bauten. Römische Traditionen mögen wohl noch hie und da nachgewirkt haben, im wesentlichen war man auf fremde Arbeitskräfte angewiesen, indem ganze Arbeitergesellschaften aus Frankreich und der Lombardei angeworben wurden.[1] Da der Profanbau bis ins 12. Jahrhundert hinein ohne Bedeutung blieb, so kommen für die Entwicklung der Baukunst nur die kirchlichen Werkstätten in Betracht, die einzige Schule einer neuen Maurer- und Steinmetzengewerkschaft, die sehr langsam erst gegen Ende der Epoche des romanischen Stils der geistlichen Leitung entwuchs. Nach den damaligen Anforderungen an die allgemeine Bildung mußte ein Geistlicher auch die Elemente der Baukunst verstehen, was um so weniger schwierig war, da die Bauaufgaben vor Einführung des Gewölbebaus durchwegs sehr einfache waren. Die Geistlichen machten die Pläne,[2] gaben allgemeine Bestimmungen über Formen und Maße; die Ausführung überließen sie dann den Laienhandwerkern, die entweder grundhörige Leute des Klosters oder der Kirche waren oder zugezogene Bauhandwerker, die von einer Baustätte zur andern wanderten, wo es etwas zu tun gab, wie die heutigen italienischen Maurer- und Erd-Arbeiter. Dieser halbdilettantische Betrieb hatte sehr viele Mängel im Gefolge, aber auch schwerwiegende Vorzüge. Er verschuldete die oft sehr großen und auch niemals ganz überwundenen Nachlässigkeiten und Ungleichheiten der Abmessungen, die trotz durchschnittlich übertriebener Massigkeit des Mauerwerks häufig vorkommenden Senkungen und Einstürze, die späte Verfeinerung des Mauerverbandes etc. Anderseits wäre aber ohne eine so weit ausgebreitete praktische Teilnahme am Bauwesen eine so gewaltige Leistung der Volksphantasie wie die Erschaffung der neuen romanischen Formensprache niemals möglich geworden. Denn die Klöster und Domstifte sammelten ihre Insaßen aus allen Ständen, eine Auslese der besten geistigen Kräfte der Nation. „Diese Kunst ist, sehr im Unterschiede von der frühchristlichen wie von der spätmittelalterlichen, fern von Routine

[1] S. Schneider im Korrespondenzblatt der Gesamtvereine 1876 p. 79.

[2] S. den berühmten Baurißs von St. Gallen bei Rahn, Geschichte der bildenden Künste in der Schweiz. F. Keutgen, Ämter und Zünfte. Jena 1903, 25 ff.

und leerer Konvention. So einfach und gleichförmig ihre Grundelemente sind, liegt in der Behandlung des einzelnen Werkes immer persönliche Bestimmtheit und seelische Wärme, und man hat das Gefühl, daß der Priester wie die Gemeinde sich gleichmäßig wohl fühlen in diesen schlichten aber weihevollen Räumen."[1]

Die verschiedenen Gegenden zeigen auch in der Baukunst bestimmte provinzielle Sonderheiten. Der Hauptunterschied ist der, daß von Frankreich aus der Gewölbebau sich am Rhein und in Süddeutschland ausbreitete, während in Sachsen und Bayern die flache Holzdecke sich noch bis 1200 behauptete. Der Papst hatte gar keinen Einfluß auf die Baustile; in Italien war die Bauführung ganz in den Händen der Laien. Doch fehlte es hier nicht an zahlreichen Kirchen, die weit über die Bedürfnisse der verminderten Bevölkerung hinausging; man begnügte sich wesentlich mit der Erhaltung der vorhandenen Baudenkmäler. Dagegen erwachte der kirchliche Geist in Frankreich im 9. Jahrhundert in ungewöhnlicher Stärke. Wetteifernd wurde hier gebaut, namentlich Wallfahrts- und Klosterkirchen, die hier die Kathedralen an Größe und Pracht bisweilen übertrafen. Frankreich ist das klassische Land des Klosterwesens; all die berühmten Mönchsorden, Cluniacenser, Prämonstratenser, Cisterzienser, Karthäuser, Dominikaner etc. sind hier entstanden und haben von hier aus die Welt erobert. Den größten Ruhm gewann im 10. Jahrhundert Cluny, das die Augustinische Lehre von der Weltentsagung und Abtötung des Fleisches in eigentümlicher Weise verwirklichte; im Grunde genommen nur eine andere Form der Weltherrschaft. Denn die religiöse Doktrin Clunys ging nicht allein auf eine Reform des Mönchtums aus, sie wollte die ganze Kirche reformieren. Mit fanatischem Eifer bekämpfte Cluny die Priesterehe und die Simonie und drängte den gesamten Klerus dem Papst in die Arme. Im 11. Jahrhundert war Cluny die erste geistige Macht in Europa, dessen

---

[1] Dehio und Bezold l. c. I, 205.

gewaltiges Werkzeug Hildebrand, der spätere Papst Gregor VII., war. Noch vor Ablauf des 10. Jahrhunderts vereinigte die Congregation von Cluny 37 Klöster in Frankreich und Burgund; sodann wurden viele Klöster in Italien durch Cluny reformiert. In Deutschland wirkte für Clunys Ideen Abt Wilhelm von Hirsau, der zugleich epochemachend für die Geschichte der deutschen Baukunst ist. Nach dem Muster des Mutterklosters in Hirsau bauten gegen 150 Klöster ihre Kirchen; wir nennen nur Allerheiligen in Schaffhausen. Hirsau entlehnte Cluny das in Deutschland bisher unbekannte Institut der Konversen, d. h. Handwerker, die obgleich Laien doch zu dem Kloster im engsten Zusammenhange standen, die Kutte trugen und der Disziplin des Abtes unterworfen waren.[1] Wilhelm beschäftigte zirka 50 Bauhandwerker. Das war ein fester Stamm technisch gebildeter Arbeiter, die dann auch bei andern Bauten Verwendung fanden. Es entstanden eine Anzahl Schulen, am Rhein, in Westfalen etc., in denen ein bestimmtes Bausystem traditionel war. Diese Bauhandwerker arbeiteten um Lohn; gewiß gab es auch solche, die um Gottes willen arbeiteten; doch sind die Schilderungen Schnaases und anderer Schwärmer für das Mittelalter übertrieben.

So viel nun auch die Historiker über die Organisation dieser kirchlichen Bauhütten zu erzählen wissen, so ist davon kritisch wenig haltbar, beruht auf ganz unklarer Vorstellung der Bautechnik und der Bauführung des Mittelalters. So lange die flachgedeckte Basilica maßgebende Norm im Kirchenbau war, bedurfte man nur im geringen Maße kunstgeübter Steinmetzen; denn die meisten Kirchen sind aus Ziegeln, Bruchsteinen oder Gußwerk erbaut. Erst allmählich griff der Gewölbebau um sich, der schließlich dem gotischen Stil, in Nordfrankreich entstanden, zum Siege verhalf. Die Technik des Gewölbebaues war in Italien nie verschwunden, wo die magistri comacini die Überlieferungen der Römer in das Mittelalter hinüberretteten. Der

---

[1] So noch jetzt im Kloster Beuron an der Donau, wie ich mich selbst überzeugt habe.

romanische Gewölbebau entwickelte sich dann selbständig weiter am leichtesten da, wo herrliches Material oder vortreffliche antike Vorbilder vorhanden waren, wie in Südfrankreich. Gußgewölbe kommen in Deutschland vor, z. B. in Reichenau, St. Pantaleon in Köln etc., sonst sind die alten Krypten meist in Bruchsteinen überwölbt. Allmählich verdrängte jedoch das Kreuzgewölbe alle andern Systeme und führte den romanischen Stil zum gotischen über. Erst jetzt gewann der Steinmetz einen größern Spielraum, erst jetzt stellten die Konstruktionen, der Steinschnitt, schwierigere Aufgaben, die oft in genialster Weise gelöst wurden. Es unterliegt keinem Zweifel, daß die meisten Bauleute Laien waren,[1] bald da, bald dort beschäftigt, durchaus nicht in einem festen Verband; denn von einem solchen ist vor dem 15. Jahrhundert kein urkundliches Dokument vorhanden, obwohl natürlich nicht ausgeschlossen ist, daß diese Bauleute auch Bruderschaften gebildet haben.[2]

Zur Zeit der Kreuzzüge schwoll der Baueifer gewaltig an. Man wünschte den Neubau rasch beendigt zu sehen, weshalb die Gläubigen werktätig am Bau halfen, teils indem sie Gaben in Naturalien oder Geld beisteuerten, teils Frondienste verrichteten.[3] Später aber erlosch diese stürmische Begeisterung und Opferwilligkeit und man mußte sich nun nach den vorhandenen Mitteln richten.

Aus neueren präzisen Untersuchungen lernen wir die Art, wie im Mittelalter Kirchen gebaut wurden, genau kennen.[4] An der St. Viktorkirche in Xanten am Niederrhein wurde vom 12. Jahrhundert bis ins 16. fast ohne Unterbrechung gebaut. Die Baurechnungen sind vom 14. Jahrhundert an erhalten. Der

---

[1] Vgl. Dehio und Bezold l. c. II., 21.

[2] Alles was Findel l. c. p. 51 ff. über die Steinmetzen und Bauhütten vorbringt, ist von A bis Z falsch. Winzer, die deutschen Bruderschaften zitiert er, aber nicht das neuere Buch von F. Janner, die Bauhütten des deutschen Mittelalters. Leipzig 1876.

[3] Dehio und Bezold l. c. II, 22 ff.

[4] St. Beissel, Die Bauführung des Mittelalters. Freiburg i. Br. 1889.

erste bekannte Baumeister Jakob, der 1374 starb, besaß, obgleich ein Laie, eine geistliche Pfründe; diese bildete seinen Jahresgehalt; daneben wurde ihm noch ein Taglohn bezahlt, und zwar höher oder niedriger, je nachdem er entweder den Bau leitete oder Steine meiselte. Unter ihm arbeiteten 3—7 Gesellen nebst einigen Lehrjungen. Die Bauhütte tritt uns in den Akten als der Ort entgegen, wo die Bausteine zugerichtet wurden. Gegen Ende des 15. Jahrhunderts kam dann das Akkord- und Submissionswesen auf und damit auch der Verfall der Kunst. Der eine Meister war oft an zwei und mehr Orten tätig. Denn das Bauen ging außerordentlich langsam vor sich, da man sich nach den vorhandenen Geldmitteln strecken mußte. Fehlten diese, so stockte der Bau oft Jahre lang, bis dann wieder ein neuer Aufschwung kam. Den allgemein verbreiteten Vorstellungen, daß bei einem Kirchenbau eine große Anzahl von Bauleuten, Steinmetzen etc. tätig gewesen sei, widersprechen die Tatsachen, und das meiste, was die Schriftsteller wie Heideloff, Fallou, Winzer, zum Teil auch Janner über die Organisation der Bauhütten mitzuteilen wissen, beruht auf reiner Phantasie oder falscher Konstruktion. Die Deutschen Bauhütten haben weder den gotischen (oder germanischen!)[1] Baustil erfunden und ihn in andern Ländern verbreitet, noch waren die Bauhütten Bauschulen, in denen die Geheimnisse der Gotik gelehrt wurden, noch viel weniger waren sie Bewahrerinnen einer tiefsinnigen Geheimlehre und Symbolik. Von Stuhlmeistern, tiefsinnigen Gebräuchen, Graden und Ritualen ist nirgends in gleichzeitigen Urkunden eine Spur zu finden, und vollends die Liebhaber der Bauhütten muß man preisgeben. Man bedenke doch nur den Stand und den Bildungsgrad dieser Leute, einfacher Arbeiter, die keine höhere Bildung besaßen als andere Handwerker auch. Überhaupt wo es auf manuelle Geschicklichkeit ankommt, tritt das geistige Leben zurück. Das Steinhauergewerbe wurde gelernt

---

[1] S. Findel l. c. p. 45. Siehe jetzt den Excurs bei Dehio und Bezold l. c. II, 8 ff.

wie irgend ein anderes; auch die Baukunst selbst wurde als reines Handwerk betrieben und die Bauhandwerker waren Mitglieder einer Zunft, genau so wie ein Hans Holbein in Basel zur Zunft zum Himmel angehörte, wo die Flachmaler seine Kollegen waren. Das Genie war damals gerade so selten wie heute; die Mittelmäßigkeit überwiegt und diese hält an einem Vorbilde und an der Routine fest. Was einer vorgemacht hatte, wurde von andern nachgeahmt, wenn auch den Umständen, dem Baugrund, den Geldmitteln, den Bedürfnissen gemäß modifiziert. So entstanden tausenderlei Variationen, die auf den Unkundigen den Eindruck hervorbringen, als wäre der Erfindungsgeist jener Zeiten unerschöpflich gewesen.

Die Loslösung des Bauhandwerkes von der Kirche geschah in jener Epoche, als der Bürgerstand sich überhaupt zu bilden anfing. Im 11. Jahrhundert emanzipierte er sich von der kirchlichen Bevormundung. Es entwickelte sich Handel und Gewerbe; das Landvolk strömte nun massenhaft in die Städte, welche die Möglichkeit selbständigen Erwerbs gewährten.

Die Handwerkerzünfte, in die auch die Bauhandwerker, Maurer, Steinmetzen, Zimmerleute etc. eingeschlossen waren, organisierten sich zu gewerblichen, politischen und militärischen Korporationen, und in einzelnen Städten gelang es ihnen schon im 13. Jahrhundert Anteil am Stadtregiment zu gewinnen. Ihr Ansehen und ihre Macht hob sich im Laufe der folgenden Jahrhunderte. Freilich darf man sich unter den Zünften des 13. bis 15. Jahrhunderts nicht jenes spießbürgerliche Wesen vorstellen, das nur die philisterhafteste Kirchturmspolitik repräsentiert; auch sie waren einmal jung, lebensfrisch und weitherzig und ließen einem Jedem Spielraum sich zu entfalten. Erst zu Ende des 15. Jahrhunderts beginnt die engherzige Absperrung der Zünfte, die Verknöcherung und der Verfall. Diese Entwicklung haben auch die Bauhandwerker mitgemacht. Diese, die Steinmetzen eingeschlossen, genossen keinerlei Vorzüge vor andern Zünften. Man preist an ihnen als besonderes Recht die Freizügigkeit gegenüber der lokalen Gebundenheit der zünftigen

Handwerker. Allein in Deutschland bestand für das gesamte Handwerk die Freizügigkeit; die Schlosser, die Schuhmacher, Schneider u. s. w. wanderten nicht minder als die Steinmetzen, hatten wie diese Verbindungen in allen Ländern, gleiche Sitten und Gebräuche ausgebildet. In England dagegen waren die Bauhandwerker, die Freimaurer, d. h. die Steinmetzen im Gegensatz zu den Maurern, genau so geknebelt wie die übrigen Handwerker. Und in Frankreich unterlagen alle Handwerker der scharfen Aufsicht der Staatsgewalt, die ein freies Vereinsleben nicht aufkommen ließ.

Alle Schriftsteller, die sich mit der Geschichte der Freimaurerei oder der Bauhütten beschäftigen, behaupten das hohe Alter der Steinmetzenverbrüderung und setzen ihre Blüte gleichzeitig mit der Blüte der Gotik an. „Der Verfall der deutschen Brüderschaft", sagt Findel, „ging mit dem zunehmenden Mangel an Baulust Hand in Hand etc."[1] So viele Worte so viele Unrichtigkeiten. Die Bauhütten sollen schon im 13. Jahrhundert von Päpsten und Kaisern Freibriefe erhalten haben. Allein noch niemand hat bis jetzt ein solches Privileg nachgewiesen.[2] Dagegen ist es Tatsache, daß wir erst aus der zweiten Hälfte des 15. Jahrhunderts Hüttenordnungen besitzen, daß erst Kaiser Maximilian I. den Bauhütten ein Privileg erteilte. Im Gegensatz zu der immer wieder vorgebrachten Behauptung, im 15. Jahrhundert sei wenig gebaut worden, beobachten wir gerade umgekehrt in der unmittelbar der Reformationszeit vorangehenden Epoche eine fast fieberhafte Bautätigkeit. Denn das war die Zeit der großen Turmbauten, der reichskulpierten Kanzeln, Altäre, Sakramentshäuschen, die Zeit des kirchlichen Prunkes und der künstlerischen Spitzfindigkeit. Jetzt erst bildete sich die Baukunst zum Handwerk aus, jetzt erst traten die Steinmetzen in besondere Verbände zusammen, ähnlich wie die Kupferschmiede

---

[1] Findel l. c. 67.

[2] S. Janner l. c. p. 40 ff.

und Keßler. Die erste Ordnung der Steinmetzen stammt aus dem Jahre 1459 und sie gibt sich selbst als eine Erneuerung früherer Ordnungen und Rechte aus.[1] Man empfand am Rhein, wo die großen Dombauten ununterbrochen die Bauhütten in Tätigkeit setzten, daß das Steinmetzenhandwerk dem Verfall entgegengehe. Man klagte über Zwietracht, Mißhelligkeiten, Kummer, Kosten und Schäden, die durch unordentliche Handlung unter den Meistern beschwerlich geworden seien. Das alte gute Herkommen und die Gewohnheit, welche die Altvordern und Liebhaber des Handwerks vor alter Zeit in guter Meinung gehandhabt hätten, wären um ihre Macht gekommen. Daher traten eine Anzahl Meister und Gesellen kapitelweise zusammen, um das Herkommen zu erneuern und zu erläutern. Sie setzten eine Ordnung auf, an der zu halten jeder feierlich gelobte. Diese Ordnung war aber eine Neuerung, denn hätte eine frühere bestanden, so würde man sich darauf bezogen haben, anstatt dessen berufen sie sich auf das ins Schwanken geratene Herkommen. Diese Ordnung war also ein Weistum nach altem Deutschen Rechtsgebrauch; das Recht wurde von den Meistern und Gesellen gefunden. Es wurde auch keineswegs als allgemein giltiges Gesetz hingestellt, sondern die Meister und Gesellen erklären sich bereit, die Artikel, welche zu schwer oder hart befunden würden, zu mildern nach der Ansicht der Mehrzahl und nach des Landes und der Zeit Notdurft. Nur wer die Ordnung halten wolle, soll dazu verpflichtet sein, gemäß dem Geiste jener Zeit, der von einer Unterordnung Aller unter ein Gesetz, das man nicht anerkannte, nichts wissen wollte. Denn im Mittelalter ist das Gesetz die Ausnahme, die Abweichung vom Gesetz die Regel.

Am 25. April 1459 versammelten sich zu Regensburg 19 Meister aus Schwaben, Franken, Bayern, dem Oberrhein, der Schweiz und Österreich. Die nördlichen Lande fehlten ganz.[2]

---

[1] Bester Abdruck bei Janner l. c. p. 251 ff. Kloß, Die Freimaurerei in ihrer wahren Bedeutung p. 108 ff.

[2] S. Beissel p. 250: „Der Maurer verdrängte den Steinmetzen," überall wo der Backsteinbau überwog, und das war in Norddeutschland der Fall.

Von den 25 Gesellen waren nur 2 Niederdeutsche. Eine zweite Hüttenversammlung fand am 9. April 1464 in Speier statt. Die neue Ordnung wurde von Hütte zu Hütte gesandt zur Eintragung der Namen. Auf dem Regensburgertag war Jost Dotzinger von Worms, Meister zu Straßburg, zum obersten Richter gewählt worden, wahrscheinlich weil Straßburg als die vornehmste Bauhütte galt. Sieht man die Namen der in Regensburg versammelten Meister an, so bemerkt man bald, daß sie zu einander in enger persönlicher Beziehung standen. Es war ein wahrer Rattenkönig von Freundschaften und Vetterschaften in Regensburg zusammen, der sich um den Straßburger Meister gruppierte und sich die wichtigsten Bauhütten untertänig zu machen suchte.[1] Die Familien Ensinger und Böblinger bildeten eine reine Baudynastie, die keinen andern Meister, der nicht zu ihnen hielt, aufkommen ließ. Aus politischer Notwendigkeit schuf man nicht einen Mittelpunkt, wie offenbar die leitenden Kreise wollten, sondern deren vier, gemäß der politischen Gestaltung der Territorien im Deutschen Reich. Österreich und die Schweiz bildeten eigene Provinzen, Köln wahrte sich das Vorrecht für den Niederrhein. Straßburg hingegen beanspruchte eine Vorherrschaft über das ganze Gebiet der Erzdiözese Mainz sowie über Thüringen, Sachsen, Meissen, Frankfurt und Hessen. Doch blieben das fromme Wünsche, denn die in Torgau 1462 versammelten Meister und Parlierer wollten nichts davon wissen, indem der Kurfürst Herzog Friedrich der Weise eine fremde Gerichtsbarkeit über seine Untertanen niemals geduldet hätte. Deshalb erließ er 1464 eine eigene Hüttenordnung. Auch anderswo erkannte man die Anmaßung der Straßburger Hütte nicht an, und am allerwenigsten waren die städtischen Behörden dazu geneigt, sondern sie zwangen die Mitglieder der Hütte der Zunft beizutreten.[2]

---

[1] S. die inhaltsreiche Schrift von C. Gurlitt, Kunst und Künstler am Vorabend der Reformation Halle 1890 p. 41 ff.

[2] L. Keller, Die Bauhütten und die Hüttengeheimnisse in Monatshefte der Comenius-Gesellschaft. VII. 1898. 33 ein Aufsatz, der von kühnen Behauptungen wimmelt. Boos l. c. III, 107, 271 ff.

Von einer einheitlichen Organisation der Bauhütten in ganz Deutschland war also keine Rede. Die Hüttenordnungen stammen aus einer Zeit des Verfalls, indem eine neue Generation heraufgekommen war, welche die lästigen Fesseln des korporativen Lebens abwerfen wollte und ohne Bedenken die Bauregeln, die früher durch die Tradition als Geheimnis überliefert worden waren, durch die Buchdruckerkunst zum Gemeingut machte. Der Bund Deutscher Steinmetzen ist nicht, wie neuere Schriftsteller behaupten,[1] infolge der Religionswirren in Verfall geraten, sondern weil seine Zeit erfüllt war. Die Deutsche Bauhütte lebte zwar noch fort bis in die Neuzeit hinein, aber sie hatte keine schöpferische Lebenskraft mehr.

Sieht man nun die Ordnungen der Hütten näher an, so erkennt man bald, insofern das Auge nicht durch Vorurteil getrübt ist, daß ihr Inhalt kein anderer ist, als der in andern Handwerksordnungen, nämlich Bestimmungen über das Handwerk, über die Verpflichtungen der Meister, Parlierer, Gesellen und Lehrlinge, über die sittliche Aufführung der Genossen, über das Verhältnis zu Gott und Kirche, über die Geheimhaltung all dessen, was das Steinwerk und die Hütte angeht. Aber was ist nicht alles in diese Verordnungen hineingeheimnist worden, nur um eine Verbindung der Steinmetzen mit den Freimaurern herzustellen! Namentlich hat man mit den „Liebhabern" viel Unfug getrieben. Schon Herzog Rudolf IV. von Österreich soll Patron der Wiener Bauhütte gewesen sein; König Rudolf I., Kaiser Ludwig der Baier, Kaiser Karl IV. seien Mitglieder der Baulogen gewesen.[2] Beweise hiefür konnten keine beigebracht werden. Rziha[3] zitiert den Theuerdank, wo es heiße, Kaiser

---

[1] Rziha, F., Über die Deutschen Steinmetzenzeichen in Mitteilungen der k. k. Zentralkommission für die Erforschung der Kunst- und Geschichtsdenkmäler in Österreich. Wien 1881 und 1882.

[2] Rziha l. c. 1881 p. 35.

[3] L. c. p. 35; s. dazu Walden, Die 3 Lichter und die drei Säulen etc. Berlin 1890 p. 20 ff.

Max habe sich als Grüßer ausweisen können. Allein nicht im Theuerdank kommt die angedeutete Stelle vor, sondern im Weißkönig Kapitel XXX. Dieses merkwürdige Buch ist eine Verherrlichung der Kenntnisse und Taten Kaiser Max zum Teil nach den eigenen Diktaten desselben, verfaßt von Treitzsauerwein, seinem vertrauten Sekretär. Um die glänzende Erziehung Maximilians in helles Licht zu setzen, wird ausführlich erzählt, wie der junge König in allen Künsten und Wissenschaften unterrichtet worden sei und bald alle seine Lehrer übertroffen habe. So wird auch vom „Stainwerck" gesprochen. Der „weiße Kunig" fragte den Meister, „wie viel hauptgepew mit dem Stainwerck weren. Das wolt ime der werchmaister nit sagen, sondern er sprach zu dem kunig, solichs wisset ir selbs wol. Darauf ime der jung kunig antwort, es sey mit dem stainwerch drew hauptgepew, das erst zu dem l u s t, das andere zu der n o t t u r f t, das drit zu der s t e r c k h. Da verstundt der werchmaister wol, das er den grundt der pawerey mit dem stainwerch gelernet und begriffen hat." Rziha stellt die Dreiteilung, Lust, Notdurft und Stärke mit den drei Hüttenpfeilern Schönheit, Weisheit, Stärke zusammen und er beruft sich hiefür auf Fr. G. Fallou.[1] Niemand hat mehr Unheil in der freimaurerischen Geschichtsschreibung angerichtet, als dieser kritiklose Phantast, dem fast alle spätern nachgeplappert haben. Ein Hauptbeweis für den intimen Zusammenhang der Loge mit der Bauhütte soll die beiden gemeinsame Symbolik sein. Allein die von Fallou und andern mitgeteilten Fragmente des Gebrauchtumes der Steinmetzen und Maurer stammen erst aus später Zeit, dem Ausgang des 18. oder dem Anfang des 19. Jahrhunderts. In dem Ausweise der Maurer[2] kommt nun folgendes Frag- und Antwortspiel vor: „Altgesell: Was trägst du unter deinem Hute?

[1] Die Mysterien der Freimaurer oder die verschleierte Gebrüderung etc. Leipzig 1848; 2. A. 1859.

[2] Fallou l. c. p. 363. Findel, Geschichte 4. Aufl. p. 771 f. Vgl. Gould, History of Freemasonry. London 1887. II p. 489 ff.

Fremder: Eine hochlöbliche Weisheit. — Altgesell: Was trägst du unter deiner Zunge? Fremder: Eine hochlöbliche Wahrheit. — Altgesell: Wozu trägst du deinen Schurz? Fremder: Dem Handwerk zu Ehren und mir zum Vorteil. — Altgesell: Was ist die Stärke bei unserm Handwerke? Fremder: Dasjenige, was Wasser und Feuer nicht verzehren kann. — Altgesell: Was ist das Beste an einer Mauer? Fremder: Der Verband." Ohne weiteres stellt Fallou diese drei Worte: Weisheit, Wahrheit und Verband mit den drei Pfeilern zusammen, ohne zu berücksichtigen, daß im Ausweis ein ganz anderer Zusammenhang ist, als im Logenritual. Der Ausdruck Stärke im Ausweis bedeutet den festen Verband des Maurergewerbes und dann im weitern Sinne die Gesellenschaft. Im Freimaurerritual hingegen bedeutet Stärke das Beharren im Rechten, im Wollen und Vollbringen, die Energie, mit der der Bau ausgeführt werden soll. Im Schwabenspiegel, Landrecht, werden Weisheit, Redlichkeit, Maß und Stärke als die vier kardinalen Fürsten über alle Tugenden genannt. Merkwürdigerweise ist es noch Niemandem eingefallen, den Schwabenspiegel als Quelle des Gebrauchtums der Loge anzuführen, obwohl man sich sonst nach allen möglichen und unmöglichen Hilfsmitteln umgesehen hat. Nur die größte Verlegenheit konnte dazu verleiten, den Ausweis der Maurer zur Erklärung der freimaurerischen Symbolik zu benützen, um so eine Brücke zwischen den Deutschen Steinmetzen und den Freimaurern schlagen zu können. Man hat in die angebliche Symbolik der Bauhütte einen Abgrund von Weisheit hineingelegt,[1] obwohl in den dürftigen Überresten nichts davon zu finden ist. Sind nicht, sagen die Schwärmer, sind nicht der Zirkel, das Winkelmaß, der Hammer, die verschlungene Schnur, die Säulen und Pfeiler, die Rose, die Zahlen 3, 5, 7, 9, die Farben weiß, blau und gold, den Steinmetzen und Freimaurern gemeinsame tiefsinnige Symbole? Gewiß! allein alle diese Sinnbilder

[1] So schon Schnaase.

haben schon längst existiert, bevor es Deutsche Steinmetzen und Freimaurer gegeben hat. Man lese doch nur einmal bei Schauberg nach, wie alt der Gebrauch dieser Sinnbilder ist und wie weit sie verbreitet sind.[1] Ja, aber die Bausymbolik, woher anders sollten denn die Freimaurer diese entnommen haben als von den Deutschen Steinmetzen! Doch auch diese gehört den Bauhütten nicht als alleiniges Besitztum. Bie Bausymbolik beruht auf der Bibel, die auf das geistige Leben der christlichen Völker, auf die Auffassung, Vorstellung und Sprache in Fragen der Religion und Moral einen gewaltigen Einfluß geübt hat. Der Bibel sind eine ganze Anzahl von Sinnbildern entlehnt, namentlich das Bild vom Bau am Tempel Gottes. „Dieses Gleichnis ist so oft wie kaum ein zweites angewandt und zuweilen bis in die kleinsten Einzelheiten mit symbolischer Deutung aller Baustoffe und Bauwerkzeuge durchgearbeitet worden."[2] Noch jetzt sprechen wir von „Erbauung", „erbaut sein", im religiösen Sinne. Die Deutschen Bauleute dagegen wollten in Wirklichkeit bauen und nicht bloß geistig; für sie waren Winkelmaß, Zirkel und Hammer nicht bloße Spielzeuge oder Kleinode wie bei den Freimaurern, sondern währschaftes Handwerkszeug. Eine solche Vergeistigung, wie sie bei den Freimaurern üblich geworden ist, wäre bei dem schlichten Sinne der Handwerker und ihrer damaligen geringen Bildung ganz undenkbar gewesen.[3] Zwei ganz verschiedene Strömungen sind eben in der Freimaurerei zusammengeflossen; der einen entstammen gewiße äußerliche Gebräuche, der andern der geistige Gehalt.

Heldmann,[4] Fallou und Findel deuten auf seltsame Bildwerke

[1] Schauberg, Vergleichendes Handbuch der Symbolik der Freimaurerei. Schaffhausen 1861—1863. 3 Bände, ein zwar gelehrtes, aber ganz kritikloses Buch.

[2] Walden, Die Laienbruderschaften und die Logen p. 42 ff.

[3] Die Kunst des Lesens und Schreibens war übrigens in den Städten viel mehr verbreitet, als man sich heute denkt. Vgl. Boos, Städtekultur III, 388 ff.

[4] Die drei ältesten geschichtl. Denkmale der D. Freimaurerbruderschaft. Aarau 1819.

in Kirchen hin, die beweisen sollen, daß die Deutschen Bauhütten eine Geheimlehre hegten, die im Gegensatz zur herrschenden Kirche stand. „So war," sagt Findel,[1] „an der St. Sebalduskirche zu Nürnberg ein Mönch und eine Nonne in Stein gehauen, wo ersterer die letztere unverschämt berührt etc." Diese Wahrzeichen seien Zeugen dafür, daß die Deutschen Bauhütten der Kirche feindselig gesinnt gewesen wären und eine freiere Religionsanschauung gepflegt hätten. Vermöge ihres Berufes hätten sie die Entartung des Klerus aus eigener Anschauung kennen gelernt. Diese Argumentation beruht auf falscher Vorstellung von der katholischen Kirche im Mittelalter. Man sieht in ihr ein Wesen, auf dessen Stirn drohender Ernst lagerte, kein Lächeln umspielte ihre Lippen. Man weiß nicht, daß innerhalb der Kirche die mannigfaltigsten Bewegungen sich bemerkbar machten, daß sie sich in fortwährender Entwicklung befand. Vor allen Dingen hat man keine Ahnung davon, welche große Rolle der Humor im Mittelalter spielte: „Insofern seine Hauptfunktion in einem geistreichen Spiele mit Gegensätzen besteht, konnte derselbe allererst dadurch zu voller Entfaltung kommen, daß das Christentum die tiefsten durchgehendsten Gegensätze bloßlegte und zum klaren Bewußtsein brachte. Und so sehen wir denn auch, sobald die Antike überwunden ist, allerwärts den Humor freudig aufsprudeln, ja sogar sein neckisches Spiel im innersten Heiligtum der gottgeweihten Tempel treiben."[2] „Der Humor ist eine Äußerung des Dranges nach Wahrheit, des Bewußtseins der Relativität, der Vergänglichkeit, der Nichtigkeit aller irdischen Größe, Macht und Herrlichkeit; der Überzeugung eines steten Kampfes in unserem Inneren; des Ringens nach dem Ideale; er ist das: „Bedenke, daß du ein Mensch bist," welches jener Makedonische König sich durch einen hiezu

---

[1] S. Findel, Geschichte, 6. Aufl. p. 63 f. Besser A. Reichensperger Vermischte Schriften über christl. Kunst. Leipzig 1856 p. 471 ff. Fr. X., Kraus, Geschichte der christl. Kuust. Freiburg i. Br. II, 1,455 f.

[2] Reichensperger l. c. 472.

eigens Angestellten zurufen ließ, um sich vor Selbstüberhebung zu wahren, um immer ein Gegengift gegen das Gift der Schmeichelei zur Hand zu haben. Spielend bewegt er sich auf einer Tonleiter, die den harmlosesten Mutwillen und die vernichtendste Satyre in sich befaßt; sein Material ist nicht bloß das Wort und die Form, sondern selbst der Ton, das Licht, die Farbe.“ Dieser oft wilde Humor zeigt sich auch in den Passionsspielen,[1] die zur Osterzeit in den Kirchen aufgeführt wurden. Hier wechselten die ernstesten Szenen aus dem Sterben und Leiden Christi mit komischen Intermezzos ab, in denen hauptsächlich dem Teufel übel mitgespielt wurde. Auch Geistliche traten als komische Figuren auf, und es fehlte nicht an derben Ausfällen auf die Gebrechen und Sünden des geistlichen Standes. Die, wenn ich mich nicht irre, zuerst von Findel ausgesprochene Vermutung, daß die Bauhütte für alle freier Denkenden und vom kirchlichen Fanatismus Verfolgten eine sichere Zufluchtsstätte gewesen wäre, ist ohne jede Begründung.[2] Diese Idee ist dann von L. Keller aufgegriffen und in eigentümlicher Weise fortgeführt worden.[3]

Während des ganzen Mittelalters gab es eine große Anzahl von Sekten, die nichts von den Satzungen der katholischen Kirche wissen wollten und sich an die Lehren der h. Schrift hielten. Diese altevangelischen Brüder oder Taufgesinnten, die unter den verschiedensten Namen als Waldenser, Patarener etc. auftauchen, in Italien, Frankreich, am Rhein bis weit nach Österreich hinein, haben auf das Volk einen großen Einfluß geübt. Namentlich im 14. Jahrhundert, zur Zeit der Kämpfe des Kaiser Ludwigs des Baiern mit der Römischen Kirche, wächst ihr Einfluß, weil der Klerus durchaus in Sünden versunken war.

[1] K. Hase, Das geistl. Schauspiel, Gesammelte Werke VI p. 288 ff.

[2] Walden, Laienbruderschaften p. 44 f. erklärt sich dagegen. Die tollsten Phantasien bietet L. Keller in dem Aufsatz: Zur Geschichte der Bauhütten und Hüttengeheimnisse. Berlin 1898.

[3] L. Keller, Die Reformation und die älteren Reformparteien. Leipzig 1885.

In den Städten, den Mittelpunkten geistigen Lebens, war der Klerus der tiefsten Verachtung anheimgefallen. Daher hielten diese Städte, als Ludwig vom Papste gebannt wurde, getreulich zum Kaiser. „Kaiser Ludwig," erklärten sie, „pflegt das Recht und strebt nach Gerechtigkeit." Auf Grund der h. Schriften wollten sie Stellung im Kampfe nehmen. „Als der Baumeister und Bildner der Welt nach seinem unerforschlichen Plane das Gebäude unserer Welt in weisem Vorausschauen zu errichten beschloß, da hat er zwei große Lichter unter des Himmels Firmament gestellt und ihnen ihre Funktionen so zugeteilt, daß durch ihren wirkenden Dienst uns, die wir auf der Erde wohnen, des doppelten Lichtes Klarheit leuchte, und dies so, daß, obwohl Jedes auf das Andere Bezug hat, doch eins das andere nicht beeinträchtige, im Gegenteil Jedes, indem es seine Bewegung und seinen Lauf im Weltenrund gleichmäßig bewahre, das Andere in seinem Bestand und seiner Kraft stärke und erhalte etc."[1] Diese Ausdrucksweise ist nun allerdings sehr auffallend. Fabricator mundi d. i. Baumeister der Welt, machina huius seculi, dispositio d. i. Bauriß, columna, basis fundamentum, structura, stabilire etc. sind alles Ausdrücke, die auf die Baukunst hinweisen, und Keller glaubt daher schließen zu dürfen, daß die Verfasser dieser Schreiben jenen Kreisen der Bauhütte angehörten. Diese Bauhütte sei jedoch von Waldensischem Geist erfüllt gewesen. Lichter unseres Heiles (luminaria nostræ salutis) bedeuten, meint Keller, nicht die Bilder des Weltalls, Sonne und Mond, sondern nach Altwaldensischem Sprachgebrauch das äußere Licht und das innere Licht, die den Weg zum Heile führen und leiten. Das innere Licht oder die innere Offenbarung soll die Offenbarung des Wortes im Herzen des Menschen und die Stimme des Gewissens sein, die das Sittengesetz ankündigt; die äußere Offenbarung ist die heilige Schrift

[1] S. Preger in Abhandlungen der 3. Klasse der k. Bayr. Akademie der Wissenschaften XIV, 1, 69 ff. Keller l. c. 115 ff.

oder das Gesetz und das Evangelium. So schön diese Auslegung ist, so wenig ist sie gegen Einwürfe gesichert. Nach der im Mittelalter allgemein giltigen Auffassung bedeuten die beiden Lichter Sonne und Mond, und der Sonne entspricht die geistliche Gewalt, der Papst, dem Monde die weltliche, der Kaiser.[1] Darum heißt es in unsern Ritualen: „So wie die Sonne den Tag und der Mond die Nacht regiere, so soll der Meister die Loge regieren." Die Freimaurerei will nichts mit Staat und Kirche zu tun haben; die Loge tritt als drittes Licht neben die beiden andern.

Im 14. Jahrhundert machte eine wunderbare Persönlichkeit am Oberrhein viel von sich reden, der Gottesfreund vom Oberlande,[2] der, obgleich seinen Anhängern unbekannt, doch eine große antikirchliche Gemeinde um sich sammelte. Da dieser Gottesfreund in seinen Briefen so viel vom Bauen spricht, so hat man in ihm ein Mitglied der Bauhütte erkennen wollen.[3] Ein Beweis dafür wäre auch seine Vorliebe für Johannes den Täufer und Johannes den Evangelisten. Der St. Johannistag und die St. Johannisnacht spielen bei ihm eine große Rolle, namentlich in den symbolischen Andeutungen seiner Entschlüsse, die er in Träume kleidet. Nach der landläufigen Annahme soll St. Johannes der Täufer der Schutzpatron der Bauhütte gewesen sein. Am 24. Juni pflegte man die Bauhütte mit Laub zu schmücken und mit Kränzen zu verzieren. Tatsächlich verehrten jedoch die deutschen Bauleute die heiligen vier Gekrönten als ihre Schutzpatrone, aus dem einfachen Grunde, weil diese vier Gekrönten laut der Legende Steinmetzen gewesen waren, die unter dem Kaiser Diokletian am 8. November den

[1] Walden, Die drei Lichter und die drei Säulen 1 ff.

[2] S. H. Boos, Klosterleben im Mittelalter in Festschrift zur Feier der Vereinigung von Groß- und Klein-Basel. Basel 1892.

[3] Keller l. c. p. 210 ff.

Märtyrertod erlitten hatten.[1] St. Johannes kommt überhaupt in den Steinmetzenordnungen nur einmal vor § 89 der Rochlitzer Urkunde. Der Freimaurerbund hat lediglich deswegen den St. Johannistag zum allgemeinen Festtag des Bundes erkoren, weil die Englische Großloge am 24. Juni 1717 gestiftet worden ist

Ein weiterer Beweis für die nahe Verbindung der Werkleute mit den Gottesfreunden soll die Symbolik sein, in der die Erscheinungen des Lichtes, der Wärme, der Schwere, des Weltalles, eine besondere Rolle spielen. „Das Licht ist das Symbol des Geistes, des Guten, Gottes, Christi, der Heiligen; die Rose ist das Symbol zeitlichen Leidens, der Adler dasjenige der Kraft; weiße Gewänder sind das Symbol der Reinheit etc."[2] Hier gilt das, was wir schon oben gegen den Zusammenhang der Freimaurer mit den Steinmetzen gesagt haben. Diese Symbolik ist Gemeingut der Kulturvölker.

L. Keller bringt auch die reformatorische Tätigkeit John Wiclefs († 1384) in England zu der Deutschen Bauhütte in Beziehung. Die Deutschen Steinmetzen wanderten in ganz Europa, sie arbeiteten an allen großen Kirchenbauten der Welt. Ein von der Kirche wegen Ketzerei Verfolgter konnte daher unter dem Schutze der Bauhütte sich leicht dem Inquisitionstribunal entziehen. So kamen flüchtige deutsche Steinmetzen nach England, als zur Zeit König Eduards III. (1328—1377) die öffentliche Meinung entschieden die Tendenzen der Römischen Kurie ablehnte. Damals setzten sich die Gemeinden Christi in England fest, und die Träger dieser freireligiösen Bewegung sollen eben die Deutschen Steinmetzen gewesen sein. Wenn diese Vorgänge sehr dunkel sind, so habe das seinen Grund darin, daß die Verschwiegenheit außer der Bruderliebe und Wahrhaftigkeit eine Hauptpflicht sowohl der Bauhütte wie der evangelischen Brüder gewesen sei. Bei den

---

[1] Über die vier Gekrönten vgl. Kloss, Freimaurerei in ihrer wahren Bedeutung p. 257 ff. Janner l. c. p. 198 ff. Gould, History II, 467 ff. Siehe die eingehende Untersuchung von Begemann in Berliner Zirkel Correspondenz 1894, 167—188.

[2] Keller l. c. p. 214.

Deutschen Bauhütten seien nicht nur Steinmetzen aufgenommen worden, sondern auch Liebhaber des Handwerkes. Viele einflußreiche Personen hätten bei solchen Bruderschaften um die Aufnahme nachgesucht. Als der Gemeindeverband der evangelischen Brüder im 15. Jahrhundert gesprengt worden sei, wäre ein fluchtartiger Rückzug der Überlebenden in den schützenden Hafen der verwandten Korporationen eingetreten. „War schon von jeher die Verbindung eine enge gewesen, so steigerte sich jetzt der Zusammenhalt erheblich. Wie gescheuchte Lämmer drängten sich die Verfolgten aneinander und da es keine Gesetze gab, welche auf die Zugehörigkeit zu einer Gilde Strafen setzten, so konnte die Bauhütte ungehindert den „Brüdern" einen Ersatz für die verlorene Bruderschaft gewähren."[1] Leider steht diese schöne Geschichtskonstruktion auf sehr schwachen Füßen. Der Ausdruck Liebhaber in der Ordnung von 1459 bedeutet nicht, wie Findel und Keller meinen, den dem Bauhandwerk Fernstehenden, sondern wie aus dem Zusammenhang hervorgeht: „So ir altfordern und liebhaber des handwercks," eben Angehörige des Handwerks. Übrigens soll die Möglichkeit nicht betritten werden, daß auch Laien Beziehungen zur Bauhütte haben konnten, nur eine Verbindung der evangelisch Gesinnten mit den Bauhütten läßt sich nicht nachweisen, ja ihr widerstreiten ganz bestimmte Tatsachen. Einmal verwarfen die Taufgesinnten die Eidesleistung als sündhaft, die Steinmetzen dagegen mußten eidlich geloben das Geheimnis zu hegen, und die Freimaurer als vermeintliche Erben der Bauhütten und der Taufgesinnten mußten die schärfsten Eide schwören.[2] Wie wäre ein solcher Widerspruch zu lösen? Dann wollten die Taufgesinnten nichts wissen vom Bauen steinerner Häuser als Wohnung Gottes, der Bau von Kirchen war ihnen kein Gott wohlgefälliges Werk, vielmehr verlangten sie, daß Gott in den Häusern der Gläubigen oder im stillen Kämmerlein verehrt würde. Damit

---

[1] Keller l. c. 236.

[2] S. Walden, Die alten Eide der Freimaurer. Berlin 1889.

steht aber wieder das Bild vom Salomonischen Tempel in unlösbarem Widerspruch. Der Salomonische Tempel, der bei den Freimaurern von so großer Bedeutung ist, kann unmöglich dem Gedankenkreis der Taufgesinnten entnommen worden sein. Den Mitgliedern der evangelischen Gemeinden wurde die Verwaltung öffentlicher Ämter nur ungern gestattet; das Waffentragen war ihnen verboten, während die Bauleute als Mitglieder einer Zunft im Rat der Stadt saßen und Waffen führten, wenn der Rat sie aufbot.[1] Kurz, zwischen Bauhütten, Taufgesinnten und Freimaurern ist kein Zusammenhang. Ich leugne indeß nicht, daß in den Zünften ketzerische Elemente vorhanden gewesen sein können. Zur Zeit der Reformation waren die Zünfte die Träger der Bewegung, aber doch mehr aus materiellen Gründen, weil sie die Konkurrenz der Klosterarbeit haßten.[2] Zu dieser selben Zeit verfiel die Bauhütte, weil die neu aufkommende Kunst der Renaissance sich nicht in die Fesseln des zünftigen Handwerks schlagen ließ. Die künstlerische Individualität dürstete nach Freiheit und sie vollzog den Bruch mit der Tradition. Damals 1516 veröffentlichte Lorenz Lachner seine Unterweisung an seinen Sohn Moritz, während schon vorher 1486 das „Büchlein von der Fialen Gerechtigkeit" von Mathias Roriczer erschienen war.[3] Diese setzten sich somit über die Hüttenordnung hinweg, die diese Dinge als strenges Geheimnis der Bauhütte bewahrt wissen wollte.

Wie viel ist nicht schon über das Geheimnis der Bauhütte geschrieben worden! Die meisten finden in diesem Geheimnis eine philosophisch-künstlerische Symbolik, andere Konstruktions-

---

[1] S. Keller, l. c. p. 36 ff. Walden, Laienbruderschaften p. 44 f. Über die Ketzerbewegungen in Deutschland s. die Schriften von H. Haupt, namentlich dessen Waldensertum und Inquisition im südöstlichen Deutschland. Freiburg i. Br. 1890. J. v. Döllinger, Beiträge zur Sektengeschichte des Mittelalters. München 1890. 2 Bände, die die Darstellung Kellers wesentlich rektifizieren.

[2] Geering, Handel und Industrie der Stadt Basel.

[3] S. Reichensperger, Vermischte Schriften.

lehre, Geometrie oder Goldenen Schnitt u. s. w. Auch in den andern Gewerben pflegten die Genossen des Handwerks ihre Technik als Geheimnis zu behandeln. Man vererbte die Kenntnis davon von Vater auf Sohn. Das Geheimnis verpflanzte sich dann auf die ganze Bauhütte, wurde Gemeingut der gesamten Steinmetzengenossenschaft im In- und Ausland. Man hielt zusammen; die Wandernden begrüßten sich mit besondern Formeln. Nur wer diese Formeln kannte, war ein ehrlicher Steinmetz. Sie unterscheiden sich aber darin nicht von andern Handwerkern oder von den fahrenden Schülern, die gleichfalls einen Comment ausgebildet hatten, der sich z. T. bis auf unsere Studentenverbindungen vererbt hat.

Die Baukonstruktionen wurden seit dem 15. Jahrhundert immer schwieriger, erforderten ein größeres Wissen. Nun gab es vornehme Steinmetzen, die die Lehre kannten, nach der man große Dome baute, Meister, die sich über das Handwerk und die Hütten erhaben dünkten. Andererseits gab es viele Gesellen, die im Wissen zurückblieben, die nicht in die feinsten Geheimnisse der Kunst eingeweiht waren, die aber dennoch im Auftrag von Kirchen und Städten zum Ärger der Eingeweihten bauten. Damals trat die Tendenz in allen Städten unverkennbar hervor, die Zünfte strammer zu organisieren, die freie Bewegung zu hemmen, den Starken dem Schwachen zu beugen. Albrecht Dürer, Hans Holbein und andere Künstler in Deutschland wußten ein trauriges Lied von diesem Zwang zu singen. In eben diese Zeit fielen nun die ersten Versuche, die zerfallende Gotische Baukunst durch Hüttengerechtsame zu regeln, den künstlerisch überlegenen Geist in die Schablone einzuspannen. Was in diesen Hütten an künstlerischem oder mathematischem Wissen verlangt wurde, ist überaus dürftig. Die Bauhütte ist eine Assekuranz der Mittelmäßigkeit gegenüber dem Genie gewesen. Die Architektur des Mittelalters hat sich großartig entfaltet, so lange die Baukunst eine freie Kunst war, als das Hüttenwesen zu blühen anfing, da war es mit der Kunst der Gotik vorbei. Je verwickelter die Aufgaben der Spätgotik wurden, um so mehr mußte dem Dombaumeister daran liegen, gute Gesellen heranzuziehen. Die Lehrzeit wurde daher ausgedehnt, bis zu fünf Jahren, dann kam die vorgeschriebene Wanderzeit. Doch eine große Anzahl von Bauleuten hielt sich der Hütte fern, und daraus entstand dann ein Zwiespalt zwischen den großen Dombauhütten und den städtischen Meistern.[1]

Jeder Hüttengeselle führt sein Zeichen.[2] Die Konstruktion der Gotischen Bauformen baut sich auf der Durchdringung gewisser geometrischer Figuren auf, geometrische Grundgestalten gebildet aus Kreis, Viereck, Dreieck, Dreizack und Achteck, denen man eine symbolische Bedeutung beilegte, die aber z. T. uralt war.

Hauptformen:[3] 1) der Kreis ○, heidnisches Symbol des Weltalls, der göttlichen Macht, christliches Symbol der Ewigkeit.

2) △ gleichseitiges Dreieck, Ägyptisches Symbol der Gottheit und der Unendlichkeit, Pythagoräisches Symbol der Weisheit oder des Raumes, christliches Symbol der göttlichen Dreieinigkeit; zugleich alchimistisches Zeichen für das Feuer.

3) ▽ alchimistisches Zeichen für Wasser.

4) 🜁 alchimistisches Zeichen für Luft.

5) 🜃 alchimistisches Zeichen für Erde.

6) □ das Quadrat, heidnisches und christliches Symbol der Welt und Natur, im Gegensatz zum Dreieck, das christliche Symbol der Weltlichkeit.

---

[1] S. Gurlitt l. c. p. 48 ff.

[2] G. von Drach, das Hüttengeheimnis vom Gerechten Steinmetzen-Grund etc. Marburg 1897. 4°.

[3] Rziha l. c. p. 28 ff. Katsch, Zur Deutung einiger rituellen Zahlen und Zeichen in Mitteilungen aus dem Verein Deutscher Freimaurer. 1883 bis 1884. Leipzig 1884 p. 48 ff.

7) ✡ das Hexagramm, zwei ineinandergeschobene Dreiecke, Lehrzeichen der Pythagoräer, Jüdisches Stammzeichen, Siegel Salomonis.

8) ⛤ das Pentagramm der Pythagoräer, der Druidenfuß, der Ring des Salomon, im Mittelalter das Alpkreuz.

9) ⊕ christliches Symbol Gottes.

10) ∴ das dreifache Dreieck, Symbol der Gottheit.

11) Y Ypsilon, Sinnbild der Dreieinigkeit, Pythagoräisches des Lebensweges.

12) T Tau, Symbol des Lebensweges, Hochgradzeichen im Royalyorkgrad.

13) 卐 uraltes Zeichen, schon auf den Trojanischen Fundstücken sichtbar s. bei Schliemann, Ilios. Leipzig 1881; das Tempeleisen.

14) L uraltes Zeichen, Zeichen der Wechselwirkung.

Alle diese Zeichen kommen auch als Steinmetzzeichen[1] vor. Jede Hütte bildete die Figuren anders aus. Bei der Freisprechung eines Gesellen erhielt er ein Zeichen, einige geometrische Linien. „Man nahm das Zeichen aus dem Grund," lautet der technische Ausdruck. Das Zeichen wurde dann in das Bruderbuch eingetragen; es war die Marke des Meisters, eine Künstlerinschrift, die er auf bestimmten Stellen des Baues anbrachte. Die ältern Zeichen sind Buchstaben, sehr einfach; je später um so komplizierter werden sie und sie gelten als „Schlüssel" der Hütte. Dieser Schlüssel wie überhaupt die geometrische Konstruktionslehre war eben das Geheimnis der Hütte. Aus Lorenz Lachners Unterweisung an seinen Sohn Moritz 1516 lernen wir den Inhalt dieses Geheimnisses genau kennen. Diese Lehre wurde ängstlich als Schatz der Bauhütte gehütet. Allein es konnte

---

[1] Über die Steinmetzzeichen vgl. Rziha l. c. Gould History II, 455 ff.

nicht verhindert werden, daß das Geheimnis trotz aller Verbote an die Öffentlichkeit kam, denn die Buchdruckerkunst duldet kein Geheimnis mehr. Damit hatte die Bauhütte ihre Bedeutung verloren und sie zerfiel mehr und mehr, Hand in Hand mit der Verdrängung der Gotik durch die Renaissance.[1]

[1] Hier nur ein Wort der Abwehr gegen die unglaublichen Phantasien L. Kellers, die er uns in den Monatsheften der Comenius-Gesellschaft VII. 1897 p. 26 ff. auftischt. Er meint p. 38 viele Steinmetzen wandten sich, weil sie keine genügende Beschäftigung mehr fanden, der Holzschneidekunst zu und wurden Formschneider oder Maler. Noch toller ist seine Behauptung, die Zunft zum Himmel in Basel sei eine alte Hüttenbrüderschaft gewesen l. c. p. 34 Anm. 2, aber auch schon in seinem Buch: Die Reformation und die älteren Reformparteien. Leipzig 1885 p. 328. Nein die Bauhütte in Basel befand sich naturgemäß beim Münster, und die Steinmetzen und Zimmerleute waren und sind auch jetzt noch der Spinwetternzunft zugeteilt; zur Zunft zum Himmel, die noch heute existiert, gehörten die Maler, Glaser und Sattler.

DRITTES KAPITEL.

# Die geheimen Gesellschaften im 17. Jahrhundert.

Wer die Entstehung der Freimaurerei in die Zeiten des Altertums oder des Mittelalters zurückverlegt, bedenkt nicht, daß damals eine Gesellschaft freier Männer, die sich zu dem Prinzipe der Bruderliebe, der Toleranz und der Humanität bekannten, unmöglich gewesen wäre. Im Altertum gab es ja wohl eine Masse privater und öffentlicher Gesellschaften, aber sie alle hatten engbegrenzte Zwecke und unterlagen der scharfen Aufsicht des Römischen Staates.[1] Im Mittelalter war die Gebundenheit des Individuums viel zu groß und die Macht der Kirche viel zu stark, als daß sich solche freiheitlichen Bewegungen hätten äußern dürfen. Es bedurfte langer geistiger Arbeit, bis der Mensch zur Entdeckung der Natur und seines Selbst kam. Erst als nationale Staaten entstanden, als von allen Seiten den feudalen Institutionen der Krieg erklärt wurde, bildete sich das freie, selbständige Individuum aus.[2] Das neue Geschlecht warf die Fesseln des mittelalterlichen Denkens von sich, bäumte sich gewaltig auf gegen das Joch der Kirche und entfaltete das stolze Banner der Denkfreiheit. Nicht die Reformation hat

[1] Über die Korporationen im Römischen Kaiserreich s. die feinen Bemerkungen von Ed. Hatch, Die Gesellschaftsverfassung der christlichen Kirchen im Altertum. Gießen 1883 p. 17 ff. Liebenam, Zur Geschichte und Organisation des römischen Vereinswesens. 1890.

[2] S. J. Burckhardt, Kultur der Renaissance. H. Taine, Hist. de la Littérature anglaise I.

die Denkfreiheit hervorgebracht, sondern umgekehrt die Reformation ist eine Folge der Denkfreiheit. Die Kirche hatte seit ihrem über den Staat errungenen Sieg den Bogen allzu straff gespannt, mehr und mehr wurden die Menschen entweder gleichgültig gegen ihre Institutionen oder gar feindselig. Die wachsende Begeisterung für das klassische Altertum und seine Ideale trug wesentlich zur Befreiung des Menschen bei. Der Schleier, welcher dem mittelalterlichen Menschen den freien Blick verhüllt hatte, zerriß allmählich; es schien ihm, als ob er von einem hohen Berge eine herrliche Landschaft im hellen Sonnenglanze überschaue. Jetzt erst erkannte er den Trug der Pfaffen, die diese Welt als ein Jammertal verunglimpft und ihn beständig auf das Jenseits vertröstet hatten. Man ließ nun das Jenseits liegen und warf sich mit um so größerm Eifer auf das Studium der diesseitigen Welt.

„Das Drüben kann mich wenig kümmern,
Schlägst Du erst diese Welt zu Trümmern,
Die andere mag darnach entstehn.“

An Stelle der bisherigen Tradition und der Autorität suchte man nun die Erfahrung zu setzen; ein faustischer Drang ergriff die Edelsten und dieser Drang führte zum Sturze der mittelalterlichen Weltanschauung, zu einer Erneuerung des christlichen Glaubens, zur Erschütterung der bisherigen kirchlichen, staatlichen und sozialen Ordnungen, zu einer riesigen Umwälzung des gesamten Denkens und Empfindens. Der erste Ansturm auf das mächtige Gebäude der mittelalterlichen Kultur war ein überwältigender, z. T. weit über das Ziel hinausschießender und die notwendige Folge eine Reaktion, die das Alte wiederherzustellen suchte. Die Gegensätze stießen nun hart auf einander, unerbittlich suchten sich die Gegner zu vertilgen und die schönsten Errungenschaften der Renaissance gingen in diesem Gigantenkampfe verloren: die Denkfreiheit, die Freiheit des Forschens und des Gewissens. Da waren es denn einige unerschrockene Männer, die unbekümmert um das zelotische Gezeter der Theologen und Kirchenmänner fortfuhren, die Geheimnisse der Natur zu ergründen, die in heißem Wissensdurst nach der tiefsten Erkenntnis rangen und die zugleich ein warmes Herz für die gepeinigte Menschheit empfanden. Sie standen zueinander in freundschaftlichem Verkehr und kämpften Schulter an Schulter sowohl gegen die Scholastik, die wieder die Herrschaft über die Wissenschaft erlangt hatte, als auch gegen die Ausgeburten eines phantastischen Mysticismus, der die Gemüter vieler berückte und verwirrte. Immer wieder wurden Versuche gemacht, die Gleichgesinnten in geschlossenen Gesellschaften zu vereinigen, denn, sagt Joachim Jungius, einer der bedeutendsten Gelehrten am Anfange des 17. Jahrhunderts, „was an einer Person hanget, ist sterblich, was am ganzen Collegio, ist dauerhaft."[1] Um sich gegen das ihnen entgegengebrachte Mißtrauen zu schützen, hielten sie den Zweck ihrer Gesellschaft und die Namen ihrer Mitglieder geheim und bedienten sich als Schild gegen unbefugte Neugierde wunderlicher Symbole. Auch der Freimaurerbund verdankt diesem Drang der Gleichgesinnten zum engen Zusammenschluß seine Ausbildung.[2]

Dem Mittelalter war die Natur das Böse, das Reich des Teufels, das man hassen und fliehen mußte. Allein das Verbotene und Unbekannte reizt immer. Da man nicht offen der Natur ins Angesicht schauen durfte, tat man es heimlich. Nach mittelalterlicher Anschauung[3] war ein Blick in diese Geheimnisse der Natur durch ein Bündnis mit dem Satan möglich. Ein solches Bündnis konnte hauptsächlich durch magische Künste geschlossen werden. Indem man sich also der Natur hinzugeben schien, entfernte man sich wieder weiter als je von ihr und

[1] G. E. Guhrauer, J. Jungius und sein Zeitalter. Stuttgart und Tübingen. 1850, p. 69.

[2] L. Keller, Commenius und die Akademien der Naturphilosophen des 17. Jahrhunderts, in Vorträgen und Aufsätzen der Comenius-Gesellschaft. Berlin 1895. Derselbe, die Akademien der Platoniker im Altertum, in Monatsheften der Comenius-Gesellschaft. VII. 1898. p. 169 ff. Diese Aufsätze dürfen freilich nur mit großer Vorsicht benützt werden.

[3] S. von Eicken, Geschichte und System der Weltanschauung des Mittelalters. Stuttgart 1887.

verdunkelte die Wirklichkeit durch die trügerischen Gebilde der Phantasie. Eine wahre Sehnsucht, die oft zur religiösen Inbrunst wurde, packte diese Gelehrten, die ihren Glauben der Jugend verloren hatten, gleich Faust, der sich der Magie ergeben,

„Ob mir durch Geistes Kraft und Mund
Nicht manch Geheimnis würde kund;
Daß ich nicht mehr mit sauerm Schweiß,
Zu sagen brauch, was ich nicht weiß;
Daß ich erkenne, was die Welt
Im Innersten zusammenhält,
Schau alle Wirkenskraft und Samen,
Und thu nicht mehr in Worten kramen."

Der mit dem Erdgeiste fühlt

„Mut, sich in die Welt zu wagen,
Der Erde Weh, der Erde Glück zu tragen."

Verschiedene Elemente flossen hier zusammen: Das Altertum, die Arabische Kultur und das Mittelalter; Pantheismus, Kabbala, Pythagoräische Zahlensymbolik und wirkliche experimentelle Erforschung der Natur. Das „Traumwerk" umgarnte damals die Sinne und Seele der größten Männer, einen Albrecht Dürer wie einen Lionardo da Vinci, den phantastischen Humanisten Pico da Mirandola, wie den trockenen und ängstlichen Reuchlin, den stolzen Kirchenfürsten Nikolaus von Cues, wie den armen Wanderprofessor Hieronymus Cardanus, und alle diese Faustnaturen produzierten großartige Gedanken, sie sahen in eine Welt voller Zukunft und daneben hegten sie tolle Hirngespinnste aus. Sie suchten in die Tiefe des Unbewußten hinabzudringen, und da die Natur sich ihnen verschloß, ergaben sie sich eben der Magie. Eitel ist alles menschliche Wissen, erklärte der Zaubermann Agrippa von Nettesheim; und da es mit der philosophischen Spekulation nicht ging, suchte er Gold zu machen und forschte nach dem Stein der Weisen. Die Alchemie wurde seit der Reformation neben der Astrologie eine der eifrigst studierten Wissenschaften und in den Händen des berühmten Basler Professors Theophrastus Bombastus Paracelsus[1] ein Hauptmittel zur Reform der pathologischen Medizin. Er wandte sich mit Schärfe gegen die bisherige Verquickung von Theologie und Philosophie; letztere ist ihm erkannte, unsichtbare Natur. Er belebte diese Natur mit unzähligen bösen und guten Geistern; diese sind die Ursachen der Krankheit und Gesundheit. Der Arzt muß diese guten und bösen Geister erkennen und die einen zu befördern, die andern zu bekämpfen suchen. Das ganze System des Paracelsus beruht auf toller Phantastik, aber dessen ungeachtet hat er sehr fruchtbar gewirkt; er hat zuerst die Bedeutung der Suggestion als Heilmittel erkannt und er hat der chemischen Wissenschaft einen mächtigen Anstoß gegeben. Obwohl er, wie seine Feinde behaupten, durch ungezügelte Lebensweise früh zu Grunde ging, sammelte sich doch um seinen Namen eine große Schule, die später mit dem Sektennamen der Rosenkreuzer gebrandmarkt wurde.[2]

Aber eine wirkliche Gesellschaft der Rosenkreuzer ist nicht nachzuweisen. Nur soviel ist sicher, daß im 17. Jahrhundert eine außerordentlicher Neigung zum Zusammenschluß der Gleichgesinnten bestand. Manigfaltige Anläufe sind gemacht worden, ohne daß sie irgend einen Erfolg gehabt hätten.[3]

* * *

---

[1] S. Allgemeine Deutsche Biographie. Auch er verdiente eine so gründliche Biographie, wie sie dem genialen Vesal durch Prof. Roth in Basel zu Teil geworden ist. Berlin 1892.

[2] Chr. G. von Murr gibt eine jedoch nicht vollständige Übersicht der Litteratur in: Über den wahren Ursprung der Rosenkreuzer und des Freimaurerordens. Sulzbach 1803. Semler, Nicolai, Herder haben sich damit bschäftigt, vgl. namentlich J. G. Buhle, Über den Ursprung und die vornehmsten Schicksale der Orden der Rosenkreuzer und Freimaurer. Göttingen 1804. Vgl. Handbuch der Freimaurerei. 3. Aufl. Leipzig 1901. II, 261 ff.

[3] Das Buch von F. Katsch, Die Entstehung und der wahre Endzweck der Freimaurerei. Berlin 1897 ist ein wunderliches Gemisch von redlicher Arbeit und wilder Phantasie. Von den Geschichtsschreibern der Philosophie berührt die Rosenkreuzer nur Windelband, Geschichte der neuen Philosophie I. Leipzig 1878 p. 51 kurz.

Eine freie Forschung und Wissenschaft mußte zur Zeit der Reformation mit der Kirche, der alten wie der neuen, zusammenstoßen, und die Vertreter der Wissenschaft wurden als Feinde, ja als Ketzer auf alle Weise verunglimpft und verfolgt. Ein solcher Märtyrer der Wissenschaft war u. A. auch Giordano Bruno, der am 17. Febr. 1600 in Rom verbrannt wurde. Seinen Richtern schleuderte er die stolzen Worte ins Angesicht: „Ihr sprecht das Urteil mit größerer Angst, als ich es empfange." „Er ist der Phaëton der modernen Philosophie, der die Zügel der Sonnenrosse den alten Göttern aus den Händen reißt und mit ihnen durch den Himmel stürmt, um in den Abgrund zu stürzen."

Aber nicht besser erging es denen, die das Gezänke der Theologen anwiderte, vielmehr sich bestrebten, Jünger Christi zu sein.

Die Erfahrung des Herzens, die Versenkung in Gott und die Vereinigung mit Gott sind die Grundlagen der Deutschen Mystik, von der einst Luther ausgegangen war. Allein der Idealismus, welcher der Mystik eigen ist, brachte sie in scharfen Gegensatz zur realen Organisation des neuen Kirchentums, das nun ebenso engherzig und rachsüchtig gegen jede Abweichung von ihrer bereits verknöcherten Dogmatik vorging. Doch ist es gerade dieser mystischen Richtung innerhalb des Protestantismus zu verdanken, daß die philosophische Wissenschaft sich fortentwickeln konnte, daß die erhabene Lehre des Christentums von der Nächstenliebe nicht ganz im eklen Kampfe der Konfessionen zu Grunde ging. Ihr, der Mystik, gehören die Vorkämpfer der Glaubensfreiheit an. Ein solcher war Sebastian Franck,[1] gestorben 1545 in Basel, einer er Edelsten und Tapfersten, der die Autorität eines Papstes oder Luthers ebenso verwarf wie die der biblischen Bücher, der erklärte, es sei ein Wahn, das Heil in dem Glauben an bestimmte Lehrsätze zu suchen; wer in reiner Liebe die Einheit mit Gott in sich trägt

[1] A. Hegler, Geist und Schrift bei S. Franck. Freiburg i. Br. 1892.

und in seinem Wandel betätigt, der ist heilig und ein Christ, auch wenn er den Namen Gottes niemals vernommen haben sollte. Aus den innersten Tiefen ihres Herzens schöpften diese Männer, die nichts von dem die Liebe ertötenden Konfessionalismus wissen wollten, ihre Kraft. Die mystische Richtung eines Franck, die naturphilosophische eines Paracelsus flossen sodann in Valentin Weigel zusammen, der mit gerechtem Zorn gegen die „Buchstäbler“ eiferte. „Auf ihrem Buchstaben bestehend und um dieses Buchstabens willen, hassen sie einander, verdammen einander, führen Kriege und verbrennen die Frommen, welche das Unglück haben, in diesem Buchstaben nicht ihr Heil finden zu können.“[1] Weigel wurde von der Orthodoxie als Ketzer verfolgt, allein seine Wirksamkeit war dessenungeachtet groß. Seine Lehre bildete Jakob Böhme (1575—1624), ein ehrsamer Schuhmacher in Görlitz, weiter aus; mit ihm erreicht die Deutsche Mystik ihren Abschluß. Aber seine Philosophie führte vom Christentum ab, während der Gottesmann Johann Arndt ein wahrer Christ sein wollte und der Führer wurde für alle, die dem theologischen Unwesen abhold, ein einfältiges lebendiges Christentum und eine edle Mystik suchten. Er ist der Lehrer und Freund des Johann Valentin Andreæ (1586—1654) gewesen, der für seine Zeit von so großer Bedeutung ist.[2]

Dieser interessante Mann war ein Enkel des berühmten würtembergischen Theologen Jakob Andreæ; er wurde am 17. August 1586 in Herrenberg geboren und starb als Abt von Adelberg am 27. Juni 1654 in Stuttgart. Er hatte sich eine polyhistorische Gelehrsamkeit angeeignet und durch Reisen nach Genf, Frankreich, Oberitalien sowie durch Umgang mit bedeutenden Menschen aller Stände seine Bildung vertieft und seinen Gesichtskreis erweitert. Er gehört zu jenen Freundschaftskünstlern, denen es Bedürfnis ist, sich mit gleichgesinnten Seelen

---

[1] Windelband l. c. I, 100.

[2] W. Hoßbach, J. V. Andreæ und sein Zeitalter. Berlin 1819. J. Ph. Glökler, J. V. Andreæ. Stuttgart 1886 (populär).

aufs engste zu verbinden und ihnen unwandelbare Treue bis in den Tod, ja über den Tod hinaus zu wahren. Andreæ stand mit Unzähligen in Deutschland, der Schweiz und Frankreich im intimen Briefwechsel und gewann durch seine zahlreichen Schriften warme Verehrer, freilich auch viele Todfeinde, weil er sich zum Richter über die Sünden seines Zeitalters aufwarf und seinen Mitlebenden gewaltig ins Gewissen redete. Sein ausgesprochenes satyrisches Talent verstärkte die Wirkung dieser teils lateinisch, teils deutsch geschriebenen Bücher, die vorzüglich gegen das verkehrte gelehrte Treiben, gegen das Verderbnis der Gymnasien und Universitäten und ihrer Lehrer, gegen die literarische Barbarei und Pedanterie gerichtet sind, die aber trotz den Stacheln, die sie im Gemüt der Leser zurückließen, wieder durch ihren Ideenreichtum und echt christlichen Geist versöhnten. Obwohl er kein größeres gelehrtes Werk hinterlassen hat, besaß er doch volles Verständnis für die echte Wissenschaft, die sich auf die Erfahrung aufbaut, und war darum aller Schwärmerei, wie sie damals im Schwange ging, abhold.

Eine Fülle neuer Gedanken, Entdeckungen und Erfindungen flutete seit dem Ausgange des 15. Jahrhunderts über Europa. Der menschliche Geist war nicht im Stande, diese Überfülle zu verarbeiten, sie verwirrte ihn, die Phantasie wurde gewaltsam überreizt und das Jenseitige gewann von neuem die Herrschaft über die Menschen. Epidemisch verbreitete sich der Wahn des Hexenglaubens über die Länder nördlich der Alpen;[1] Astrologen und Alchimisten, Goldmacher und Zauberer wurden nun mehr und mehr Meister über die betörte Menschheit.[2] Nur wenige wußten ihre Sinne klar zu behaupten und zu diesen wenigen gehörte eben Andreæ, der das anschaulichste Bild von dem

[1] S. darüber J. Burckhardt, Kultur der Renaissance. 3. Aufl. p. 297 ff.

[2] Eine typische Erscheinung ist der Basler Thurneyssen s. über ihn Janssen, Geschichte des D. Volkes VI p. 452 ff. Bei der Schilderung geistiger Strömungen reicht die mechanische Methode Janssens nicht aus. Besser bei H. Kopp, Die Alchemie in älterer und neuerer Zeit. Heidelberg 1886. I, 107 ff.

Treiben jener Wundermänner gegeben hat.[1] „Es wimmelte in Deutschland von Paracelsisten, Weigelianern, Alchimisten, Astrologen, Traumdeutern, Geisterbeschwörern und Goldmachern. Je mehr sie von den Theologen als Ketzer, von den Ärzten als Marktschreier, von den Schulphilosophen als Schwärmer gehaßt und verfolgt wurden, desto mehr breiteten sie sich aus. Denn der große Haufe, den sie durch die Maske der Demut und Frömmigkeit bethörten, erwartete Wunderdinge von ihnen und bewies ihnen eine unbegrenzte Verehrung[2]."

Dieses Treiben führte zu einer sittlichen Verlotterung ohne Gleichen, und mit Recht ruft Andreæ aus: „Die Zeit ist böse." Es war eben die Zeit des dreißigjährigen Krieges, von der Andreæ eine ganz vortreffliehe Schilderung gegeben hat:[3] „Unser Vaterland, schon früher an einer langwierigen Unfruchtbarkeit leidend, macht die meisten Arbeiten fruchtlos und gibt sehr vielen nur mit Mühe ihre Nahrung. Die Früchte der Bäume sind uns auf eine lange Reihe von Jahren entrissen und die jungen Bäume, auf die wir unsere Hoffnung setzten, kommen nicht fort. Unsere Körper werden hier und dort von einer pestartigen Seuche heimgesucht und wie von der Rute der göttlichen Hand geschlagen. Es lodert die Fackel der Kriege und droht einen weiten und schrecklichen Brand; überall sind die Menschen in mancherlei feindliche Bündnisse verflochten, so daß wir nichts anderes als etwas großes erwarten und fürchten können etc." Um dem so verderblichen Treiben der Goldmacher und Alchimisten, der Schwärmer und Schwindler, entgegenzutreten, schrieb Andreæ schon 1602 oder 1603 die „Chymische Hochzeit Christiani Rosenkreuz", ein Roman voll lieblicher und reizender Dichtungen, voll feiner satyrischer Züge, aber auch nach der Weise jener Zeit, voll der seltsamsten Phantasien[4]. Dieses Büchlein zirkulierte längere Zeit als Manuskript

[1] De curiositatis pernicie.
[2] Hoßbach l. c. p. 56 ff.
[3] Invitatio fraternitatis Christi s. Hoßbach p. 74 f.
[4] Hoßbach l. c. p. 99.

im Freundeskreise des V. Andreæ und erst 1616 erschien es anonym im Druck. Doch bekannte er sich in seiner Lebensbeschreibung als Verfasser, indem er erklärte, „es sei gewesen ein Spiel mit den Abenteuerlichkeiten seiner Zeit, welches die Torheit der Neugierigen habe darstellen sollen.“[1] Diese Schrift erhielt aber erst ihre Bedeutung, nachdem 1614 und 1615 zwei andere Büchlein zu Kassel herausgekommen waren, die ungeheures Aufsehen erregten, nämlich 1614 „Allgemeine und General-Reformation der gantzen weiten Welt. Beneben der Fama Fraternitatis detz Löblichen Ordens der Rosenkreutzer an alle Gelehrte und Häupter Europas geschrieben etc.“[2] und 1615 „Fama Fraternitatis R. C. Das ist, Bericht der Brüderschafft des Hochlöblichen Ordens R. C. An alle Gelehrten und Häupter Europas Beneben deroselben Lateinischen Confession etc.“ In der Generalreformation wird erzählt, daß auf Befehl Apollos die sieben Weisen Griechenlands samt einigen römischen Philosophen in Delphi sich über eine Verbesserung der Welt beraten hätten; sie machten die abenteuerlichsten und lächerlichsten Vorschläge, aber nach Besichtigung des kranken Seculums verzichteten sie auf ihr Vorhaben, begnügten sich vielmehr mit nichtssagenden Verbesserungen, die vom Volk mit Jubel angenommen wurden. Die zweite Schrift „Fama Fraternitatis“ berichtet von einem Fr. R. C., das heißt Frater Christianus Rosencreutz. Dieser wird auf Reisen geschickt, auf denen er die tiefsten Geheimnisse erfährt. Er will in Spanien und anderswo Verbesserungen einführen, was ihm aber übel bekömmt, weshalb er nach Deutschland zurückkehrt und sich fünf Jahre still hält, dann aber mit drei Klosterbrüdern die Brüderschaft des R. C. d. i. „das Rosencreutz“ stiftet. Sie errichten ein verborgenes Haus sancti Spiritus und nahmen noch vier Genossen an, darauf verteilen sie sich in allen Ländern, versammeln sich aber jährlich einmal in ihrem Haus, wo Vater R. C. mit zwei Brüdern wohnt.

---

[1] Hoßbach l. c.

[2] Die genauen Titelschriften siehe im Allg. Handbuch der Freimaurerei. II, 259. Katsch l. c. p. 117 ff.

Ihre Satzungen waren folgende: 1) Keiner soll sich einer andern Profession umtun, denn Kranke zu kurieren und zwar umsonst. 2) Keiner soll genötigt sein von der Brüderschaft wegen ein gewisses Kleid zu tragen, sondern sich des Landes Art gebrauchen. 3) Ein jeder Bruder soll alle Jahre sich auf C. Tag (Generalversammlung) bei S. Spiritus einstellen oder sich entschuldigen. 4) Ein jeder Bruder soll sich um eine taugliche Person umsehen, die ihm auf den Fall des Todes möchte succedieren. 5) Das Wort R. C. soll ihr Siegel, Losung und Charakter sein. 6. Die Brüderschaft soll 100 Jahre verborgen bleiben. Die jüngern Brüder wußten nicht, wann Vater R. C. gestorben sei. Eines Tages fanden sie aber in einem kleinen Gewölbe sein Grab mit allerlei Zeichen und Inschriften. Daraus ergab sich, daß R. C. 120 Jahre vorher verstorben war. Die Brüder bekennen sich als Anhänger der Kirchenreformation und der Philosophie „wie sie Adam nach seinem Fall erhalten und Moses und Salomon geübt.“ Vom verfluchten Goldmachen wollen sie nichts wissen, halten indeß diese Kunst für ein Geringes, für ein „Parergon (Nebenarbeit), derengleichen sie wohl noch etlich tausend bessere Stücklein haben.“ Wer seinen Namen angibt, soll mündlich oder schriftlich Antwort bekommen, falls er es ehrlich meint; den Geldgierigen aber wird das Gebäude verschlossen bleiben. Die Confession erläutert die Absichten der Bruderschaft, die „um der Welt Glückseligkeit willen vermehrt und ausgebreitet werde unter allen Ständen, Fürsten und Untertanen, Reichen und Armen, jedoch nur nach gewissen Graden und mit Ausschluß aller Unwürdigen“. Sie möge vorläufig noch ihre Weisheit verborgen halten. Jedermann möge daher, bis das Geheimnis geoffenbart werde, die Bibel zur alleinigen Richtschnur des Lebens nehmen. Denn kein größeres, wunderbareres und heilsameres Werk ist den Menschen gegeben als die Bibel; wer dasselbe hat, der ist glückselig, wer es lieset, noch glückseliger, wer es aber verstehet und bewahret, derselbe ist Gott am meisten ähnlich. Zum Schluß folgen, wie schon in der Fama, scharfe Ausfälle gegen den Papst, auf dessen Vernichtung die Brüderschaft hinarbeiten soll.

Diese Schriften erregten einen ungeheuren Aufruhr unter den Gemütern und setzten eine Masse von Federn in Bewegung, für und wider diese vermeintliche Brüderschaft Partei ergreifend. Natürlich waren ihr die strengen Orthodoxen und die Ärzte der Galenischen Schule feindlich gesinnt, während andererseits alle der paracelsischen und kabbalistischen Philosophie Ergebenen ihre Verteidigung übernahmen. Viele meldeten sich zur Aufnahme in die Brüderschaft, erhielten aber keine Antwort. Julianus a Campis, der sich in seinem Sendschreiben von 1615 als Rosenkreuzer bekennt,[1] gesteht selbst ein, „daß noch zur Zeit keine incorporirte Versammlung aller Rosen Creutzer an einem gewissen Ort angestellet und vorhanden sey". Auf seiner letzten Reise habe er nur drei Brüder kennen gelernt. Viele sind berufen, wenige auserwählt. Es steht zwar geschrieben, daß „wer ernsthaft um den Eintritt wirbt, dem soll sein Wunsch erfüllt werden, aber daraus folget nicht, daß alsbald ein Electus sey . . . nimmermehr wird ein offener Jahrmarck daraus werden." In ähnlicher Weise spricht sich Michael Maier, Leibarzt des Kaisers Rudolf II., ein hochgeachteter Gelehrter, aus, der die Gesellschaft gegen die Spötter verteidigt und Mitteilungen über die Aufnahme der Mitglieder in den Bund gibt[2]. Aber trotz alledem hat es niemals eine wirkliche Gesellschaft der Rosenkreuzer gegeben, wohl aber einzelne Rosenkreuzer. Als der berühmte französische Philosoph Descartes 1619 in Deutschland weilte, bemühte er sich vergeblich der Sache auf die Spur zu kommen[3]. Auch der nicht minder berühmte Leibniz leugnet ihre Existenz. Eben weil diese Gesellschaft, trotz allem eifrigen Suchen nicht zu finden war, gab ihr Andreæ den Spottnamen der „Unsichtbaren"[4]. Hingegen bemächtigten sich Schwindler des beliebt gewordenen Namens und trieben allerlei Gaukeleien.

---

[1] Katsch l. c. p. 196 ff.

[2] Katsch l. c. p. 314 ff.

[3] Guhrauer l. c. 60 f.

[4] Guhrauer l. c. 60.

Sie übertrumpfte noch der angebliche Irenæus Agnostus,[1] der sich in zahlreichen Schriften als besten Kenner der Rosenkreuzer ausgab und diesen alle möglichen wunderbaren, meist aber lächerlichen geheime Kräfte andichtete. Dadurch stieg die Verwirrung auf den höchsten Grad. Für die einen galt der Name Rosenkreuzer als eine große Ehre, für die andern als größter Schimpf. Wer irgendwie aus dem gewohnten Geleise des Lebens trat und höheren Zielen zustrebte, wurde als Rosenkreuzer gebrandmarkt. So ging es dem Gottesmanne Johann Arndt, so seinem Freunde Andreæ.

Und dieser Andreæ soll die berüchtigten Schriften: die „Generalreformation", die „Fama" und die „Confession" verfaßt haben![2] Und weßhalb? Weil er sich in seiner Lebensbeschreibung zur Autorschaft der „Chymischen Hochzeit" bekannt hatte. Wohl läßt sich eine gewisse Verwandtschaft der Tendenz in der „Chymischen Hochzeit" und der „Fama" nicht verkennen, aber anderseits zeigen beide Schriften wieder so große Verschiedenheiten, daß sie kaum einem Autor zugeschrieben werden können. Die „Chymische Hochzeit" ist nichts als ein Spiel mit den Abenteuerlichkeiten jener Zeit, die „Fama" trägt hingegen einen viel ernsthafteren Charakter zur Schau. Warum hätte Andreæ sich nicht später als Autor dieser Schrift bekennen dürfen, nachdem seit 1620 die Erregung sich gelegt hatte? Den Gedanken, daß Andreæ durch die „Fama" die Gründung einer geheimen Gesellschaft habe veranlassen wollen, muß man weit abweisen. Schon die der „Fama" vorgesetzte „Generalreformation" hätte von einer solchen Idee abschrecken müssen. Selbst solche, welche die in der „Fama" niedergelegte Idee mit Eifer ergriffen, wie Julianus de Campis und Michael Maier, nahmen an der „Generalreform" Anstoß. Diese „Generalreform" ist aber lediglich eine Übersetzung einer Satyre des Italieners Trayano Boccalini in dessen Ragguagli

[1] Katsch l. c. p. 271 ff.

[2] Begemann, J. V. Andreæ und die Rosenkreuzer in Monatsheften der Comenius-Gesellschaft VIII, 145 ff.

[3] Katsch l. a. 149 f.

di Parnasso. In einem Nachwort zu seiner Übersetzung von Thomas Campanellas Spanischer Monarchie (o. O. 1632) bemerkt Professor Christoph Besold in Tübingen, daß die „Fama“ und „Confession“ das Produkt eines mutwilligen Genies gewesen seien; dessenungeachtet hätten sich in allen Landen gelehrte und fromme Leute äffen lassen und der vermeintlichen Gesellschaft ihren Dienst und guten Willen anbieten lassen[1]. Höchst wahrscheinlich hat aber Besold, der beste Freund Andreæs, die Übersetzung der „Generalreformation“ selbst gemacht, und daher ist in diesem Kreise der Urheber der „Fama“ zu suchen. Es handelt sich um einen Scherz, der aber ernst genommen wurde und das größte Unheil anrichtete, so daß man sich, meint Andreæ bitter, wundern müsse über die wachsende Kraft der elendesten Dinge und Possen, durch welche ein Funke in die größte Feuersbrunst verwandelt werden kann[2]. Nun hielt es Andreæ für seine heiligste Pflicht, dieses Unwesen mit Spott und Ernst zu bekämpfen. Noch in seinem Testament 1634 lehnt er jeden Anteil an der Rosenkreuzerei ab.

In Epochen großer geistigen und sozialen Gährungen, wo der Staat und die Kirche in Stücke zerbersten, da treten Männer auf, die mit kühner Hand einen Neubau des Staates und der Gesellschaft versuchen. So geschah es zur Zeit der Renaissance[3]. Die meisten dieser kühnen Neuerer stehen unter dem Einfluß Platons. Wie dieser bekümmern sie sich nicht um die Möglichkeit der Ausführbarkeit ihrer Ideen, darum sind diese nichts anderes als Utopien, mit welchem Namen der englische Lordkanzler Thomas More (1478—1535) selbst seinen Staatsroman betitelte. Durch Morus angeregt schrieb Thomas Campanella (1568—1639) seinen Sonnenstaat (1620), der wie der utopische Staat Morus auf dem Prinzip des Kommunismus beruht, während der Orden vom freien Willen von Rabelais (1483—1553) den

---

[1] A. Handbuch der Fr. II, 262.

[2] Hoszbach l. c. p. 115.

[3] G. Adler, Geschichte des Sozialismus und Kommunismus von Plato bis zur Gegenwart. I, 151 ff.

Anarchismus verherrlicht. Wir haben bereits die Satyre Boccalinis auf solche Weltverbesserungspläne besprochen, auch die „Chymische Hochzeit" und die „Fama" gehören in dieses Kapitel, während Andreae in der Reipublicae Christeanopolitanae Descriptio-Argentorati 1619 das Musterbild eines christlichen Staates entwirft und zwar nicht etwa in großen allgemeinen Zügen, nein mit allem Detail stellt er das ganze bürgerliche, kirchliche und geistige Leben in allen seinen Eigentümlichkeiten und Verzweigungen dar, wobei das asketisch-mystische Element stark hervortritt. Er nimmt dem berühmten englischen Naturphilosophen Bacon eine Anzahl von kühnen Ideen vorweg, wie den Plan einer Akademie der Naturwissenschaften, mit den dazu gehörigen Sammlungen, botanischem Garten etc. Es finden sich in dieser Schrift zahlreiche Anklänge an freimaurerische Symbolik, die aber auch sonst häufig in der mittelalterlichen Literatur vorkommen, weßhalb man sie nicht als Beweismittel für die Vorgeschichte der Freimaurerei gebrauchen kann.

Auch den Staatsroman Bacons „Neu-Atlantis" hat man unrichtigerweise mit der Freimaurerei zusammengebracht.

Francis Bacon, geboren 1561, erklomm dank seinen erstaunlichen intellektuellen Fähigkeiten und seinem schwachen Gewissen den höchsten Gipfel persönlichen Ruhmes und Macht in England. Er wurde Großsiegelbewahrer, Großkanzler und Baron von Verulam, Viscount of S. Alban. Er war nicht besser und nicht schlechter, als die meisten Staatsmänner zur Zeit der Renaissance; Gut und Böse galten ihm lediglich als relative Begriffe. Ein Bestechungsprozeß warf ihn von der Höhe seiner Macht ins Gefängnis. Obgleich der König ihm wieder Gunst bewies, zog er es nun doch vor, auf den Glanz des Hofdienstes zu verzichten und die letzten Jahre in wissenschaftlicher Muße zu verleben, bis er 1626 starb.[1] Die positiven wissenschaftlichen Leistungen Bacons

---

[1] Der neueste Biograph Bacons, Hans Heußler, hat ihn in seiner Gesamtheit gewürdigt. Vgl. Lange, Geschichte des Materialismus I[8], 194 ff. 219 f. Windelband l. c. I, 119 ff.

sind gering, und der große Deutsche Chemiker Liebig hat sie noch tiefer gewertet als es der Wahrheit entspricht.[1] Denn mit dem Hochmut des modernen Menschen hat Liebig verkannt, daß das, was uns trivial und selbstverständlich erscheint, den damaligen Menschen neu war. Nur vermöge seiner eminenten geistigen Fähigkeiten war er zu seiner hohen Stellung gelangt. Es entspricht daher seiner philosophischen Lebensmaxime, wenn er an die Spitze seiner philosophischen Lehre den Satz stellt: Wissen ist Macht. Ihm ist das Wissen nicht Selbstzweck wie einem Giordano Bruno oder den Deutschen Träumern, die darum zeitlebens arm und machtlos blieben; das Wissen ist nur ein Mittel zum Zweck, und er tadelt scharf die Unfruchtbarkeit der bisherigen Wissenschaft. Diese, sagt er, war in ein Kloster gesperrt und unfruchtbar wie die gottgeweihten Nonnen. Die Bücher- und Stubengelehrsamkeit verachtet er, und er verlangt von der Philosophie, daß sie mitten im Leben und womöglich auf der Höhe desselben stehen solle. Er ist somit der erste Verfechter des Utilismus, der die englische Wissenschaft noch heute beherrscht. Allein seine Auffassung hat nichts kleinliches an sich, er meint damit nicht den unmittelbaren Nutzen, sondern seine Philosophie will einen höhern Gesichtspunkt geltend machen: den der Kultur. Die Philosophie soll dazu dienen, die Natur der Menschheit zu unterwerfen. Dasſelbe bezwecken schließlich auch die Rosenkreuzer, nur verstrickten sich diese in die Abgründe einer fehlerhaften, abstrusen Methode, während Bacon mit der Klarheit eines Hellsehers den richtigen Weg wies. Das einzige Mittel zu fruchtbarer Erkenntnis der Natur ist die Erfahrung, und diese Erfahrung gewinnt man durch das Experiment. Denn jede andere Erfahrung ist zufällig, während der Beobachter im Experiment ein untrügliches Mittel hat, die Natur zu zwingen, auf seine Fragen zu antworten. Er ist der erste gewesen, der auf die induktive Methode hingewiesen hat. Er hat damit auch

[1] Liebig, Über Fr. Bacon und die Methode der Naturforschung. München 1863. Dagegen Windelband l. c. I, 133.

die materialistische Lehre begründet, und er scheidet sich hierdurch scharf von den Theologen und Theosophen. Bacon leugnet bestimmt, daß die Gottheit und die Unsterblichkeit der Seele jemals einer wissenschaftlichen Erkenntnis unterzogen werden könnten. Erkennbar ist die Gottheit nie durch die Vernunft, sondern nur durch den Glauben. Man muß, um dieses Wissen zu gewinnen, aus dem Boote der Wissenschaft in das Schiff der Kirche steigen. Selbständiger und vorurteilsfreier, als irgend ein anderer, steht Bacon da. Nicht, daß er sich völlig von dem Ideenkreis seiner Zeit gelöst hätte. Auch Bacon verehrt die Weisheit der Kabbala, und daher finden wir in seinen Schriften rosenkreuzerische Ideen. Er teilt mit den Rosenkreuzern die Abneigung gegen den Papismus, brandmarkt den konfessionellen Fanatismus und den Gewissenszwang und verficht mit Schärfe die Oberherrlichkeit des Staates über die Kirche und seine Selbständigkeit gegenüber den Konfessionen.

Bacon ist der Verfasser einer 1638 erschienenen Schrift „Nova Atlantis",[1] die Schilderung eines idealen Gemeinwesens, in dem Kunst und Wissenschaft, Handel und Gewerbe blühen, das Ideal einer glückseligen Gemeinschaft. Der Herausgeber dieser Schrift, W. Rawley, der Geheimsekretär Bacons, gibt als Zweck der Abhandlung an, der Verfasser habe damit das Vorbild für eine Gesellschaft zur Verbesserung der Sitten und Einrichtungen seines Vaterlandes geben wollen. Seefahrer werden im Großen Ozean durch widrige Winde von ihrem Kurs verschlagen; der Proviant geht zu Ende, und sie erwarten den Tod, als sich plötzlich eine Insel zeigt. Sie laufen diese an und sehen eine herrlich gebaute Stadt vor sich. Es wird ihnen erlaubt, zu landen, und sie lernen dann die wunderbare Verfassung dieser glückseligen Insel Bensalem kennen. Hier hatte ein König einen

[1] Eine gute Deutsche Übersetzung hat R. Walden, Neu-Atlantis von Franz Bacon von Verulam. Berlin 1890 gegeben. Vgl. dessen Abhandlung: Die drei Lichter und die drei Säulen. Die Freimaurerei und die Nova Atlantis Bacons von Verulam. Berlin 1890.

Orden gestiftet, das „Haus Salomonis“ oder das „Kollegium der sechs Tage“, die edelste Gründung auf der ganzen Erde und unseres Reiches großes Licht (Luminare magnum). Schon Nicolai[1] hat behauptet, die Nova Atlantis habe den Anstoß zur Gründung einer geheimen Gesellschaft gegeben, und diese 1646 gegründete Gesellschaft sei der Orden der Freimaurer gewesen. Nicolai konnte seine Hypothese nicht genügend begründen. Mit der Atlantis Bacons verhält es sich genau so wie mit der Cristianopolis des Andreæ; beide Schriften schildern utopische Staaten oder Gesellschaften und sind Gebilde der Phantasie. Allein die Phantasie erfindet nichts absolut neues, sondern knüpft an bestehendes an. Es gab in Deutschland zur Zeit des Andreæ wie in England zur Zeit Bacons in der That Männer, die sich dem Dienste der Humanität, der Aufklärung und der Toleranz geweiht hatten[2] und die untereinander enge verbunden waren. Diese Gesellschaften sind nicht identisch mit dem Bunde der Freimaurer, sondern seine Vorläufer und Vorbereiter.

Man weiß ja, mit welcher Wut sich die Theologen in der Reformationszeit gegenseitig begeiferten. Diese Intoleranz bewirkte naturgemäß eine Reaktion, indem die Edelsten der Nation mehr und mehr diese elenden Streitigkeiten verabscheuten und sich dem Studium der wahren Wissenschaft zuwandten. Da ihrem Streben der jämmerliche Zustand der deutschen Universitäten nicht genügte, so bezogen sie fremde Hochschulen, die Mediziner mit Vorliebe Mompellier, die Juristen und Philosophen aber Padua und Pisa etc., die hervorragende Lehrer besaßen, z. B. Galilei; diese Gelehrten betrieben besonders das exakte Studium, allein unausbleiblich gerieten sie in schwere Konflikte mit der unduld-

---

[1] Versuch über die Beschuldigungen, welche dem Tempelherrenorden gemacht worden, und über dessen Geheimnis; nebst einem Anhange über das Entstehen der Freimaurergesellschaft. Berlin u. Stettin 1772 p. 183 ff. Herder, Sämtliche Werke XV (1888) p. 64 ff. hat Nicolai angegriffen, Walden dagegen die Hypothese Nicolais wieder aufgenommen.

[2] Guhrauer, J. Jungius 68. Bünger, M. Bernegger. Straßburg 1893 p. 204.

samen Kirche. Zu ihrem Schutze vereinigten sie sich in Gesellschaften oder Akademien[1], die freilich meist nur kurze Zeitdauer hatten, indem sie den Verfolgungen ihrer Gegner unterlagen. Die berühmteste dieser Gesellschaften ist die von dem gelehrten Juristen Cesi in Rom 1603 gestifteten Academia dei Lincei, der Galilei angehörte. Manche der in Italien studierenden Deutschen wurden Mitglieder solcher Gesellschaften und verpflanzten dann die allda aufgenommenen Ideen nach Deutschland. So stand z. B. Matthias Bernegger in Straßburg in Verbindung mit Galilei und Campanella und trat für sie mit Mut ein, wodurch er sich die Verfolgungswut der orthodoxen Lutheraner zuzog. Begreiflich, denn seine Begeisterung für die Naturwissenschaft war der Kirche überaus anstößig; was ihn nicht abhielt bis an sein Ende für Duldsamkeit und Geistesfreiheit zu kämpfen.[2]

Diese italienischen Akademien interessierten sich vorzugsweise für die Naturwissenschaften, doch auch der Pflege der Sprache wendeten sie ihre Sorgfalt zu. Und dieser widmeten sich nach ihrem italienischen Vorbild eine Anzahl von deutschen Gesellschaften[3], von welchen die 1617 gestiftete „fruchtbringende Gesellschaft" die bedeutendste war, der viele Fürsten, Edelleute und Gelehrte angehörten, von Theologen aber nur zwei: der Dichter Johannes Rist und unser Valentin Andreæ 1646. Da er als eifriger Lutheraner bekannt war, äußerte der Vorsitzende der Gesellschaft Fürst Ludwig von Anhalt, ein Reformierter, einiges Mißtrauen, das er aber mit der Hoffnung beschwichtigte, daß Andreæ „sonder Zweiffel einen verträglichen Gesellschafter in brüderlicher christlicher Liebe geben" werde.[4] Denn diese

[1] L. Keller, Comenius und die Akademie der Naturphilosophen, Berlin 1895.

[2] Bünger, M. Bernegger 204.

[3] Siehe die Litteratur bei Goedeke, Grundriß zur Geschichte der D. Dichtung III², 6.

[4] G. Krause, Der Fruchtbringenden Gesellschaft ältesten Erzschrein. Leipzig 1855 p. 207.

Gesellschaft übte Toleranz in religiöser Beziehung aus und sah, wie der vorhergenannte Fürst meinte, nicht darauf, welcher Konfession ein Mitglied angehörte, als vielmehr, ob er ein guter Christ wäre.[1] Andreæ versichert denn auch in seinem Antwortschreiben vom 17. Dezember 1646, daß er gemäß den Satzungen der Gesellschaft sich zur Erforschung der christlichen Wahrheit, zur Besserung des sittlichen Lebens, zur Pflege und Kultur des Geistes und zum Ausbau der Literatur und zur Pflege der deutschen Muttersprache verpflichten wolle; auch versprach er, sich friedfertig, gefällig und fügsam (mit Vorbehalt seines Religionsbekenntnisses) zu erweisen.[2] Also steckte sich diese Gesellschaft ein höheres Ziel als die Verbesserung der deutschen Sprache.

Dagegen gründete der Freund des Andreæ Joachim Jungius in Rostock 1662 eine Gesellschaft, die eine streng wissenschaftliche Richtung einhalten sollte[3], indem die Statuten als ihr Hauptzweck „die Erforschung der Wahrheit aus der Vernunft und der Erfahrung" hinstellten. Diese Gesellschaft kann insofern als eine geheime bezeichnet werden als Artikel 17 der Statuten ausdrücklich verbietet, die Gesetze und Einrichtungen des Vereins Nichtmitgliedern bekannt zu machen. Wie man denn im Mittelalter und noch lange nachher die Wissenschaft, Künste und Technik als Geheimnis bewahrte.[4] Jungius war mit einer Anzahl trefflicher Männer in herzlicher Freundschaft verbunden. Sie alle beseelte Begeisterung für die echte Wissenschaft, aber auch warme Hingebung für die reine christliche Lehre im Sinne der „Nachfolge Christi". Wie sehr beklagte er nicht die Seltenheit frommer Männer; „den Terenz und Cicero", sagte er, „lernen sie nachahmen, Christum aber nachahmen lernen sie nicht."[5]

Auch sein Freund Andreæ trug sich mit dem Gedanken der Gründung einer Verbrüderung für wahres Christentum und wahre

---

[1] l. c. p. 90. [2] l. c. p. 209. Keller l. c. 23.

[3] Guhrauer l. c. 69 ff.

[4] Goethe, Ausgabe letzter Hand, Band 53 p. 110 ff. 54 p. 44.

[5] Guhrauer l. c. p. 68*.

Wissenschaft, die zugleich dem verderblichen Treiben der Rosenkreuzer und der unfruchtbaren Schulphilosophie ein Ende machen sollte. Zu diesem Zwecke erließ er 1617 einen gedruckten Aufruf: „Invitatio Fraternitatis" und 1618 „Invitationis ad Fraternitatem Christi Pars altera". Auch die schon erwähnte „Christianopolis" (1619) schließt mit einer erneuten Aufforderung zur Bildung einer solchen Gesellschaft. Aus seiner Lebensbeschreibung erfahren wir, daß er einigen wenigen Vertrauten den Plan dieser Gesellschaft mitgeteilt hatte, aber er mußte deshalb Vorwürfe erdulden. Im Jahre 1628 schrieb ihm der berühmte Johann Amos Comenius, der ihn von Herzen verehrte und seine Ideen weiter verarbeitete, er möchte ihn unter seine Bewunderer, Schüler und Söhne aufnehmen.[1] Darauf antwortete ihm Andreæ am 4. Sept.: „Ich bereue keineswegs mein Unternehmen, noch schäme mich dessen, vielmehr ist beschlossen, ihm mein Greisenalter zu widmen und in einer so frommen Bestrebung zu sterben. Deshalb nehme ich Dich auch gern in meine Freundschaft auf, wenn Du, wie Du schreibst, von allem Parteigeist und Streitlust fern, der Wahrheit allein vertraust und Dich fügst und die christliche Freiheit unter dem Bande der Liebe umfassest." In einem zweiten Schreiben wiederholt Comenius im Namen von drei Freunden seine Bitte um nähere Aufklärung, die derselbe am 16. September 1629 zu teil werden läßt, indem er ihm den Entwurf und die Gesetze der Gesellschaft mitteilt. Andreæ freut sich ihrer Übereinstimmung, möchte Christus bewirken, daß sie zum Vorteile der bedrängten Kirche gereiche und daß seine Hoffnung durch den Nachwuchs so vieler für die Sache des Christentums begeisterte Männer, bevor er von der Bühne abtrete, erfüllt werde. Er wolle also seinem Verlangen willfahren. „Wir waren," erzählt er, „eine Anzahl Männer und zwar von Ansehen, die sich nach dem täuschenden Spiel der leeren „Fama" (nämlich der Rosenkreuzer-

---

[1] Der Briefwechsel in Comenius Op. Did. II, 284, übersetzt von G. Klotz in Heldmanns Mitteilungen über die Freimaurerei. Frankfurt a. M. 1836 p. 164 ff. Vgl. L. Keller in Monatshefte der Comenius-Gesellschaft I. 1892, 234 ff.

Brüderschaft) zu diesem Zwecke vor acht Jahren vereinigten, und noch mehrere andere waren bereit, beizutreten, als uns die deutschen Unruhen trafen und fast ganz zerstreuten. Die Meisten, in ein besseres Vaterland versetzt, verließen uns; einige senkten traurend das Haupt, andere wurden in die Unruhen verwickelt, wieder andere verzweifelten. Ich aber zog die Segel ein. Nur wenige sind wir noch übrig, mehr erfüllt von der Sehnsucht nach einem seligen Ende, als der Aufgabe gewachsen, den Augiasstall zu reinigen. Daher geben wir euch die Geschichte unseres Schiffbruches zu lesen und, wenn es Euch gefällt, zum Verbessern, sind aber für uns damit zufrieden, wenn wir nicht ganz unsern Zweck verfehlt haben. . . . Unser Zweck war, die religiösen und literarischen Götzen (Idola) zu zerbrechen und Christus wieder an ihre Stelle zu setzen. Aber er wird sich zu seiner Zeit selbst wieder einsetzen und wollte vielleicht von uns ebensowenig Bemühungen als einstmals von David den Tempel. Daß wir als Deutsche blos Deutsche erwählt haben, war eine willkürliche Bestimmung und wurde schon damals geändert. Die gute Sache läßt alle Völker als Genossen zu, besonders die, welche eine christliche Verbannung vereinigt."

Andreæ hatte infolge seiner trüben Lebenserfahrungen auf seine hochstrebenden Pläne verzichtet und die Fackel (Lampada) den stärkern Händen des Comenius anvertraut.[1] Aber ganz konnte er seine alte Lieblingsidee nicht lassen, sondern er vereinbarte in Nürnberg mit dem Pfarrer Johann Saubert und dem Geschlechter Konrad Baier eine neue christliche Vereinigung, deren Programm er in der Schrift „Veræ Unionis in Christo Jesu Specimen, selectissimis ac probatissimis amicis sacrum" niederlegte. Er wünschte „einen heiligen Bund des christlichen Gemeinsinns für das reine Bekenntnis und den ernsten Anbau der einzig wahren Religion zu gründen",[2] d. h. mit andern Worten einen Bund zur Befestigung des echt lutherischen Lehr-

[1] Keller l. c. f. 234 f.
[2] Hoszbach l. c. 179 ff.

begriffs, und für einen solchen Zweck bedurfte es allerdings, wie Andreæ mit einem Seitenblick auf die damaligen Akademien und gelehrten Gesellschaften bemerkt, keiner Sakramente, keiner Geheimnisse, keiner verborgenen Zusammenkünfte, keiner Laster, keines Aberglaubens; alles soll frei, eben, offen, leicht, unschuldig, ersprießlich und von der Art sein, wie es längst in unserm Bekenntnis und allenthalben gebilligt ist; nur was Christus gesagt hat: tue das, wird gefordert.“ In der Tat, viele gleichgesinnte Männer traten diesem Bunde bei, der in jenen bösen Zeiten Tausenden „ein Quell des Trostes, der innern Erhebung und der äußern Erleichterung“ wurde.[1] Andreæ hat das menschenmögliche für die Linderung der fürchterlichen Not getan, und seiner Initiative verdankt das Färbergestift in Calw seine Entstehung, indem er und andere ein Kapital von 18,000 Gulden zusammenschoßen, dessen Zinsen dazu dienen sollten, „die Dürftigen zu unterstützen, den kommenden Übeln zu begegnen, für die Nachwelt zu sorgen, Standhaftigkeit in der Freundschaft zu erhalten und den verdorbenen Sitten entgegen zu arbeiten,“ also genau dieselbe humane Gesinnung, wie sie die Freimaurerei fordert, hegen soll.

Johann Amos Comenius[2] ist einer der helleuchtendsten Geister aller Zeiten, nicht nur ein großer bahnbrechender Denker, sondern auch ein Charakter, ein Mensch, der sich alle Mühe gab, seinem hehren Vorbild Jesus Christus nachzufolgen; ein Apostel des Friedens in einer Welt des Unfriedens, ein Priester der Humanität und ein Prophet eines bessern und glücklicheren Weltalters.

Er wurde am 28. März 1592 in Ungarisch-Brod geboren und starb am 15. November 1670 in Amsterdam. Als Mitglied

---

[1] Hoszbach l. c. p. 182.

[2] Über die Comenius-Literatur vgl. die Monatshefte der Comenius-Gesellschaft I, 1892 ff. Die beste wissenschaftliche Biographie ist von J. Kvacsala, Joh. A. Comenius. Leipzig 1892. Ferner vgl. A. Patera, Jana Amosa Komenskeho Korrespondence, 1892.

der Brüder-Unität teilte er die Schicksale seiner Glaubensgenossen. Infolge des entfesselten Religionskrieges wurde er ins Elend hinausgeworfen. Unermüdlich war er für seine Glaubensgenossen tätig und arbeitete außerdem ununterbrochen an seinem großen Lebenswerke, der Erziehung des Menschengeschlechts. Er hatte während seines langen Wanderlebens die verschiedenen Nationen kennen gelernt und überall schlechte und edle Menschen gefunden. Eine strenge Lebensschule mußte er durchmachen, und er lernte dabei das Eitle aller menschlichen Bemühungen kennen.

Wohl zollte auch er den Schwächen seiner Zeit seinen Tribut; er war ein überzeugter Chiliast, d. h. er glaubte an die Wiederkunft Christi, den Sturz des Antichrists und die Aufrichtung des tausendjährigen Reiches der Frommen; er haßte den Papst als Antichrist und eiferte gegen die Irrtümer der Sekten. Wenn er für die Verbrüderung aller Völker, auch der Juden, Mohamedaner und Heiden eintritt, so versteht es sich ganz von selbst, daß diese Verbrüderung nur unter der Bedingung möglich ist, daß diese Ungläubigen zuvor Christen werden müssen. Aber es war ihm sehr ernst, mit seiner Forderung der Duldung und Gewissensfreiheit, und er hat diese Duldung, soviel an ihm lag, geübt.

Sein Lebenswerk, das ihn bis zu seinem Tod beschäftigte und ein Hauptvermächtnis für die spätere Freimaurerei werden sollte, war die Pansophia, d. h. eine Encyklopädie aller Wissenschaften, in der die christliche Lehre den einheitlichen Faden bildete. Eine Vorarbeit zur Pansophia war eine Abhandlung: „Der Weg des Lichtes“ (Via lucis). „Verwirrung herrscht in der Welt, alle Versuche zur Verbesserung zeigen sich bisher als ungenügend, dieselbe könnte nur durch ein universelles Licht erreicht werden, das leuchten würde, wenn man alles, was Gott den Menschen in seinen Büchern offenbarte, zusammenhäufte und in eine solche Ordnung schaffte, daß es von jedermann klar erfaßt und angenommen würde. Dieses Licht, das unsern Verstand, unsern Willen, unser Gemüt bestrahlt, besteht aus sieben Stufen;

die sechs ersten ergeben sich aus der Bestimmung des Menschen, daß ihm eine Lebensgefährtin fehle, aus den wechselseitigen Gesprächen und der Gewohnheit, heilige Zusammenkünfte zu feiern, aus der Benützung der Schrift und der Schule, aus der Buchdruckerkunst und der Schiffahrt; in der siebenten und höchsten Stufe wird das universelle Licht durch die herannahende allgemeine Wiedergeburt angedeutet. Um zu diesem universellen Lichte zu gelangen, bedarf es universeller Bücher, universeller Schulen, eines universellen Kollegiums und einer universellen Sprache. Universelle Bücher seien die Pansophia, Panhistorie und Pandogmatik; universelle Schulen würden allüberall die in den Büchern enthaltenen Lehren ausbreiten; das universelle Kollegium müßte aus begabten und frommen, allen Nationen angehörigen Männern bestehen, die durch freundliche Kollegialität verbunden und jahraus, jahrein die Früchte ihrer Studien nach vorangehender gemeinsamer Überprüfung veröffentlichen würden. Der Sitz dieses Kollegiums müßte in einem Lande sein, das von allen Seiten erreicht werden könnte, am meisten empfehle sich hiefür England."[1] Man sieht, wie sein Plan sich nahe mit der Tendenz der Royal Society berührt, die nach ihrem Geschichtsschreiber, dem Bischof Sprat, Männer aller Nationen und Religionen zu Mitgliedern zählen sollte.[2]

Comenius will also dem Verderbnis Einhalt tun durch ein Kollegium des Lichtes, ein Kuratorium der Heiligkeit und ein Gericht des Friedens. Die ganze Menschheit soll für sein Werk gewonnen werden, Juden, Türken und Heiden sollen seine Schriften ungekränkt lesen dürfen. Er will dem Menschengeschlecht sein großes Heil zeigen, das sich gründet auf Weisheit, Frömmigkeit, Frieden und Ruhe des Lebens. Wir sollen von der getrennten Vielheit zur Einheit, von den vielen Verwirrungen zur

---

[1] Nach Gindely, über des J. A. Comenius Leben und Wirksamkeit. Znaim, 2. Auflage 1893 p. f. Ausführlich bei Kvacsala p. 254 ff.

[2] Übrigens hatte auch der Schwede Benedikt Skytte dem großen Kurfürsten den Vorschlag einer Weltuniversität aller Nationen und Konfessionen gemacht. Vergl. Guhrauer l. c. p. 264*.

Einfachheit, von den Gewalttätigkeiten zu der angeborenen Freiheit zurückkehren. Dieser neue Weg des Lichts wird der heutigen Philosophie, den Religionsbegriffen und Staatsverfassungen nicht zur Zerstörung gereichen; denn er strebt nichts aufzuheben, sondern alles zu vervollkommnen, er strebt nach Vereinigung des Wahren und Guten. Wenn wir auf dem Grunde der allen Menschen gemeinsamen Urbegriffe, Urtriebe und Urkräfte ein Ganzes des Wissenwürdigen, des Begehrenswürdigen und Auszuführenden bilden, so haben davon Philosophie, Religion und Staat nichts zu fürchten. Denn des Wahren, Guten und Sichern kann auf diesem Wege nichts untergehen, sondern nur alles in einem gemeinsamen Schatz vereinigt werden.

Mit diesen Ideen nahm Comenius den Grundgedanken des Andreæ auf und erweiterte ihn. Und wie Andreæ wollte er seine Ideen durch Gründung einer Gesellschaft verwirklichen.[1] Das erfahren wir aus zwei Briefen vom 3. und 4. April 1659. Er wünschte durch eine Verbindung treuer und opferfreudiger Christen Gott und der Kirche zu dienen, zum Ruhme Gottes und zum Heil des Menschengeschlechts, indem er überallhin selbst bis zu den äußersten Grenzen des Erdkreises, die Strahlen oder Funken des Lichtes und der Wahrheit ausstreuen will. Die Mittel dazu biete er in Büchern, das notwendige Geld sollten Gönner beibringen. Vorläufig müsse das Ganze geheim gehalten werden. Comenius stand mit den berühmtesten Gelehrten Europas in Verbindung und korrespondierte u. a. mit Mersenne in Paris,[2] durch den Descartes auf ihn aufmerksam gemacht wurde. Aber er ließ seinen Plan fallen, weil er durch seine Amsterdamer Freunde erfuhr, daß man sich in England mit der Idee einer ähnlichen Gesellschaft trug.

So abgeschlossen auch der Engländer sich gegenüber dem Kontinente verhält, so besteht doch seit den ältesten Zeiten

---

[1] Kvacsala l. c. p. 409. Begemann im Mecklenburger Logenblatt 1894 Nr. 6. p. 56 und 8. p. 76 f.

[2] Lange, Geschichte des Materialismus I, 225. 237. Kvacsala l. c. p. 246 f.

eine Wechselwirkung zwischen der Insel und dem Festlande; bald ist England der empfangende, bald der gebende Teil. Am Anfange des 17. Jahrhunderts lebten in England eine Anzahl Deutscher, die zu Vermittlern zwischen Deutscher und Englischer Kultur wurden. Eine höchst interessante Persönlichkeit ist Samuel Hartlib,[1] der Sohn eines reichen Kaufmannes in Elbing und einer Engländerin. Handelsgeschäfte führten ihn nach England, wo er seit 1628 bis zum Tode 1662 lebte und wirkte. Er gehört zu jenen ideal gesinnten Männern, die ihre eigenen Angelegenheiten aufopfern, um der Mitwelt zu dienen. Er ist begeistert für die von ihm erwählte Aufgabe zu wirken und die Kultur zu fördern. Unbeirrt von nationalen und religiösen Vorurteilen wollte Hartlib nichts sein, als ein Mensch, für die Menschheit, die Hebung materieller und moralischer Kultur unablässig arbeiten. Bewunderungswürdig ist seine riesige Arbeitskraft und die Vielseitigkeit seiner Interessen. Er pflegte eine ausgedehnte Korrespondenz mit Beale, Boyle, Duraeus, Milton, Comenius und vielen andern, worin er über alles mögliche Auskunft erteilt. Der eine fragt ihn über jüdische Antiquitäten, der andere wünscht seine Meinung über die Judenfrage zu hören; Mercator bestürmt ihn mit astronomischen Fragen, Frankenberg sendet ihm apokalyptische, mystische Erörterungen, damit er sie dem Comenius mitteile u. s. w. Auch mit Jungius unterhielt er intime Beziehungen. Daneben war er literarisch tätig und schrieb u. a. einen utopischen Roman. Hierin schildert er ein glückseliges Königreich Macaria, in welchem alle Kräfte der Hebung der Kultur gewidmet sind. Etwa seit 1631 trat er zu Comenius in nähere Beziehung und machte begeistert Propaganda für dessen Pansophie, ja er stellte ihm eine staatliche Unterstützung von 1000 Pfund jährlich in Aussicht. Endlich gelang

[1] Über Hartlib gab A. Stern in der A. Deutschen Biographie x, 672 f. einige Notizen. Dann publizierte Fr. Althaus eine ausführliche Lebensbeschreibung in Raumers Taschenbuch 6 Folge III. 1884, p. 189—278. Zahlreiche Ergänzungen aus Handschriften liefert Kvacsala l. c. Vgl. auch Begemann im Mecklenburger Logenblatt 1895 nr. 7. p. 61. ff.

es ihm, das Parlament für Comenius zu interessieren, und in dessen Auftrag berief er denselben nach London.

Am 21. September 1641 kam Comenius in London an, wo er von seinen Freunden Hartlib, Duraeus, Hübner, Pelleus, Haack freudig empfangen wurde. Die religöse Stimmung des damaligen England machte einen tiefen Eindruck auf ihn. Die Bischöfe hatten ihre Popularität eingebüßt, und das Volk zeigte die größte Abneigung gegen die kirchliche Kunst und schlug die wertvollsten Glasgemälde entzwei.[1] Einige einflußreiche Parlamentsmitglieder versprachen ihm die Gründung eines wissenschaftlichen internationalen Kollegiums; allein der Ausbruch der Revolution vereitelte alle diese Bestrebungen, und Comenius ging nach Schweden, um sich bei dem Kanzler Oxenstierna für seine pädagogischen und pansophischen Pläne dessen Unterstützung zu sichern. Er erhielt indessen die Verbindung mit seinen englischen Freunden aufrecht, von denen namentlich Hartlib fest beim vorgesteckten Ziel beharrte. Dieser schloß sich der Revolution und später Cromwell an, 1649 wurde er vom Parlament zum Agenten für die Beförderung allgemeiner Bildung und des Gemeinwohls ernannt.

Tief schmerzte ihn der Geist der Intoleranz, mit dem die herrschende presbyterianische Partei die Indepedenten behandelte, ein Geist der Unduldsamkeit, der grell in einem Buche vom Jahre 1644 zu Tage trat, und gegen welchen er öffentlich protestierte. „Ich habe", schreibt er, „von Edwards Buch gehört, wie ich wohl mußte; denn die ganze Stadt und das Parlament hallen davon wieder. Die meisten preisen es hoch und einige wenige setzen es herab. Auch ich könnte meine Stimme erheben, aber weder zur Lobpreisung noch zur Herabsetzung, denn mein Herz schwillt von Gram und ich möchte wünschen, mein Haupt sei eine Quelle von Tränen, um die traurigen Wirkungen zu beweinen, die vermutlich von diesen unter Brüdern entstandenen Religionszwisten entspringen werden". Noch im selben

[1] Kvacsala l. c. p. 252.

Jahre veröffentlichte er eine kleine Schrift unter dem Titel: „Die Notwendigkeit einer näheren Verbindung und Verständigung zwischen evangelischen Christen". Wie dem Comenius lag ihm die Vereinigung aller protestantischen Christen sehr am Herzen, nicht minder aber die Ausbreitung des Christentums unter Juden, Türken und Heiden und sah als Mittel dazu die Herstellung von Bibelübersetzungen. Er war ein überzeugter Protestant, der den Papst als Antichrist haßte, ein Mann, der sich für alles Gute begeisterte und namentlich sich für die Ausbreitung der Bildung interessierte. Ihm widmete Milton 1644 seine berühmte Schrift „of Education". Darum eben nahm er einen so regen Anteil an den Ideen des Comenius. In den Jahren 1650 bis 1655 beschäftigte sich Hartlib mit Plänen für Verbesserung des Ackerbaues und der Landwirtschaft und gründete für diesen Zweck ein Kollegium für Landwirte. Trotz all seiner Kenntnisse und freien Ansichten zollte auch er dem Geist seiner Zeit seinen Tribut und war äußerst leichtgläubig. Auch er, wie die meisten damaligen Gelehrten, träumte von der Möglichkeit Gold zu machen. Wähnte doch Comenius allen Ernstes das Problem des Mobile perpetuum gelöst zu haben.[1] Trotz vieler Enttäuschungen gab Hartlib seinen Optimismus nie preis und überließ sich immer wieder neuen trügerischen Hoffnungen. Im Jahre 1659 erhielt er vertraute Kunde von dem Plane einer neuen zu begründenden Gesellschaft unter dem Namen Macaria. Am 22. Oktober berichtet er seinem Freunde, dem berühmten Chemiker Robert Boyle (geb. 1626), der den Bruch mit der Alchemie herbeigeführt hat:[2] „Die große Gesellschaft wird wahrscheinlich nächste Woche ans Licht treten". Er hofft von dieser „geheimen" Gesellschaft die Mittel für die Herausgabe von Schriften zu bekommen. „Die Wahrheit ist", schreibt er am 15. November dem genannten Gelehrten, „ich beabsichtige alle solche und

---

[1] Kvacsala, Korrespondence J. A. Komenského, Prag 1897 nr. 66. 68. 75.

[2] Lange, Geschichte des Materialismus $I^3$, 255. H. Kopp, Alchemie I, 53 ff.

ähnliche Werke oder Abhandlungen auf Kosten der Macaria drucken zu lassen, deren Zweck ausgesprochenermaßen ist, die Religion auszubreiten und die Verbesserung der ganzen Welt zu erstreben". Man machte ihm weis, daß diese Gesellschaft das Geheimnis besitze, Perlen und Gold machen zu können. Auch in der Korrespondenz des Hartlib mit Dr. Worthington spielt die Macaria eine Rolle, bis sich die ganze Sache als eine Seifenblase ergab, wie aus den Briefen hervorgeht. Noch am 4. Juni 1660 schreibt Hartlib hoffnungsfreudig: „Die letzte geheime Nachricht sagt, daß sie einig sind. Ich glaube, sie werden nun in sehr wenigen Tagen öffentlich erscheinen". Aber bereits am 15. Oktober gesteht er seine Enttäuschung ein: „Wir pflegten die erwünschte Gesellschaft mit dem Namen Antilia und manchmal mit dem Namen Macaria zu nennen; aber Name und Sache ist so gut wie verschwunden", und etwas später: „Von den Antiliern können wir kein Wort mehr hören, außer daß man von ihnen sagt, sie bereiten eine gewisse Entschuldigung vor, um zu zeigen, wie sie von Jenen getäuscht worden sind, an die sie sich gewandt hatten". Und diese Enttäuschung wurde durch den Brief Worthingtons vom 29. November 1660 bestärkt: „Auch weiß ich nicht, warum in Ihrem letzten Brief jenem Nichts, wie es sich nun erweist, der Name Antilia gegeben wurde. Ein Freund von uns vermutete immer, es würde sich zeigen, daß es nur Worte wären. Nach meinem Dafürhalten strebte der Plan nach so hohen Dingen von so erstaunlichen Leistungen (und doch waren die Grundlagen so verborgen und zeigten sich so wenig), daß ich nie viel darauf bauen oder einen zu seiner Verheißung passenden Ausgang erwarten konnte. Nichts ließ mich einigermaßen etwas Wirkliches darunter vermuten als die Meinung eines würdigen Freundes, der, wenn er unmittelbar verkehrt hätte (und nicht per internuntios), mit seinem Scharfsinn es ausgespürt haben würde. Darum tragen die internuntii die größte Schuld". Dazu fügte Hartlib am 10. Dezember die Erläuterung hinzu: „Das Wort Antilia gebrauche ich mit Beziehung auf eine frühere Gesellschaft, die kurz vor dem Böhmischen Kriege fast zu demselben Zwecke wirklich begonnen wurde. Es schien, als ob es eine geheime Losung (a tessera) jener Gesellschaft wäre, das nur von ihren Gliedern gebraucht wurde. Ich fragte nie nach der Bedeutung derselben. Sie wurde unterbrochen und zerstört durch die folgenden böhmischen und deutschen Kriege. Aber wenn ich gewußt hätte, sie (diese neue Gesellschaft) würde sich als ein großes Nichts erweisen, würde ich ihnen niemals jene Benennung gegeben haben, die ich jener (früheren) Gesellschaft, die, wie ich wußte, wirklich war, zu geben mich gewöhnt war. Die Betrügereien der Bruderschaft des heiligen Kreuzes (die sie Geheimnisse nennen) haben unendliche Vorwände und Ausflüchte gezeigt. Die Internuntii der Antilia tragen sicherlich die größte Schuld. Aber ich wage diesen Fehler nicht auf das Gewissen der heldenmütigen und aufrichtigen Seele meines Haupt-Internuntius zu legen, der wirklich glaubte, daß es so etwas gäbe, obgleich ich ihn oft wegen seiner übergroßen Leichtgläubigkeit, wie sie sich jetzt erweist, tadelte".[1] In bezug auf die frühere Gesellschaft könnte man an die von Andreae geplante „christliche Gesellschaft" denken, aber wahrscheinlich ist die von Jungius gestiftete Gesellschaft gemeint.[2] Hartlib gab aber trotz dem damaligen Scheitern seiner Pläne noch nicht alle Hoffnung auf. „Von der antilischen Gesellschaft", schreibt er am 28. Juni 1661 an Worthington, „ist der Rauch verweht, aber das Feuer ist noch nicht ganz erloschen. Vielleicht wird es zur rechten Zeit wieder aufflammen, wenn auch nicht in Europa".

Alle diese Versuche zur Gründung von Gesellschaften mußten scheitern, weil die Ziele zu weit gesteckt waren und diesen Plänen zu viel Utopisches und Phantastisches anhaftete, wovon die Nova-Atlantis nichts weniger als frei ist. Großartig erscheint die Idee des Comenius in seiner Schrift „Via lucis" (1642), der wünschte, daß ein universelles Collegium gegründet werde, aus Männern der ganzen Welt geschaffen, welche, begabt, fleißig und

[1] Nach der Übersetzung von Begemann l. c. p. 67.

[2] Guhrauer l. c. 232 ff.

fromm die Wege der Wohlfahrt der Menschen erforschen, die Ergebnisse der Forschung verbreiten und bewahren. Die Ausführung dieser Idee wäre in Erinnerung an Bacon am ehesten in England möglich. Comenius interessierte sich aufs lebhafteste für alles was dort geschah. Am 12. Juni 1647 schrieb er hocherfreut an Hartlib:[1] „Die Gründung der Akademie in London halte ich für den Anfang einer Erfüllung unseres Wunsches, wie ich ihn im 18. Kapitel der Schrift Via lucis ausgedrückt habe. Es vollziehe sich also die Sache in Gottes heiligen Namen, ohne daß Haß und Neid ihr Hindernis bereiten. Du erinnerst Dich, was Hübner[2] aus Frankreich schrieb, wie man meine über diese Sache: nicht London sondern Paris sei der Mittelpunkt der Welt, sagen sie. Doch gelte hier der Spruch: der erste, der beste, und jener Grundsatz des Naturrechts: eine Sache, die niemand gehört, gilt als Eigentum dessen, der sie zuerst nimmt . . . . Möge Gott nun die Herzen derer lenken, auf daß die, die so große Dinge ausführen können, sie auch ausführen wollen. Und weil es scheint, daß sie wollen, segne Gott die heiligen Absichten mit dem erwünschten Erfolge zur Ehre seines allerheiligsten Namens. Amen, Amen, Amen!" Es war ein Deutscher namens Theodor Haak aus Neuhausen bei Worms,[3] der die Anregung zur Gründung der Londoner Akademie gegeben hatte.[4] Dr. Wallis erzählt, daß im Jahre 1645 sich in London eine Anzahl angesehener Männer, die sich für die Naturphilosophie, besonders für die neue Experimentalphilosophie interessierten, wöchentlich versammelt hätten, um solche Dinge zu besprechen, mit Ausschluß der Fragen der Theologie und Politik, also philosophische Untersuchungen anzustellen und solche von verwandten Gebieten wie Physik, Anatomie, Geometrie, Astronomie, Schiffskunde, Statik,

[1] Patera, Korrespondence p. 133 ff.

[2] Joachim Hübner, ein Deutscher, der in London lebte.

[3] All. D. Biographie X. 257.

[4] Th. Sprat, History of the Royal Society of London. 1. Ausgabe 1667. Th. Birch, History of the Royal Society of London 1756, derselbe Works of Boyle 1644. Goethe, Ausgabe letzter Hand 54, 3 ff.

Magnetik, Chemie, Mechanik und Naturexperiment gemäß dem damaligen Stand dieser Studien. 1646 zogen einige Mitglieder der Gesellschaft nach Oxford, wo man wie auch in London mit Vorliebe die genannten Studien trieb. Auch Robert Boyle besuchte diese Versammlungen in Oxford und London. In seinen Briefen erwähnt er öfters dieses neue „unsichtbare oder wie sie sich selbst nennen philosophische Kollegium“. Die höchst gefährliche Zeitlage und das vielfache Mißtrauen gegen das Studium der Naturwissenschaft zwangen selbst diese Gesellschaft sich gegen Außen abzuschließen. War doch die Lust am Geheimnis ein Erbteil alter Zeiten.[1] Im Jahr 1659 kehrte der größte Teil der Mitglieder der Oxforder Gesellschaft nach London zurück, und sie hielten nach vertraulicher Gewohnheit im Gresham Kollegium ihre Versammlungen ab, denen sich noch manche der Londoner Naturforscher anschlossen. Infolge der Unruhen, die nach der Abdankung Richard Cromwells enstanden, wurden die Arbeiten der Gesellschaft einige Zeit unterbrochen. Hätten die Anabaptisten gesiegt, so wäre es vollends um die Freiheit der Wissenschaft geschehen gewesen. Allein fast alle Welt war des Bürgerkrieges satt, daher wurde der rechtmäßige König Karl II. in London am 29. Mai 1660 mit überschwänglichem Jubel empfangen. Vor allen die Freunde des Studiums der Naturphilosophie wollten nichts mehr von den kirchlich-politischen Streitigkeiten wissen und hielten sich zum König. Am 18. November veranstalteten sie eine Sitzung des philosophischen Kollegiums und beschlossen eine förmliche Akademie zu gründen, für welche sie sich die Bestätigung des Königs erbaten. Dieser, selbst ein Freund der Wissenschaft, gewährte ihnen gerne ihren Wunsch und erteilte der königlichen Gesellschaft in London für die Verbesserung der Naturerkenntnis am 15. Juli 1662 durch einen Freibrief Korporationsrechte. Ihre Aufgabe war Erforschung der Natur auf Grund experimentaler Beobachtungen. Wie ihr erster Geschichtsschreiber Sprat versichert, werden „freimütige Männer

[1] Goethe l. c. 54 p. 23.

der verschiedenen Religionen, Länder und Lebensberufe zugelassen". Denn nur auf diese Weise können sie den Grund einer „Philosophie der Menschheit" legen, und er hofft davon, daß der „Stand des Christentums bald ein neues Ansehen erlangen wird." Fast ängstlich sucht Sprat dem Argwohn zu begegnen, als könnte diese Experimentalforschung dem christlichen Glauben irgend wie zum Schaden gereichen. So große Vorsicht bedurfte es damals noch, um nicht die Verfolgungssucht der Kirche zu reizen. So sehr sich auch Hartlib für die Gründung der Akademie in London interessierte, so entsprach sie doch keineswegs ganz dem hohen Jdeal, das er sich vorgesetzt hatte: eine allgemeine Reformation des Menschengeschlechts, für welche die Zeit noch nicht gekommen war.

VIERTES KAPITEL.

# Die Moralphilosophie und das Toleranzprinzip in England.

Am Anfange des 17. Jahrhunderts schien ein holder Frühling aufblühen zu wollen. Alles trieb, sproßte und grünte. Da fiel ein kalter Reif in diese Frühlingspracht, und ein Eiseshauch tötete die zarten Pflanzen oder drängte das Wachstum zurück. Und nachdem die Glaubenskämpfe in Deutschland und Frankreich ausgetobt hatten, flammte in England noch einmal die religiöse Leidenschaft mächtig auf, und der wilde Fanatismus erstickte zeitweilig die wissenschaftlichen und humanitären Bestrebungen. Die Puritaner gewannen den Sieg über das Königtum und das Episkopalsystem; ein finsterer Geist hielt nun seinen Einzug in Schottland und England, der keine weltliche Lust und Ergötzlichkeit duldete, keine Künste und Wissenschaften förderte. Alles Sinnen und Trachten sollte nur auf das Seelenheil und das Jenseitige gerichtet sein. Wiederum wurden Tausende dem Moloch des religiösen Wahnsinns geopfert.[1]

1660 kehrte König Karl II. auf den Thron seiner Väter zurück unter dem Jubel des Volkes, und es erfolgte ein vollständiger Umschlag der öffentlichen Meinung. Die früheren Verfolgten und Besiegten wurden nun zu Verfolgern. Die zurückgedrängte Weltlust brach jetzt mächtig hervor. Jedermann, vor allem die Vornehmen, überließen sich einer ungezügelten Sinnen-

[1] S. Buckle, History of the civilisation in England II. Taine, Histoire de la littérature anglaise III. Livre III.

lust, das Tier im Menschen regte sich, und die Politur der Kultur verschwand. Schamlosigkeiten der ungeheuerlichsten Art waren an der Tagesordnung und das, was früher für heilig gegolten hatte, wurde nun verhöhnt. Wie die Puritaner nie den Mund hatten öffnen können, ohne ihre Rede mit Bibelsprüchen zu verzieren, so gefiel man sich jetzt in rohen mit Flüchen gewürzten Ausdrücken. Das Theater war eine Pflanzstätte der ärgsten Immoralität.[1] Ein Jagen nach Erwerb und Macht begann sich aller Seelen zu bemächtigen. — Der Materialismus gewann die Herrschaft, und unter seiner Wirkung wurde das Land reich. Thomas Hobbes (geb. 1588, gest. 1679) übte, obgleich von allen Seiten angefeindet, einen außerordentlichen Einfluß auf seine Zeitgenossen aus.[2] Er eifert gegen jede Metaphysik, und er gebraucht das plastische Bild: „Unkörperliche Substanzen sind viereckige Kreise, die man nicht denken, sondern an welche man nur glauben kann." Die Wissenschaft hat es nur mit körperlichen Substanzen zu tun. Auf dem ethischen Gebiet ist er ebenfalls Materialist und leugnet die Objektivität der Begriffe gut und böse. Erst das Denken macht sie dazu. Die Grundlage der menschlichen Gesellschaft ist der Egoismus, deshalb besteht ein Kampf Aller gegen Alle — also derselbe Gedanke, den Darwin mit dem Schlagwort: „Der Kampf ums Dasein" bezeichnet. Aus diesem Naturzustande des Kampfes Aller gegen Alle kann nur der Staat Rettung bieten, und am besten kann der Staat seine Aufgabe leisten in Form des absolutistischen Königtums; doch nicht ein Königtum von Gottesgnaden, sondern ein Königtum, das auf einem Vertrage mit dem Volke beruht. Diesen absolutistischen Staat nennt er bezeichnend Leviathan, ein Ungetüm, das von keinen höheren Rücksichten geleitet ist. Die Theologie wird als unheilstiftendes Scheusal gebrandmarkt, und die Religion ist ihm keine Sache der Wissenschaft. Sie wird schlagend als die „Furcht unsichtbarer Mächte" definiert, „sei es, daß diese er-

---

[1] Hettner, Geschichte der Englischen Litteratur, 5. Auflage, 97 ff

[2] S. Windelband l. c. I, 135 ff. Lange l. c. I, 234 ff.

dichtet, sei es, daß sie durch Tradition überliefert sind; sie ist Religion, wenn sie von Staates wegen festgestellt, Aberglaube, wenn sie nicht von Staates wegen festgestellt ist".[1] Ihm ist der Staat alles, die Kirche nichts, der Religion gegenüber verhält er sich ganz indifferent. Er ist zugleich der Urheber jener religiösen Heuchelei, wie sie in England noch heute üblich ist, wonach die Religion notwendig ist, um das Volk in Gehorsam zu halten. Die höheren Stände dürfen so freigeistig denken, wie sie wollen, äußerlich wenigstens sollen sie den kirchlichen Institutionen Hochachtung bezeugen. Spekulative Philosophie hält in England seit Hobbes Tagen jedermann für überflüssig und höhnt sie als einen Germanismus.[2] Ein gemäßigter Egoismus, der sich mit dem Christentum trefflich abfindet, ist in allen Schichten der Englischen Gesellschaft als einzige Grundlage der Moral für den Einzelnen, wie für den Staat anerkannt.[3]

Zur Zeit der letzten Stuarts stand die geistige Kultur trotz aller Fortschritte der Naturwissenschaften auf einem äußerst tiefen Niveau, die Justiz war eine barbarische und die Strafen fürchterlich.[4] Martern, Köpfen, Vierteilen, Auspeitschen gehörten zu den alltäglichen Schauspielen, und das Gefühl war so roh und abgestumpft, daß sogar die vornehmsten Damen solchen Exekutionen, die oft genug die Scham verletzten, mit Begier beiwohnten und sich an den Qualen der Gemarterten weideten.[5]

Der Aberglaube war kraß, und er wurde von der Geistlichkeit mit Absicht gepflegt. Noch 1712 wurden Hexen gehängt und erst 1736 das Gesetz über die Hexerei aufgehoben. 1634

---

[1] Leviathan cap. 6 (Opera lat. ed. Malesworth III p. 45): Metus potentiarum invisibilium, sive fictae illae sint, sive ab historiis acceptæ sint publice, religio est; si publice acceptæ non sint, superstitio.

[2] S. namentlich bei Buckle, History of the civilisation I Einleitung und II Schottland.

[3] Lange l. c. I, 253 f.

[4] Damit hängen die fürchterlichen Eide in den alten Englischen Ritualen zusammen; sie entsprechen der damaligen Denkweise und Sitte s. Walden, die alten Eide der Freimaurer. Berlin 1889.

[5] Taine, Histoire de la litt. angl. III, 22.

hatte Sir Thomas Browne, ein aufgeklärter Mann, ausdrücklich seinen Glauben an die Existenz von Hexen bekannt; wer an ihnen zweifelt, leugnet nicht nur sie, sondern auch die Geister, und ist Gottesleugner. Noch hundert Jahre später sagte ein englischer Pfarrer: „Die Hexerei aufgeben heißt die Bibel aufgeben."

Mit der Regierung Wilhelms von Oranien 1688 beginnt es in England mächtig zu tagen. Jetzt schloß das Königtum in der Tat mit dem Volke einen Vertrag, der dem König und den Vertretern des Volkes, dem Unterhaus, bestimmte Rechte festsetzte. Noch gährte es zwar gewaltig, und wiederholt machten die Anhänger der Stuarts bewaffnete Aufstandsversuche. Der Scharfrichter hatte Arbeit genug, und die religiösen Parteien hörten nicht auf, sich gegenseitig zu begeifern. Jedoch brach sich mehr und mehr der Gedanke der Toleranz Bahn. Freilich war man noch weit entfernt von der Weitherzigkeit eines Comenius, der in seiner Liebe die ganze Menschheit umfaßte. Nirgends war der Fremdenhaß größer als in England. Selbst König Wilhelm, der für Englands Volk und seinen Ruhm so viel getan, entging diesem Hasse nicht. Da war es denn eine große Tat, als Daniel de Foe, der Verfasser des Robinson Crusoe, eine bissige Satire schrieb, „The true born Englishman", worin er witzig den Satz ausführt, daß die Engländer ja selbst durch und durch ein Mischvolk seien und gerade diesem Umstande ihre eigensten Vorzüge verdankten. Das Gedicht machte außerordentlichen Eindruck und wurde auf allen Straßen gesungen. Er bereitete die kosmopolitische Gesinnung vor. Schwieriger war es, der religiösen Toleranz zum Siege zu verhelfen. Noch immer wollte man die Papisten und Atheisten nicht dulden, und die Toleranzakte, welche König Wilhelm erließ, schloß diese von der Bekleidung öffentlicher Ämter aus. Immerhin war diese Toleranzakte, auch in ihrer Beschränktheit, ein gewichtiger Fortschritt. Auch hier, wie so oft im Leben, arbeitete die Theorie der Praxis vor. In England stehen Wissenschaft und Leben nicht auf so gespanntem Fuße, wie in Deutschland. Je intensiver ein Mann der Wissenschaft am öffentlichen Leben teilnimmt, um so größer ist seine Wirksamkeit. Am Ende des 17. Jahrhunderts war John Locke der Träger der philosophischen Bewegung. Früh trat er zu dem Minister Shaftesbury in nahe Beziehung und teilte dessen wechselvolle Schicksale. Jahre lang lebte er teils in freiwilliger, teils in gezwungener Verbannung. Hier, zumal in Holland, dem Asyl aller Verfolgten, wo auch Comenius seine letzte Ruhestätte gefunden hatte, erweiterte sich sein wissenschaftlicher und politischer Horizont, er legte die nationale Beschränktheit des Engländers ab und begeisterte sich für Toleranz und bürgerliche Freiheit. Später 1748 nahmen ihn die Freimaurer als einen der ihrigen in Anspruch und man fälschte sogar einen Brief, den Locke angeblich dem Grafen von Pembrocke geschrieben haben sollte, worin das Freimaurerverhör mitgeteilt wird, das König Heinrich VI. habe schreiben lassen.[1] Wohl hat Locke durch seine Schriften, namentlich die Briefe über Toleranz (1685—1691), der Freimaurerei mächtig vorgearbeitet, aber die Freimaurerei hat auf ihn keinen Einfluß ausüben können, da wir von irgend einer Beziehung Locke's zu ihr nichts erfahren.

Locke gehörte im Gegensatz zu Hobbes der liberalen Richtung an; er ist durch seine Schrift über das Münzwesen der Vorläufer der Englischen Nationalökonomie geworden, und er hat dann durch sein berühmtes Buch über die menschliche Erkenntnis einen maßgebenden Einfluß auf die Philosophie sowie auf die moralische und politische Bildung geübt. Er tritt für die Konfessionslosigkeit des Staates ein und zugleich für die Trennung von Staat und Kirche. Nur den Katholiken und Gottesleugnern versagt er die Duldung; ersteren, weil ihr Oberhaupt in Rom lehre, Ketzern brauche man das Wort nicht zu halten, letztern, weil Locke an der Lehre von der Offenbarung festhält; wer Gott leugnet, leugnet damit auch die Möglichkeit der Offenbarung.

---

[1] Abgedruckt bei Krause, Kunsturkunden I, 50 ff. Vgl. Keller, Kurzgefaßte Allgemeingeschichte 59 ff.

Man sieht, wie seine Gedanken mit dem Toleranzedikt übereinstimmen; letzteres kann nur als eine Frucht der Philosophie Locke's angesehen werden.

Legt sich Locke in seinen religiösen Anschauungen noch Zügel an, so gingen die Spätern weit über ihn hinaus, vor Allem John Toland, der erste, welcher einen neuen religiösen Kultus auf eine rein naturalistische Grundlage begründen wollte. Man muß auch an die Religion den Maßstab der Vernunft legen. Die ursprünglichen Lehren der Evangelien waren vernünftig, erst die Pfaffen haben sie durch Zusätze entstellt und es dahin gebracht, daß so einfache und natürliche Dinge wie Brotessen, Weintrinken, ins Wasser tauchen und mit Wasser waschen für schreckliche und unaussprechliche Geheimnisse galten.

„Erst war die Religion natürlich, leicht und klar,
Doch Fabeln machten bald sie dunkel ganz und gar;
Man führt den Opferdienst und viel Gepränge ein,
Die Priester wurden fett, das Volk ward arm und klein.“[1]

Selbst ein so freigesinnter Denker wie Leibnitz fand diese Angriffe auf die überlieferten Glaubenssätze zu weitgehend. Da ist es denn kein Wunder, wenn die Geistlichkeit gegen diese Ketzereien Gift und Galle sprühte und von den Kanzeln gegen Toland donnerte. Einer Verhaftung in Dublin entging er nur durch die Flucht, aber er war eitel genug, in den Kaffeehäusern und Klubs in London von seinen Reformideen zu sprechen. Die Gefahr, in die er geriet, belehrte ihn jedoch, daß es nicht gut sei, die Gedanken der Weltweisen dem Volke zu offenbaren. Er erinnerte sich der Sitte der alten Philosophen, eine exoterische und eine esoterische Lehre aufzustellen, und rechtfertigte diese Unterscheidung durch eine hübsche Anekdote, die ihm ein Verwandter des Lord Shaftesbury erzählte. „Als der letztere sich eines Tages mit Major Wildmann über die mancherlei Religionen in der Welt unterhielt, kamen sie zuletzt zu dem Schlusse, daß ungeachtet jener unzähligen, durch das Interesse der Priester

[1] Hettner l. c. p. 170.

und die Unwissenheit der Völker geschaffenen Teilungen doch alle weisen Männer der nämlichen Religion angehörten. Da tat eine Dame, die bisher mehr auf ihre Handarbeit als auf die Unterhaltung zu achten schien, mit einiger Bekümmernis die Frage, welche Religion das sei? worauf Lord Shaftesbury rasch zur Antwort gab: „Madame, das sagen die weisen Männer niemals.“ [1] Das war auch Toland's Ansicht. „Man lasse,“ sagte er, „jedermann seine Gedanken frei aussprechen, ohne daß er jemals gebrandmarkt oder gestraft wird, außer für gottlose Handlungen, indem man spekulative Ansichten von jedem, der will, billigen oder widerlegen läßt: dann seid ihr sicher, die ganze Wahrheit zu hören; bis dahin aber nur sehr kümmerlich oder dunkel, wenn überhaupt.“

Seine esoterische Lehre hat er in dem 1720 (zu Kosmopolis) anonym erschienenen Dialog „Pantheistikon“ dargelegt. Er lehnt sich an die Philosophie Spinoza's an. Offenbarung und Volksglauben haben keine Stätte mehr in der Welt. Sein Gott ist das All, von dem Alles geboren wird und zu dem Alles zurückkehrt. Sein Kultus gilt der Wahrheit, Freiheit und Gesundheit, den drei höchsten Gütern des Weisen. Seine Heiligen und Kirchenväter sind die erhabenen Geister und die vorzüglichsten Schriftsteller aller Zeiten, besonders des klassischen Altertums; aber auch diese bilden keine Autorität, welche den freien Geist des Menschen fesseln dürfte. In der Sokratischen Liturgie ruft der Vorsteher: „Schwöret auf keines Meisters Worte.“ Und die Antwort schallte ihm aus der Gemeinde entgegen: „Selbst nicht auf die Worte des Sokrates.“ [2]

Mit diesem Buche suchte Toland Propaganda für den Pantheismus zu machen, indem er an den Spruch des Linos anknüpft:

*Ἐξ παντὸς δὲ τὰ πάντα καὶ ἐξ πάντων τὸ πᾶν ἔστιν.*

(Aus dem Gesamtall ist alles geflossen, wie aus Allem das Gesamtall fließt.)

---

[1] Lange l. c. I, 272.

[2] Lange l. c. I, 273.

Das Symposium Platons diente ihm als Muster. Es handelte sich um eine Sokratische Gesellschaft, die für ihre Symposien eine Liturgie besaß, deren Kenntnis zugleich den Ausweis der Zugehörigkeit zur Gesellschaft bildete.[1]

Mäßig sollen die Sokratischen Gesellschaften der Pantheisten sein, nicht luxuriös und der guten Sitte widersprechend, nicht schlemmender Genußsucht gewidmet, sondern der Belebung freundschaftlicher Unterhaltung. Übermaß im Weingenuß, sowie alle Glücksspiele sollen verpönt sein. Harfenmädchen, Zitherspielerinnen und Tänzerinnen sollen gleich den gewerbsmäßigen Possenreisern dem Tische der Genossenschaft fernbleiben. „Die Würze des Mahls bilden geistvolle Gespräche und feiner Scherz. Gleichwie die Mahlzeit frugal, so soll auch das Tischgeräte einfach und anständig sein. Finsterer Ernst sei verbannt, heiteres Angesicht willkommen. Aber erst dann, wenn die Aufwärter und Diener, die ja nicht hingehörige und ungelehrte Leute sind, sich entfernt haben und man die Türe, wie dies ja auch bei den Alten Sitte war, wohl verschlossen hat, dann werden mannigfache Unterhaltungen über mannigfache Gegenstände angeknüpft. Irgend eine plötzlich hingeworfene Frage wird dem Kreise zur Beantwortung überlassen, gerade wie im Gastmahl des Platon geschah, oder es besprechen einzelne, nach dem Muster von Xenophons Gastmahl, Themata, die sie sich selbst oder andere ihnen gestellt haben. An bekannten, periodisch wiederkehrenden Tagen soll das Natur- oder Vernunftgesetz Gegenstand der Erörterung sein; erdichtete Offenbarungen sollen zurückgewiesen werden; nicht minder verwerfen sie vorgespiegelte Wundertaten, abgeschmackte Mysterien und doppelzüngige Weissagungen, wie sie endlich alle Täuschungen, Deuteleien, Trugschlüsse, Betrügereien und namentlich alle altweibermäßigen Fabeleien auf-

---

[1] S. Hettner, l. c. p. 171 ff. Katsch, Pantheistikon in Mitteilungen aus dem Verein d. Freimaurer 1882—1883 p. 51 ff., der p. 72 ff. den Lateinischen Text des dritten Teils nebst Deutscher Übersetzung gibt.

decken und nachweisen, welche die Religion mit widerwärtigem Dunste und die Wahrheit mit dicker Nacht umhüllen." [1]

Toland will den Schein erwecken, als ob solche Sokratische Gesellschaften in Paris, in Venedig, in allen großen Städten Hollands, selbst in Rom, besonders aber zahlreich in London existiert hätten. Von all dem ist nichts bekannt; es handelt sich hier um eine Fiktion. Möglicherweise hat Toland eine Gesellschaft gegründet, für die er das im Pantheistikon mitgeteilte Ritual geschaffen hatte. Das Klubwesen war damals in England im Flor.[2] Der Engländer liebt es ja bis auf den heutigen Tag, sich abzuschließen; er kann mit seinesgleichen, im Kreise von genau Bekannten gesellig sein, gegen Unbekannte verhält er sich stumm und zugeknöpft. Dem Geselligkeitsbedürfnis dienten damals wie heute noch die Klubs. Jeder dieser Klubs hatte seinen besonderen Charakter, und die Aufnahme fand unter Zeremonien statt, die denen der Freimaurer zum teil ähnlich waren.

Wenn aber ein maurerischer Schriftsteller[3] das Pantheistikon als die Knospe bezeichnet, aus der die Blüte königlicher Kunst sich entwickelt habe, so ist dies kaum richtig.[4] Die Freimaurerei besaß damals noch keinerlei religiöse oder philosophische Tendenzen. Toland vertrat den Pantheismus. Die Pantheisten wurden aber in England mit den Atheisten identifiziert; einem Atheisten war die Loge verschlossen, unmöglich konnte daher Toland ein Freimaurer gewesen sein.

Hartlib hatte nach dem Vorbild seines edlen Freundes Comenius an der Hebung der intellektuellen und materiellen Kultur gearbeitet. Die Revolution bewirkte einen großen Rück-

---

[1] Katsch l. c. 59 ff.

[2] S. Cramer, Der Kulturzustand Englands vor Entstehung der modernen Freimaurerei, in Mitteilungen aus dem Verein d. Freimaurer 1884—1885 p. 39 ff.

[3] Rebsamen in der Bauhütte 1882 p. 285.

[4] Katsch l. c. p. 63 ff. lehnt mit guten Gründen eine Verwandtschaft der Freimaurerei mit dem Pantheistikon ab.

schlag. Wohl blühten nach der Wiederherstellung des Königtums die Naturwissenschaften, wohl hob sich zusehends der nationale Wohlstand, allein die Barbarei der Sitten war größer als zur Zeit der Königin Elisabeth. Beim Franzosen wirkt die Ausgelassenheit wie der Champagner; er prickelt und erregt angenehme Gefühle; die dem Franzosen angeborene Mäßigkeit und sein guter Geschmack halten ihn vor eigentlichen Rohheiten der Betrunkenheit zurück. Der neblichte trübe Himmel in England, die blutige Fleischnahrung, das dicke Bier und die starken alkoholisierten Weine schaffen ein schweres Geblüt.[1] Maß halten ist schwerer in England als in Frankreich. Ein Trinkgelage artet dort leicht in Völlerei aus,[2] Ausgelassenheit in Rohheit und Brutalität. Die moralische Zeitschrift The Spectator Nr. 324[3] entwirft folgendes Bild der vornehmen jungen Leute in London zur Zeit der Königin Anna: Die jungen Leute bilden eine Nachtgesellschaft, die sich Mohock-Klub nennt. „An ihrer Spitze steht ein Kaiser der Mohocks, dessen Waffe in einem Türkischen Halbmond besteht. Ihrem Namen entsprechend ist Unfug der anerkannte Zweck ihrer Vereinigung, und auf dieser Grundlage ruhen alle Gesetze und Verordnungen. Der edle Kitt ihrer Genossenschaft ist der entsetzliche Wetteifer, ihren Mitmenschen allen erdenklichen Schaden zuzufügen. Das ist zugleich die einzige Eigenschaft, die man von den Mitgliedern verlangt. Um ihre Grundsätze aber auch in voller Strenge und mit aller Vollendung in Wirklichkeit umzusetzen, tragen sie Sorge, sich vorher jedesmal in solchem Maße zu betrinken, daß es ihnen unmöglich ist, auf irgend eine Regung des Verstandes oder der Menschlichkeit zu hören. Dann unternehmen sie gemeinschaftlich einen Streifzug und ergreifen alle, die das Unglück haben, gerade durch die Straßen zu gehen, durch die sie ziehen. Manche

[1] S. Taine, Histoire de la litt. angl. III, 10 ff.

[2] Darum im Pantheistikon und in den „alten Pflichten" VI die Ermahnung zur Mäßigkeit.

[3] S. auch Taine l. c. III p. 262 f. J. Cotter Morison, Menschheitsdienst, Deutsch von L. Lauenstein. Leipzig 1890 p. 142 ff.

schlagen sie nur nieder, andere erstechen sie, und noch andere verstümmeln sie und hauen sie in Stücke. Die besondern Eigenschaften, durch die diese Unmenschen sich voneinander unterscheiden, bestehen darin, daß sie an ihren Opfern verschiedenartige Unmenschlichkeiten vornehmen. Einige sind wegen ihrer Geschicklichkeit berühmt, sich wie Löwen auf jene zu stürzen. Dies geschieht, indem sie ihnen die Nase flach aufs Gesicht drücken und mit den Fingern die Augen ausbohren. Andere heißen Tanzmeister. Sie lehren ihre Schüler Luftsprünge machen, indem sie ihnen Degen durch die Schenkel stoßen. Eine dritte Gattung bilden die Seiltänzer. Ihr Amt ist es, Frauen auf den Kopf zu stellen und an ihrem entblößten Leibe gewisse Unzüchtigkeiten oder vielmehr Rohheiten zu verüben. Nasen abschneiden, Menschen hinterrücks niederschlagen, Frauen in Fässer stecken und sie dann darin den Snow Hill hinunterrollen, das alles gehört zu ihrem Zeitvertreib.“ Ein Schauspieler wurde von Lord Mohan und Hauptmann Hill ermordet, die beiden Mörder aber vom Peersgericht freigesprochen; der Bursche war ja nur ein Schauspieler und Schauspieler sind Spitzbuben. (Macaulay.)

Dieser sittlichen Verlotterung arbeiteten die Philosophen entgegen. Locke's Moralphilosophie litt an der Schwäche, daß er auch auf sittlichem Gebiete die angebornen Ideen bestritt und wie Hobbes Gut und Böse als relative Begriffe ansah. Ihm trat sein Schüler, Lord Shaftesbury entgegen, dessen herrliche Schriften auf die Deutschen Klassiker sowohl wie auf Voltaire, Diderot, äußerst befruchtend gewirkt haben. Er war ein Mann von idealistischem Schwunge der Begeisterung und einer poesievollen Weltanschauung. „Trachtet zuerst nach dem Schönen, und das Gute wird euch von selbst zufallen,“ ist der Ausgang wie der Abschluß seiner Sittenlehre. Ein wiedergeborenes Griechentum, ein göttlicher Kultus der Schönheit stand vor seiner begeisterten Seele. „Nur der ist ein wahrhafter Künstler, der gleich dem obersten Werkmeister oder gleich der bildenden Natur ein Ganzes schafft, wo alles miteinander im Zusammenhange und im richtigen Verhältnis steht, und wo die einzelnen Teile sich naturgemäß unterordnen und gliedern."[1] Er glüht zugleich für das Ideal politischer Freiheit. „Wo unumschränkte Gewalt ist, werde auch die Tugend unmöglich."

Shaftesbury ist das große Sprachrohr aller derer, die so sehnsüchtig darnach trachteten, das Ideal eines moralischen und politischen Zustandes herbeizuführen, der zur allgemeinen Glückseligkeit hinüberleite. Die Lehre Rousseaus will ja schließlich nichts anderes als diese allgemeine Glückseligkeit. In der Französischen Revolution machte man den Versuch, dieses Ideal zu verwirklichen; bekannt ist, wie dieser Versuch scheiterte und anstatt der ersehnten allgemeinen Glückseligkeit die Nation dem Abgrund entgegenbrachte. Schon drei Generationen vorher hat der Engländer Mandeville in seiner Satire die „Bienenfabel" dieses Ideal als ein falsches Idol gerichtet.[2]

Mit der ganzen Einseitigkeit, wie sie nur dem Genie eigen ist, hatte sich Luther auf die Lösung der religiösen Frage geworfen und dann das ganze gesittete Europa in den Streit um die wahre Religion hineingezogen. Ströme Blutes waren in diesem gewaltigen Kampfe geflossen; allmählich trat dann Ermattung und Gleichgiltigkeit ein; man wuchs über die konfessionellen Formen und Formeln hinaus und drängte auf einen überkonfessionellen Standpunkt hin. Man löste sich gewissermaßen von den Banden der Vergangenheit los, indem man auf die natürlichen Bedingungen des menschlichen Lebens zurückgriff. So entstand das Naturrecht an Stelle des historischen Rechts; die Moralphilosophie setzte an Stelle des göttlichen Gebots die moralische Anlage der menschlichen Natur, und den positiven Religionen stellte man eine natürliche entgegen, d. h. eine philosophische, die nichts von den überlieferten Dogmen wissen wollte. Herbert von Cherbury (1581—1648) kann als

[1] Hettner l. c. p. 182 ff.

[2] S. Hettner l. c. p. 195 ff. Windelband l. c, I, 268 f. berichtigt das Mißverständnis Langes.

der Vater dieser neuen Richtung bezeichnet werden. Mit weitem Blick umfaßt er in der ecclesia catholica die ganze Menschheit. Dem Englischen Deismus war es vorbehalten, das religiöse Leben von der Enge konfessioneller Dogmen zu befreien. Diese aufgeklärten Philosophen beanspruchten für sich vollständige Denkfreiheit, Ablehnung einer jeden Lehre, die mit der Vernunft im Widerspruch stand, denn die Vernunft ist der Maßstab, den man an die Dinge anlegt.[1] Eine logische Konsequenz dieser Denkfreiheit ist die Toleranz, indem der Staat absolut kein Recht hat, sich um die Meinungen seiner Bürger zu bekümmern oder gar deren religiöse Ansichten zu bestrafen. Doch tat man den Englischen Deisten Unrecht, wenn man sie der Feindschaft gegen das Christentum beschuldigte, nein sie beanspruchten so gute Christen zu sein, wie ihre frommen Gegner, nur wollten sie das Christentum läutern und von den willkürlichen Zutaten einer scholastischen Theologie befreien. Indeß war die öffentliche Meinung, oder nennen wir es den Zeitgeist, noch nicht so weit fortgeschritten, daß das Freidenkertum ungeniert hätte seine Fittige entfalten können. Namentlich die Presse, die ja fast immer die Durchschnittsbildung des Bürgers zur Geltung bringt, erging sich mit der leidenschaftlichsten Heftigkeit, Gehässigkeit und Erbitterung gegen die Deisten, diese Gottesleugner. Das wohlgenährte Philistertum hat ja immer einen Zorn, wenn Meinungen, Gedanken auftreten, die den seinigen entgegengesetzt sind; es fürchtet die Mühe des Umdenkens; es hat einen Haß gegen jede überlegene Bildung. Noch heute könnten die frommen Ankläger der Freimaurerei jenen Artikel in der Englischen Zeitung The Tatler vom 24. Dezember 1709 unterschreiben, worin die Freidenker elende Lumpen genannt werden, die ohne Witz, Kenntnis und Einsicht ihre rohe Anschauungsweise aus elendem Ehrgeiz zu Markt führen; sie meinen, weil sie anders denken als alle übrigen Menschen, man müsse sie auch für weiser halten als diese. Was ist lächerlicher als ein solcher

Atheist? Sein Geist kennt keine Begeisterung und keine Erhebung; er muß sich vorkommen wie das niedrigste Tier, denn er ist der Sterblichkeit unterworfen wie dieses, nur mit dem Unterschied, daß er das einzige Tier ist, das von dieser Sterblichkeit weiß. In Unglücksfällen ist er verloren, er fühlt den ganzen Druck seines Unglücks und hat doch keine Hoffnung auf eine bessere Zukunft. Vernichtung ist der einzige Segen, den er wünschen kann; ein Strang oder eine Pistole ist die einzige Zuflucht, die ihm bleibt.[1] Unterschiedslos werden Pantheisten, Deisten und Freimaurer zusammengeworfen und mit Schmutz überschüttet. Allein diese gehässige Verfolgungswut, mit welcher die bornierte Mittelmäßigkeit gegen die Deisten vorging, ist ja gerade ein Beweis von der zunehmenden Bedeutung der neuen Richtung. Damals wie noch heute galten die Freimaurer frommer Unduldsamkeit als Gottesleugner, weil sie einem jeden Menschen das Recht einer eigenen religiösen Überzeugung zuerkannten, und damals, wie noch heute glaubte das Volk, die Freimaurer trieben hinter verschlossenen Thüren gottlose Dinge. Denn warum verschließen sie sich denn? Der Fluch des Geheimnisses lastet seit jenen Tagen auf der Freimaurerei, und dieses Geheimnis wird in den Händen Übelwollender immer wieder eine Waffe, um das Andenken des Freimaurerbundes zu verunglimpfen.

[1] Hettner l. c. 204 ff.

FÜNFTES KAPITEL.

# Die Bauhütten und Werkmaurerlogen in England.

Die romano-germanischen Völker bildeten im Mittelalter eine große Familie. Sie alle besaßen dieselben staatlichen und kirchlichen Verfassungen, dieselben wirtschaftlichen Zustände, die gleiche Bildung und dieselben Sitten und Gebräuche, nur daß sich allmählich in den verschiedenen Ländern Abweichungen entwickelten, je mehr die nationale Individualisierung Fortschritte machte. So finden wir denn auch in England das Genossenschaftsprinzip reich ausgebildet. Als Handelsgenossenschaften hießen diese Vereine ursprünglich Gilden, als Handwerkergenossenschaften Crafts, Mysteries oder Compagnies.[1] Ihre Mitglieder nannten sich Brüder und Schwestern. Ihnen allen wohnt ein stark religiöses Element inne, und sie besitzen eine große erzieherische Eigenschaft. Sie führten u. a. Schauspiele auf, worin die Laster und Sünden verspottet und die Tugenden gepriesen wurden. Es existieren Verordnungen, wie man sich bei Mahlzeiten und Trinkgelagen zu verhalten habe. Keiner soll in einem unanständigen Kleide oder barbeinig und barhaupt in den Versammlungen erscheinen, keinen Lärm machen, nicht schlafen etc. Die Könige haben diese Verbindungen mit Argusaugen überwacht und sie zuweilen zu unterdrücken gesucht, allein alle polizeilichen Verbote waren vergebens. Je mehr sich das Gewerbewesen entfaltete, um so mehr wuchs die Bedeutung der

[1] Siehe K. Hegel, Städte und Gilden. Leipzig 1881. 2 Bände.

Zünfte, und es ist ganz begreiflich, daß anfangs die Stadtobrigkeit sie mißtrauisch im Auge behielt.[1] Seit dem Ende des 14. Jahrhunderts wurden sie aber ein organisches Glied der Stadtverfassung, und vielfach bestand nun der städtische Rat aus den erwählten Vertretern der Gilden. Und dieses Gildenwesen blieb auch in den folgenden Jahrhunderten in seinen Grundzügen bestehen, nur waren die staatlichen Behörden jederzeit darauf bedacht, Auswüchse zu beschneiden. Die englischen Zünfte haben nie den Grad der Selbständigkeit erreicht, den die Deutschen erlangt hatten. Immer war für sie die Stadtbehörde die wichtigste Autorität. Bürgermeister und Rat hatten das Recht und die Pflicht, die Meister sowohl als die Mitglieder der Gewerke, einen jeden nach seinem Verhalten und Vergehen, zurechtzuweisen, zu strafen und mit Bußen zu belegen. Und diese Autorität wurde im Laufe der Zeit noch durch eine Reihe von Gesetzen erweitert und verstärkt, die den Bürgermeistern die Befugnis zuerkannten, als Friedensrichter und Schiedsrichter in den Streitigkeiten unter den Arbeitern aufzutreten. Bei öffentlichen Aufzügen waren alle Genossenschaften verpflichtet, sich dem Bürgermeister anzuschließen. Die neugewählten Meister und Vorsteher mußten jährlich einmal vor dem Bürgermeister erscheinen und ihm den Eid leisten, daß sie die von den städtischen Behörden gebilligten Verordnungen ausführen und nichts gegen den Landfrieden und die Ruhe und Sicherheit des Königs oder der Stadt unternehmen wollten. Jeder neue Lehrling mußte den Stadtkämmerern vorgeführt und sein Lehrbrief in deren Gegenwart eingetragen werden; nach Ablauf seiner Lehrzeit (von meist sieben Jahren) hatte er wieder vor den Stadtkämmerern zu erscheinen, um, nachdem er in seiner Zunft das Meisterrecht erworben hatte, zum Bürgerrecht zugelassen zu werden. Doch alle Einschränkungen taten ihrer Wichtigkeit

---

[1] W. J. Ashley, Englische Wirtschaftsgeschichte. Übersetzt von R. Oppenheim. Leipzig 1896. 2 Bände. Besonders Band II, 22 ff. 69 ff. kommt für uns in Betracht.

keinen Abbruch. Sie hatten nicht nur den größten Einfluß auf das gewerbliche Leben, indem sie die Produktion überwachten, sondern es wohnte ihnen auch, wie schon bemerkt, ein religiöses Element inne,[1] und zwar war die Erfüllung religiöser Pflichten das Primäre. Sie selbst erklärten 1388 als ihren Hauptzweck die fortdauernde Erhaltung einer Kerze vor dem Altar oder die Stiftung einer Priesterpfründe.[2] Als religiöse Genossenschaften bildeten sie, ganz wie in Deutschland, kirchliche Bruderschaften. Diese hielten zu bestimmten Zeiten Versammlungen ab, mit Trinkgelagen verbunden, wobei Almosen eingesammelt wurden zur Unterstützung verarmter Genossen. Namentlich das 14. Jahrhundert mit all' seinen Schrecken, dem schwarzen Tod und den Bauernaufständen, erweckte oder verstärkte den religiösen Trieb, so daß eine große Anzahl solcher Bruderschaften neu entstanden. Die Regierung sah aber in der Vermehrung der toten Hand eine große Gefahr für den Staat. Daher befahl König Richard II. am 1. November 1388, daß alle Vorsteher der Gilden und Bruderschaften die Statuten, Privilegien und Verzeichnisse ihres Vermögens der Regierung einsenden sollten. Die Berichte von über 500 Bruderschaften liefen ein in lateinischer, französischer und englischer Sprache[3] und gerade diese sind die vorzüglichsten Quellen unserer Kenntnisse für diese Dinge. Die Zünfte, aus autonomer Wurzel entstanden, suchten im 15. Jahrhundert sich gegen die Anfechtungen der Staatsgewalt zu sichern und eine gesetzliche Anerkennung ihrer Körperschaft zu erlangen, was man mit Inkorporation bezeichnete. Aus dem Schutzbrief für die Gewürzkrämer vom Jahre 1428 lernen wir den Begriff einer solchen Inkorporation kennen:[4] „Es sei gestattet, daß vorgenanntes Gewerbe und alle dazugehörigen Leute von jetzt ab dem Namen und der Tat nach eine Körperschaft und eine dauernde

---

[1] Ashley l. c. II, 138 ff. Hegel l. c. I, 151 ff.
[2] Ashley l. c. II, 141.
[3] Toulmin Smith, English Gilds. The original ordinances etc. 1870.
[4] Ashley l. c. II, 83.

Gemeinschaft bilden, und es ist dieser Gemeinschaft erlaubt, jedes Jahr aus ihrer Mitte drei Vorsteher (Wardens) zu wählen, die vorbenanntes Gewerk, d. h. alle Leute und Angelegenheiten desselben, zu beaufsichtigen, zu regeln und zu regieren haben etc." Doch hatte die Inkorporation für die Zunft keinerlei praktische Bedeutung. Wie in Deutschland bauten sich oder erwarben die einzelnen Zünfte Häuser oder Hallen, die den Mittelpunkt ihres gewerblichen und geselligen Lebens wurden. Anfangs im 14. Jahrhundert begnügte man sich mit der Miete einer Stube, später errichteten sie zum Teil großartige Paläste mit Kapellen und Armenhäusern für verarmte Brüder.[1] Auch besaßen die Zünfte Wappen und Siegel.

Die Mitglieder der Zünfte gliederten sich in drei Gruppen: Lehrlinge, Gesellen und Meister. Die Lehrzeit[2] dauerte in der Regel sieben Jahre, dafür fiel in England die in Deutschland übliche Wanderschaft weg. Seit dem 14. Jahrhundert suchte man den Zugang zu den Gewerben einzuschränken. Hauptsächlich lag dies im Interesse der Großgrundbesitzer, die einer Verminderung ländlicher Arbeitskräfte vorbeugen wollten. Darum sollten die Kinder der ländlichen Taglöhner nicht als Lehrlinge in die Zünfte aufgenommen werden dürfen. Aber auch Leibeigene wurden von der Zunft ausgeschlossen, und zwar gaben der Bürgermeister und die Ältesten der Stadt London im Jahre 1387 als Grund hiefür an: zur Vermeidung von Unehre und Ärgernis für die Stadt. Ferner wirkte die Verpflichtung zur Bezahlung von Sporteln beim Eintritt in die Lehrzeit und wiederum bei Erlangung der Meisterschaft als Erschwerung. Auch die Zahl der Lehrlinge, die jeder Meister annehmen durfte, wurde beschränkt. Denn wie in Deutschland so machte sich auch in England die Tendenz geltend, das Gewerbe innerhalb eines kleinen Kreises von Familien zu monopolisieren.

---

[1] Ashley l. c. II, 85.

[2] Ashley l. c. II, 86 ff.

Erst seitdem die Gewerbe zu selbständiger Entwickelung gelangt waren, entstand ein eigener industrieller Arbeiterstand. Über die Geschichte der Lohnarbeiter in England sind wir gut unterrichtet,[1] da hier die Gesetzgebung viel prompter arbeitete als auf dem Kontinent. Auch besaß die Staatsgewalt in England eine ungleich straffere und energischere Autorität als anderswo. Deshalb konnten die Englischen Städte nicht im entferntesten die Freiheiten gewinnen, die sie in Deutschland genossen, und ebenso wenig konnte sich das Vereinswesen so selbständig entwickeln, da dasselbe von der Regierung scharf überwacht wurde. Diese Überwachung und Bevormundung erstreckte sich namentlich auf die Lohnfrage, die Disziplin und das Vereinsrecht. Der Arbeiter war ursprünglich persönlich unfrei (hörig) und mangelte der Freizügigkeit, die er erst gegen Ende des 14. Jahrhunderts erlangte. In England haben die besitzenden Klassen von jeher die Regierungsgewalt in Händen gehabt und ihre Macht dazu benützt, um die unteren Klassen möglichst auszubeuten und im Zaume zu halten. Daher war das Associationsprinzip das einzige Mittel, sich gegen die Machthaber zu wehren und die Lage zu verbessern.

Der Handwerker war im Mittelalter ursprünglich Stück- oder Kundenarbeiter,[2] d. h. der Kunde lieferte ihm das erforderliche Material zur Verarbeitung und zahlte dann für das fertige Produkt den Lohn oder der Kunde nahm den Handwerker ins Haus (Störarbeit). Also seine Geschicklichkeit war sein einziges Kapital. Auch wenn er einen Gehilfen (Gesellen) bedurfte, so bezahlte nicht der Meister, sondern der Kunde diesem Gesellen den Lohn. Nachdem der Handwerksmeister zu einigem Wohlstand gelangt war, konnte er sich selbständiger machen und für den Markt auf Vorrat arbeiten. Damit änderte sich auch die Stellung des Gesellen. Denn von dem Momente an, wo der

---

[1] L. Brentano, Die Arbeitergilden der Gegenwart I. 1871.

[2] K. Bücher, Entstehung der Volkswirtschaft. 3. Aufl. Tübingen 1901. p. 175 ff. Für England Ashley l. c. II, 101 ff.

Meister Kapital zur Betreibung seines Gewerbes bedurfte, um unabhängig zu werden, wurde es armen Gesellen unmöglich gemacht, sich zum Meister emporzuschwingen; und so entstand ein industrieller Arbeiterstand, der zeitlebens von den Meistern abhängig blieb. Mehrere Gründe wirkten darauf ein: einmal eben die Notwendigkeit für den Meister, im Besitz eines kleinen Kapitals zu sein; sodann Zunahme der Bevölkerung, die einen Arbeiterüberfluß erzeugte; ferner Arbeiterzufluß aus den ländlichen Bezirken, eine Folge der allmähligen Befreiung aus den Fesseln der Leibeigenschaft, und schließlich der Egoismus der reichen Handwerksmeister, die sich ein Monopol schufen, indem sie den Übertritt zum Meistertum erschwerten. So bildete sich bereits am Ende des 14. Jahrhunderts ein Überfluß an Arbeitskräften aus und damit im Zusammenhang entstand die Arbeiterfrage; schon damals also begann die soziale Frage die Gesetzgebung zu beunruhigen.[1] Um sich nun eine günstigere Stellung zu verschaffen, griffen wiederum die Gesellen zum Mittel der Association. Wie in Deutschland und Frankreich, so entstanden auch in England Gesellenverbände, die sich in erster Linie der Lohnfrage bemächtigten. Gegen Ende des 14. Jahrhunderts machte sich der Notstand der Arbeiterbevölkerung, der ländlichen wie der industriellen, in Aufständen Luft. Schon 1350 und 1362 nahmen die Gesellen ihre Zuflucht zu Strikes.[2] Da nun aber die Behörden die Abhaltung von Konventikeln, Versammlungen und Zusammenkünften ohne Erlaubnis des Bürgermeisters verboten, so suchten sich die Gesellen, unter dem Deckmantel der Frömmigkeit, zu kirchlichen Bruderschaften zusammenzutun. Diese Bruderschaften, im Schutze der Kirche, gegen das Eingreifen der städtischen Behörden gesichert, dienten in gleicher Weise religiösen wie wirtschaftlichen Interessen. Durch gemeinsames Vorgehen, öffentliche Kundgebungen und vereinte Arbeitsniederlegung hofften die Gesellen sich höhere Löhne oder

[1] Ashley l. c. II, 105 ff.

[2] Ashley l. c. II, 107.

bessere Arbeitsbedingungen zu sichern, und in der Tat, wie sich aus den Akten ergiebt,[1] fehlte es ihnen nicht an einzelnen Erfolgen, aber schließlich unterlagen doch die Gesellen.

Die Zünfte waren in älterer Zeit eine ausgeprägt demokratische Institution, je größer aber die Unterschiede der Vermögenslage der einzelnen Zünfte wurden, um so mehr entwickelten sich gegen Ende des 14. Jahrhunderts oligarchische Tendenzen, indem die größeren Zünfte einen Vorrang vor den unbedeutenderen gewannen, und in diesen Herrenzünften sich ein kleinerer Kreis von bevorrechteten Mitgliedern von der Masse der Zunftbrüder absonderte und die Leitung der Zunftangelegenheiten den Händen der Gesamtheit der Meister entwand.[2] Von dem Momente an, wo die Zünfte die Herrschaft des Stadtregiments in die Hände bekamen, da traten die Vertreter der alten grundbesitzenden Familien in den Städten sowie die außerhalb der Zünfte stehenden Kaufleute einer Zunft bei und zwar natürlich mit Vorliebe den vornehmeren Zünften, und diese nicht dem Gewerbestand angehörigen Zunftmitglieder errangen bald eine einflußreiche Stellung in der Zunft. Nun war es im mittelalterlichen England Sitte, daß die Diener und Gefolgsleute der großen Herren deren Farben trugen. In den wilden gährenden Zeiten des 14. und 15. Jahrhunderts kam es oft genug zwischen den bewaffneten Dienstleuten der Parteien zu heftigen, blutigen Kämpfen.[3] Auch die Mitglieder der Zünfte trugen verschiedene Trachten. Chaucer schildert die „löblichen“ Bürger, Männer, die wohlhabend genug waren, um Älterleute zu sein, „allesamt gekleidet in die Tracht einer frommen und großen Bruderschaft.“[4] Gegen diese Sitte, Trachten zu tragen, und die damit verbundenen Gefahren suchte das Parlament schon 1389 das Einschreiten der Regierung nach. In der Tat

---

[1] Ashley l. c. II, § 35 p. 110 ff.
[2] Ashley l. c. II, 128 ff.
[3] S. Shakespeares Heinrich VI., I. Teil.
[4] Prolog zu den Canterbury Tales 363 ff.

erließ die Regierung eine Verfügung, daß niemand außer der persönlichen Dienerschaft eines Lords die von diesem bestimmte Tracht anlegen sollte. „Die Gilden und Bruderschaften und ebenso alle Gewerbe, die in guter Absicht und zu guten Zwecken gegründet und eingerichtet sind, sollen von dieser Vorschrift ausgenommen sein.“ Seitdem sie das Recht erlangt hatten, sich zu Bruderschaften oder Körperschaften zusammenzutun, pflegten sie bei festlichen Aufzügen oder bei Trauerfestlichkeiten Zunfttrachten anzulegen. Diese Zunfttrachten waren ein Mittel, das die Zunftmitglieder enger zusammenhielt und ihr vereintes Vorgehen wirksamer machte. Allein den ärmeren Zunftgenossen wurde diese Verpflichtung, bei öffentlichen Anlässen eine Zunfttracht anzulegen, bald zur Last, und sie wußten sich seit dem Ende des 15. Jahrhunderts dieser Pflicht zu entziehen. Die Folge war, daß die Zunfttracht (Livery) als das Abzeichen eines höheren Grades galt, das den wohlhabenderen Zunftmitgliedern seitens des Court of Assistance zugesprochen wurde, als eine besondere Ehre, allerdings gegen Bezahlung hoher Gebühren. Die weitere Folge war davon, daß die „Liverymen“, d. h. die, welche die Tracht zu tragen das Recht hatten, ein ausschließliches Stimmrecht erhielten, sowohl bei der Wahl der städtischen Ratsherren als auch bei der der Parlamentsmitglieder. Es gelang ihnen aber nicht, die Leitung der Zunft in den Händen zu behalten, diese ging vielmehr auf eine noch auserlesenere Gruppe von Zunftmitgliedern über, den Beisitzer-Ausschuß (Court of Assistants), also eine ähnliche Entwicklung zur Oligarchie wie z. B. in Basel. Und wie hier vier der vornehmsten Zünfte als Herrenzünfte eine bevorzugte Stellung einnahmen, so schieden in London aus den ca. fünfzig Zünften zwölf als bevorrechtigte aus, die allein das Recht hatten, den Bürgermeister aus ihrer Mitte zu wählen.

Denselben Arbeitsbedingungen und Verordnungen wie die übrigen Zünfte unterlagen auch die Bauarbeiter und unter diesen wieder die Steinmetzen. Irgend eine Beziehung der Englischen Steinmetzen zu den Deutschen ist historisch nicht nachgewiesen, und daher konnten auch nicht die Deutschen Steinmetzenhütten auf die Englischen Baulogen irgend einen Einfluß gewinnen.[1] Wir verdanken nun den außerordentlich sorgfältigen und eindringlichen Forschungen W. Begemanns sichere Kenntnis des Ursprungs der Freimaurerei in England,[2] der sich auf die Studien der Engländer Lyon, Woodford, Hughan, Gould, Speth u. s. w. stützt, aber durchaus selbständig verfährt.

Die Steinmetzen nehmen überall unter den Bauhandwerkern eine höhere Stellung in Anspruch, denn sie sind Künstler. In England hießen sie Freemason im Gegensatz zum Rohmaurer (Roughmason, auch blos Mason) und dem Ziegelleger (layers oder setters), welche in der Zunft niedriger gewertet wurden. Der Name Freemason steht mit dem Freistein (Freestone) in engster Verbindung; unter Freistein verstand man laut einem Bauvertrag aus dem Jahre 1434 für eine Kirche zu Fotheringhay[3] kunstvoll ausgemeiselte Steine mit frei vorspringenden Verzierungen, aber auch Skulpturen. In einem Kirchenregister von Chester heißt es 1599:[4] „Walter Hancox, Freimaurer, ein sehr geschickter Mann in der Kunst der Maurerei, im Entwerfen von Plänen für Gebäude und in der Ausführung derselben, im Gravieren in Alabaster und anderm Stein oder Gips und in verschiedenen anderen Fertigkeiten, die zu jener Kunst gehören, wie seine Werke zeigen, die man in verschiedenen Teilen von England und Wales sehen kann, höchst prächtigen Gebäuden, höchst stattlichen Denkmälern, höchst bemerkenswerten Bildwerken etc.“ Also dieser Walter Hancox ist ein Steinmetz und Bauunternehmer zugleich gewesen, ein bedeutender Künstler. Und wie stolz diese Freimaurer auf ihre Kunst waren, zeigt eine Stelle aus einem Buch von 1550, die wir dem Forscherfleiß

---

[1] Alles was Findel l. c. p. 70 ff. hierüber sagt ist Staub.

[2] Berliner Zirkelkorrespondenz (B Z C) 1888, 39—76. 1889, 28—119. 1890, 159—200, 267—320. 1891, 1—39, 162—208. 1893, 14—86, 194—286. 1894, 111—216, 241—334.

[3] B Z C. 1888, 43 f.

[4] B Z C. 1893, 20 ff.

R. Freke Goulds[1] verdanken: „Der Freimaurer behaut die harten Steine und haut ab, hier ein Stück und da ein Stück, bis die Steine fertig und passend für die Stelle sind, wohin er sie legen will. Ebenso baut Gott, der himmlische Freimaurer, eine christliche Kirche, und er gestaltet und glättet uns, die wir die köstlichsten und wertvollsten Steine sind, mit Kreuz und Trübsal, daß alle Verworfenheit und Schlechtigkeit, die nicht zu diesem herrlichen Baue paßt, entfernt und fortgenommen werden möchte." (1 Petri 2.) Aber natürlich solche Künstler unter den Steinmetzen bildeten die Ausnahme, die Mehrzahl gehörte dem Stand der Lohnarbeiter an, und diese hießen einfach Masons (so schon in einer Londoner Urkunde von 1201). Der Ausdruck Freemason ist urkundlich zuerst für das Jahr 1376 bezeugt; neben ihnen werden oft Masons genannt. Freimaurer und Rohmaurer waren besondere Gewerbe, beide gehörten jedoch der Gesellschaft der Maurer an. Das geht klar aus der von Edward Conder publizierten Geschichte der Gesellschaft der Maurer in London hervor.[2] Die Ausdrücke Freemasons und Masons wechseln in den verschiedenen Zeiten. Mit dem Verschwinden der Gotik sank die Steinmetzkunst von ihrer früheren Höhe herunter, weßhalb Freimaurer und Masons zu einem Gewerbe verschmolzen. Seit dem 17. Jahrhundert werden die Ausdrücke Freemasons und Masons gleichwertig gebraucht. Aus den zahlreichen Beispielen, die Begemann bringt, wählen wir nur sein Zitat aus einem 1657 in London erschienenen Buche von J. Howel: „Londinopolis; an Historical Discourse or Perlustration of the City of London etc.," worin es u. a. heißt: „Die Gesellschaft der Maurer, sonst auch Frei-Maurer genannt, pflegte lange Zeit eine liebende Bruderschaft zu sein, doch wurde sie erst unter Heinrich IV. zu einer Genossenschaft eingesetzt.[3] Anderson, der bekannte erste Ge-

[1] History of Freemasonry III, 154.

[2] Records of the Hole Craft and Fellowship of Masons with a Chronicle of the History of the Worthipful Company of Masons of the City of London. 1894.

[3] d. h. inkorporiert s. o. p. 98.

schichtsschreiber der Londoner Großloge 1723 wechselt beständig zwischen den Ausdrücken Freemasons und Masons, legt also keinen bedeutenden Wert auf ersteren. Die aus Schottland stammenden Dokumente bevorzugen durchaus das Wort Masons, im Sinne von Werkmaurer.

Die Freimaurer und Maurer bildeten eine Zunft (englisch Craft, Mistery, Art, auch Company kommt vor[1] und zwar hat sie laut einer Londoner Urkunde von 1201 bereits um 1200 existiert. Im Jahre 1472 erhielt die Zunft ein Wappen.[2] Laut einer Bemerkung des Heraldikers Randle Holme (1627—1699)[3] konnte eine Zunft nur dann vom königlichen Wappenkönig ein Wappen zugeteilt erhalten, wenn sie Korporationsrecht erlangt hatte, und das soll für die Maurerzunft im Jahre 1411 geschehen sein. Der Freibrief wurde sodann 1677/78 erneuert. 1463 pachteten die Aufseher der Maurerzunft ein Grundstück von der Kirche der hl. Dreifaltigkeit auf 99 Jahre, auf dem sie später ihre Halle erbauten. 1481 erhielt die Maurerzunft die Erlaubnis eine besondere Tracht zu tragen und dadurch wurde sie in die „Livery Companies" von London aufgenommen.[4] An der Spitze der Zunft stand der Meister und ihm zur Seite der „Upper Warden" und der „Renter Warden." Auch dem Court of Assistants[5] begegnen wir in den Akten. Die bevorzugten Mitglieder der Zunft hießen Liverymen d. h. die zur Zunfttracht Berechtigten. Die freigesprochenen Lehrlinge nannte man Freeman oder auch Yeoman. Jeder mußte alle Stufen der Reihe nach durchlaufen. Kein Mitglied konnte Meister werden, bevor es nicht Oberaufseher und Kassenaufseher gewesen war.

---

[1] Ashley l. c. II, 73.

[2] Conder l. c. p. 84 f. Es ist dasselbe Wappen, das die Großloge von London 1717 angenommen hat.

[3] B Z C. 1893, 52 ff.

[4] Siehe oben p. 102. Aber die Maurerzunft gehörte nie zu den 12 bevorzugten Herrenzünften.

[5] Siehe oben p. 103.

Wie schon bemerkt, waren die Gilden, Zünfte und Bruderschaften gesetzlich erlaubt und ihre Versammlungen gestattet. Alle ihre Verordnungen betonen die Pflicht der Genossen zur Nächstenliebe, zur Haltung der Ordnungen und zum Besuch der Versammlungen.[1] Verboten waren dagegen Versammlungen zum Zwecke höhere Löhne zu erzielen. Die Gilden und Brüderschaften mußten ja dem König, als ihrem Lehenherrn, Treue beschwören, im andern Fall wurden sie als Rebellen bestraft. Schon 1360 bestimmt ein Gesetz, daß alle Versammlungen und Vereinbarungen der Maurer und Zimmerleute, sowie Versammlungen, Kapitel, Verordnungen und Eide, die sie untereinander gemacht haben oder machen werden, hinfort null und nichtig sein sollen. Und ein Gesetz von 1425 bedrohte solche gesetzwidrigen Versammlungen der Maurer als Hochverrat mit scharfen Strafen und Ausstoßung der Schuldigen aus der Gilde.[2]

Mit den Gilden oder Zünften standen Bruderschaften mit stark ausgeprägter religiöser Tendenz in engster Verbindung. Diese Bruderschaften hatten zum Zwecke gegenseitige Hilfe, und die Mitglieder wurden bei ihrer Aufnahme durch schwere Eide verpflichtet. Die Bruderschaft, zu der die Steinmetzen gehörten, hieß Loge,[3] lat. loggia, logium, Laube, Hütte, ital. loggia, eine offene Galerie. In Englischen Urkunden kommt das Wort in Beziehung auf Steinmetzen seit 1292 öfters vor. Die Loge bedeutet die Bauhütte der Steinmetzen; sie ist mit Rohr, Schilf oder Stroh gedeckt.[4] Die Bauhütte diente aber, wie aus den Verordnungen hervorgeht, nicht nur als Werkstätte, sondern auch zum Essen und Ausruhen und zum Schlafen. Die Bauhütten befanden sich in unmittelbarer Nähe einer zu er-

[1] B Z C, 1894, 139 ff.

[2] Gould l. c. II, 340. 351.

[3] Gould l. c. II, 303 f. B Z C. 1889, 28 ff.

[4] Daher erklärt sich der maurerische Ausdruck: „Die Loge ist gedeckt“ oder „es regnet“ d. h. drang der Regen durch das Schutzdach, so konnten die Steinmetzen nicht arbeiten. Heute sagt der Freimaurer „es regnet“, wenn Uneingeweihte in der Nähe sind.

bauenden Kirche. Das Kapitel der Kirche ernannte den Aufseher (Supervisor), einen Geistlichen. Niemand soll, heißt es in einem Bauvertrag, ohne Erlaubnis des Kapitels und Werkmeisters in die Loge zugelassen werden. Der Werkmeister und die Steinmetzen müssen einen schweren Eid leisten, die Verordnungen gewissenhaft zu beobachten. Der Bauherr stellt den Werkmeister und die Werkleute an und löhnt sie ab. Der Ausdruck „Loge" wurde sodann auf die Genossenschaft der Steinmetzen und ihre Versammlungen übertragen, zuerst nachweisbar für das Jahr 1429 in Canterbury.[1] Sonst hießen die Versammlungen der Brüderschaften Meeting oder Assembly, die gesetzwidrigen Alliances, Covignes, Congregacions, Chapitres etc. Die Bruderschaft als solche hieß Company, Felloship, Society, Brotherhood oder Fraternity.

Leider reichen die sichern Nachrichten über die Englischen Logen nicht weit in das 17. Jahrhundert zurück, daher müssen wir bei den Schottischen Logen Rat holen.[2] Aus den von Lyon mitgeteilten Urkunden ersehen wir, daß seit 1424 die Regierung den Verbindungen der Handwerker vermehrte Aufmerksamkeit schenkte und sie einer strengen staatlichen Aufsicht unterwarf. Es gab am Ende des 16. Jahrhunderts zahlreiche Werklogen in Schottland, an deren Spitze die drei Hauptlogen von Edinburg, Kilwinning und Stirling standen. Im Namen des Königs übte der Ober-Aufseher (General Warden) die staatliche Aufsicht, der auch Oberster Aufseher (Principal Warden) oder Hauptmeister der Maurer (Chief Master of Masons) heißt. Dessen Amt war, die Ordnung in den Logen aufrechtzuerhalten; auch besaß er das Recht, die Logen zu besuchen, um nach dem Rechten zu sehen. Ober-Aufseher war seit 1583 William Schaw, „Seiner Majestät Werkmeister." Er hatte als solcher die königlichen Bauten zu beaufsichtigen. Auch war er Kammerherr der

---

[1] Conder, Records of the Hole Craft and Fellowships of Masons. London 1894 p. 39.

[2] D. M. Lyon, History of the Lodge of Edinburgh. Edinburg und London. 1873. Begemann in B Z C. 1889, 36 ff.

Königin, kurz ein angesehener Mann. Der eigentliche Leiter der Zunft hieß Deacon oder Master-man, d. h. Zunftmeister; neben ihm gab es noch einen von der Zunft erwählten Warden, der im Namen der städtischen Behörden die Löhne anzusetzen hatte; in den ländlichen Bezirken versahen mit königlicher Vollmacht die Barone dieses Amt. So wurde 1590 der Laird of Udaught zum Aufseher und Richter (Warden and Justice) über die Maurer in Aberdeen, Banff und Kincardine ernannt. Der genannte Oberaufseher William Schaw erließ 1598 und 1599 zwei Urkunden;[1] die erste enthält in 22 Artikeln allgemeine Verordnungen für alle Meister = Maurer des Königreichs, die zweite in 13 Artikeln besondere Bestimmungen für die Loge in Kilwinning, Urkunden, deren Inhalt durchaus den Ordnungen anderer Gewerbe konform ist. Eine dritte von W. Schaw ausgefertigte Urkunde (um 1600/1601) ernennt die Lords von Rosling zu Schirmherren und Richtern der Maurer.

Wir wissen, daß den Zünften auch Leute angehörten, die das betreffende Handwerk nicht betrieben. So finden wir auch in den Schottischen Logen Angehörige anderer Gewerbe und Männer aller möglichen Gesellschaftsklassen, so z. B. unterschrieb 1600 der Lord von Auchinleck als Mitglied der Loge von Edinburg das Protokoll. Sie zahlten wie die Handwerksmeister ein Eintrittsgeld, ferner die regelmäßigen Beiträge und Strafgelder, die zuweilen für die Gentlemen masons, d. h. die Herren-Maurer, höher waren als für die wirklichen Werkmaurer. Im übrigen schlossen sich diese Herren-Maurer ganz den Gebräuchen der Logen an und setzten wie die Werkmaurer ihre Marke oder Kennzeichen neben ihren Namen. Es waren keine Geheimnisse, die solche Höhergestellte zum Eintritt in die Loge lockten, sondern menschenfreundliche Gesinnung veranlaßte sie den Vereinigungen einfacher Handwerker beizuwohnen und deren Kassen zum Zwecke wohltätiger Nächstenliebe zu füllen, derselbe Geist christlicher Gesinnung, der im Mittelalter die Gilden

[1] Übersetzt in B Z C. 1889, 39 ff.

und Bruderschaften beseelte wie die alten Logen der Werkmaurer und der noch heute in den Logen der spekulativen Maurerei fortwirkt.[1]

Doch haben solche Herren-Maurer in der Edinburger Loge bis zum Jahr 1727 nie ein Amt bekleidet, während die Loge in Kilwinning vornehmen Herren Ehrenämter übertrug; zum Dank zahlten diese also Geehrten eine anständige Summe in die Kasse (Box), die ja überhaupt in den Protokollen eine Hauptrolle spielt. In den Schottischen Logen gab es bis 1735 nur zwei Grade, indem der Meistergrad, der 1724 in London eingeführt wurde, erst allmählig Eingang fand. Der erste Grad ist der des eingeführten Lehrlings (entered apprentice), d. h. der Lehrling mußte in das Mitgliederverzeichnis der Loge eingetragen werden; daneben finden wir zahlreiche andere Ausdrücke für die Aufnahme in die Loge z. B. to make, to admit etc.[2] Die Hauptsache bei der Aufnahme ist die Erteilung des Maurer-Wortes (Mason Word), daher wurden uneingeweihte Maurer Cowans genannt, als Maurer „ohne das Wort" bezeichnet. Mit dem Maurer-Wort wurden auch Zeichen und Griff erteilt. Im Protokoll der sehr konservativen Loge von Melrose (ihr Protokoll beginnt mit 1674 und erst 1891 schloß sie sich der Großloge von Schottland an) heißt es im Jahre 1764: „Es wird beschlossen, daß das Maurer-Wort auf einfache Art und Weise erteilt werden soll, frei von allem Sündhaften und Abergläubischen, und Wort, Zeichen und Griff und einige einfache Fragen, um einen Maurer von einem andern Manne zu unterscheiden, und Alles unter dem einfachen Versprechen, es nicht zu offenbaren, bei keiner geringeren Strafe, als alle Rechte und Ansprüche auf jede Wohltat der Loge zu verwirken und von jedem Bruder verabscheut zu werden." Nach der Erteilung von Wort, Zeichen und Griff verlas man die „Verfassung", d. h. die Zunftgeschichte und die „Pflichten", worauf ein feierlicher Eid abgelegt werden

[1] Begemann B Z C. 1894, 328 ff.

[2] Siehe Begemanns fleissige Zusammenstellung in B Z C. 1889, 65 ff.

mußte und zwar in älterer Zeit auf das „Buch der Pflichten“, später auf die Bibel.[1] Für die Unterweisung der Neuaufgenommenen hatte ein besonderer Bruder (Intender) zu sorgen, doch bezog sich dieser Unterricht nicht auf das Handwerk selbst, sondern nur auf Logensachen (das Ritual).

Die Lehrzeit der Handwerker in England betrug in der Regel sieben Jahre, dann konnte er sich als Mitglied der Zunft (Fellow of Craft oder Master) aufnehmen lassen. Es gab aber solche, die fortfuhren als Gesellen im Tagelohn zu arbeiten; diese wurden in der Loge ungern gesehen und als minderwertige Genossen behandelt. Die Herren-Maurer dagegen wurden gleich als Zunftgenossen (Fellow of Craft) aufgenommen oder erhielten die beiden Grade eines Lehrlings und Meisters hintereinander. Geheimnisse bei der Beförderung zum Zunftgenossen oder Meister gab es keine, denn auch Lehrlinge waren bei diesem Akte zugegen. Dem neuaufzunehmenden Meister wurden Zeichen und Griff mitgeteilt. Bei der Lehrlingsaufnahme spielte das Winkelmaß eine symbolische Rolle, bei der Beförderung der Zirkel, daher kommt im Protokoll der Loge von Dunblane 1720/21 die Wendung vor: „wurde nach der Prüfung gehörig befördert vom Winkelmaß zum Zirkel und vom eingeführten Lehrling zum Zunftgenossen dieser Loge.“ Mehr als diese Gebräuche gefiel vielen Brüdern die Sitte, daß der Neuaufgenommene einen Schmaus zu leisten und den Anwesenden ein Paar Handschuhe oder manchmal auch einen Schurz zu schenken hatte. Allgemein herrschte das Herkommen, daß am s. Johannistag jeder Bruder einen weißen Schurz und weiße Handschuhe tragen mußte.[2] Die Schottischen Maurer feierten den Apostel Johannes (27. Dez.) als ihren Schutzpatron. Bis auf den heutigen Tag ziehen die Mitglieder der Loge von Melrose am genannten Festtage bei

---

[1] Die Auseinandersetzung von Begemann in B Z C. 1894 p. 141 *) ist sehr einleuchtend.

[2] Bereits in einer Verordnung von 1430 für Suffolk wurde bestimmt, daß jeder Freemason ein Paar weiße Lederhandschuhe und eine weiße Schürze erhalten soll. Gould l. c. II, 302.

Fackelschein durch die Stadt nach den Ruinen der alten Abtei, die bengalisch beleuchtet werden; nachher findet ein Festessen statt. Aus einem Protokolleintrag vom 27. Dezember 1690 erfahren wir, daß an diesem Tag ein Gottesdienst abgehalten wurde, wobei wohl die jüngern Brüder den ältern die besten Plätze weggenommen haben, weßhalb beschlossen wurde, „daß jeder Maurer, der in der Kirche vor seinen ältern Brüdern Platz nimmt, ein großer Esel ist“.[1] Unter englischem Einfluß ist dann auch in Schottland der Tag Johannes des Täufers (24. Juni) gefeiert worden. Die Versammlungen wurden ursprünglich in einer Kirche abgehalten und hier wurden auch die Aufnahmen und Beförderungen vorgenommen, die Bankette fanden dagegen in der Loge d. h. in der Bauhütte statt. Anstoß erregte es, wenn die Versammlungen in Wirtshäusern abgehalten wurden; solche in Privathäusern waren da und dort üblich, doch im Gegensatz dazu bestimmten die Gesetze der Loge von Aberdeen 1670: „daß keine Loge in einem Wohnhaus gehalten werde, in welchem Leute wohnen, sondern auf freiem Felde, es sei denn bei schlechtem Wetter, dann soll ein Haus gewählt werden, wo Niemand uns hören oder sehen kann“.[2] Als Beamte der Loge finden wir in den Akten den Aufseher, neben ihm den Vorsteher (Deacon), sowie den Meister, ferner einen Büchsenmeister oder Schatzmeister (Boxemaster, Treasurer), Schlüsselbewahrer, Schreiber und einen Diener, Ziegeldecker (Tiler) genannt. Beamtenzeichen wurden erst mit der Nachahmung der neuenglischen Maurerei in den Schottischen Logen eingeführt. Die Beamten der Edinburger Loge trugen seit 1739 ihre Zeichen (Jewels oder Ornaments) an blauen Bändern, die der Großloge hingegen an grünen. Im Inventar der Logen erscheinen Bibel, Andersons Konstitutionsbuch, Winkelmaß, ein Stück dünnes Tau und zuweilen auch ein Zirkel. Die meisten Logen besaßen zudem noch eine „Handschrift der alten Verfassung“. Bedeutete

---

[1] B Z C. 1889, 62 *)

[2] Lyon l. c. 423 f. übersetzt von Begemann B Z C. 1889, 93.

ursprünglich das Wort Loge die Bauhütte, so verstand man darunter seit Ende des 16. Jahrhunderts durchweg die Versammlungen der Maurer, dann aber auch eine einzelne Versammlung. Die zahlreichen authentischen Belege, die Begemann beibringt, widerlegen die Behauptung F. Katsch,[1] „daß in keinem Dokument vor 1630 sich das Wort Lodge — Loge im Sinne der Jetztzeit findet . . ." Neben diesem Ausdruck Loge wurden noch gebraucht Society und Company, auch manchmal Court (Tagung). Die Loge oder Society wird durch Eigenschaftswörter geehrt, wie namentlich honourable; auch der Meister heißt honourable und der Aufseher worshipful.

Über die Verhältnisse der Englischen Werklogen vor Gründung der Großloge im Jahre 1717 sind wir viel weniger unterrichtet als über die der Schottischen Logen, weil die Protokolle jener selten über das 18. Jahrhundert zurückreichen. Aber was wir erfahren, beweist, daß wir es auch hier durchaus nicht mit höheren geistigen Bestrebungen zu tun haben. Der Hauptzweck der Freimaurerlogen in England ist wie der der andern Handwerkerbrüderschaften: Unterstützung armer Zunftgenossen und am Festtage des Patrons der Bruderschaft ein großes Festessen. Um diesen Zweck besser erfüllen zu können, wurden wohlhabende und vornehme Leute als Mitglieder aufgenommen. In dem schon erwähnten Buche Londonopolis, London 1657 finden wir eine Aufzählung von 48 Gesellschaften, Gilden und Bruderschaften. Alle diese kommen häufig zusammen, um vergnügt zu sein und reiche Feste zu feiern, „zur Förderung der Liebe und guten Nachbarschaft untereinander,"[2] genau so wie noch jetzt in Basel die Zünfte am Aschermittwoch und zur Herbstmesse ihre Essen halten, wobei nicht nur Handwerksleute, sondern auch Gelehrte und andere angesehene Männer fröhlich teilnehmen.

So gehörten im 17. Jahrhundert Leute verschiedenster Berufe der Loge von Warrington an, u. a. auch Elias Ashmole

---

[1] Die Entstehung und der wahre Endzweck der Freimaurerei. Berlin 1897, 485.

[2] B Z C. 1889, 107 f.

(1617—1692), ein bekannter Gelehrter, der sich auch mit Alchemie beschäftigte. Über ihn und seine Zugehörigkeit zur Maurerei könnten wir bei Katsch Aufschluß erholen,[1] wenn sich nur nicht dieser sehr fleißige Gelehrte in ein verworrenes Netz von Hypothesen und Irrtümern hätte einsperren lassen, indem er zu beweisen suchte, daß die Rosenkreuzerei der wahre Kern der Freimaurerei sei. Bevor sich Ashmole mit alchemistischen Studien abgab, wurde er Mitglied der Loge von Warrington. Über seine maurerische Tätigkeit berichtet er kurz in seinem Tagebuch unterm 16. Oktober 1646: „Ich wurde zum Freimaurer gemacht zu Warrington in Lancashire mit Oberst Henry Mainwaring . . ."; zugleich nennt er die Namen der Mitglieder. Unterm 10. März 1682 heißt es: „Gegen fünf Uhr nachmittags erhielt ich eine Aufforderung, in einer Loge zu erscheinen, die am nächsten Tage in der Maurer-Halle zu London gehalten werden sollte. Demgemäß ging ich hin und gegen Mittag wurden zugelassen in die Genossenschaft der Freimaurer Sir William Wilson, Ritter, etc. (es folgen noch fünf Namen). Ich war der Altgenosse (Senior Fellow) unter ihnen, da es 35 Jahre her war, daß ich zugelassen wurde. Gegenwärtig waren . . . (es folgen neun Namen). Wir alle speisten im Halbmond in Cheapside ein feines Mittagessen auf Kosten der neuaufgenommenen Maurer." Ashmole zeichnete in seinem Tagebuch gewissenhaft alles, was ihn interessierte, auf, sehr viel ist die Rede von hermetischen Dingen, aber nie von der Freimaurerei. Eifrig besuchte er die Feste der Astrologen und Altertumsforscher, aber von 1646 bis 1682 nie eine Logenversammlung, und doch soll nach Katsch die Mehrzahl der Mitglieder der Loge Rosenkreuzer gewesen sein. An dem Berichte Ashmoles interessiert nur noch die Tatsache, daß die Mehrzahl der in der Loge von Warrington anwesenden Mitglieder nicht dem Handwerkerstand angehörte.

---

[1] l. c. p. 477 ff. Vgl. über Ashmole die neuen Forschungen von W. H. Rylands in Masonic Magazine IX und danach Begemann B Z C 1889, 101 ff. 1888, 56 f.

In Chester existierte um die Mitte des 17. Jahrhunderts ebenfalls eine Loge, deren Mitglied der Heraldiker Randle Holme[1] war, von dem eine Abschrift der „Verfassung" der Werkmaurer herrührt (die Harley-Handschrift Nr. 2054 im British Museum). Außerdem gab er 1688 in Chester eine Academie of Armory heraus. Er gibt hier ein Verzeichnis der Mitglieder dieser Loge; die Werkmaurer bildeten die Minderheit, die Mehrheit bestand aus Handwerkern verschiedener Berufe, dann auch Ratsmänner und Gentlemen. Wir erfahren durch ihn, daß die Freimaurer im 12. Jahre Heinrichs IV. zu einer „Gesellschaft" gemacht wurden, eine Nachricht, die auch durch eine Notiz bei Stow, Survey of London, 1633 bestätigt wird, der überdies die Indentität der Maurer und Freimaurer bestätigt.[2] Randle Holmes Auslassungen über die Loge von Chester beweisen unwiderleglich, daß es sich hier, trotzdem zahlreiche Mitglieder nicht dem Maurerberuf angehören, doch um eine Werkmaurerloge handelt. Er beschreibt einen Maurer in voller Ausrüstung und bemerkt hiezu: „Mit Hilfe der Maurerei sind die herrlichsten Bauten in der Welt errichtet worden, als wenn ihre Kunst sich bemühte, das Kunstwerk Gottes nachzuahmen, indem sie kleine Welten macht in dem großen Bau des Weltalls." „Ich kann die Genossenschaft der Maurer nur ehren wegen ihres hohen Alters, um so mehr, da ich ein Mitglied der Gemeinschaft bin, die Freimaurer genannt werden." Wie in der obigen Stelle so bedient er sich auch sonst sinnbildlicher Redeweise. So sagt er p. 269 der Armory: „Pfeiler sind Sinnbilder der Stärke und Beständigkeit und werden zu verschiedenen Zwecken und Absichten errichtet etc."

Gegen Ende des 17. Jahrhunderts lebte ein Schriftsteller Aubrey,[3] der ein Manuskript: Natural History of Wiltshire hinterließ, in dem er zweimal auf die Freimaurer zu sprechen kommt. Zuerst heißt es: „Herr W. Dugdale erzählte

---

[1] B Z C. 1888, 53 f. 60. 1889, 110 ff.

[2] B Z C. 1888, 45 f. 53.

[3] Gould l. c. III. 4 ff.

mir vor vielen Jahren, daß um die Zeit Heinrichs III. der Papst einer Gesellschaft italienischer Architekten eine Bulle gab, ganz Europa zu durchreisen, um Kirchen zu bauen; von diesen stammt die Brüderschaft der Freimaurer (darüber Adopted Masons). Sie erkennen einander an gewissen Zeichen und Kennworten; sie besteht bis heute. Sie haben verschiedene Logen in verschiedenen Grafschaften für ihre Aufnahme; und wenn irgend einer in Verfall gerät, muß die Bruderschaft ihm beistehen etc. Die Art ihrer Aufnahme (Adoption) ist sehr förmlich und mit einem Eid der Verschwiegenheit verbunden.“ Aubrey war nicht Freimaurer, daher seine unsichere Ausdrucksweise. Diese Stelle ist zwischen 1680 und 1686 geschrieben. Auf der Rückseite von Fol. 72 bringt er, nachdem er Plots Natural History gelesen hatte, einen Nachtrag: „Heute am 18. Mai 1691 ist in der Paulskirche eine große Zusammenkunft der Angenommenen (Accepted) Maurer, worin Christoph Wren (der berühmte Architekt [1]) als Bruder aufgenommen werden sollte ... Es hat Könige gegeben, die zur Sodalität gehört haben.“

Höchst interessant sind die Nachrichten die Dr. Robert Plot über die Freimaurerei gibt.[2] Er wurde 1640 geboren und starb 1696; 1677 war er Mitglied der Royal Society und später Professor der Chemie in Oxford. Jakob II. ernannte ihn zum Historiographen; 1777 erschien in Oxford seine Natural History of Oxfordshire und 1786 The Natural History of Staffordshire und hier finden sich p. 316 ff. die erwähnten Mitteilungen über die Maurerei:[3] „Unter den Gebräuchen in der Grafschaft haben sie auch einen, Leute in die Gesellschaft der Freimaurer aufzunehmen, die in den Moorgegenden dieser Grafschaft gesuchter zu sein scheint, als irgendwo sonst, obwohl ich die Gewohnheit

---

[1] Siehe über ihn Gould l. c. III, 4 ff. Was Anderson 1738 von ihm erzählt, ist eitel Schwindel.

[2] Gould History III. 163 und in Ars Quatuor Coronatorum VI, 120 ff.

[3] Übersetzt von Vogel, Briefe die Freimaurerei betreffend. 3. Teil, Nürnberg 1785 p. 40—56. Neue Übersetzung von Begemann B Z C. 1893, 16 f. Vgl. B Z C. 1889, 105 ff.

über die ganze Nation mehr oder weniger verbreitet finde; denn ich fand Personen von dem vornehmsten Stande, die es nicht verschmähten, von dieser Bruderschaft zu sein. Auch hätten sie es in der Tat nicht Ursache, wenn dieselbe von dem Alter und Ansehen wäre, das ihr in einer großen Pergamentrolle beigelegt wird, die sie unter sich haben, und die die Geschichte und Regeln des Maurerhandwerks enthält. Diese ist hier nicht allein aus der heiligen Schrift hergeleitet, sondern auch aus der Profanhistorie, besonders daß sie nach England durch den h. Amphibalus gebracht und zuerst dem h. Alban mitgeteilt worden ist, der die Pflichten der Maurerei festsetzte und zum Zahlmeister und Aufseher über die königlichen Gebäude gemacht wurde und ihnen Pflichten (Charges) und Gebräuche gab, wie es ihn Amphibalus gelehrt hatte. Diese wurden nachgehends von König Athelstan bestätigt, dessen jüngster Sohn Edwin die Maurerei sehr liebte, die Pflichten selbst annahm und die Gebräuche lernte und für sie von seinem Vater einen Freibrief erhielt. Darauf veranstaltete er, daß die Maurer sich zu York versammelten und alle alten Bücher von ihrem Handwerke mitbrachten; und aus diesen ordnete er solche Pflichten und Gebräuche an, so wie sie ihnen damals angemessen schienen; und diese Pflichten wurden auf der genannten Pergamentrolle zum Teil kundgegeben; und so wurde das Gewerbe der Maurerei in England gegründet und bestätigt. Es wird dort auch kundgetan, daß Pflichten und Gebräuche später von König Heinrich VI. und seinem Rate durchgesehen und genehmigt wurden, sowohl für die Meister wie die Genossen dieses sehr ehrwürdigen Gewerbes. Wenn jemand in diese Gesellschaft aufgenommen wird, so berufen sie eine Versammlung (oder Loge, wie sie es auf manchen Plätzen nennen), die wenigstens aus fünf oder sechs der Alten des Ordens bestehen muß, die von den Kandidaten mit Handschuhen beschenkt werden und so auch ihre Weiber und mit einer Collation unterhalten, je nach der Gewohnheit des Ortes. Wenn diese geendet ist, schreitet man zu ihrer Aufnahme, die hauptsächlich in der Mitteilung gewisser geheimer Zeichen besteht, woran sie einander unter der ganzen Nation erkennen, wodurch sie überall Unterstützung finden, wohin sie reisen; denn wenn einer erscheint, der zwar übrigens gänzlich unbekannt ist, aber einige von diesen Zeichen einem Gliede der Gesellschaft geben kann, das sie sonst einen aufgenommenen Maurer nennen, so ist derselbe verbunden, sogleich zu ihm zu kommen, in welcher Gesellschaft oder auf welchem Platze er auch sein mag, ja wenn es auch von einer Kirchturmspitze herab wäre, in welchen Schaden und Nachteil er sich auch dadurch stürzen möchte, zu erforschen, was sein Verlangen sei, und ihm beizustehen; nämlich wenn er Arbeit braucht, ist er verpflichtet, welche für ihn aufzufinden; oder wenn er das nicht kann, ihm Geld zu geben oder auf andere Art zu unterstützen, bis Arbeit aufgetrieben werden kann.

Dieses ist einer von ihren Artikeln. Und ein anderer ist der, daß sie den Meistern nach ihrem besten Wissen raten und sie mit der Güte oder Schlechtigkeit ihrer Materialien bekannt machen, und wenn sie einige Fehler bei der Ausführung ihrer Bauentwürfe machen, sie mit Bescheidenheit zurechtweisen sollen, damit die Maurerei nicht verunehret werde. Und mehr solche, die allgemein bekannt sind. Aber einige andere haben sie (auf die sie nach ihrer Art geschworen haben), die niemanden als ihnen selbst bekannt sind, und die, wie ich Grund zu argwöhnen habe, viel schlimmer als diese sind, vielleicht so schlecht wie diese Geschichte des Gewerbes selbst, die falscher und unzusammenhängender ist als irgend etwas, das mir je begegnet ist. — Denn nicht zu erwähnen, daß s. Amphibolus von vernünftigen Leuten eher für den Mantel als den Lehrer des hl. Albans gehalten wird; oder, wie unwahrscheinlich es sei, daß s. Alban in einem so barbarischen Zeitalter und in Zeiten der Verfolgung Oberaufseher über einige Gebäude habe sein sollen; ist es klar, daß König Athelstan niemals verheiratet gewesen ist, noch je einige natürliche Nachkommenschaft gehabt hat, noch viel weniger hatte er einen rechtmäßigen Sohn Edwin, von dem ich nicht die geringste Spur in der Geschichte finde. Er hatte in der Tat nur einen Bruder dieses Namens, über den er so eifersüchtig war, da er zur Krone kam, daß er ihn in einer Pinasse auf das Meer setzte, ohne Tau und Ruder, blos in Gesellschaft eines Pagen, damit sein Tod den Wellen und nicht ihm zugeschrieben werden möchte. Daher sich auch der junge Prinz, unfähig, seine Leidenschaft zu bezwingen, selbst über Kopf und Hals in die See stürzte und daselbst umkam. Wie unwahrscheinlich es nun aber sei, daß dieser ihre Gebräuche gelernt, ihnen einen Freiheitsbrief ausgewirkt oder sie nach York zusammenberufen habe, mag der Leser beurteilen . . . Doch ist es noch unwahrscheinlicher, daß Heinrich VI. und sein Rat je ihre Pflichten und Gebräuche durchsehen und genehmigen und so diese sehr ehrwürdigen Meister und Genossen, wie sie in der Rolle genannt werden, bestätigen sollte; denn im dritten Jahr seiner Regierung (als er nicht vier Jahr alt sein konnte) finde ich eine Parlamentsakte, die diese Gesellschaft ganz abschafft.[1] Es wird darin verordnet, daß keine Vereinigungen und Verbindungen von Maurern in ihren allgemeinen Kapiteln und Versammlungen gemacht werden sollten, wodurch die gute Ordnung und Wirkung der Arbeitervorschriften mit Umsturz des Gesetzes verletzt und durchbrochen wird, und daß die, welche solche Kapitel oder Vereinigungen veranlaßt, als Staatsverbrecher verurteilt werden sollten; und daß jene Maurer, die dazu kämen, mit Gefängnis bestraft werden und nach des Königs Willen Buße und Lösegeld leisten sollten. So sehr irrte der Verfasser dieser Geschichte des Gewerbes der Maurerei, und so wenig Kenntnis besaß er von unseren Chroniken und Gesetzen. Obwohl jene Vorschrift durch eine spätere Akte vom 5. Jahre der Elisabeth, wodurch Diener und Arbeiter zum Dienen gezwungen werden können, aufgehoben und ihr Lohn beschränkt ist; und obwohl alle Meister strafbar gemacht sind, wenn sie mehr Lohn geben, als von den Richtern abgeschätzt ist, und die Diener,

---

[1] Plot findet sich hier im Irrtum, denn das Verbot von 1425 bezieht sich nur auf die gesetzwidrigen Versammlungen, nicht auf die Logen. B Z C. 1889, 33 f.

wenn sie ihn nehmen, so ist doch, weil diese Akte auch zu wenig beachtet ist, noch zu fürchten, daß diese Kapitel von Freimaurern so viel Unheil stiften wie zuvor, das, wenn man nach den Strafen urteilen darf, ehemals so groß war, daß es vielleicht nützlich sein könnte, dieselbe jetzt zu prüfen."

Plot hat eine sehr alte Handschrift der Konstitutionen benützt,[1] außerdem eine über die Gebräuche der Maurer, die aber nicht indentisch mit dem Sloane-Ms. Nr. 3329 im British Museum sein kann, sonst hätte er sich schwerlich ihre interessanten Nachrichten entgehen lassen, die wir hier mitteilen:[2]

I. „Zuerst entdecken sie andere (d. i. Freimaurer) durch Zeichen; sodann gehen sie, um insgeheim zu reden.[3] Ein Zeichen besteht darin, daß sie die rechte Hand von links nach rechts über die Brust ziehen, mit den Fingerspitzen ungefähr drei bis vier Zoll unter dem Kinn. Ein anderes besteht darin, daß sie mit der rechten Hand den Hut abnehmen, die zwei ersten Finger über den Daumen und alle übrigen (Finger) unter dem Hutrande; sie ziehen ihn ab und schwenken ihn von links nach rechts und dann (setzen sie ihn) wieder auf den Kopf. Ein anderes beim Trinken besteht darin, daß sie das Glas von links nach rechts quer unter das Kinn hinziehen. Ein anderes besteht darin, daß sie mit der rechten Hand ihr Taschentuch beim Zipfel nehmen und es über die linke Schulter werfen, indem sie es den Rücken herabhängen lassen und einige Schritte weiter gehen; wenn irgend welche Maurer dies sehen, so folgen sie ihm und fassen ihn bei der Hand. Ihr Gesellengriff ist, indem sie gegenseitig ihre rechte Hand fassen und den Daumennagel sich einander dicht auf das dritte Glied des ersten Fingers drücken. Ihr Meistergriff ist, indem sie gegenseitig ihre rechte Hand

---

[1] Begemann in B Z C. 1891, 170 ff. 1893, 197 f.

[2] Woodford, the Reprint of the Sloane Mr. Nr. 3329. London 1873. 2. Auflage. Deutsch von Schwalbach, Geschichte des maur. Gebrauchtums p. 1 ff.

[3] D. h. in den den Freimaurern bekannten Formeln.

fassen, ihre vier Fingernägel einander fest auf das dritte Gelenk des ersten Fingers drücken; aber einige sagen, der Meistergriff sei derselbe, den ich vorher beschrieben habe, nur müsse jeder ihrer Mittelfinger einen Zoll oder die Länge von drei Gersten-Körnern höher reichen, um eine Ader zu berühren, die vom Herzen kommt.

II. Ein anderes Zeichen besteht darin, daß sie ihren rechten, Haken in die Innenseite ihres linken (Fußes) in Form eines Winkelmaßes setzen, so einige Schritte rückwärts und vorwärts gehen und bei jedem dritten Schritte ein wenig Halt machen, indem sie ihre Füße, wie vorher gesagt ist, rechtwinklig setzen. Wenn dies geschieht und irgend welche Maurer bemerken es, so werden sie alsbald auf einen zukommen. Wenn man (an einen Ort) kommt, wo Maurerwerkzeuge liegen, so lege man sie in Form eines Winkelmaßes; (dann) werden sie sofort wissen, daß ein Freibruder dagewesen ist. Oder wenn ein Freibruder (an einen Ort) kommt, wo Freimaurer bei der Arbeit sind, und er nimmt einige von ihren Werkzeugen und legt sie in Form eines Winkelmaßes, so ist dies ein Zeichen, ihn zu entdecken. Oder wenn er eines ihrer Werkzeuge oder seinen eigenen Stab nimmt und schlägt sanft auf die Mauer oder Arbeit mit den Worten: „Das ist lose oder hohl"; wenn irgend ein Freimaurer bei der Arbeit ist, wird er antworten: „Es ist fest," welche Worte Zeichen sind, einander zu entdecken. Ein anderes Zeichen gebrauchen sie, indem sie den rechten Arm in Form eines Winkelmaßes biegen und die Fläche der linken Hand auf das Herz legen. Ein anderes besteht darin, daß sie die Augen nach Osten aufheben und, mag es Tag oder Nacht sein, zweimal leise und einmal stark husten, als ob sie einen Knochen oder Bissen aus der Kehle zwingen wollten; (dabei) sagen sie: „Der Tag ist zum Sehen, die Nacht zum Hören." Ein anderes Zeichen besteht darin, daß sie einem eine krumm gebogene Stecknadel oder ein Stückchen Papier schicken, das in Form eines Winkelmaßes geschnitten ist; beim Empfang desselben muß man von jedem Orte oder aus jeder Gesellschaft kommen, wo man sich auch immer befindet. Kraft seines Eides und des vorher erwähnten Zeichens des Hutes oder der Hand muß man kommen, wenn es von der Spitze eines Kirchturms wäre, um ihren Wunsch zu erfahren und ihnen beizustehen. Und um einem mitzuteilen, daß er Geld braucht, hält er einem ein Stückchen Pfeife (d. h. Tonpfeife) oder irgend etwas Derartiges mit den Worten hin: „Können Sie mir einen Moospfennig wechseln?“[1] Wenn man Geld hat, sagt man ja; hat man keins, sagt man nein. Einige geben ihren Mangel an Geld dadurch kund, daß sie ihr Messer aus der Scheide ziehen und es einem Bruder in Gesellschaft oder allein geben; wenn der Bruder Geld hat, nimmt er das Messer, steckt es in die Scheide und gibt es zurück; hat er keins, wird er es so bloß zurückgeben, wie er es erhalten hat; welches (letztere) viele von ihnen trotz ihres Eides tun. Und viele andere Zeichen weisen sie zurück, obgleich sie eidlich verpflichtet sind, allen zu gehorchen. Ein anderes besteht darin, daß sie ihr Taschentuch in die rechte Hand nehmen und schnauben; dann halten sie es gerade vor sich hin und schütteln es zweimal leise, einmal stark. Ein anderes Zeichen besteht darin, daß sie an eine Thüre zwei leise Schläge und dann einen starken Schlag klopfen. Sie haben ein anderes Zeichen, das beim Trinken am Tisch gebraucht wird; wenn das Glas nicht schnell genug herumgeht, sagen sie: „Setzt das Gebräu in Bewegung.“

III. Um mit einem Maurer in Frankreich, Spanien oder der Türkei zu reden, ist, wie sie sagen, das Zeichen, auf dem linken Knie niederknieen und die rechte Hand nach der Sonne hochhalten; und der ausländische Bruder wird ihn sofort aufrichten. Aber glaube mir, wenn sie dort zu jenem Zwecke niederknieen, können sie da (knieen) bleiben; oder irgend welche Personen beobachten ihre Zeichen so lange, als die Juden bei dem Glauben bleiben, ihren ersehnten Messias aus dem Osten zu erhalten.

---

[1] Entsprechend dem Studentenausdruck: Pump mir Moos.

IV. Hier folgt ihr Gespräch in Frage und Antwort:

1. Fr. Sind Sie ein Maurer?
   A. Ja, ich bin ein Freimaurer.
2. Fr. Wie soll ich das erkennen?
   A. An vollkommenen Zeichen und Merkmalen und den ersten Punkten meiner Aufnahme.
2. Fr. Welches ist das erste Zeichen oder Merkmal?
   A. Zeigen Sie mir das erste, und ich will Ihnen das zweite zeigen.

   Das erste ist: Hehlen und verbergen, oder verbergen und geheimhalten, bei keiner geringeren Strafe als daß mir die Zunge aus dem Halse geschnitten werde.
4. Fr. Wo wurden Sie zum Maurer gemacht?
   A. In einer gerechten und vollkommenen, oder gerechten und gesetzmäßigen Loge.
5. Fr. Was ist eine gerechte und vollkommene, oder gerechte und gesetzmäßige Loge?
   A. Eine gerechte und vollkommene Loge ist: Zwei Lehrlinge, zwei Gesellen und zwei Meister, mehr oder weniger: je mehr, desto lustiger, je weniger desto bessere Bewirtung. Aber wenn es die Not erfordert, so werden fünf genügen, d. h. zwei Lehrlinge, zwei Gesellen und ein Meister, auf dem höchsten Hügel oder in dem tiefsten Tal der Welt, ohne das Krähen eines Hahnes und das Bellen eines Hundes.
6. Fr. Von wem leiten Sie Ihre Grundsätze her?
   A. Von einem, der größer ist als Sie.
7. Fr. Wer ist das auf Erden, der größer ist als ein Freimaurer?
   A. Der, welcher auf die höchste Zinne des Tempels zu Jerusalem getragen wurde.
8. Fr. Ist Ihre Loge geschlossen oder offen?
   A. Sie ist geschlossen.
9. Fr. Wo liegen die Schlüssel der Logentüre?

A. Sie liegen in einem zugebundenen Kasten oder unter einem dreieckigen Pflaster, ungefähr anderthalb Fuß von der Logentüre.

10. Fr. Woraus ist der Schlüssel ihrer Logentüre gemacht?

A. Er ist nicht gemacht aus Holz, Stein, Eisen oder Stahl oder irgend einer Art von Metall, sondern (ist) die Zunge eines guten Gerüchts hinter eines Bruders Rücken sowohl als vor seinem Angesicht.

11. Fr. Wieviel Kleinodien gehören zu Ihrer Loge?

A. Drei: Das quadratische Pflaster, der flammende Stern und die zackige Troddeleinfassung.

12. Fr. Wie lang ist das Kabeltau Ihrer Loge?

A. So lang wie von dem Lappen der Leber bis zur Wurzel der Zunge.

13. Fr. Wieviel Lichter sind in Ihrer Loge?

A. Drei: Die Sonne, der Meister und das Winkelmaß.

14. Fr. Wie hoch ist Ihre Loge?

A. Ohne Fuß, Ellen und Zoll reicht sie bis zum Himmel.[1]

15. Fr. Wie stand Ihre Loge?

A. Ost und West, wie alle heiligen Tempel stehen.

16. Fr. Welches ist des Meisters Platz in der Loge?

A. Der Ostplatz ist des Meisters Platz in der Loge, und das Kleinod ruht auf ihm zuerst, und er stellt die Leute an die Arbeit; was die Meister des Vormittags haben, erraten die Aufseher des Nachmittags.

V. An einigen Orten unterreden sie sich folgendermaßen:

1. Fr. Wo wurde das Wort zuerst gegeben?

A. Bei dem Turm zu Babylon.

2. Fr. Wo beriefen Sie zuerst Ihre Loge?

A. Bei der heiligen Kapelle St. Johannes.

3. Fr. Wo stand Ihre Loge?

A. Wie die genannte h. Kapelle und alle andern heiligen Tempel stehen, nämlich Ost und West.

---

[1] Im Original: Without foots yards or inches it reaches to heaven.

4. Fr. Wieviel Lichter sind in Ihrer Loge?
   A. Zwei: Eines, um beim Hinausgehen zu sehen, und ein anderes, um bei der Arbeit zu sehen.
5. Fr. Wo wurden Sie vereidigt?
   A. Bei Gott und dem Winkelmaß.
6. Fr. Über den Kleidern oder unter den Kleidern?
   A. Unter den Kleidern.
7. Fr. Unter welchem Arm?
   A. Unter dem rechten Arm. — Gott ist gnädig allen Ehrwürdigen Meistern und Gesellen in der Ehrwürdigen Loge, von wo wir zuletzt herkamen.
8. Fr. Und Ihnen guter Gesell! — Wie heißen Sie?
   A. J. oder B. —
   Indem er dann den Handgriff gibt, sagt er:
9. Bruder Johannes grüßt Sie herzlich!
   — Gottes guter Gruß, Ihnen, lieber Bruder!

VI. Ein anderer Gruß besteht darin, daß sie sich den Meister- oder Gesellengriff geben, indem sie sagen: „Die sehr Ehrwürdigen Meister und Gesellen in der Ehrwürdigen Loge, von der ich zuletzt kam, grüßen Sie, grüßen Sie herzlich;" und dann wieder antworten: „Gottes guter Gruß Ihnen, lieber Bruder!"

Ein anderes haben Sie das Meisterwort genannt und (dasselbe) ist Maharyn, das immer in zwei Worte geteilt wird und (gegeben) wird, indem sie mit der Brust dicht aneinander stehen, die Innenseite ihres rechten Fußknöchelgelenks gegenseitig (berühren), (sich) mit der rechten Hand dicht auf den schmalen Teil des Rückgrates legen. Und in dieser Stellung stehen sie, bis sie einander ins Ohr flüstern, der eine Maha, der andere erwidert Ryn.

VII. Der Eid. Das Maurerwort und alles das darin Enthaltene sollen Sie geheim halten; Sie sollen es nie aufschreiben direkt oder indirekt. Sie sollen alles halten, was wir oder Ihre Gefährten Ihnen gebieten geheimzuhalten vor Mann, Frau, Kind, Stock oder Stein, und es nie offenbaren außer einem Bruder oder in einer Loge von Freimaurern, und treulich die

Pflichten in der ganzen Konstitution beobachten. Alles dieses versprechen und schwören Sie treulich zu halten und zu beobachten, ohne irgend welche Art von Zweideutigkeit oder geistigem Vorbehalt, direkt oder indirekt. So wahr Ihnen Gott helfe, und bei dem Inhalte dieses Buches (der Bibel, die dann der Schwörende küßt)."

Die Protokolle der englischen Logen reichen höchstens bis in den Anfang des 18. Jahrhunderts zurück, aber auch sie gewähren im wesentlichen dasselbe Bild, das wir aus dem Studium der Akten der schottischen Logen gewonnen haben. Es handelt sich um die Logen im Norden von England: Alnwicke an der schottischen Grenze, Gateshead und York. Die Ordnungen der Loge von Alnwicke stammen aus dem Jahre 1701, die Protokolle beginnen mit 1703.[1] Die erste Ordnung bestimmt, daß am Feste des h. Michaels des Erzengels (29. Sept.) zwei Aufseher gewählt werden sollten. An diesem Festtage fand die Beförderung der Lehrlinge statt, nachdem sie sieben Jahre gedient haben. Johannes der Täufer wurde als Patron der Loge gefeiert und 1708 die Vorschrift erlassen, daß hinfort kein Mitglied der Loge ohne seinen Schurz und das gewöhnliche Winkelmaß im Gürtel beim Fest erscheinen soll; auch sollen die Beamten Sorge tragen, daß an diesem Tage in der Kirche eine Predigt gehalten werde, der die Mitglieder mit dem Schurz und Winkelmaß bekleidet beiwohnen sollen. Nach der Gründung der Londoner Großloge hat sich diese Loge von Alnwicke als unabhängige Werkloge erhalten, doch wurden auch Nichtmaurer zugelassen, die für ihre Aufnahme je 17 Schilling zu zahlen hatten, während die Handwerker nur 10 bezahlten.

Die Protokolle der Loge von Gateshead in Durham beginnen erst mit 1725;[2] sie schloß sich 1735 der Großloge an, bewahrte aber ihren Charakter als Werkloge, obgleich auch Herren als Mitglieder erscheinen. Noch 1754 wird ganz nach der alten

---

[1] B Z C. 1889, 112 ff.

[2] B Z C. 1889, 116 ff.

Weise der Werkmaurer die „Lehrlings-Verpflichtung“ verlesen. Auch hier feierte man den 27. Dezember, wobei die Genossen mit Schurz und Handschuhen zu erscheinen hatten.

Die Loge von York ist für die Geschichte der Freimaurerei nicht ohne Bedeutung, denn laut einem Manuskript der Konstitutionen von 1480[1] ließ Edwin, Sohn des Königs Adhelstans in York die erste Maurerversammlung halten, auf der nach alten Schriften und Büchern der Zunft neue „Pflichten“ zusammengestellt wurden. Alles was Anderson in seiner Geschichte über York zu sagen weiß, ist Schwindel. Auch die sog. Yorker Urkunde, die dritte der ältesten Kunsturkunden der Freimaurerbruderschaft bei Krause,[2] angeblich vom Jahre 926, ist ein freches Machwerk. In York existierte eine alte Bauhütte, deren Verordnungen aus den Jahren 1352, 1370 etc. wir kennen.[3] Im Anschluß an diese Bauhütte entstand dann eine Logenbrüderschaft.[4] Diese Yorker Loge besaß nicht weniger als sechs Handschriften der Konstitutionen, von denen alle außer Nr. 3 noch vorhanden sind. Leider reichen die Protokolle nur bis 1712 zurück. Seit Anfang des 18. Jahrhunderts bestand die Loge faßt ausschließlich aus Nichtwerkleuten, und als Vorsitzende, Präsidenten ist ihr Titel, finden wir vornehme Leute, Baronets und Esquires. Offenbar war das Handwerk in York immer mehr in Verfall geraten und Leute aus den verschiedenen Ständen und Berufen hatten allmählig die Werkmaurer in der Loge, die meist als Company, Fraternity, Society bezeichnet wird, verdrängt. Von Lehrlingen ist in den Protokollen keine Rede, sondern nur von Aufnahmen (admitted und sworn). Man kannte offenbar nur einen Grad. Aus einer Werkmeisterloge hatte sie sich in eine Loge „spekulativer Maurer“ umgewandelt, aber

[1] B Z C. 1891, 162 ff.
[2] Drei Kunsturkunden II, 3 ff.
[3] The Fabric Rolls of York Minster, Durham 1859.
[4] Gould IV, 270 ff. 401 ff.

tatsächlich war diese Loge nicht viel anders als ein geselliger Klub, bestimmte doch eine Verordnung von 1725: „Eine Stunde soll besonders angesetzt werden, um über Maurerei zu reden"; die übrigen Regeln betreffen geschäftliche und gesellschaftliche Angelegenheiten. In diesem Jahre legte sich die Loge den Titel einer Großloge zu. Am 27. Dezember, dem Festtage Johannes des Evangelisten, zog die Gesellschaft in feierlichem Zuge nach der Kaufmannshalle, hielt dort einen Schmaus und wählte darauf die neuen Würdenträger der Großloge. Ein Jahr darauf hielt der jüngere Großaufseher Francis Drake eine Festrede, die gedruckt worden ist.[1] Er rühmt das hohe Alter der Maurerei, die dementsprechend auch von den Altertumsforschern gewürdigt worden sei; die Geometrie habe mit ihr begonnen, beide zusammen hätten die erstaunlichen Bauwerke zustande gebracht, weßhalb es erklärlich sei, daß man aus den Regeln dieser Kunst ein Geheimnis gemacht habe. Im Gedankenkreise der Werkmaurerei bewegt sich die Rede weiter, indem er sich speziell an die Werkmaurer wendet. Darauf ermahnt er die Herren (Gentlemen), Künste und Wissenschaft zu pflegen; kein Herr, der sich Freimaurer benennen lasse, sollte vor einer Aufgabe der Geometrie oder einem Satze Euklids zurückschrecken oder in der Geschichte und den Unterschieden der fünf Ordnungen der Baukunst unbewandert sein. Die Rede schloß mit einem Appell an die Harmonie unter den Freimaurern: „wir wollen uns hier und überall sonst so benehmen, daß die unterscheidenden Kennzeichen der ganzen Bruderschaft sein mögen, gute Christen, gehorsame Untertanen, treue Briten sowohl wie Freie Maurer zu heißen." Aber es ging dieser Loge wie so vielen bis zum heutigen Tage, trotz schöner Reden und guten Ermahnungen verfielen die Brüder in geistige Indolenz. So ist denn diese Loge von York am Ende des 18. Jahrhunderts selig entschlafen.

---

[1] Ein guter Auszug im Allg. Handbuch der Freimaurerei. Leipzig 1901. II, 561 f.

Schon öfters ist von den „Verfassungen“ und den „Pflichten“ der alten Freimaurerlogen die Rede gewesen. Auf dieses „Buch der Verfassung“ mußten die neuaufgenommenen Mitglieder schwören,[1] weßhalb wahrscheinlich jede Loge im Besitz eines solchen handschriftlichen Exemplars der Verfassung sich befand. Zwar sind schon seit 1722 einzelne dieser Handschriften durch den Druck bekannt gemacht worden,[2] und namentlich erweckte die 1840 erfolgte Veröffentlichung des sogenannten Halliwell-Manuskripts das Interesse der Forscher, aber viel wußte man mit diesem seltsamen Dokumente nicht anzufangen, und die Geschichtschreibung stützte sich auf alle möglichen Zeugnisse, nur nicht auf diese authentischen Quellen. Erst seit den siebziger Jahren des 19. Jahrhunderts haben englische Forscher dieser Sache ihre Aufmerksamkeit geschenkt und eine Anzahl solcher „Verfassungen“ aus dem Staube der Bibliotheken und Archive gezogen und dieselben in Zeitschriften sowie in besondern Büchern bekannt gemacht. Namentlich hat sich die Loge Quatuor Coronati in London mit Eifer dieser Aufgabe angenommen und seit 1889 unter dem Titel Masonic Reprints in streng wissenschaftlicher Weise die wichtigsten Dokumente herausgegeben, wobei sich besonders Ge. W. Speth große Verdienste erworben hat. Bis jetzt sind 70 Handschriften der alten Verfassungen bekannt geworden. Begemann hat sich die große Mühe gegeben, diese Handschriften einer exakt philologischen Untersuchung zu unterwerfen und auf Grund dieser Studien die Handschriften in Familien zu gruppieren, die Grundlage für den notwendigen Aufbau eines Stammbaums. Als Resultat seiner Forschungen ergibt sich nun folgendes: Es gab in England in der zweiten Hälfte des 14. Jahrhunderts „Bücher der Pflichten,“ welche die von den Werkmaurern zu beobachtenden Artikel und Punkte enthielten. Diese Artikel und Punkte mußten von allen neuaufgenommenen Genossen in offener

---

[1] Begemann in B Z C. 1894, 141*.

[2] B Z C. 1890, 159 ff.

Maurerversammlung beschworen werden. An solchen Versammlungen mußten alle vereidigten Meister und Genossen teilnehmen, und sie beschlossen hier je nach Bedürfnis neue „Artikel“ und „Punkte“, natürlich in Übereinstimmung mit den Landesgesetzen. Zugleich enthielt dieses älteste „Buch der Pflichten“ die Anfänge der später erweiterten Zunftsage, nämlich die Erfindung der Maurerei durch Euklid in Ägypten, sowie die Einführung und erste Organisation derselben unter König Adelstan in England. Aus Plots Bericht (s. o. p. 116) wissen wir, daß er eine Pergamentrolle benützt hatte, die eben das „Buch der Pflichten“ enthielt, aber mit Veränderungen, die unter der Regierung Heinrichs VI. vereinbart worden sind und der königlichen Bestätigung bedurften; diese Fassung fällt um die Zeit von 1480 (von Begemann als Plot-Form W W bezeichnet). Im 16. und 17. Jahrhundert erlitt dann diese Form mehrfache Abänderungen und Erweiterungen. Auch Anderson hat für sein 1723 zuerst erschienenes Konstitutionenbuch Handschriften der Pflichten benützt.

Von besonderem Interesse sind zwei Handschriften, die noch dem Anfange des 15. Jahrhunderts angehören, nämlich das Halliwell-Gedicht[1] und die Cooke-Handschrift,[2] das erste in Versen, die zweite in Prosa, beide Handschriften literarische Produkte. Das Gedicht besteht aus acht Abschnitten, wovon die vier ersten (Vers 1—496) sich mit der Maurerei beschäftigen, der fünfte erzählt die Legende von den vier Gekrönten, der sechste von dem Turm von Babel, der siebende gibt Anweisungen für angemessenes Verhalten in der Kirche, und der achte über gute Sitte. Die Verse 1—86 enthalten den Keim der Geschichte der

---

[1] Zuerst her. von Halliwell: The early History of Freemasonry in England. London 1840 und 1844. Beste Ausgabe von Speth in Masonic Reprints I. Margate 1889 mit Kommentar von Gould. Übersetzt von Margraff und Asher 1842. Vgl. B Z C. 1890, 168 ff. 1893, 211 ff. 1894, 113 ff.

[2] Neue Ausgabe in Masonic Reprints IV. Margate 1890. Vgl. B Z C. 1890, 267 ff. 1894, 244 ff.

Maurerei, die auf Euklid zurückgeführt wird. Einst hatten große Herren und Frauen viele Kinder, deren Unterhalt ihnen Sorge machte; sie sandten deßhalb nach großen Gelehrten, damit dieselben die Kinder eine anständige und einträgliche Beschäftigung lernten. Euklid lehrte sie die Geometrie und auf Grund derselben die Maurerei; auch gab er mehrere Vorschriften über das gegenseitige Verhalten. Alles das geschah in Ägypten. Mit einem kühnen Sprung führt uns der Dichter nach England, wo die Maurerei unter König Adelstan Aufschwung nahm, denn dieser förderte die Kunst durch Bauten, er berief eine Versammlung vornehmer Herren und aller Zunftleute, um die vorhandenen Mängel zu beseitigen und die Verhältnisse der Maurer zu ordnen; hier wurden 15 Artikel und 15 Punkte festgestellt und zwar enthalten Vers 87—260 die Artikel und 261—470 die Punkte. Vers 471—496 enthält Alia ordinacio artis geometriae, worin bestimmt wird, daß auf Anordnung Adelstans regelmäßige Versammlungen alle Jahre oder jedes dritte Jahr stattfinden sollten, um Mängel zu beseitigen und die Verordnungen Adelstans neu zu beschwören und vom König bestätigen zu lassen. Für diesen historischen Teil seines Gedichts hat der Verfasser ein „Buch der Pflichten“ benutzt, das auch für den Verfasser der Cooke's Handschrift die Grundlage bildete. Als Quelle für die Ars quatuor coronatorum diente dem Dichter die „Legenda aurea.“ Als Quelle für die Verse 581—692 lag ihm ein Gedicht vor: Instructions for Parish Priests, das einem Johannes Myrcus zugeschrieben wird, und dem Reste (Vers 693—794) der Tractatus Urbanitatis, eine Anweisung zur guten Sitte. Wir sehen also, dieses Halliwellgedicht ist eine Kompilation verschiedenartiger Schriften, die der Verfasser in Verse umgegossen hat. Er kann natürlich nur ein Geistlicher gewesen sein, da ja im Mittelalter Laien nur ausnahmsweise als Schriftsteller auftreten. Wahrscheinlicherweise ist unser Verfasser einer jener Geistlichen gewesen, die, wie wir wissen (s. o. p. 108), als Aufseher eines Kirchenbaues angestellt waren. Er fühlte sich berufen, seine Untergebenen zu belehren, das ganze Gedicht zeigt unverholen diese „Absicht der Belehrung, Anleitung, Ermunterung und Ermahnung, sowie andererseits der Warnung und Abmahnung in der beständigen Form der Anrede."[1] Für die seiner Aufsicht unterstellten Werkleute hat er dieses Gedicht verfaßt, um sie über den Ursprung und die Geschichte der Maurerei zu belehren, ihnen recht fest die Pflichten d. h. die „Artikel" und „Punkte" einzuprägen, sowie ihnen auch allerlei nützliche Verhaltungsmaßregeln im kirchlichen und gesellschaftlichen Verkehr zu geben. In Deutschland wie in England gab es eine große Anzahl solcher Anstandsregeln für Ritter wie für Bürger,[2] und gerade die Gilden, Zünfte und Gesellschaften führten einen unausgesetzten und schweren Kampf gegen die Rohheit und Unkultur und wurden nicht müde die unbändigen Gemüter durch immer wieder erneute und verschärfte Verordnungen auf eine höhere Stufe der Gesittung zu heben. Gerade diesem Zwecke sollte unser Gedicht dienen. Der Verfasser wollte „die Maurer von dem hohen Wert ihres zur Kunst sich erhebenden Handwerks überzeugen, ihnen idealere Anschauungen einflößen, daß sie selbst an sich höhere Anforderungen stellen und sich für eine veredelte Lebensführung erwärmen möchten. Der Hinweis darauf, daß einst in Ägypten Söhne vornehmer Leute von Euklid in derselben Kunstfertigung unterwiesen seien, sollte sie anspornen, sich solcher Vorfahren würdig zu machen und demgemäß auch ein gesittetes Benehmen sich anzueignen."[3] Darum wird auch die Geschichte der „Vier Gekrönten" erzählt, die er fälschlich auf Steinmetzen und Bildhauer bezieht.[4] In den deutschen Steinmetzordnungen aus dem 15. Jahrhundert geschieht ihrer Erwähnung, niemals aber in den englischen „Verfassungen", denn die englischen Steinmetzen verehrten den Johannes den Täufer

---

[1] Begemann in B Z C. 1894, 165.

[2] Boos, Geschichte der rheinischen Städtekultur II, 225 f, III, 363 ff, für England vgl. Begemann in B Z C. 1894, 213 f.

[3] Begemann B Z C. 1894, 166.

[4] Begemann l. c. 1890, 187 ff. 1894, 167 ff.

als Schutzpatron, die schottischen Johannes den Evangelisten. Der Dichter wollte eben seinen Bauleuten hohe Vorbilder der Treue und Standhaftigkeit im Glauben vor die Augen stellen, wie er ja überall mit Wärme Frömmigkeit und Gottesverehrung empfiehlt.

Seinen Zweck scheint das Gedicht nicht erreicht zu haben, denn es fand weder Nachahmung noch Verbreitung, um so mehr dagegen die Cooke-Handschrift. Diese besteht aus zwei scharf geschiedenen Teilen: einer Geschichte der Maurerei, etwa am Anfange des 15. Jahrhunderts geschrieben; diesem ersten Teil hängte der Verfasser ein „Buch der Pflichten" an, das noch aus dem 14. Jahrhundert stammt. Der Verfasser dieser Handschrift war ebenfalls ein Geistlicher, der der lateinischen und französischen Sprache kundig war und über eine gewisse Gelehrsamkeit verfügte, denn er zitiert außer der Bibel noch andere Bücher wie den „Meister der Geschichte Petrus Comestor, die Etymologien des Isidors, eine Schrift Bedas, sowie eine des Methodius, das Polychronicon des Ranulphus Higden, die Geschichte Euklids, alte Bücher der Maurerei" und verschiedene Chroniken. Möglicherweise war er wie der Verfasser des Halliwells-Gedicht Aufseher einer Bauhütte und wie jener wollte er die seiner Leitung unterstellten Bauleute belehren und zur treuen Pflichterfüllung aufmuntern. Vielleicht verlockte ihn persönliche Liebhaberei für geschichtliche Studien zur weitern Ausführung der Geschichte der Maurerei, aber er verband damit einen pädagogischen Zweck, indem er den Bauleuten durch Hinweis auf das hohe Alter ihrer Kunst eine höherere und ernstere Auffassung derselben einzuflößen bestrebt war; dadurch möchte er sie ermuntern, sich der Zugehörigkeit zu einer so alten und ehrwürdigen Kunst würdig zu machen. Diesen Gedanken spricht auch der Wappenbrief aus, der 1472 der Maurerzunft durch den Wappenkönig Wilhelm Hawkeslowe erteilt wurde. Als Gegenleistung für die Wappenerteilung wird hier gefordert, daß die Maurerzunft sich eines feinen und vornehmen Benehmens befleißige.[1]

---

[1] Begemann l. c. 1894, 252 f.

Diese Cooke-Handschrift hat dann später mannigfache Umarbeitungen erfahren, diente indeß als Grundform der späteren Verfassungen des 16. und 17. Jahrhunderts. Alle diese Handschriften der „Verfassungen" der alten Maurer vom 14. Jahrhundert bis zum Konstitutionenbuch Andersons bilden eine fortlaufende Kette, welche die neue Londoner Großloge mit den alten Werkmaurerlogen verbindet. Ja, in manchen Werkmaurerlogen waren die alten Verfassungen bis Ende des 18. Jahrhunderts im Gebrauch.

SECHSTES KAPITEL.

# Die Entstehung der Grossloge in England.

Seit den Tagen der Renaissance beginnt sich der große Klassenunterschied zwischen Gebildeten und Ungebildeten bemerkbar zu machen. Die Ungebildeten, d. h. alle, die nicht in der klassischen Litteratur unterrichtet worden waren, sind ausgeschlossen von dem Genuß all der gewaltigen Errungenschaften der neuen Zeit.[1] Das Volk sinkt in die tiefe Nacht der Unwissenheit und des Aberglaubens. Ihm kamen nicht die edlen Bestrebungen all jener Männer zu Gute, die für die Erhebung und Veredelung der menschlichen Gesellschaft arbeiteten, denn auch diese wandten sich zunächst nur an die Gebildeten, ja sogar nur an einen kleinen Kreis der Gebildeten, an die Eingeweihten, die Erleuchteten. Strenge hielt man an dem Unterschied einer esoterischen und exoterischen Lehre fest, und erst die Französische Revolution hat dieser Exklusivität des geistigen Lebens ein Ende gemacht. In Zeiten, wo es eine politische Freiheit, ein freies Vereinsrecht, nicht gibt, da ist die Bildung geheimer Gesellschaften eine verzeihliche Notwendigkeit. Wo solche geheimen Gesellschaften ganz fehlen, da ist der öffentliche Zustand ein hoffnungsloser. Der unbedingte Despotismus kann nicht einmal diese dulden, wofür die Türkei und die Schreckensherrschaft in Frankreich die bündigsten Beweise liefern.

[1] S. Windelband l. c. I, 274 ff.

Wir haben jene Anhänger der kabbalistischen alchimistischen Geheimlehre kennen gelernt, die in Deutschland am Anfange des 17. Jahrhunderts auftraten und die dann auch nach England sich verbreiteten. Nicht nur den Stein der Weisen wollten sie finden, sondern sie verfolgten auch ethische Zwecke. Diese verbargen sie den Uneingeweihten unter einer tiefsinnigen Symbolik. Sie haben einen Bau ohne Fenster und Türen, allenthalben sichtbar und doch den Augen der Menschen verborgen, geziert mit allerlei göttlichen und sinnbildlichen Dingen. Sie sind durchaus abgeneigt jedem Kriegs- und Parteigezänk und wollen nur in der Stille arbeiten, in der Überzeugung, daß der Frieden nur in der Freiheit des religiösen Bekenntnisses erreichbar sei, nicht aber durch irgend welche allgemein bindende Glaubensformeln. Sie verlangen für sich die Toleranz. Ihre Zurückgezogenheit soll nicht dem Müssigang dienen, sondern der Zweck der Gesellschaft ist der Aufbau einer Pansophie d. h. einer Philosophie, welche Religion und Naturwissenschaft zu einem harmonischen Ganzen verwebt und zwar auf Grundlage der Bibel. Sie fordern von jedem Mitgliede, Brüder nennen sie sich untereinander, Treue gegen Gott und gegen die Obrigkeit, werktätige hilfsbereite Liebe gegen alle Menschen, besonders Aufnahme und Heilen von Kranken; darum eben sollen die Naturwissenschaften besonders gepflegt werden; ferner Wahrhaftigkeit in Wort und Wandel, bei mäßiger bescheidener Lebensweise und Verschwiegenheit. In ihren Schriften, namentlich in Fludd's Philosophia Moysaica, finden wir eine reiche Symbolik, die zum Teil der Freimaurerischen verwandt ist.[1] Daher wird die Geometrie von ihnen so hoch geschätzt, gemäß dem Bibelspruche: „Aber du hast alles geordnet nach Maß, Zahl und Gewicht." Eine reiche Zahlensymbolik verschlingt sich mit der Symbolik geometrischer

[1] Hier kommen die Arbeiten von Katsch in Betracht in den Mitteilungen aus dem Verein d. Freimaurer 1881/2, 1882/3, 1883/4, 1884/5. Vgl. die Kritik von Schwalbach, Bauhütte 1885, 313 ff. 323 ff. Ferner Katsch, die Entstehung und der wahre Endzweck der Freimaurerei p. 399 ff.

Figuren, Punkt, Linie, Fläche, Kubus. Der Kreis ist z. B. der Inbegriff aller Vollendung. Das Signum perfectionis, Symbol der Schöpfungsvollendung, bedeutet 1) Weisheit, Stärke, Schönheit; 2) Deus = Trinitas, daher ist die Dreizahl das Symbol für Gott; 3) $3 \times 3$ = Deus laudetur in aeternum d. i. Gelobt sei Gott in Ewigkeit.

Wir wollen auf diese oft wunderliche Gedankenwelt nicht näher eintreten, die oft an das Hexeneinmaleins in Goethes Faust erinnert; genug, solche Ideen erfüllten manche Köpfe, und der Glaube an eine Geheimwissenschaft (Alchemie) war gerade unter Gelehrten und noch mehr unter Halbgelehrten im ganzen 17. und 18. Jahrhundert weit verbreitet. Da nun sich die Freimaurer in den Schleier des Geheimnisses hüllten, was lag da näher als die Vermutung, daß sie im Besitze des so ersehnten Geheimnisses wären, nämlich des Steins der Weisen. In einem 1723 zuerst erschienenen, 1725 wieder abgedruckten Buche The Secret History of Freemasonry, London bei Briscoe, das den Abdruck einer alten Werkmaurerverfassung enthält, stellt der Herausgeber im Vorwort die Rosenkreuzer oder Adepten mit den Brüdern der Freimaurerbrüderschaft auf eine Linie.[1] Scherzhafte oder auch ernstgemeinte Äußerungen von Freimaurern mögen einem solchen Glauben Nahrung gegeben und Wundersüchtige zum Eintritt in die Logen verlockt haben. Ein solcher Wundersüchtiger war der anonyme Verfasser eines Buches, das unter dem Namen Long Livers in London 1722 erschienen ist. Er nennt sich Philalethes, der Jüngere, Mitglied der königlichen Gesellschaft, aber sein eigentlicher Name soll Robert Samber gelautet haben; da jedoch dieser in seinem 1723 gedruckten Buch Ebrietatis Encomium or the Praise of Drunckenneß sich ganz anders über die Freimaurer äußert, so kann er kaum die Widmung zum Long Livers geschrieben haben. Dieser Philalethes war ein Liebhaber der Alchemie, aber noch ein Neuling in dieser Wissenschaft, indem ihm die Lösung der Rätsel als ferne

[1] Begemann in Meklenburgisches Logenblatt 1896 Nr. 20 S. 193 f.

Hoffnung vorschwebte; die „Söhne der Wissenschaft und die mit den erhabensten und tiefsten Geheimnissen der Maurerei Erleuchteten" sollten auch ihn in diese Geheimnisse einweihen. Eben weil er glaubte, daß die gelehrten Mitglieder der Freimaurerbrüderschaft sich mit den Rätseln der Alchemie beschäftigten, widmete er den Freimaurern sein Buch über die Verlängerung des Lebens.[1] Aber er befand sich in einer großen Täuschung, denn die damaligen Freimaurer befaßten sich weder mit alchemistischen Studien noch hingen sie irgend einer besondern philosophischen Schule an. Erst viel später wurde der unselige Bund zwischen Freimaurerei und Rosenkreuzerei geschlossen. Wenn ich früher in der ersten Bearbeitung dieses Buches, verführt durch Hettner, die Freimaurer, welche die Londoner Großloge gegründet hatten, als Anhänger des Deismus betrachtet und dieser Großloge große ethische Ziele zugeschrieben habe, so bekenne ich jetzt reumütig, daß ich durch die gründlichen Erörterungen Begemanns über „Deismus und Freimaurerei"[2] meines Irrtums überführt und eines Bessern belehrt worden bin. Als Historiker will ich nur der Wahrheit dienen und bin fern jeder Rechthaberei. Leider hat von jeher die Geschichte der Freimaurerei als Tummelplatz für alle möglichen Phantastereien und blinden Vorurteilen dienen müssen, so daß es jetzt endlich an der Zeit ist, der Wahrheit die Ehre zu geben. Sieht man die Quellen ohne Befangenheit an, so muß man zur Überzeugung gelangen, daß die Freimaurerei in England in keinem Zusammenhang mit dem Deismus stand oder überhaupt mit der geistigen Bewegung um die Wende des 17. und 18. Jahrhunderts. Auch brauchten die damaligen Freimaurer die Öffentlichkeit nicht zu scheuen, da ja wie jedermann wußte, der sich darum interessierte, ihr Geheimnis nur in Wort, Zeichen und Griff bestand und sie niemals behauptet haben, ein anderes Geheimnis zu besitzen. Wohl gab es schon im 18. Jahrhundert Leute, die keine Werk-

---

[1] Begemann l. c. 193 f.

[2] Mecklenburgisches Logenblatt 1894, 1895, 1896.

maurer waren, sondern den höhern Ständen angehörten, und den Logen beitraten, aber nicht etwa um höhere geistige Bedürfnisse zu befriedigen, sondern lediglich um diesen Handwerkerbrüderschaften eine Ehre zu erweisen und ihre Wohlfahrtseinrichtungen zu unterstützen. Wenn daher Katsch der Aufnahme des Rosenkreuzers Ashmole eine große Bedeutung beilegt, so ist das ein großer Irrtum, denn wir wissen aus seinem Tagebuch, daß er zwischen 1646 und 1682 nie eine Loge besucht hat, so daß sein Interesse an der Freimaurerei wirklich nicht groß gewesen sein kann. Doch mag man vielleicht einwenden, daß er an seinem Wohnort keine Gelegenheit hatte, eine Loge öfters zu besuchen.

Bekanntermaßen gehörten Mitglieder der „königlichen Gesellschaft“ auch den Londoner Logen an, wie z. B. Desaguliers, 1719 Großmeister der Großloge von London. Diese königliche Gesellschaft war ein wissenschaftlicher Verein, zu dem Angehörige aller in England vorhandenen christlichen Konfessionen und Sekten zugelassen wurden, weßhalb alle Fragen der Religion, aber auch der Politik von den Verhandlungen ausgeschlossen blieben, weil ja solche Erörterungen nur zu leicht zu unerquicklichen Streitigkeiten und Störungen führen konnten.[1] Nach den langen und blutigen Bürger- und Religionskriegen sehnte man sich nach Frieden und Ruhe und solche hatte zumal eine streng wissenschaftliche Gesellschaft notwendig. Allein auch die Logen verhielten sich auf dem Gebiet der Religion neutral gemäß den alten Pflichten I und VI,2, weil sonst leicht die Eintracht der Bruderschaft gestört werden konnte.

Seit der Reformation strebte der Mensch nach Befreiung von den alten geistigen und religiösen Fesseln und suchte seine freie Persönlichkeit ungehemmt zu entfalten. Aber noch war der Druck der Kirche, des Staates und der gesellschaftlichen Institutionen auf den Einzelnen so stark, daß er nur im Zusammenschluß der Gleichgesinnten sein Ziel erreichen konnte. Der Assoziationstrieb zeigte sich auch am Anfange des 18. Jahr-

[1] Begemann in Mecklenburgisches Logenblatt 1894, Nr. 8.

hunderts wirksam und fruchtbar wie in früheren Zeiten. Im Jahre 1709 gründete Richard Steele eine neue Gattung der Litteratur: die moralischen Wochenschriften, in welchen das gesamte bürgerliche Tun und Treiben mit Witz und Humor wie in einem Spiegelbilde dargestellt wurde. Auch die damals aufkommende Vereinssucht wird in diesen Blättern persifliert. Da ist die „Gesellschaft der Mohaken,“ spottet Addison im Spectator, „die Gesellschaft der Sturmläuferinnen, der Wortspielklub, der Verein der Witzigen, der Verein der Schönen, der Klub der Häßlichen, die immerwährende Gesellschaft, die Gesellschaft der metaphorisch Gestorbenen, die Brüderschaft der lustigen Leute, der Orden der olivenfarbigen Schönen, der Orden der Aufschneider, der Witwenorden, die Gesellschaft der garstigen Gesichter, der Orden Wischiwaschi etc.“ Namentlich tadelt Addison scharf das unglückselige Parteiwesen, unter dem damals England litt. „Nur der unruhige Ehrgeiz verschlagener Menschen“, heißt es im Spectator vom 24. Juli 1711 Nr. 125, „erregt derartige Parteiungen in einem Volk. Wieviel ehrliche Gemüter werden nicht aus Eifer für das gemeine Beste mit lieblosen und barbarischen Begriffen angefüllt? Was für Grausamkeiten und Greueltaten werden nicht gegen Leute von der Gegenpartei ausgeübt, die man verehren und hoch schätzen würde, wenn man sie so, wie sie sind, kennen würde, anstatt daß man sie betrachtet, wie sie abgemalt sind. Dergestalt werden die rechtschaffensten Personen zu schändlichsten Irrtümern und Vorurteilen verführt und durch die edelste Neigung, ich meine die Liebe zum Vaterlande, selbst in gottlose Leute verwandelt“. Um diesen Übeln entgegenzuwirken, schlägt er vor, daß alle anständigen Leute sich miteinander verbinden sollten. „Wenn es eine solche Vereinigung anständiger Leute gäbe, welche selbstlos sich bemühen wollten, die wütenden Eiferer auszurotten, welche die eine Hälfte des Landes der Leidenschaft und dem Nutzen der andern aufopfern, wie auch alle die schändlichen Heuchler, die unter dem Scheine des allgemeinen Besten ihren eigenen Vorteil suchen, nebst allen den lasterhaften und sittenlosen Parteigängern auf beiden Seiten, die nichts besitzen, was sie beliebt machen könnte, als den blinden Gehorsam gegenüber den Führern, so würden wir den rasenden Parteigeist bald vertilgt sehen, der uns mit der Zeit dem Gelächter und der Verachtung aller Völker an uns heraussetzen wird." Also Addison erkennt als Heilmittel gegen die Schäden des Parteiwesens in dem Zusammentritt aller anständigen Leute zu einem Verein, der von allen kirchlichen und politischen Parteien unabhängig wäre.[1] Ein solcher Verein war tatsächlich die Großloge von London, deren Mitglieder „gute und treue Männer sein sollen, Männer von Ehre und Rechtschaffenheit, durch was für Benennungen oder Glaubensmeinungen sie auch sonst sich unterscheiden. Hierdurch wird die Maurerei ein Mittelpunkt der Vereinigung und das Mittel, treue Freundschaft unter Personen zu stiften, die sonst in beständiger Entfernung geblieben wären".[2] Mit der königlichen Gesellschaft teilt die Großloge die Forderung der Neutralität in allen politischen und kirchlichen Fragen, und es wäre wohl möglich, daß dieser Ausschluß der Politik und Religion aus der Loge auf den Einfluß der Mitglieder der königlichen Gesellschaft zurückzuführen sei, die sich als Maurer haben aufnehmen lassen. Die königliche Gesellschaft beschränkte sich auf die Pflege der Naturwissenschaften, die Loge speziell auf das gesellschaftliche Moment nicht ohne ethischen Hintergrund. Der uns schon bekannte Eugenius Philalethes stellt in seinem 1722 der Großloge gewidmeten Buch gleichsam als ideales Programm folgende Forderungen auf:[3] Vermeidung politischer und religiöser Fragen, Pflege der freien Künste und Wissenschaften, Betätigung der Nächstenliebe, Treue gegen die Brüder, Gehorsam gegen den Staat und seine Gesetze, Vermeidung von Streitigkeiten vor Gericht, und daß diese Forderungen den Anschauungen

---

[1] Neuausgaben und Übersetzungen älterer freimaurerischer Werke. II. Wiesbaden 1902. Vorwort.

[2] Pflichten der Freimaurer 1723. I Hauptstück.

[3] Begemann im Mecklenburgischen Logenblatt 1896 Nr. 20 p. 195.

der maßgebenden Brüder in der Großloge entsprochen haben müssen, beweisen die Pflichten im Konstitutionenbuch von 1723.

Aber die Großloge von London hat in keiner Weise dieses Ideal zu verwirklichen versucht, indem, wie die Protokolle beweisen, ihrer Tätigkeit jeder höhere Schwung und ideales Streben mangelte. Leider sind wir über die Gründung der Großloge in London ungenügend unterrichtet, da die Protokolle der neuen Großloge erst mit dem 24. Juni 1723 beginnen. Wir besitzen zwar über ihre Anfänge den Bericht von Anderson in der zweiten Auflage seines Konstitutionenbuchs von 1738, aber die ganze Art seiner Geschichtschreibung hat vor dem strengen Richterstuhl der Kritik nicht Stand gehalten; und ebenso unzuverlässig erweist sich das einst berühmte Buch von William Preston, Illustrations of Masonry, London 1772, das zahlreiche Auflagen und Übersetzungen erlebte. Die einzige brauchbare Geschichte hat uns Robert Freke Gould geschenkt: The History of Freemasonry, 1882—87 in sechs Bänden. Wenn man früher Desaguliers und Anderson für die eigentlichen Begründer und Leiter der Großloge gehalten hat, die der Maurerei einen neuen belebenden Geist eingehaucht hätten, so erweisen sich diese Behauptungen als hinfällig,[1] denn ersterer ist kaum vor 1719 in die Loge aufgenommen worden und letzterer erst 1721 einer der Londoner Logen beigetreten. Anderson hat nie besonderen Eifer als Maurer gezeigt und die Versammlungen der Großloge von 1724 bis 1731 nie besucht und von da an bis zu seinem Tode nur selten, eine hervorragende Tätigkeit in der Großloge hat er nicht geübt, obschon er dem angesehenen gelehrten Stande angehörte, indem er Doktor der Theologie und Magister der Philosophie, sowie Prediger an der Kirche der schottischen Presbyterianer war. Sein einziges Verdienst um die Freimaurerei hat er sich durch seine Ausgabe des Konstitutionenbuchs 1723

---

[1] Die wildeste Phantasie entwickelt wiederum L. Keller, Graf Albrecht, Wolfgang von Schauenburg-Lippe und die Anfänge des Maurerbundes in England, Holland und Deutschland. Berlin 1901 p. 15 ff. (Vorträge und Aufsätze aus der Comenius-Gesellschaft. IX. Jahrgang, 3 Stück.)

erworben. Es würde seinen Verdienst in keiner Weise schmälern, daß er sich selbst der Großloge angeboten hatte, indem es sich für ihn rein nur um ein geschäftliches Unternehmen handelte, während er die Sache so darstellt, als ob er einen offiziellen Auftrag erhalten hätte,[1] wenn nur dieses Buch etwas gewissenhafter gearbeitet wäre, aber seine Willkür in der Benutzung der alten Handschriften kennt keine Grenzen, ja selbst vor Fälschungen schreckt er nicht zurück. Zeigt er in der ersten Auflage von 1723 noch einige Zurückhaltung, so läßt er in der zweiten von 1738 seinem Lügengeist und seiner Phantasie alle Zügel schießen, daher ist seine Geschichte der Maurerei als Trägerin der Baukunst nebst Aufzählung aller Großmeister von Adam und Moses bis auf Christof Wren das reinste Lügenbuch. Dessenungeachtet hat die Großloge diese Albernheiten und Lügen amtlich anerkannt und gebilligt, indem sie dieses elende Machwerk von Anderson „als das einzige Buch der Konstitutionen für den Gebrauch der Logen, der freien und aufgenommenen Maurer“ empfohlen hat.[2]

Johann Theophil Desaguliers,[3] 1683 in La Rochelle geboren, zog mit seinem Vater nach der Aufhebung des Edikts von Nantes nach England, erwarb sich 1712 in Oxford den Grad eines Magister Artium und trat 1714 als Mitglied der königlichen Gesellschaft in London bei; hier wirkte er als Lehrer der Physik und eifriger Schriftsteller und starb 1744 als hochangesehener Mann. Wann er Mitglied der Londoner Großloge geworden ist, wissen wir nicht, aber am 24. Juni 1719 wurde er zum Großmeister erwählt. Hätte er wirklich einen hervorragenden Anteil an der Gründung der Großloge gehabt, so wäre er gewiß damals schon (1717) zum Großmeister erwählt worden und nicht der ganz unbedeutende Anthony Sayer. Alles, was Anderson in der zweiten Auflage seines

---

[1] Begemann in B Z C. 1891, 267 ff.

[2] Siehe die scharfe aber gerechte Kritik von Begemann in B Z C. 1887, 140—160 und 213—221.

[3] Gould l. c. IV, 348 ff.

Konstitutionenbuchs 1738 von ihm erzählt, ist höchst unglaubwürdig und ebenso die Behauptung Lyons,[1] Desaguliers habe die neuen Rituale für die Großloge von London bearbeitet und diese bei Gelegenheit eines Besuches 1721 in der „Loge Marienkapelle" in Edinburg vorgeführt.[2] Gewiß um 1721 und 1722 hat er sich eifrig an den Logenarbeiten beteiligt, aber weder früher noch später einen organisatorischen Einfluß geübt. Viel eher kann man einen solchen dem Georg Payne, Esquire, zuschreiben. Er war von 1718—1719 und von 1720—1721 Großmeister, mußte sich dann später, als adelige Herren der Großloge beigetreten waren, mit der Stellung eines jüngern Großaufsehers (1724) begnügen. Er besaß eine alte Handschrift der Werkmaurerverfassung (die Cooke-Handschrift s. o. p. 133), die er am Jahresfest 24. Juni 1721 vorzeigte. Wiederum erweist sich die Erzählung Andersons in seiner zweiten Ausgabe von 1738 über diese Dinge gegenüber dem Bericht eines Augenzeugen Dr. Stukeley als unzuverlässig. In diesem Tagebuch heißt es unterm 24. Juni:[3] „Die Maurer hatten ein Mittagessen in der Buchhändlerhalle, gegenwärtig waren: der Herzog von Montague, Lord Herbert, Lord Stanhope etc. Dr. Desaguliers hielt eine Ansprache. Der Großmeister Payne zeigte eine alte Handschrift der Verfassung vor, die er im Westen Englands bekam, 500 Jahre alt. Er verlas eine neue Reihe von Artikeln, die beobachtet werden sollten." Diese Notiz, daß Payne einen Entwurf der Artikel der Loge vorgelesen habe, wird durch die Vorbemerkungen zu den „Allgemeinen Verordnungen" im Konstitutionenbuch von 1723 bestätigt. Anderson ließ sich vom neuernannten Großmeister Montague den Auftrag erteilen, den am 24. Juni 1724 genehmigten Entwurf Payne's nochmals mit den alten Urkunden der Werkmeister zu vergleichen und die endgiltige Redaktion des Buches festzustellen.[4]

---

[1] History of the Lodge of Edinbourgh. 1873.

[2] Begemann in B Z C. 1889, 73 Anmerkung.

[3] Gould l. c. IV, 284 f.

[4] Begemann in B Z C. 1891, 274 ff.

Wir ersehen aus alledem, daß die Großloge nicht etwas Neues einführen wollte, im Gegenteil wünschte man die fast vergessenen alten Gebräuche der Werkmaurer zu erhalten, von dem Bestreben beseelt, mit dem Glanze hoher Altertümlichkeit den neuen Verein zu vergolden. Mit dem Verfall der Gothik verfielen auch die Bauhütten und die meisten der noch am Anfange des 18. Jahrhunderts bestehenden Werkmeisterlogen waren entweder ganz eingegangen oder sie führten nur noch ein kümmerliches Leben. Als man dann beschloß, die früheren Vereinigungen wieder aufleben zu lassen, da handelte es sich nicht um weitreichende Ziele und große Dinge; die Anfänge der Londoner Großloge waren im Gegenteil sehr unbedeutend, die Zahl der Logen und ihrer Mitglieder so gering und ihre geistigen und gesellschaftlichen Qualitäten so tief, daß die Gründer unmöglich an die Verwirklichung großartiger Ideen wie etwa die Gründung eines Menschheitsbundes gedacht haben können.[1]

Nur Anderson gibt 1738 uns nähere Kunde über die Gründung der Großloge.[2] Er erzählt: „König Georg I. hielt am 20. September 1714 einen prachtvollen Einzug in London, und nachdem die Rebellion im Jahr 1716 gedämpft war, so erachteten die wenigen Logen in London, die sich von Sir Christoph Wren vernachlässigt fühlten, für geeignet, sich unter einem einzigen Großmeister als Mittelpunkt der Vereinigung näher aneinander zu schließen. Gedachte Logen waren folgende: 1) die im Bierhaus zur Gans und Rost, St. Pauls-Kirchhof; 2) die im Bierhaus zur Krone, Parkers Lane bei Drury-Lane; 3) die in der Schenke zum Apfelbaum, Covent-Garden; 4) die in der Schenke zum Römer und Trauben, Channel-Row, Westminster. Diese und einige alte Brüder versammelten sich in dem genannten Apfelbaum und, nachdem sie den ältesten Meister — Maurer auf

---

[1] Vgl. auch Begemann in Mecklenburgisches Logenblatt 1896 Nr. 15 p. 145.

[2] F. C. Schwalbach, Die ersten Jahre der Großloge von London. 1883. Krüger, Die ersten Jahre der Großloge von London. 1884. Gould, Four Old Lodges. London 1879. Begemann in B Z C. 1891, 278 Anm. und in Mecklenburgisches Logenblatt 1896 Nr. 15 p. 146 ff.

den Stuhl gesetzt hatten, erklärten sie sich als Großloge pro tempore in gehöriger Form und riefen sodann die Vierteljahrsversammlungen wieder ins Leben, beschlossen die Jahresversammlungen und das Fest zu halten und alsdann aus ihrer Mitte einen Großmeister zu erwählen, bis daß sie die Ehre haben würden, einen adeligen Bruder an ihre Spitze stellen zu können. Diesem Beschluß zufolge wurde am Tage Johannis des Täufers im dritten Jahre der Regierung König Georgs I. (24. Juni 1717) die Jahresversammlung und das Fest der freien und angenommenen Maurer [1] in dem auf St. Pauls-Kirchhof gelegenen Bierhaus zur Gans und zum Rost gefeiert. Vor dem Mahle legte der älteste Meister-Maurer ein Verzeichnis geeigneter Kandidaten vor, und die Brüder wählten den Herrn Anton Sayer, Gentleman, zum Großmeister der Maurer, der sogleich mit dem Zeichen des Amtes und der Gewalt bekleidet und installiert und von der Versammlung, die ihm ihre Huldigung darbrachte, gebührend beglückwünscht wurde. Seine Großaufseher wurden Meister Jakob Lambell, Zimmermann, und Kapitän Joseph Elliot." Da man Anderson nie trauen darf, so wird man auch diesen Bericht mit einigem Zweifel betrachten müssen, um so mehr, da die gewissenhaften Aufzeichnungen des Dr. Stukeley von Vierteljahrsversammlungen nichts sagen. Nur soviel ist sicher, daß die Mitglieder von vier alten Logen sich am 24. Juni 1717, dem alten Jahresfest der Werkmaurer, zu einem gemeinsamen Mahle versammelt haben, weil wahrscheinlich die Zahl der Mitglieder der einzelnen Logen zu gering war, als daß eine jede das herkömmliche Fest für sich hätte feiern können. Ob aber schon damals die Ausdrücke „Großloge", „Großmeister" gebraucht worden sind, ist sehr zweifelhaft, da es anfangs eine feste Organisation nicht gab. Erst als am 24. Juni 1721 John, Herzog von Montague, zum Großmeister gewählt wurde, drängten sich die vornehmen Leute hinzu, und es nahm die Großloge einen

[1] Über diesen Ausdruck vgl. jetzt Begemann in Mecklenburgisches Logenblatt 1896 Nr. 17 p. 167 f.

ungeahnten Aufschwung. Im Gründungsjahr war die Anzahl der Teilnehmer gewiß nur gering, denn jede der vier Logen zählte durchschnittlich blos ca. 15 Personen und darunter kaum eine von Bedeutung, sonst wäre nicht Anthony Sayer[1] zum ersten Großmeister gewählt worden. Als dann 1719 Desaguliers zum Großmeister gewählt wurde, mußte Sayer sich mit der Stelle des ältern Großaufsehers begnügen. Sayer gehörte der Loge Nr. 3 an und hat 1722 als deren älterer Aufseher die Genehmigung der ersten Ausgabe von Andersons Konstitutionenbuch mit unterschrieben. Er war eine ganz unbedeutende Persönlichkeit und befand sich in unsicherer Lebensstellung, so daß er mehrmals die Großloge um Unterstützung nachsuchen mußte, die ihm auch zugebilligt wurde. Kurz vor seinem Tode 1741 finden wir ihn gar als gewöhnlichen Türhüter einer Loge.

Im Gründungsjahr 1717 waren Payne, Desaguliers und Anderson noch nicht Mitglieder der Großloge, geschweige denn Adelige. Ein klassisches Zeugnis für den ganz geringfügigen Anfang der neuen Maurerei bietet das erwähnte Tagebuch des Dr. Stukeley, der am 6. Januar 1721 zusammen mit Mr. Collins und Kapitän Rowe zum Freimaurer aufgenommen wurde: „Seine Neugierde veranlaßte ihn, sich in die Geheimnisse der Maurerei einweihen zu lassen, da er die Überbleibsel der Geheimnisse der Alten darin vermutete. Ich war der erste, der seit vielen Jahren in London zum Freimaurer gemacht wurde. Wir hatten große Schwierigkeiten, Mitglieder genug zu finden, um die Förmlichkeit zu vollziehen; unmittelbar darnach kam die Sache in Mode, die sich nicht allein über Britannien und Irland, sondern auch über ganz Europa verbreitete.“[2] Und nun halte man die Tatsache fest, daß nach den alten Vorschriften der Werkmaurerlogen mindestens fünf „Genossen“ zu einer Aufnahmeloge genügten. In der Außenwelt wußte man von der Existenz der Großloge nichts, erst seit 1721, nachdem ein sehr vornehmer

---

[1] Gould l. c. IV, 342, 346 f. 377, 387.

[2] Gould l. c. IV, 284. Ars Quatuor Coronatorum IV. 130.

Herr, der Herzog von Montague, an ihre Spitze getreten war, nahmen die Zeitungen von ihren Jahresfesten Notiz. Diese Großloge von 1717 wollte nichts anderes bezwecken als eine neue Belebung der alten Werkmaurerei und mit dieser stellte sie sich als Aufgabe: Pflege der Brüderlichkeit und der Nächstenliebe. Von geistigen Bestrebungen ist nirgends eine Spur zu finden, denn daß einmal ein Genosse, z. B. Martin Clare, wie Desaguliers und Stukeley, Mitglied der königlichen Gesellschaft, einen Vortrag hielt (1735), der große Anerkennung fand und mehrmals gedruckt worden ist, beweist nur, wie wenig den Brüdern sonst geboten wurde. Wie man an den alten Formen und Gebräuchen der Werkmaurer festhielt, so sollte auch die Pflege der königlichen Kunst, worunter natürlich die Baukunst zu verstehen ist, der eigentliche Zweck der neuen Großloge sein. Darüber läßt uns Anderson in keinem Zweifel, wenn er am Schlusse des Konstitutionenbuchs von 1723 sagt: „Und nun, da die freigeborenen britischen Nationen so wenig in auswärtige als bürgerliche Kriege verwickelt sind, die schönen Früchte des Friedens und der Freiheit genießen, neuerdings ihrer glücklichen Anlage für Maurerei jeder Art einen ausgebreiteten Wirkungskreis eröffnet und die verfallenen Logen in London neu belebt haben, blühen in dieser schönen Hauptstadt sowohl als an andern Orten, manche würdige besondere Logen, die eine Vierteljahrsversammlung und eine jährliche Hauptversammlung haben, worin die Formen und Gebräuche der sehr alten und ehrwürdigen Bruderschaft weislich fortgepflanzt werden, die königliche Kunst gebührend gepflegt und der Kitt der Bruderschaft erhalten wird, so daß die ganze Körperschaft einem festgebauten Gewölbe gleicht. Viele Mitglieder des hohen Adels und Männer ersten Ranges, Geistliche und Gelehrte der meisten Berufsarten und Klassen haben sich freiwillig verbunden und unterworfen, die Pflichten eines freien und angenommenen Maurers zu übernehmen und seine Abzeichen zu tragen unter unserm jetzigen würdigen Großmeister, dem höchst edlen Prinzen Johann Herzog von Mantague.“ Anderson hat die alten Verfassungen der Werkmaurer mit Absicht als Grundlage für die neue Verfassung der Großloge verwertet, denn der konservative Sinn des Engländers knüpft mit Vorliebe an das Althergebrachte an, und die Zurückführung der Baukunst bis auf Adam sollte der neuen Gesellschaft zum höchsten Ruhme gereichen. Diese „Verfassung der Freimaurer" von Anderson (1723) hat nun folgenden Inhalt: 1) die Geschichte, darin überbietet noch Anderson die Albernheiten der alten Zunftsage; 2) die „Pflichten", d. h. eine den neuen Verhältnissen angepaßte Bearbeitung der „Pflichten" der alten Werkmaurerlogen; 3) die allgemeinen Verordnungen, 4) ein Anhang von Gesängen.

Übrigens war Anderson keineswegs der erste Herausgeber der „alten Verfassung", denn bereits ein Jahr vorher erschien ein Druck unter dem Titel:[1] „Die alte Verfassung, wie sie der altertümlichen und ehrwürdigen Gesellschaft der freien und angenommenen Maurer zugehört. — Entnommen aus einer Handschrift, die vor mehr als 500 Jahren geschrieben ist. — London, gedruckt und verkauft von J. Roberts in der Warwickgasse 1722."[2] Von besonderem Interesse ist die Vorrede: „Wenn irgend etwas den Vorwürfen dieses streitsüchtigen Zeitalters hätte entgehen können, wenn die unschuldigste, harmloseste Gattung von Männern in der Welt von Spott und Hohn frei sein könnte, so hätte man gedacht, die altertümliche und edle Gesellschaft der Freimaurer würden die Männer gewesen sein. Was besitzen sie nicht, um sie der Welt zu empfehlen, die Gunst und den Schutz kluger und ehrenwerter Männer zu gewinnen? Wie ihre Kunst die älteste ist, so ist ihr Beruf höchst ehrbar. Das Bedürfnis, das die Welt früh für den Beruf eines Maurers empfand, beweist ihre Nützlichkeit; denn ich glaube, man wird nicht bezweifeln, daß die Menschen Häuser hatten, ehe sie Kleider trugen, wie sie Altäre hatten, ehe sie Tempel bauten. Kain baute eine Stadt und Abel baute ohne Zweifel einen Altar, als er sein Opfer dem Herrn darbrachte. — Da sie so nützlich und so alt sind,

---

[1] Begemann in Mecklenburgischem Logenblatt 1896 Nr. 19 p. 181 ff.

[2] Ein Nachdruck ist 1870 bei Spencer in London erschienen.

kann man sich nicht wundern, wenn die Welt sie mit allen Zeichen der Achtung ehrte, deren man in jenen Tagen fähig war, und vielleicht mehr, als wir noch Nachrichten davon haben. — Diese Ehren und diese Achtung, das kann man nicht bezweifeln, brachten Männer von Ansehen unter sie, die es nicht unter ihrer Würde hielten, das Abzeichen der Gesellschaft zu tragen und sich als Gönner ihrer Größe zu bekennen, wie sie Liebhaber der Kunst waren. Unter dem Schutze solcher Personen von Würde und Einfluß haben sie, man kann kaum ausdrücken, wie gewaltige Werke errichtet, wie herrliche Bauten aufgeführt, vom Tempel Salomons bis auf den prächtigen Bau der Peterskirche in Rom. Wie diese Gesellschaft sich erhalten hat, wie regelmäßig sie gehandelt haben, auf wie heilsame Gesetze sie gegründet sind, und wie sorgsam sie jene Gesetze beobachtet und berücksichtigt haben, als den rechten Kitt der Gesellschaft, das ist z. B. zu ersehen aus diesem Schriftstück, und es wird für sich selbst sprechen. Auch wird ihr Wert nicht vermindert oder herabgesetzt durch den Staub der Lästerung, die einige Männer gegen sie erhoben haben, oder durch die Freiheit, die man sich genommen hat, sie lächerlich zu machen und zu verspotten. Der auf sie geworfene Schmutz fliegt auf jene zurück, die ihn geschleudert haben, und die Würde der Gesellschaft der Freimaurer bleibt unverletzt, so daß keine der Personen von Würde, die kürzlich die Gesellschaft mit ihrer Gegenwart beehrt haben, bisher irgend einen Grund gesehen haben, sich ihrer zu schämen oder ihnen ihren Schutz zu entziehen etc." Diese Verteidigung der Freimaurer, die früheste, die wir besitzen, klingt zuweilen wie ein Echo Andersons, indem oft dieselben Wendungen und Ausdrücke gebraucht sind. Es fehlte, wie wir aus dieser Schrift ersehen, der Gesellschaft von Anfang an nicht an Widersachern und Spöttern, aber bei den Behörden galten sie als unschuldige und harmlose Leute. Das Londoner Journal vom 16. Juni 1722 brachte die Notiz, daß vor einigen Tagen eine Deputation der Gesellschaft der Freimaurer dem Staatssekretär Lord Viscount Townsend ihre Aufwartung gemacht hätte, um ihn ihrer Loyalität gegen die Majestät und die Regierung zu versichern. Seine Lordschaft erwiderte, er glaube, sie brauchten keinerlei Belästigung von der Regierung zu befürchten, so lange sie nichts Gefährlicheres vorhätten, als die alten Geheimnisse der Gesellschaft, die von sehr harmloser Natur sein müßten, weil, so gerne die Menschen auch Schaden stiften, noch nie jemand jene verraten hätte."[1] Nicht geringen Schutz und Ansehen gewährte es ihnen, daß im Jahre 1721 der Herzog von Montague als Großmeister an die Spite der Gesellschaft trat und ihm bis auf den heutigen Tag nur vornehme Adelige in diesem Amt folgten. Und auch die beiden Posten der Großaufseher, die am Anfange der Großloge einfache Handwerker eingenommen hatten, wurden seit 1723 durch angesehene Leute besetzt.

Also um nochmals zu rekapitulieren: die Anfänge der englischen Großloge waren sehr unbedeutend, die Zahl der Logen und ihrer Mitglieder sehr gering, und ihr geistiger und gesellschaftlicher Standpunkt so niedrig, daß man ihnen unmöglich ein hohes Ziel zuschreiben kann. Sie bezweckten lediglich eine Wiederbelebung der alten fast vergessenen Werkmaurerei. Aber das Geheimnis, in das sich die Gesellschaft hüllte, lockte die Neugierde, namentlich Gelehrte, meist Mitglieder der königlichen Gesellschaft, wie Desaguliers und Stukeley, die hofften, hier Aufschluß über die Mysterien der Alten zu erhalten. Als dann 1721 auch Männer vom hohen Adel der Gesellschaft beitraten, so wurde der Beitritt Mode und ist es bis auf den heutigen Tag in England geblieben.

Daß den Gründern der Großloge von England jeder Gedanke an einen universalen Menschheitsbunde fernlag, beweist das Konstitutionenbuch von 1723, wonach dieses ausdrücklich nur für den Gebrauch der Logen von London bestimmt war, und noch 1724 wird laut Protokoll vom 21. November die Machtbefugnis der Großloge auf einen Umkreis von zehn englischen

[1] Bei Begemann l. c. 1896 Nr. 19 p. 184.

Meilen beschränkt. Die Großloge hat von sich aus keine Initiative zur Erweiterung ihrer Machtbefugnisse ergriffen, sondern ließ die Dinge an sich herankommen, und sie erhob keinen Protest, als die schottischen und irischen Freimaurer selbständige Großlogen gründeten. Im Jahre 1717 zählte die Großloge von London blos vier Logen.[1] Die erste Liste vom 25. November 1723 im Protokoll der Großloge nennt bereits 52 Logen, von denen aber 26 wieder verschwanden. Eine Liste vom 25. November 1725 mit Nachträgen bis zum 22. April 1728 nennt 77 Logen, aber eine andere vom Ende 1728 nur noch 54. Dann wächst die Zahl rasch, denn Ende 1732 zählt die Logenliste bereits 109 Logen, darunter vier im Ausland, nämlich Madrid, Gibraltar, Bengalen und Paris. 1740 gehörten 181 Logen der Großloge an. Seit dem Jahre 1751 machten ihr die Ancient-Masons (darüber später) Konkurrenz. Diese Großloge begann mit sechs Logen und zählte 1814 59 Logen in London, 127 im übrigen England und 117 im Auslande, von denen sie 43 streichen mußte, während die Maurer, d. h. die alte Großloge von London 1814 81 Logen in London, 277 im Lande und 207 im Ausland zählte, von welch letztern sie 177 streichen mußte. Demgemäß war der Einfluß der alten Londoner Großloge auf das Ausland gering gewesen, auch zeigte sie wenig Gewissenhaftigkeit in ihrem Verkehr mit den ihr angehörigen auswärtigen Logen. Sie erteilte ohne Prüfung allen denen, die darum nachsuchten Vollmachten (Deputations) und bekümmerte sich nachher nicht mehr um das Schicksal dieser neubegründeten Logen. Dabei sah sie gleichgültig zu, wie die Verordnungen der Großloge mißachtet wurden. Die Dinge entwickeln sich überhaupt ganz allmählig, ohne Konsequenz, da es der Großloge an Energie fehlte. Vor allen Dingen mangelte ihr ein frisches, geistiges Leben. Die Protokolle

---

[1] Das Hauptwerk für die Statistik bleibt John Lane, Masonic Records 1717—1886. Comprising a List of all the Lodge at Home and Abroad. London 1886, and A. Handy Book to the Study of the Engraved, Printed and Manuscript List of Lodges of Ancient Free and Accepted Masons of England from 1723 to 1814. London 1889.

berichten auch nur über geschäftliche Angelegenheiten. Namentlich die häufig vorkommenden Unregelmäßigkeiten machten ihr viel zu schaffen. Auch scheint die Opferwilligkeit der Brüder nicht allzu groß gewesen zu sein, denn man hatte jeweilen Mühe für das Jahresfest die notwendige Anzahl von „Schaffnern“ zu finden. 1728 schlug Desaguliers vor, es möchten sich Brüder freiwillig als Schaffner melden, und um die Zögernden anzuspornen, meldete sich der ehemalige Großmeister, Graf Inchiquin, was aber die Versammlung dankend ablehnte, worauf zwölf Brüder sich bereitwillig zeigten. Desaguliers verglich diese mit den zwölf Zeichen des Tierkreises und ließ ihre Gesundheit trinken „mit zwölf“, worauf sie Desaguliers Gesundheit ausbrachten. Ihre Pflicht bestand hauptsächlich darin, beim großen Festmahl zu helfen und bei den Umzügen voranzuschreiten. Am 2. März 1732 beschloß man, daß die zwölf Schaffner ihre Nachfolger wählen sollten. So erwarben sich diese Schaffner große Vorrechte in der Großloge, und seit 1735 bildeten sie eine besondere Schaffnerloge; fortan durften die Großbeamten nur aus ihrer Mitte gewählt werden. Viel zu schaffen machte auch die Kleidung. Anfangs trugen alle Brüder nur einen weißen Schurz und weiße Handschuhe, dann seit 1727 schmückten sich die Beamten der Logen mit Kleinodien (Jewels of Masonry) am weißen Band zu tragen, nämlich der Meister der Loge ein Winkelmaß, der ältere Aufseher die Wasserwage und der jüngere Aufseher das Senkblei, dann 1731 wurde bestimmt, daß die Schürzen der Großbeamten von weißem Leder mit blauer Seide besetzt, die Schürzen der Schaffner aber mit roter Seide gefüttert, sein sollten. Später kamen weitere Kleinodien hinzu um die Eitelkeit der Brüder zu befriedigen. Auch mehrte sich die Zahl der Ämter. Von großer Bedeutung für die Zukunft wurde die vom Grafen Dalkeith 1724 angeregte Gründung einer gemeinsamen Unterstützungskasse, in die jede Loge nach ihrer Größe und ihrem Vermögen vierteljährlich ihre Beiträge einliefern sollte. Namentlich Desaguliers nahm sich dieser Sache eifrig an, aber da die Logen entweder gar nicht oder nur unregelmäßig zahlten, ging es lange, bis die Kasse einen namhaften Betrag erreichte und Bittsteller um Unterstützung befriedigen konnte. Als 1799 das Parlament ein Gesetz vorbereitete, wonach alle Gesellschaften, die einen gesetzlich nicht zulässigen Eid verlangten, für ungesetzliche Vereinigungen erklärt werden sollten, brachten es die Großmeister der Großloge von London (der „Neueren") und der „Alten" dahin, daß zu Gunsten der Freimaurerlogen eine Ausnahme gemacht werden sollte, weil ihre Versammlungen besonders „wohltätigen Zwecken" dienten. Aber die Festessen waren doch immer die Hauptsache; dabei fanden öffentliche Umzüge mit Musik statt. Weil aber diese in den Zeitungen verspottet wurden, so verbot die Großloge am 3. April 1747 diese Prozessionen, und am 29. November 1754 untersagte sie die Teilnahme an Leichenbegängnissen in maurerischer Bekleidung ohne besondere Erlaubnis. Von besonderer Wichtigkeit war der Bau einer eigenen Halle, da man bisher genötigt gewesen war, die Versammlungen in Wirtshäusern abzuhalten, was zu allerlei Unzukömmlichkeiten führte; konnte man doch in den Straßen von London an Wirtshäusern Affichen lesen: „Hier werden Freimaurer gemacht." 1768 wurde eine Hallenkasse gegründet, zum Bau einer Maurerhalle, und am 1. Mai 1775 der Grundstein zur Halle gelegt, und diese am 23. Mai 1776 unter großartigen Feierlichkeiten „der Maurerei, der Tugend, der allgemeinen Nächstenliebe und Wohltätigkeit" geweiht.

Es gereichte der Maurerei zur besonderen Ehre, daß bereits seit 1721 Männer des höchsten Adels sich als Genossen hatten aufnehmen lassen, so schon vor 1726 ein deutscher Fürst, Graf Albrecht Wolfgang von Schaumburg-Lippe[1] in der Loge zum „Römer und Trauben" und durch dessen Vermittlung wurde sodann 1738 Friedrich der Große zu Braunschweig zum Freimaurer gemacht und dadurch die Freimaurerei auch in Deutschland

[1] L. Keller, Graf Albrecht von Schaumburg-Lippe und die Anfänge des Maurerbundes in England, Holland und Deutschland. Berlin 1901, voller unbewiesener Behauptungen.

hoffähig. Aber schon vorher hatte 1731 im Haag Herzog Franz Stephan von Lothringen, nachmals deutscher Kaiser, durch Desaguliers die Weihe des Bundes erhalten. Dieser selbe Bruder nahm 1737 den Prinzen von Wales, Friedrich Ludwig in den Bund auf, und 1765 traten zugleich drei Söhne des englischen Königshauses dem Freimaurerbunde bei. Ja, sechs Söhne Georg III. folgten von 1786—1798 dem Beispiel ihrer drei Oheime. Namentlich Thomas Dunkerley, ein natürlicher Sohn Georgs II. hat sich um die Hebung der Freimaurerei in England sehr verdient gemacht. Er versah in acht Grafschaften das Amt eines Provinzialgroßmeisters und bemühte sich eifrig um eine engere Verbindung der Tochterlogen in den Provinzen mit der Großloge. Diese Großloge trat 1768 und 1770 in nähere Beziehung zu den Großlogen in Frankreich und Holland, und 1773 stellte sie eine freundschaftliche Verbindung und Briefwechsel mit der großen Landesloge in Berlin her. In Hamburg (1741) und in Frankfurt a. M. (1789) bestanden Provinzialgroßlogen unter Obedienz der englischen Großloge. Ebenso unterhielt sie freundliche Beziehungen zur Großloge von Portugal und der großen Landesloge von Schweden sowie zur großen Loge Royal York zur Freundschaft in Berlin.

Es dauerte lange Zeit, bis man sowohl in der Großloge selbst als in den Einzellogen zu geordneten Zuständen gelangte, denn immer wieder wird über Unordnung und Nichtbeachtung der Gesetze und Ordnungen geklagt, namentlich häufig ertönen die Klagen über unregelmäßige Aufnahmen. Es wurde dabei sehr lax verfahren, und noch immer traten Leute in die Logen, die auf einer niedrigen Stufe der Bildung standen. Auch Eitelkeit und Neid führten zu Streitigkeiten und zur Gründung von neuen Gesellschaften. Wir haben ja gesehen, wie die moralischen Wochenschriften sich über die damals grassierende Vereinsmeierei lustig machten. Der zweite Großmeister, Herzog von Wharton, ein eigenwilliger, wunderlicher Herr, wollte am 24. Juni 1723 seinen Nachfolger nicht vorschlagen und intrigierte gegen den Zugeordneten Desaguliers. Man warf ihm vor, er beabsichtige, einen „Bruch der Harmonie mit äußerster Unordnung und Verwirrung in die Gesellschaft zu bringen“ (so drückt sich das Protokoll aus), darauf ging er „ohne jede Förmlichkeit“ fort. Er schloß sich den Stuarts an und focht mit dem Schwert und der Feder für den Prätendenten. Am 3. September 1724 brachte die Londoner Daily Post die Ankündigung des „wirklich alten edeln Ordens der Gormogonen,“ den der erste Kaiser von China, Chin-Quaw Ky-po viele tausend Jahre vor Adam gestiftet habe; ein Mandarin habe kürzlich den Orden nach England gebracht und des Unsinns mehr. Andere Zeitungsnotizen schlugen einen der Freimaurerei feindseligen Ton an, indem sie den Beitritt zum Orden der Gormogonen empfahlen. Das Weekly Journal brachte am 27. Oktober 1724 die Nachricht, der Mandarin Hang Chi hätte in London eine Loge gegründet und wäre nach Rom abgereist, um dort auch eine zu gründen; viele angesehene Freimaurer hätten sich degradieren und in den neuen Orden aufnehmen lassen; ferner berichtete das British Journal am 12. Dezember 1724, ein Peer ersten Ranges und bekanntes Mitglied der Gesellschaft der Freimaurer habe sich degradieren und seinen Schurz und seine Handschuhe verbrennen lassen, um als Mitglied in die Gesellschaft der Gormogonen einzutreten. Nun erschien 1724 unter dem Pseudonym „Verus Commodus“ eine Schrift: Lettres to a Friend als ein Anhang zu der zweiten Ausgabe des Grand Mystery of the Freemasonry Discovered. Wahrscheinlich ist der Verfasser dieser Letters eben der Herzog von Wharton, und er ist auch der „bekannte“ Freimaurer und Peer, von dem oben in der Zeitungsnotiz die Rede ist. Der berühmte Maler Hogarth brachte von Wharton und der Freimaurerei ein Spottbild.[1]

Die Freimaurer waren eben ein beliebter Gegenstand des Spottes. Schon früh erschienen Verräterschriften. Am 28. Aug. 1730 klagte Desaguliers, daß in der Stadt ein gedrucktes Blatt verbreitet werde, das die Geheimnisse der Freimaurerei zu

[1] Über diese Dinge vgl. Gould Ars Quatuor Coronatorum VIII, 114 ff.

entdecken vorgebe und auch in die Zeitungen aufgenommen worden sei z. B. am 15. August in das Daily Journal. Es handelte sich um einen Katechismus. Ferner erschien am 20. Okt. 1730 (laut Zeitungsnachrichten) Samuel Prichards Masonry Dissected (zergliederte Maurerei).[1] Diese Verräterschrift erregte außerordentliches Aufsehen, denn in kurzer Zeit wurden vier Auflagen notwendig (die vierte am 18. November 1730), namentlich deßhalb, weil der Herausgeber auf der Rückseite des Titelblattes eine gerichtlich beglaubigte Erklärung abgab, daß das Buch durchaus zuverlässig und echt sei. Der Text enthält die drei Johannisgrade, und im Vorwort teilt er kurz die Zunftsage mit. Der Verfasser ist gut unterrichtet, aber kein Freund der neuen Maurerei, weil sie den Mitgliedern zu viel Kosten auferlege. Er will daher durch seine Publikation leichtgläubige Personen vom Eintritt in „eine so verderbliche Gesellschaft" abhalten. Im Vorwort teilt er die Zunftsage in abgekürzter Form mit. Der Ausdruck: „Freie und Angenommene Maurerei" ist nach seiner Meinung erst in letzter Zeit d. h. seit dem Bestehen der Großloge, gehört worden. „Konstituierte Logen" hätte man früher nicht gekannt, sondern erst seit 1691 „als Lords und Herzöge, Advokaten und Krämer und andere niedrige Geschäftsleute, Pförtner nicht ausgeschlossen, zu diesen Geheimnissen oder Nichtgeheimnissen zugelassen wurden," und zwar die ersteren zu hohen Kosten, die letzteren für sechs oder sieben Schillinge, wofür sie dann jenes Ehrenabzeichen erhielten, das, wie sie sich ausdrücken, „älter und ehrenvoller ist, als Stern und Hosenband", weil die Regeln der Freimaurerei von Adam her durch Tradition fortgepflanzt sein sollen, was zu entscheiden der Verfasser dem aufrichtigen Leser überlassen will. In den späteren Auflagen erwähnt Prichard im Vorwort die Gormogonen, die noch älter sein wollen als Adam, und die Gesellschaft des Groß-Raihebar, die aus ausgewählten Leuten bestände, deren Hauptgespräch

[1] Deutsch nach der 5. Auflage, 1736, sodann in der deutschen Ausgabe des Neuen Konstitutionenbuchs, Frankfurt 1741.

Handel und Erwerb beträfe, auf Grund gegenseitiger Freundschaft, ohne irgend einen Zwang. In einem Spottgedicht auf Anderson und seine Geschichte, genannt: Ode an den Großkhaibar, London 1726, wurden die Mitglieder dieser Gesellschaft Khaibariten genannt, als eine Vereinigung bezeichnet, in der eine harmlose und zwanglose Geselligkeit gepflegt werde.[1] Natürlich geriet die Großloge von London über diese indiskrete Veröffentlichung der Rituale in großen Zorn und der zugeordnete Großmeister Blackerby nennt am 15. Dezember 1730 den Herausgeber (Prichard) einen „Betrüger“ und sein Buch „ein thörichtes Ding.“ Dr. Martin Clare, Mitglied der königlichen Gesellschaft und ein höchst angesehener Freimaurer,[2] hat gegen Prichard eine berühmt gewordene Abwehr: A Defense of Masonry Ende 1730 geschrieben, die Anderson in der zweiten Auflage seines Konstitutionenbuchs 1738 wieder hat abdrucken lassen. Die Großloge hielt es nun für geraten, bei der Zulassung von Besuchern vorsichtiger und strenger zu sein, um sich vor falschen Maurern und Verrätern zu sichern. Die Folge dieser Geschichte war ein Umtausch der Erkennungsworte des ersten und zweiten Grades, ein Hauptunterschied zwischen den „Alten“ und „Neuen“ Maurern.

Viel gefährlicher nämlich als Prichard und andere Verräter wurden für die Londoner Großloge die sogenannten „Alten Maurer“ (Ancient Masons). Früher glaubte man die „Alten“ hätten sich von der Großloge von London getrennt, weil sie mit den Neuerungen nicht zufrieden gewesen wären, und 1739 eine neue unregelmäßige Großloge gegründet. Als Urheber dieser Bewegung nennt Kloß[3] Laurence Dermott, der durch falsche Vorspiegelungen und unsaubere Mittel die Unzufriedenen um sich gesammelt und durch die Verheißung des Royal-Arch-Grades viele Freimaurer für sich gewonnen hätte. Auch ich

---

[1] Masonic Reprints I, Margate 1889.

[2] Gould in Ars quatuor Coronatorum IV, 33 ff.

[3] Geschichte der Freimaurerei in England, Irland und Schottland. Leipzig 1847 p. 323 ff.

folgte in der ersten Bearbeitung dieses Buches dieser Meinung und nannte Dermott einen „großen Schwindler.“ Eines Besseren belehrt, nehme ich diesen schweren Vorwurf zurück. Erst nachdem man die im Archiv der jetzigen Großloge von England liegenden Akten und Protokolle studiert hatte, kam die volle Wahrheit zu Tage und das Hauptverdienst hiefür kommt dem Unterbibliothekar der englischen Großloge Henry Sadler zu.[1] Dieser beweist aktenmäßig, daß die „Alten“ keine Schismatiker oder Abtrünnige gewesen sind, die sich von der Londoner Großloge getrennt haben, vielmehr in der Mehrzahl irische Freimaurer, die sich der Großloge von 1717 überhaupt nie angeschlossen, sondern selbständige Logen gebildet und sich 1751 zu einer unabhängigen Großloge zusammengetan hatten.[2] Wie für die „Neuen“ das Konstitutionenbuch von 1723 den Untergrund bildet, auf den ihr Bau dann aufgeführt wurde, so für die „Alten“ die Rules and Ordres, von einer allgemeinen Versammlung am 17. Juli 1751 angenommen, in ursprünglich 16 Artikeln. An dieser Generalversammlung nahmen 74 Mitglieder von fünf „regelmäßigen“ Logen teil, von denen John Morgan, Großsekretär die treibende Kraft war; die übrigen gehörten dem Handwerker- und Krämerstande an, besonders viele Maler (Anstreicher), doch finden wir auch einen Fähndrich, einen Buchhändler und einen Advokaten, die meisten waren Irländer und das ganze trägt unverkennbar irisches Gepräge.[3] Die Gründung dieser neuen Großloge der „Alten“ war keineswegs ein feindseliger Akt gegen die Londoner Großloge, vielmehr sehen wir die Gründer

---

[1] Masonic Facts and Fictions. London 1887; Masonic Reprints and Historial Revelations. London 1898. Vgl. die sehr sorgfältigen Artikel von Begemann im Allgem. Handbuch der Freimaurerei I unter Ancient Masons, Dermott und Ahiman Rezon.

[2] Dessen Beweisführung hat durch die gründlichen Studien des irischen Freimaurers Chetwode Crowley, Caementaria Hibernica. Dublin und Margate 1895. 1896 neue kräftige Stütze erhalten.

[3] So auch das Ritual der „Alten Maurer“, am besten enthalten in der 1760 in London erschienenen Schrift: The three distinct Knocks or the Door of the Ancient Free-Masonry opening to all Men.

von dem Bestreben beseelt, die Brüder, welche dieselben Anschauungen hatten, durch eine engere Vereinigung zusammenzuschließen. In allen Punkten lehnten sie sich genau an die in Irland üblichen Gebräuche und Gewohnheiten an. Von besonderer Wichtigkeit für die Entwicklung dieser Vereinigung der „Alten" war die am 5. Februar 1752 erfolgte Wahl Dermotts zum Großsekretär. Dieser merkwürdige Mann wurde am 14. Januar 1741 in der Loge Nr. 26 in Dublin als Freimaurer aufgenommen und bekleidete in dieser verschiedene Ämter, zuletzt 1746 das eines Meisters der Loge. Um 1748 siedelte er nach London über und da er im Besitz eines vom irischen Großsekretärs Edward Spratt unterzeichneten Logenpasses war, erhielt er leicht Zutritt in eine Loge der „Neuen". Am 1. Februar 1751 gründete er mit fünf andern Maurern eine neue Loge Nr. 10 unter Obedienz der Großloge der „Alten Maurer." Seine Lage in London war anfänglich eine sehr beschränkte, indem er als Malergeselle 12 Stunden täglich arbeiten mußte, um sein Brot zu verdienen; später wurde er Weinhändler und gelangte zu einem guten Auskommen, so daß er seine Gebelaune reichlich befriedigen konnte. Trotz seiner niedrigen Herkunft hatte er sich eine gute Bildung erworben, er verstand die lateinische und selbst die hebräische Sprache, und seine Briefe zeigen ihn als einen Mann, der die Sprache vollkommen beherrschte. Als Großsekretär wurde er dank seiner überlegenen Sachkenntnis und Gewissenhaftigkeit die leitende Kraft der jungen Großloge. Sein Streben ging dahin, die neue Großloge zu heben und die Brüder in den maurerischen Kenntnissen zu fördern. Sein Ernst und seine Strenge schufen ihm manchen Widersacher und er hatte viel mit minderwertigen Brüdern zu kämpfen gehabt, um seine Ideale durchzusetzen, aber auch reiche Ehren und aufrichtiger Dank sind ihm zu Teil geworden.

Dem Konstitutionenbuch Andersons setzte Dermott ein ähnliches entgegen unter dem Titel Ahiman rezon or a Help to a Brother etc. by Brother Laurence Dermott, London 1756, das er am 27. Dezember 1765 dem zum Großmeister der „Alten" gewählten Grafen Wilhelm von Blessington widmete. Dieser sonderbare Titel Ahiman Rezon bedeutet „Ahimans Gunst", um anzudeuten, daß dieses Buch den Aufklärung suchenden Brüdern zur Hilfe dargeboten sei. Man hat dem Verfasser zum Vorwurf gemacht, daß er den größten Teil seines Buches aus andern Büchern abgeschrieben habe. Das ist in der Tat der Fall, aber Dermott wollte nichts Neues bieten, vielmehr die Brüder mit den alten Gebräuchen und Gesetzen bekannt machen. Auf Ahimans Rat läßt er die in den übrigen Konstitutionenbüchern enthaltene Geschichte der Maurerei von der Schöpfung bis zur Gegenwart weg, um die für die Gesellschaft notwendigeren und nützlicheren Dinge darzubieten. Die 24 Seiten Vorbemerkungen sind fast wörtlich Dassignys Buch: A Serious and Impartial Enquiry into the Cause of the present Decay of Free-Masonry in the Kingdom of Ireland etc. Dublin 1744 entnommen, worin die erste gedruckte Nachricht über den Royal-Arch-Grad enthalten ist. Dann folgen in Ahimans Rezon die „Alten Pflichten" aus Spratts Konstitutionenbuch zum Gebrauch der Logen in Irland, Dublin 1751 abgedruckt, der sie Andersons Konstitutionenbuch von 1738 entnommen hat. Auch die „Allgemeinen Verordnungen" hat Dermott nicht direkt dem Anderson, sondern Spratt entlehnt. Es folgen einige kleinere Stücke aus verschiedenen Quellen, und den Schluß bilden die „Verordnungen für Wohltätigkeit," wie sie in Irland und von York-Maurern in England geübt werden. Die Seiten 97—209 enthalten eine Sammlung von Gesängen, Prologen und Epilogen etc. Man hat früher den Ahiman Rezon für eine Streitschrift gegen die Londoner Großloge gehalten, aber erst die zweite Auflage von 1764 beschäftigt sich mit dieser. Er versichert feierlich vor Gott und Menschen, er habe nicht die geringste Abneigung gegen die Mitglieder der Londoner Großloge und wolle keinerlei Anstoß erregen, nur gibt er den „Alten Maurer" den Vorzug. Zum Schluß sagt er: „Ich hoffe, daß ich noch eine allgemeine Übereinstimmung zwischen den würdigen Maurern aller Benennungen erleben werde." Gegen diese zweite Auflage erschien 1765 eine gehässige

Schmähschrift: Defence of Masonry. Der ungenannte Verfasser bezeichnet die „Alten Maurer“ als Irländer, die er mit englischem Hochmut also mit Wegwerfung behandelt. In der dritten Auflage des Ahiman Rezon von 1778 gibt Dermott eine Kritik der Gründung der Großloge von 1717, die er nicht für gesetzmäßig hält. Er beklagt sich, daß einige der neuen Gesellschaft sehr ungezogen gegen ihn gewesen wären; sie hätten ihm nachgesagt, er sei so ungebildet, daß er seinen Namen nicht schreiben könne, ja er hätte weder Vater noch Mutter, sondern sei wild im Winkel eines Kartoffelfeldes in Irland aufgewachsen. Was er über die Entstehung der Gesellschaft der „Neuen“ zu berichten weiß, ist falsch, aber die Mitglieder dieser Gesellschaft wußten selbst nichts Sicheres von ihrer Entstehung. Dermott erkennt beiden Gesellschaften das Existenzrecht zu.

Dermott hat keineswegs für die Brüder der Londoner Großloge den Namen Modern Masons als Spottname aufgebracht, wie behauptet wurde, kommt er doch schon 1737 im Country Journal vor[1]; sie heißen eben Modern Masons im Gegensatz zu den alten Werkmaurern. Natürlich konnten Reibungen zwischen beiden Gesellschaften nicht ausbleiben. Im Jahre 1755 kam es z. B. vor, daß Mitglieder einer Tochterloge der Londoner Großloge manchmal Versammlungen nach dem Ritus der Ancient Masons abhielten und Brüder nur zuließen, wenn sie sich zuvor zu Ancient Masons hatten machen lassen. Die Großloge warf ihnen vor, daß sie „die Neuerungen und Erfindungen eingebildeter Personen in die Zunft einzuführen und den Glauben zu erzeugen suchten, es habe andere und ältere Gesellschaften gegeben, als die dieser alten und ehrwürdigen Gesellschaft.“ Da sich diese Brüder nicht fügen wollten, wurde ihre Loge gestrichen. Anfangs suchten die Vorstände beider Gesellschaften Streitigkeiten zu vermeiden, und wir haben gesehen, wie vorsichtig sich Dermott ausdrückt. Erst bei Anlaß der zweiten Auflage des Ahiman Rezon 1765 wurden die Angriffe von seiten der

[1] Begemann im Allg. Handbuch der Freimaurerei I, 31 Anmerkung.

„Neuen“ schärfer, namentlich der Großsekretär der Londoner Großloge Heseltine ließ seinem Groll gegen die „Alten“ die Zügel schießen. Und in dem Free-Masons Calendar von 1776 wurden die „Alten“ geradezu als Schismatiker und Abtrünnige geschmäht. Die beiden Großlogen schlossen sich gegenseitig die Pforten; indes, das feindliche Verhältnis beider Großlogen hat die Brüder beider Systeme nicht abgehalten, freundschaftlich miteinander zu verkehren, ja es gab solche, die beiden angehörten und sowohl in der Loge der „Neuen“ wie der „Alten“ eine Rolle spielten. Schon 1765 wünschte Dermott eine Versöhnung zwischen beiden Gesellschaften und mancherlei Versuche sind dazu gemacht worden, bis dann 1809 die Vorbereitung zu einer Verschmelzung ernstlich an die Hand genommen wurde. Am 27. Dezember 1813 wurde die Vereinigung vollzogen unter dem Namen „Vereinigte Großloge der Alten Freimaurer von England,“ doch wurde 1815 dieser Titel abgeändert in: „Vereinigte Großloge der Alten freien und angenommenen Maurer von England.“ Diese Vereinigung bedeutete einen vollen Sieg der „Alten,“ denn schon 1809 beschloß die Großloge von London „zu den alten Landmarken“ der Gesellschaft zurückzukehren. Die „Neuen“ mußten sodann den „Alten“ noch weitere Zugeständnisse machen. In der Schlußakte vom 1. Dezember 1813 heißt es: „Es wird erklärt und ausgesprochen, daß die reine Alte Maurerei nur aus drei Graden und nicht mehr besteht, nämlich dem des Lehrlings, des Gesellen und des Meistermaurers, mit Einschluß des hohen Ordens des Heiligen Royal-Arch. Aber dieser Artikel soll keine Loge oder kein Kapitel verbinden, eine Versammlung in irgend einem der Grade des Ritterordens zu halten gemäß den Verfassungen des genannten Ordens.“ Die Anerkennung des Royal-Arch-Grades bedeutete ein Zugeständnis der „Modernen“ an die „Alten,“ während umgekehrt die Erlaubnis Rittergrade zu kultivieren, ein Entgegenkommen der „Alten“ gegenüber den „Modernen“ war.

Man hat die „Alten“ beschuldigt, vorzugsweise die Hochgrade begünstigt zu haben, aber gerade die „Modernen“ haben diese Hochgrade in besonderen Kapiteln gepflegt, während Dermott alle über den Royal-Arch-Grad hinausgehenden Grade verwarf und namentlich weit entfernt war, diesen Royal-Arch-Grad als Lockspeise für seine Großloge zu verwenden. Die alten Werkmaurer kannten nur zwei Grade: Lehrling und Genosse, der gleichbedeutend war mit dem Meister,[1] und diese beiden Grade übernahm auch 1717 die neue Großloge von London, wie dies die XIII. Verordnung des Konstitutionenbuchs von 1723 deutlich beweist, wo es heißt, daß Lehrlinge nur in den Vierteljahrsversammlungen der Großloge zu „Meistern und Genossen" gemacht werden dürfen, wobei „Genosse" und „Meister" indentische Begriffe sind, denn aus den Genossen werden die Beamten einer Loge: Meister und Aufseher und nicht minder der Großmeister gewählt. Die zweite Bearbeitung des Konstitutionenbuchs von 1738 unterscheidet drei Grade: Lehrling, Genosse oder Geselle und Meister; überall wo 1723 „Genosse" stand, steht 1738 nun „Meister." Prichards zergliederte Maurerei (1730) gibt die Rituale für die drei Grade Lehrling, Geselle und Meister, also waren 1730 die drei Grade bereits ausgearbeitet, aber ob von der Großloge anerkannt, ist fraglich. Das British-Museum bewahrt nun ein Buch, das die Protokolle der Philo-Musicae et Architecturae Societas enthält;[2] dieser Gesellschaft gehörten nur Freimaurer an und wer in ihr aufgenommen werden wollte, mußte sich zuvor von ihr, die sich als regelrechte Loge betrachtete, zum Maurer machen lassen; in ihr wurden sodann die Lehrlinge zu Genossen und die Genossen zu Meistern befördert. Diese Konstituierung als „regelmäßige" Loge geschah im Februar 1725. Am 2. September dieses Jahres besuchte sie der jüngere Großaufseher Payne, der dem Großmeister Graf Richmond darüber berichtete, worauf dieser sie schriftlich aufforderte, vom „unregelmäßigen Maurermachen" abzustehen, allein die Loge fand diese Anmaßung nur lächerlich und fuhr fort zu arbeiten,

---

[1] Vgl. die eingehenden Erörterungen von Begemann in B Z C. 1889, 64 ff.

[2] Vgl. Begemann im Allg. Handbuch der Freimaurerei I, 256 ff, dem ich hier folge.

ohne sich um die Großloge zu bekümmern. In der Großloge hat sich also die Teilung der drei Grade nicht vollzogen, sondern unabhängig von ihr in einzelnen Logen. In den einen wurde in den zwei alten Graden gearbeitet, in andern in drei. Das Daily Journal teilt in der Nummer vom 15. August 1730 einen Katechismus mit, der nur die zwei Grade enthält. Eine Notiz bemerkt: „Es ist nicht ein Maurer unter hundert, der sich die Kosten machen wird, den Meisterteil durchzumachen, außer etwa des Vorteils wegen.“ Die Großloge bequemte sich erst nach langem Zögern 1738 dazu, die Dreiteilung anzuerkennen. Auch die Dreiheit: „Weisheit, Stärke, Schönheit“ hat die Großloge erst aufgenommen, nachdem sie längst schon gebräuchlich gewesen war. Den alten Werkmaurern hatten natürlich die Interessen ihrer Zunft und ihres Gewerbes vorzüglich am Herzen gelegen, und die Formen ihrer Logen waren daher sehr einfach gewesen. Je mehr aber die Zahl der Nichtmaurer die der Handwerker überwog, um so größeres Gewicht legte man auf die Zeremonien und das Formenspiel, und die von den Werkmaurern ererbten Gebräuche wurden immer mehr erweitert und vertieft. So entstand von 1724/5 der Meistergrad, um 1740 der Grad des Meisters vom königlichen Gewölbe (Master of Royal-Arch) und unzählige andere Grade, wobei Eitelkeit der Brüder und Gewinnsucht der Logen Hand in Hand gingen. Die erste Erwähnung des Royal-Arch-Grades findet sich in dem „Buche des Irländischen Freimaurers Fifield Dassigny“: A Serious and Impartial Enquiry into the Cause of the present Decay of tree Masonry etc. Dublin 1744, das Dermott für seinen Ahiman Rezon benutzt hat. Aus Dassigny erfährt man, daß dieser Grad in York bekannt war; ein „Bruder von Rechtschaffenheit und Weisheit“ hätte „jenen ausgezeichneten Teil der Maurerei in London erlangt“ und die Kenntnis davon nach Dublin gebracht. Diesem Grade gehörten nur solche Brüder an, die Stuhlmeister gewesen waren und wegen ihrer „Geschicklichkeit in der Baukunst höchst ausgezeichnete Männer.“ In einer Dubliner Zeitungsnotiz von 1743 wird eine Prozession einer Loge zur Kirche am Jahresfest beschrieben; hier heißt es u. a.: „Viertens, der königliche Bogen, getragen von zwei ausgezeichneten Maurern; achtens. zwei ausgezeichnete Maurer, einer eine Wasserwage und der andere ein Senkblei tragend.“ Auch für das Jahr 1743 ist die Existenz dieses Grades in der Loge von Stirling in Schottland urkundlich bezeugt und so noch anderwärts bis nach Amerika. Im Jahre 1765 war mit der Großloge von London bereits ein Kapitel des Royal-Arch-Grades verbunden, während die „Alten“ erst 1783 ein Großkapitel gründeten. Nach der Vereinigung der beiden Großlogen 1813 fand 1817 auch eine Vereinigung der beiden Großkapitel statt unter dem Titel Supreme Grand Chapter of Royal Arch Masons, dessen Vertreter, „Groß-Zerubabel“ genannt, stets der Großmeister ist, wenn er diesen Grad erlangt hat. Diesen Namen Zerubabel findet man in der Bibel, Buch Esra; darnach stammte er aus dem Königsgeschlechte Davids und wurde zum Fürst der aus Babilon zurückkehrenden Juden gemacht; er führte dann den Tempelbau zu Ende. Auch Anderson erwähnt ihn in der 2. Auflage des Konstitutionenbuchs und hat dadurch den Anlaß zur Ausspinnung dieses Grades gegeben. Die drei ersten Grade knüpfen an den Tempel Salomons an, der Royal-Arch-Grad logischerweise an den zweiten Tempelbau und seine Vollendung. Außer diesem Royal-Arch-Grad tauchten namentlich in Schottland noch eine Masse von Hochgraden und Ritterorden auf, doch haben wir keinen Anlaß darauf einzugehen, denn die Englische Großloge anerkennt ja laut dem Vereinigungsvertrag von 1813 nur die drei Johannisgrade einschließlich den Orden vom heiligen Royal-Arch, während alle andern Orden und Hochgradsysteme vollständig unabhängig von der Englischen Großloge arbeiten. Eben jener Vertrag von 1813 bestimmte noch, daß „eine vollständige Einheit in der Lehrart und den Arbeiten der Loge, sowie in der Aufnahme und Vereidigung der Lehrlinge, Gesellen und Meister, in der Unterweisung und Bekleidung der Brüder“ einzuführen sei, „so daß nur eine einzige, reine, unverfälschte Bundeslehre nach den echten Landmarken,[1] Gesetzen und Überlieferungen der Zunft behauptet, aufrecht erhalten und zur Anwendung gebracht werden soll in der ganzen maurerischen Welt, von dem Tage und der Unterzeichnung der gedachten Vereinigung an bis Zeiten nicht mehr sein werden."

Wie England sich aus einem kleinen Inselreich im Laufe zweier Jahrhunderten zu einem die ganze Erde umfassenden Weltreich entwickelt hat, so die Großloge von London aus einer kleinen lokalen Vereinigung zu einem über alle Kontinente dieser Erde verbreiteten Weltbund. Ein wahrhaft stolzer Bau! Im Gründungsjahr der Großloge gehörten ihr vier Logen an, Ende 1899 in London selbst 488, in Großbritannien 1354, in den Kolonien und im Ausland 486, also zusammen 2328 Logen sowie 836 Royal-Arch-Kapitel unter dem Suprence Grand Chapter.[2]

Der Englischen Maurerei gehören eine große Anzahl tüchtiger und sozial wie geistig hochstehender Männer an. Aber auch heute noch verfolgt sie nicht eigentliche weitgesteckte Ziele, sondern auch heute wie vor mehr als hundert Jahren betrachten die Englischen Brüder als Hauptzweck der Freimaurerei die „Mildtätigkeit", und diesem Zwecke opfern sie außerordentlich große Summen. Daneben kommen die Bedürfnisse der Geselligkeit und Eitelkeit zu ihrem Rechte, indem von Zeit zu Zeit prunkvolle Versammlungen und Festmahle stattfinden. Dabei spielt das geistige Element nur eine untergeordnete Rolle. Eine speziell Englische Erscheinung sind sodann die öffentlichen Grundsteinlegungen von Gebäuden, die einem allgemeinen Zweck dienen, wobei der jeweilige Großmeister tätig ist. Bei solchen

---

[1] Den Ausdruck Landmarken gebraucht Anderson in seinem Konstitutionenbuch von 1723 in dem 39. Artikel seiner Allgemeinen Verordnungen im Sinne: Alte Pflichten.

[2] Über die Statistik gibt jährlich der Freemasons Calender and Pocket Book Aufschluß.

Gelegenheiten liebt es der Engländer seine Brust mit zahlreichen maurerischen Ehrenzeichen (Jewels) zu schmücken, die er freilich teuer bezahlen mag, aber weil dadurch große Summen den Wohltätigkeitsanstalten zufließen, so kann man sich mit dieser Art von Eitelkeit aussöhnen.

SIEBENTES KAPITEL.

# Die Freimaurerei in Frankreich.

In den Stürmen des Glaubenskrieges war in Deutschland fast unbeachtet eine wundervolle Blumenknospe gereift, die Idee eines allgemeinen Menschheitsbundes, die sich am Ende des 18. Jahrhunderts zur vollen Blüte entfaltete. Der 1717 in England gegründete Freimaurerbund hatte sich hingegen ein engeres Ziel gesetzt: Liebe zu Gott und zum Nächsten, und dieser Bund verbreitete sich bald über den Kontinent. Den Engländer, so starr und abgeschlossen er sich auch gegen alles Fremde verhält, treibt die Wanderlust in die fernsten Länder. Aber auch hier verleugnet er seinen streng nationalen Charakter nicht, er kann sich fremden Sitten und Anschauungen nicht anpassen, schließt sich vielmehr enge an seine Landsleute an und bewahrt seine heimische Sitte. So brachten solche Engländer auch die Freimaurerei über den Kanal, und wo sich auch Engländer in größeren Kolonien niederließen, entstanden Logen, so in Hamburg, Paris, im Haag, am Genfersee etc. Aber solche Kolonien in der Fremde hatten keinen festen Bestand; ein fortwährender Wechsel der Personen verhinderte die ruhige Entwicklung, und zudem war der Zusammenhang dieser festländischen englischen Logen mit der Mutterloge nur ein lockerer. Nach unserm jetzigen Sprachgebrauch würden wir die maurerischen Versammlungen, die in Paris seit der Mitte der zwanziger Jahre des 18. Jahrhunderts stattfanden, Maurerkränzchen nennen. Bald waren ihrer mehr, bald weniger; sie entstanden und gingen wieder ein, ohne daß die Welt davon Notiz nahm. Erst als auch Franzosen die Sache kennen lernten und sich derselben bemächtigten, da begann für die Geschichte der Freimaurerei eine neue Epoche. Auf fremden Boden verpflanzt, verwandelte sich die Institution der Freimaurerei vollständig; sie wurde der Sitte und dem Charakter des Französischen Volkes angepaßt; immer weiter entfernte man sich von der ursprünglichen reinen Idee, man vergaß die Ursache und Umstände ihrer Entstehung, und anstatt daß die Freimaurerei die Basis eines Bruderbundes wurde, in dem es keine Unterschiede der Religionen, der Nationen und der Stände gab, und der sich dem Dienste der Humanität widmete, wurde er vielmehr auf Französischem Boden eine Pflanzstätte der Eitelkeit, zu unreinen Absichten gemißbraucht und der Tummelplatz für alle möglichen Schwindler und Abenteurer.

In England konnte seit der Thronbesteigung Wilhelms von Oranien sich ein freieres politisches Leben entfalten. Das Verhältnis der Volksvertretung zum König war genau fixiert; die Presse genoß eine große Freiheit und das Vereinsrecht war fast unbeschränkt. Ganz anders in Frankreich. Hier vereinigte seit Ludwig XIV. der König alle Macht in seinen Händen; er war unumschränkter Herr über das Land und die Untertanen, und argwöhnisch wurden alle Regungen selbständigen Lebens überwacht. Die alten Korporationen waren zur Untätigkeit verurteilt, und selbst der bevorzugte Teil der Nation, der Adel, durfte nur mit Erlaubnis des Königs, unter polizeilicher Überwachung sich zum Mahle versammeln. Die harmloseste gesellige Vereinigung war verdächtig. Gleichwohl gab es in Frankreich solche Gesellschaften, die man Orden nannte, so z. B. l'Ordre de la Liberté; Moses soll der Stifter gewesen sein; l'Ordre de la Méduse in Toulon, de la Grappe in Arles, des Trancardins, de la Boisson, 1703 durch Herrn von Posquières gegründet, der auch unter dem Titel: l'Ordre de l'Etroite observance bekannt ist. Welcher Art diese Gesellschaften waren, erkennt man z. B. aus den Versen:

Dans votre auguste Compagnie
Vous ne recevrez que des gens
Tous bien buvans et bien mangeans,
Et qui mènent yoyeuse vie.[1]

Für eine Gesellschaft hingegen, die sittliche Zwecke verfolgte, war in Frankreich wenig Verständnis. Daß in der Loge weder von Politik noch von Religion gesprochen werden durfte, hätte man gebilligt, denn um Politik bekümmerte sich kein Mensch, als der König und seine Maitressen, und die Religion war diesen Genußmenschen ganz gleichgiltig. Die Freimaurerei fordert von jedem einzelnen die Ausbildung seiner Persönlichkeit zu sittlicher Vollendung und die Pflege brüderlicher Gemeinschaft zur Veredelung der Menschheit. Die modernen Geschichtsschreiber können in der Regel nicht schwarz genug die sittliche Verderbnis der Französischen Gesellschaft vor der Revolution malen, um damit gewissermaßen die Ausschreitungen der Revolution zu rechtfertigen und die Greuel zu entschuldigen. Indes gab es auch im damaligen Frankreich edel denkende, rein sittliche Menschen, Patrioten, die das Verderben erkannten, wie ein Vauban, ein Fénélon etc. Doch waren sie zu sehr isoliert und standen allzusehr unter dem Drucke der Staatsgewalt, indem die leiseste freie Meinungsäußerung sie entweder in die Bastille oder, was ihnen noch ärger erschien, in die Ungnade des Hofes brachte, als daß sie etwas hätten ausrichten können. Die große Masse der Gebildeten, denn nur diese kommen in Betracht, lebten in leichtsinniger Fröhlichkeit dahin, obwohl der eine oder andere das Gefühl hatte, als ob man auf einem Vulkan tanze. Die ethische Tendenz des Freimaurerbundes konnte diese Salonmenschen, und das waren fast ohne Ausnahme die damaligen Franzosen, nicht locken; die Gebräuche der Logen erschienen den Franzosen, als sie davon Notiz nahmen, unverständlich, ja lächerlich. Es war in erster Linie die Neugierde, die die Fran-

[1] L'ordre des Francs-Maçons trahi et le secret des Mopses revelé. Amsterdam 1745 p. 1 ff.

zosen in die Logen führte. Der über die Freimaurerei geworfene Schleier des Geheimnisses lockte unwiderstehlich; man witterte in ihr die Kunst der Magie und der Kabbala; denn so aufgeklärt und freigeistig die vornehme Gesellschaft auch war, so abergläubig war sie und eine leichte Beute dreister Schwindler. Nicht minder wirkte die Langeweile, unter der die Franzosen litten, verführerisch. Nachdem man alle Laster gekostet hatte, wollte man es zur Abwechslung mit der Tugend versuchen. Eine rührselige Menschenliebe kam damals in Mode. Die Loge aber pflegte insbesondere die Wohltätigkeit.

Aufzeichnungen aus dem zweiten Viertel des 18. Jahrhunderts belehren uns, wie viel man in der Gesellschaft von dieser neuen Erscheinung sprach. Ein mächtiger Beweggrund, die Loge gesellschaftsfähig zu machen, war der Umstand, daß man sich für England zu interessieren begann, seitdem Montesquieu seinen Landsleuten die englischen Gesellschafts- und Verfassungsverhältnisse nahegebracht und Voltaire in seinen geistsprühenden Schilderungen die Tüchtigkeit des Englischen Volkstums in Parallele gestellt hatte zu der Verkommenheit des französischen Adels. Namentlich die Frauen begannen englische Moden nachzuahmen. „Dieses bezaubernde Geschlecht, das der Franzose anbetet, ohne sich die Zeit zu nehmen, es zu lieben, gab dem Geschmack der Nation bald den Impuls für seine neuen Entdeckungen. Man wollte anfangs sich kleiden wie die Engländer; davon ließ man indes bald ab. Aber die Mode der Kleider führte allmählich die Art zu denken ein, man ergriff begierig ihre Metaphysik, wie sie wurde man Geometer; unsere Theaterstücke zeugten von dem Verkehr mit England; man war sogar bemüht, selbst die Prinzipien der Theologie von ihnen zu entlehnen; Gott weiß, ob man in dieser Hinsicht etwas dabei gewonnen hätte. Zuletzt fehlte dem Franzosen weiter nichts, als das Glück, Freimaurer zu sein, und er ist es geworden."[1] Doch auch ernstere Motive führten der Loge viele Franzosen zu.

---

[1] S. l'Ordre trahi l. c. p. 9 f.

Die Englischen Philosophen, von Hobbes bis auf Shaftesbury, hatten mächtig auf das Gemüt der Franzosen gewirkt. Lange schon vor Rousseau war die Sehnsucht nach der Natur und der Natürlichkeit erwacht. Das erweckte Gefühl bäumte sich auf gegen den tyrannischen Zwang, den die Konvenienz dem Leben auferlegte und wodurch der Mensch vom Menschen geschieden wurde. Man empörte sich vornehmlich gegen den grausamen Hochmut, mit dem der hochgeborene Adel alle Menschen behandelte, die nicht seines Standes waren. Kein Verdienst, kein Talent, kein Genie schützte vor brutaler Behandlung von seiten des Adels. Nun vernahm man von einer Gesellschaft, in der alle Mitglieder Brüder waren und in welcher es keinen Unterschied des Standes gab. Schon damals empörte den Franzosen nichts so sehr, als die Ungleichheit. Welchen Zauber mußte daher eine Gesellschaft auf ihn ausüben, in der diese Ungleichheit aufgehoben war. Überschwenglich drücken sich darüber die Zeitgenossen aus, z. B. l'Ordre des Francs-Masons trahi: „Wenn man den letzten Gesang anstimmt, kommen die Bedienten, die man dienende Brüder heißt, zum Tische der Herren und bringen ihre geladenen Kanonen (d. h. ihre gefüllten Weingläser) mit. Sie setzen diese auf die Tafel der Herren und reihen sich zwischen diesen ein. Alles steht auf und macht die Kette. Erscheint diese eigentümliche Mischung der Herren und Bedienten nicht anfangs als etwas ganz wunderliches und sonderbares? Wenn man es aber von einem gewissen Standpunkt aus betrachtet, welche Ehre bringt es der Humanität überhaupt und dem Freimaurer-Orden insbesondere. Man sieht, mit welcher Sorgsamkeit sie an ihrem Teile die Eigenschaft des Bruders verwirklichen, dessen Namen sie tragen. Welch anderes Beispiel könnte uns heutzutage die glückliche Zeit der Asträa getreuer darstellen! Damals waren die Menschen weder dem ungerechten Joch der Dienstbarkeit unterworfen, noch dem erniedrigenden Zwang der Sitte, sich bedienen zu lassen. Es gab damals weder Vorrecht noch Abhängigkeitsverhältnisse, denn man kannte das Verbrechen noch nicht . . . Der Mann von Geist, der, welcher nicht dafür gilt; der Staatsmann, der Privatmann, der Adlige, der Bürgerliche, jeder wird dort zugelassen, jeder kann dort seine Rolle spielen. Das ist das Bewundernswerte, daß sich in solcher Vermischung niemals Hochmut oder Gemeinheit findet. Der hohe Adel erlaubt seinem Adel familiär zu sein; der Bürgerliche nimmt dort eine gewisse Hochherzigkeit an; mit einem Wort, wer in irgend einer Beziehung einen Vorzug hat, will gern von dem Seinigen etwas aufgeben; so findet sich alles im Gleichmaße etc." Und in der Apologie des Franc-Maçons par Procope: „Der Zweck unserer Baupläne geht dahin, die Asträa wieder auferstehen zu lassen und die Menschen wieder in den Zustand zu versetzen, in dem sie sich zur Zeit der Rhea befanden. Wir alle gehen noch wenig betretene Pfade. Wir suchen zu bauen, und alle Gebäude sind entweder Gefängnisse für das Laster oder Tempel für die Tugend." [1] Ja, in der Schrift Les Francs-Maçons écrasés, Amsterdam (1746) wird die Einführung der Gleichheit geradezu als der Zweck der Freimaurerei bezeichnet. „Welches auch der Ursprung der Freimaurerei, welches auch der Geist ihrer Errichtung gewesen sein mag: heute ist ihr ganzer Zweck, die Menschen zu der ursprünglichen Gleichheit zurückzuführen und unter den Maurern durch Abschaffung der Unterschiede, welche die Geburt, der Stand und die Ämter unter uns erzeugt haben, das Band der Gemeinschaft zu befestigen."

Aber auf etwas seltsame Weise erreichte man dieses Ziel. Gentleman war in England der Titel eines Bruders, der nicht zum Handwerk gehörte. Dafür gebrauchte man in Frankreich das Wort Gentilhomme. L'Ordre trahi sagt in einer Fußnote: [2] „Mag man Edelmann sein oder nicht, man wird immer als ein solcher unter den Freimaurern angekündigt. Die Eigenschaft als Bruder, die sie sich untereinander zuschreiben, stellt sie alle

---

[1] G. A. Schiffmann, Die Freimaurerei in Frankreich in der ersten Hälfte des XVIII. Jahrhunderts. Leipzig 1881 p. 57 ff.

[2] p. 34.

in Bezug auf ihren Stand gleich." Auch Sceau rompu[1] äußert dasselbe: „Jeder Maurer ist in der Loge Edelmann; man legt, indem man dort eintritt, seinen bürgerlichen Stand ab, wie man seinen Titel an der Thür zurückläßt, um ganz einander gleich zu sein. Man erkennt daran den ganzen Nutzen der Einrichtung, welcher sozusagen die Humanität in ihre Rechte einsetzt, indem sie alle Stände einander nahe rückt, oder vielmehr, indem sie vergessen läßt, um nur den des Bruders bestehen zu lassen. Welch Glück kann aus solcher Verbindung hervorgehen und wie viel Annehmlichkeit kann diese Gleichheit im Verkehr verbreiten."

So lange nur Engländer Logen hielten, blieb das Geheimnis gewahrt. Denn diese Nation, sagt l'Ordre trahi, ist schweigsam, weil sie beständig denkt, und sie war mehr als irgend eine andere geeignet, einen so kostbaren Schatz zu bewahren. Erst als auch Franzosen in das Geheimnis eingeweiht worden waren, begann man davon zu reden. Die sicherste Nachricht über die Anfänge der Freimaurerei in Frankreich gibt eine 1744 in Frankfurt a. M. und Leipzig erschienene Schrift: „Der sich selbst verteidigende Freimaurer," wo in § 6 berichtet wird: „daß zu Ende des 1736. Jahres mehr als 60 Glieder versammelt gewesen, welche den Herrn Charles Radeliff (verschrieben für Radcliffe), Grafen von Derwentwater, Pair von England, zu ihrem Großmeister erkiesten, nachdem schon vorher Jacques Hector Madeane (verschrieb. für Macleane), ein schottischer Ritter dieser Bedienung viele Jahre vorgestanden."[2] Lord Derwentwater war ein eifriger Parteigänger der Stuarts und mußte daher 1716 aus England entfliehen. Diese erste Loge in Frankreich hatte also einen exclusiv ultrakatholischen und absolutistischen Charakter. Derwentwaters Nachfolger war 1737 der Lord Hernouester, worauf dann 1738 ein vornehmer Franzose Duc d'Antin zum Großmeister gewählt wurde. Doch hatte die Freimaurerei in

---

[1] Le Sceau rompu ou la Loge ouverte aux Profanes par un Franc-Maçons. A Cosmopolis 1745 p. 22 f.

[2] Allg. Handbuch der Freimaurerei II, 367 Note †.

Frankreich mit allen möglichen Widerwärtigkeiten zu kämpfen. Denn das nun entstehende Geschwätz über das Logenwesen machte die Polizei auf sie aufmerksam, und der General-Leutnant der Polizei Hérault erwirkte 1737 einen königlichen Befehl, wonach allen Wirten verboten wurde, den Freimaurern ihre Lokale zu öffnen. Den Engländern gegenüber drückte die Polizei ein Auge zu; gegen die Franzosen dagegen ging sie schärfer vor. Doch vergebens. Laut dem Ordre trahi sollen 1745 22 Logen in Paris existiert haben. Hie und da wurde eine Loge von der Polizei überfallen, aber man wollte Skandal vermeiden und die vornehmen Herren vom Hofe nicht gerade erzürnen. Der General-Leutnant der Polizei glaubte besser zum Ziele zu kommen, wenn er die Freimaurerei lächerlich machte. Durch Vermittlung einer Sängerin bekam die Polizei ein Freimaurer-Ritual in die Hände, das sie 1738 veröffentlichte; es war eine französische Übersetzung von Prichards „zergliederter Maurerei.“ Dem Nichteingeweihten mußte dieses Frage- und Antwortspiel unverständlich ja kindisch erscheinen. Nun verspottete man die Freimaurer in Schrift und Tat. Tänzerinnen führten einen Freimaurertanz auf, Jesuitenschüler stellten die Aufnahme eines Freimaurers in einer Pantomime dar und Marionettenspieler verhöhnten die Gebräuche der Loge.

So schmerzlich dem ernsthaften Freimaurer dieses Hinauszerren seiner heiligen Geheimnisse in die frivole Öffentlichkeit war, wir sind durch die zahlreichen indiskreten Publikationen in den Stand gesetzt, genauen Einblick in die damaligen Logenverhältnisse zu tun. Wir erfahren, daß anfänglich nach dem Englischen Rituale gearbeitet wurde, das wir durch Prichard kennen. Man mietete in einem Wirtshause ein Lokal. Die Vorbereitungen waren rasch getroffen. Dem Eingang gegenüber, im Osten, stand ein Lehnstuhl, vor demselben ein Schemel, darauf Winkelmaß und Zirkel; auf dem Lehnstuhl lag die Bibel. Während der Aufnahme stand der Meister hinter dem Lehnstuhl. In der englischen Loge hatte der Logenmeister allein den Hut auf; in Frankreich dagegen erschienen alle mit dem

Hut auf dem Kopf, den Degen an der Seite. Später setzte man vor den Lehnstuhl einen kleinen Tisch, und als dann die Sentimentalität überhandnahm und man allenthalben der Tugend oder der Freundschaft Altäre weihte, einen Altar.[1] Mitten im Saale vor dem Altar wurde auf dem Boden mit Kreide oder Kohle der Teppich gezeichnet. Nach Prichard stellte die Zeichnung dar: ein längliches von einer zackigen Einfassung umgebenes Viereck mit Troddeln an den Ecken; in der Mitte der flammende Stern; im Osten ein bewölkter Himmel mit Sonne und Mond; im Westen das musivische Pflaster. Um den flammenden Stern waren gruppiert: 1) drei Säulen (eine Dorische, eine Jonische und eine Korinthische) als Repräsentanten des Augusteischen Stils (so nannte man in England die Renaissance), mit dessen Einführung durch Inigo Iones eine neue Epoche der Baukunst beginnt; 2) drei Fenster im Osten, Süden und Westen als Symbol der alten Bauhütte; 3) Bibel, Zirkel und Winkelmaß; 4) Reißbrett, rauher Stein und behauener Spitzstein. Auf dem Teppich und zwar da, wo die Fenster gezeichnet waren, standen drei Lichter, um das durch die Fenster scheinende Licht anzudeuten.[2] Später wurde der Teppich auf ein Tuch gemalt, doch bezeichnet dies der Ordre trahi p. 115 als ungehörig. Dieses Bild heißt eben die Loge. Der französische Teppich (für den Lehrlings- und Gesellengrad derselbe) zerfällt in zwei Teile, die durch eine Einfassung zusammengehalten werden; der westliche Teil deutet auf die Vorhalle des Salomonischen Tempels (also das musivische Pflaster, darauf die zwei Säulen Jachin und Boas, die als Force und Sagesse bezeichnet werden; sieben Stufen führen zu einem höheren Raum, der ebenfalls das musivische Pflaster hat); der östliche stellt symbolisch die Bauhütte dar, durch die drei Fenster angedeutet, mit den Werkzeugen des Maurers, nämlich Winkelmaß,

[1] Die Basler Loge besitzt eine Anzahl Kupferstiche aus den Jahren 1740 und 1745, welche ein genaues Bild der damaligen Logen geben. Auf dem bekannten Stich vom Jahre 1740, die Aufnahme Friedrichs des Großen darstellend, sieht man bereits den Altar.

[2] S. Schwalbach l. c. p. 40 Note 18.

Wasserwage, Senkblei und Reißbrett sowie einen unbehauenen Stein und einen kubischen Stein.[1] Der Zirkel ist dem Meistergrad vorbehalten, denn die Lehrlinge und Gesellen haben nur die einzelnen Steine winkelrecht zu bearbeiten, nur der Meister entwirft den Bau, darum liegt der Zirkel auf dem Schemel vor dem Meister. Außerdem sehen wir genau in der Mitte des Teppichs den flammenden Stern mit dem Buchstaben G und oben die Quastenschnur (la Houpe dentelée). Der Stern ist das Pentagramm, Sinnbild der Trinität; durch das hineingesetzte G erhielt er aber eine Hindeutung auf die Baukunst (Geometrie). Dadurch wurde die ursprüngliche Bedeutung des flammenden Sterns verdunkelt. Die alten Rosenkreuzer (um 1616) sahen das Hexagramm, zwei ineinander geschobene Dreiecke, als ein Hauptsymbol an, als das Sinnbild des Göttlichen Urlichts, das als das A und O das Gesamtall durchleuchtet. G bedeutet hier die Generatio.[2] Die Troddelschnur trägt die Inschrift: Fidelitas moribus unita. Sie ist in den alten Ritualen nirgends erklärt und dient lediglich als Einfassung des ganzes Bildes. Auf dem ältesten Teppich des Meistergrades sehen wir den Raum innerhalb der Umrahmung mit Tränen angefüllt, in der Mitte steht ein Sarg; auf dem östlichen Teil desselben liegt ein Akazienzweig;[3] da wo etwa die Brust liegen würde, steht das Wort Jehova.[4] Vor dem Sarg im Westen lag ein Totenkopf, zwei gekreuzte Knochen und ein Winkelmaß, im Osten ein Zirkel. Die Beleuchtung geschah durch Kron- oder Wandleuchter. Um den Teppich standen drei Leuchter, bald auf hohen, bald auf

[1] Nach dem ältern Englischen Ritual gehörte der behauene Stein dem Lehrling, der rauhe dem Gesellen; später wurden sie absichtlich umgestellt s. Schwalbach l. c. p. 38 Note 16.

[2] S. F. Katsch in Mitteilungen aus dem Verein d. Freimaurer 1883 bis 1884 p. 74. Die Auslegung bei Schiffmann l. c. 86 ist unrichtig, ebenso was er p. 87 ff. über die Bauhandwerker sagt.

[3] Im Engl. Ritual wird anstatt Acacia Cassia gesagt. Da diese Pflanze aber weniger bekannt war, verschwindet der Name Cassia.

[4] Auf dem Englischen Teppich: Hiram.

niedern Gestellen, der eine im Westen, der andere im Osten, der dritte im Süden; doch wechselt die Stellung; immer aber sind nur drei Leuchter bemerkbar (im Meistergrad 3 × 3). Diese Lichter wurden weder feierlich angezündet noch feierlich ausgelöscht; sie hießen noch nicht Weisheit, Schönheit, Stärke, die drei Worte Force, Sagesse und Beauté werden vielmehr den beiden Säulen J und B und dem flammenden Stern zugeteilt.

Ursprünglich erkannten die Logen in Frankreich den Großmeister in England als ihr Oberhaupt an, dann wählten sie einen eigenen Großmeister (1738—1743 Duc d'Antin), der mit dem Prädikat „Sehr ehrwürdiger" beehrt wurde, während der Logenmeister „Ehrwürdiger" hieß. Der Logenmeister mit den beiden Vorstehern (Surveillants) sind die eigentlichen verantwortlichen Beamten der Loge; dazu kamen dann noch der Schatzmeister, der Schreiber und der Redner. Die Aufgabe des letztern war sehr beschränkt, er durfte nur die formelhaften kurzen Anreden an den Kandidaten halten; das Lessing'sche Dictum: „Bruder Redner ist ein Schwätzer" galt damals noch nicht. Die Arbeit beschränkte sich auf die Abhörung des Katechismus. Sodann kommt in Frankreich noch der fürchterliche Bruder vor, der mit entblößtem Schwerte Wache hält, wie ein Würgengel; ferner ein Vorbereitender (Expert) und der Ziegeldecker, der den Teppich auf den Boden zu zeichnen hatte. Alle Brüder trugen Schürzen von weißem Leder mit ledernen Bändern. Zuweilen war der Schurz des Meisters mit blauer Seide gefüttert. Auch trug er am blauen Band um den Hals ein goldenes Winkelmaß, die Aufseher dagegen Wasserwage und Senkblei, der Schatzmeister einen Schlüssel, der Schreiber zwei gekreuzte Federn und der Redner eine Medaille an einem Bändchen im Knopfloch. Man ahmte darin in der Loge die weltlichen Orden nach; so wurde z. B. der Orden des heiligen Geistes, gewöhnlich le cordon bleu genannt, am blauen Band getragen. Am ersten Sonntag in jedem Monat fanden die ordentlichen Sitzungen statt, doch konnten die Brüder auch an andern Tagen zusammenkommen. Die Sitzungen wurden ohne Feierlichkeit eröffnet und geschlossen.

„Man könnte glauben," bemerkt l'Ordre trahi, „eine Loge schließen bedeute, daß die Tür derselben fest verschlossen sei. Ganz das Gegenteil ist der Fall. Wenn man sagt, daß die Loge geschlossen ist, kann jeder Nichtfreimaurer eintreten und beim Essen, Trinken etc. zugelassen werden. Eine Loge öffnen bedeutet in der Sprache der Freimaurer, daß man offen von den Geheimnissen und von allem, was den Orden betrifft, sprechen kann, mit einem Wort, daß man laut denken kann, ohne die Besorgnis, von einem Profanen gehört zu werden; und wenn sich jemand dort einfände, würde man augenblicklich die Loge schließen, d. h. man würde über die Angelegenheiten der Freimaurer schweigen." [1]

Anfänglich gab es in England nur zwei Grade und beide wurden oft an einem Abend erteilt. Seit 1724 arbeitete man in drei Graden, aber erst allmählig trat eine schärfere Trennung der drei Grade ein. Nach dem Ordre trahi beobachtete man zwischen dem ersten und zweiten Grad einen Zeitraum von 3—4 Monaten und zwischen dem zweiten und dritten Grade einen Zeitraum von sechs Monaten, damit man sich besser unterrichten könne. Jedoch die Französische Lebhaftigkeit hat diese Fristen nicht ertragen können; man hat alle die verborgensten Geheimnisse in einem Augenblick ergründen wollen, und es haben sich viele Logenmeister gefunden, die die schwächliche Gefälligkeit gehabt haben, dem stürmischen Andrängen des Aufzunehmenden achtungswerte Gebräuche zu opfern, welche ihre Weisheit und ihr Alter vor jedem Verfall hätte sicherstellen sollen . . . „Der Franzose rührt an alles. Sein leichtbeschwingtes Gemüt treibt ihn dazu, bei allem den Eindruck seiner Hand bemerklich zu machen. Was mittelmäßig ist, macht er vollkommen; was ausgezeichnet ist, verdirbt er." [2]

Die Franzosen lernten die Freimaurerei noch in ihrer reinen unverfälschten Form kennen. Sobald sie aber auf katholischen

---

[1] Nach dem Prichard'schen Ritual wird der Horcher unter die Traufe gestellt, „bis ihm das Wasser an den Schultern herein und an den Schuhen herausläuft," s. Schwalbach l. c. 41. Daher der Ausdruck: „Es regnet."

[2] p. 42.

Boden übertragen worden war, mußte sie sich verändern. Denn in Frankreich stieß sie mit der katholischen Kirche zusammen. Zwar war der Stern der römischen Kurie damals tiefer verdunkelt als zu irgend einer Zeit. Selbst die katholischen Mächte bekümmerten sich wenig um die Gebote der Kirche und lachten wohl über den Zorn des alten Mannes in Rom. Die liberale Strömung war so stark, daß der Papst in die Aufhebung des Jesuitenordens einwilligen mußte. Nun war ein Bund entstanden, der die Toleranz in religiösen Dingen zu seinem vornehmsten Grundgesetz machte. Er verbreitete sich rasch in den katholischen Ländern; in Irland bestand schon vor 1725 eine Großloge, 1728 gab es eine Loge in Madrid etc., ja sogar 1735 arbeitete eine Loge in Rom in Englischer Sprache. Das war zuviel. Am 28. April 1738 schleuderte Papst Clemens XII. seine Bannbulle In eminenti gegen die Freimaurer. „Wir haben erfahren und das öffentliche Gerücht bestätigt es, daß gewisse Gesellschaften, Versammlungen, heimliche Zusammenkünfte, Verbindungen oder Winkelrottierungen, gewöhnlich unter dem Namen Liberi Muratori oder Francs-Masons oder nach Verschiedenheit der Sprache unter anderen Benennungen weithin sich ausbreiten und täglich vermehren, in denen Menschen aller Religionen und Sekten mit dem angenommenen Scheine äußerer Rechtlichkeit zufrieden sich durch ein enges und geheimnisvolles Bündnis nach von ihnen angenommenen Gesetzen und Gebräuchen miteinander eng vereinigen und, was sie heimlich treiben, sowohl durch einen auf die h. Schrift abgelegten Eid, als durch Anhäufung schwerer Strafen mit einem unverletzlichen Stillschweigen zu verhüllen verpflichtet werden.“ Diese sollen verflucht sein und nur dem Papst soll das Recht zustehen, sie vom Banne loszusprechen. Seitdem hat das Papsttum nicht aufgehört, im Freimaurerbund den ärgsten Feind der katholischen Kirche zu sehen.[1] Wer die

[1] Folgende Päpste haben die Verbannung erneuert: Benedikt XIV. 18. Mai 1751 Providas; Pius VII. 13. Aug. 1814 Sollicitudo omnium; derselbe 13. Sept. 1821 Ecclesiam; Leo XII. 13. März 1825 Quo graviora; Pius VIII. 24. Mai 1829; Gregor XVI. 15. Aug. 1832 Mirari vos; Pius IX.

Autorität des Papstes anerkennt, kann nun und nimmermehr ein echter Freimaurer sein, so wenig als ein orthodoxer Jude. Diese Verfolgungen von seiten der Päpste, denen sich bald andere Fürsten anschlossen, haben dieser Gesellschaft eine Bedeutung gegeben, die weit über die Harmlosigkeit ihres Zweckes ging. Das Parlament in Paris, welches mit der Kirche auf dem gespanntesten Fuße lebte und den Übergriffen derselben scharf entgegentrat, verweigerte die Registrierung der Bulle Clemens XII. Die Geistlichen selbst ließen sich nicht abhalten der Loge beizutreten. Viel gefährlicher als die Feindschaft der Kirche war die Feindschaft der Damen, denn diese besaßen damals in Frankreich eine ungeheure Macht. „Die Damen", sagt Taine, „sind damals Königinnen; und im Salon haben sie ein Recht zu sein." „Jede Frau," erzählt Oberst Forsyth in Stendhals Rom, Neapel und Florenz, „die dem Herzog von Choiseul liebenswürdig erschien und die seiner Schwägerin, der Herzogin von Gramont gefiel, konnte sicher sein, über alle beliebigen Obersten- oder Generalstellen verfügen zu dürfen. Selbst in den Augen der Greise und Geistlichen besaßen die Frauen Wichtigkeit; sie waren in erstaunlichem Grade mit dem Gange der öffentlichen Angelegenheiten vertraut, und kannten genau die Charaktere und Gewohnheiten der Minister und Freunde des Königs."

Die Frauen von einem Zirkel ausschließen war ein unverzeihbares Verbrechen. Begreiflicherweise wurden die Logen, in der die Damen keinen Zutritt hatten, viel besprochen und man sagte ihnen die schimpflichsten Dinge nach. Daher sahen sich die Verteidiger und Lobredner der Freimaurerei genötigt, auf diese Vorwürfe einzugehen und sie zu widerlegen. Im Discours von Ramsay schildert der Verfasser die Entartung der heidnischen Mysterien. „Der Quell dieses Verderbens lag in der Zulassung von Personen beiderlei Geschlechts bei den nächtlichen Zusammenkünften, im Gegensatz zu der ursprünglichen Einrichtung.

---

9. Nov. 1846, 20. April 1849, 9. Dez. 1854, 8. Dez. 1864, 25. Sept. 1865. Multiplices inter; 21. Nov. 1873; Leo XIII. 20. April 1884 Humanum genus vgl. W. Smitt, Katechismus der Freimaurerei, Leipzig 1891 p. 59 ff.

Um solchem Mißbrauch vorzubeugen, hat man die Frauen von unserem Orden ausgeschlossen. Wir sind nicht so ungerecht, jenes Geschlecht für unfähig zur Verschwiegenheit zu erachten, aber seine Gegenwart könnte unvermerkt die Reinheit unserer Grundsätze und Sitten schädigen.“ [1] „Die Frauen, die überall sein wollen, wo Männer sind, haben ungemein Anstoß daran genommen, sich beständig von der Gesellschaft der Freimaurer verbannt zu sehen. Sie hatten es viel geduldiger ertragen, in mehreren Orden nicht zugelassen zu werden, die zu verschiedenen Malen in Frankreich geblüht hatten. Diese waren ebenso viele Bacchische Gesellschaften, in denen man nur den Gott des Weines feierte. Man sang daselbst wohl auch Lieder zu Ehren des Gottes von Cythera; aber man begnügte sich damit zu singen, während man dem Bacchus sehr reichlich und sehr reelle Opfer spendete. Es war nicht schwer, die Damen von dergleichen Gesellschaften fern zu halten. Sie schlossen sich selbst schon aus Eitelkeit von denselben aus und verbargen unter dem Schein des Anstandes, was im Grunde nur eine ihre Reize erhöhende Fürsorge war. Ganz anders haben sie vom Orden der Freimaurer gedacht. Als sie erfuhren, mit welcher Mäßigkeit sich diese bei ihren Mahlzeiten benehmen, sowohl bei den feierlichen als bei den gewöhnlichen, haben sie sich nicht vorstellen können, welche Gründe diese achtbaren Brüder bewogen hatten, sie aus ihrer Genossenschaft auszuschließen. Überzeugt, daß ohne sie die Männer nur verbrecherische Vergnügungen genießen könnten, haben sie die Annehmlichkeiten, die die Freimaurer in ihren Versammlungen genießen, mit den gehässigsten Farben gemalt.“ [2] Mit diesen Anschuldigungen hängt die Stiftung des Mopsordens zusammen, d. h. Damenlogen, die zur Verhöhnung der Freimaurerei die maurerischen Gebräuche nachäfften, [3] Spässe zu einfältiger Art, als daß ich mich näher darauf einlassen wollte.

---

[1] Abgedruckt bei de la Tierce, Histoire, Obligations et Statuts etc. Frankfurt 1742 p. 134 f. Schiffmann, A. M. Ramsay. Leipzig 1878 p. 89 f.

[2] L'Ordre des Francs-Maçons trahi p. 3 ff.

[3] Dto. p. 119 ff. Vgl. Schauberg in den Mitteilungen aus dem Verein d. Freimaurer I, 3, 9 ff. II, 40 ff. etc.

Aber es gelang den Damen doch, sich in die Logen einzudrängen und vollwichtige Mitglieder derselben zu werden. Das nannte man in Frankreich Maçonnerie d'Adoption oder Maçonnerie blanche. 1742 gründete M. de Chambonnet den Orden der Glückseligkeit (Ordre de la Félicité). Herren und Damen unternahmen symbolisch eine Seereise nach der Insel der Glückseligkeit d. h. der Liebe. Die Ausdrücke des der Freimaurerei entlehnten Rituals waren dem Seewesen entnommen.[1] Einige Jahre darauf, 1747 stiftete der Chevalier de Beauchaine den Orden der Holzhauer (Ordre des Fendeurs charbonniers), eine burleske Nachahmung freimaurerischer Zeremonien. Ähnlicher Art war der von M. Chaumont, Vergnügungsmeister des Herzogs von Chartres (Philippe Egalité) gestiftete Ordre des Chevaliers et des Nymphes de la Rose etc. Die vornehme Französische Gesellschaft dürstete nach Vergnügungen jeder Art, also war ihr auch die Adoptionsmaurerei willkommen. Darüber täuschte sich selbst die öffentliche Meinung nicht. Am 28. August 1754 ließ Poinsinet auf einem Pariser Theater eine Parodie der Oper Fêtes de l'Amour et de l'Hymen (Musik von Rameau) aufführen, betitelt: Les Fra-ma-çonnes. Die Hauptfiguren waren der Vénerable (der sehr ehrwürdige Meister) und Hortense, die zum Schluß die Verse sang:

Vos lois outragent la Nature,
N'en croyez jamais que sa voix.
Elle a formé les doux noeuds
Qui nous joignent l'un à l'autre:
Votre sexe n'est heureux
Qu'alors qu'il s'unit au nôtre . . .[2]

Und diese Meinung teilten wohl auch die meisten Französischen Freimaurer. Ja, anstatt daß die freimaurerische Oberbehörde,

---

[1] Thory, Histoire de la fondation du Grand Orient de France p. 350 und Thory, Acta Latomorum I, 313.

[2] H. d'Alméras, Cagliostro. La Franc-Maçonnerie et l'Occultisme au 18. siècle. Paris 1904 p. 88 ff.

der Großorient von Frankreich, sich diesem heillosen Unfug entgegengestemmt hätte, erkannte er vielmehr durch Beschluß vom 11. Juni 1774 die Adoptionsmaurerei an. Diese Adoptionslogen hatten entweder vier oder acht oder auch zehn Grade und der Tempel hieß Eden. Keine schwangere oder kranke Frau oder Mädchen oder eine solche unter 18 Jahren sollten zugelassen werden, und die Statuten verlangten von ihr einen guten Ruf und reine Sitten, allein an diese Vorschrift hielt man sich nicht. Die Herren wollten sich eben vergnügen, gleichviel mit wem. Wohl widmete man die Sitzungen der Adoptionslogen dem Werke christlicher Wohltätigkeit, indessen die Hauptsache waren doch die Bälle und andere verschiedene Festlichkeiten, und schließlich wurde man auch dieses Spiels am Ende des 18. Jahrhunderts müde.

Begreiflicherweise riefen diese Verirrungen der Freimaurerei viele Angriffe hervor, auf welche die Antworten nicht ausblieben. Eine der wichtigsten apologetischen Schriften ist die 1738 in Dublin erschienene: Relation apologique et historique de la Société des Franc-Maçons par J. G. D. M. F. M., die früher mit Unrecht dem A. M. Ramsay zugeschrieben worden ist.[1] Sie wurde in Rom öffentlich durch den Henker verbrannt und zwar wegen ihres pantheistischen Inhalts, der viel Verwandtschaft mit dem Ideenkreis Tolands hat. Sie berührt sich zugleich mit Rosenkreuzerischen Gedanken. Die Großloge von England legte das Hauptgewicht auf die Pflege der Nächstenliebe. Das genügte dem Verfasser der Relation nicht, sowenig wie dem Ramsay,[2] der in seiner berühmten Rede als Aufgabe der Freimaurerei die Bearbeitung eines Universallexikons hinstellt, gleichsam die Schaffung einer Universal-Bibliothek alles Schönen, Großen, Lichtvollen, Gründlichen und Nützlichen in allen Wissenschaften und in allen edlen Künsten. „Alle Dinge,“ heißt es in der Relation, „machen im Weltall nur Eins und dies Eine ist Alles

[1] Schiffmann, A. M. Ramsay p. 13 ff. Kloß deutet diese Buchstaben: J. G. Doctor Medicinae Franc-Maçons.

[2] Über ihn siehe 8. Kapitel.

in Allem. Was aber Alles in Allem ist, ist Gott, ewig, unermeßlich und weise. In diesem All leben und weben und sind wir. Durch dies All wird jedes Ding hervorgebracht, und in dasselbe müssen alle Wesen wieder zurückkehren. Es ist endlich das Prinzip und der Zweck aller Dinge. Das ist das feste Prinzip, worauf sie alle ihre Schlüsse gründen. Der wahre Zweck der Freimaurerei ist die Kraft und die Ausführung dieser Prinzipien, indem man sich zum Schutze gegen die Tyrannei und die Irrtümer der Welt unter die Flügel der Freiheit und Wahrheit stellt. In ihren Zusammenkünften beschäftigen sie sich mit der gesamten Naturwissenschaft und Ethik, vorzugsweise auch mit der Politik." Dann schildert der Verfasser diese Gesellschaft mit höhnenden Ausfällen auf das von der Pariser Polizei publizierte Freimaurerritual. Diese Schrift hat für die Entwicklung der Freimaurerei insofern Bedeutung, als manches darin enthalten ist, das dann später allgemein Gebrauchtum der Logen wurde, wie z. B. die Form der feierlichen Eröffnung der Loge, das Kreisen des Bechers beim Brudermahl etc. Vor allem wirkte sie auf die Grundauffassung der Freimaurerei, indem die Relation das Hauptgewicht nicht auf das Bearbeiten des rauhen Steins legt, sondern auf den Aufbau des Tempels der Glückseligkeit. Zu den drei bisherigen Graden kam noch ein vierter: der Architekt. Auch die Legende des Meistergrades wurde nun geändert. Hiram, der im Meistergrad eine so große Rolle spielt, war nach der h. Schrift (1. Könige 7, V. 13 ff.) ein Meister in allen Arten von Metall, der u. a. die beiden kupfernen Säulen Jachin und Boas schuf. Diesen Hiram konnte man nicht mehr gebrauchen, seitdem man die Idee des Aufbauens in den Vordergrund stellte. „Welche Beziehung," sagt schon l'Ordre trahi, „könnte ein Metallarbeiter zu der Bruderschaft der Freimaurer haben?" Nun lehrt uns die h. Schrift, daß der, welcher die Arbeiten bei dem Bau des Salomonischen Tempels leitete, Adoniram geheißen hat, dessen Andenken die Freimaurer ehren sollen. Adoniram verdrängte den Hiram, was zugleich mit einer Änderung der Auffassung von der Freimaurerei zusammenhing. Die

Geschichte der Freimaurerei von Anderson hatte von Anfang an nicht befriedigt. Ramsay lehnte daher die Herleitung der Freimaurerei von Salomon oder gar von Noah oder Abraham als eine Fabel ab und verlegte ihren Ursprung in die Zeit der Kreuzzüge. „Zur Zeit der Kreuzzüge nach Palästina," sagt Ramsay,[1] „vereinigten sich mehrere Fürsten, Adlige und Bürger und taten ein Gelübde, die christlichen Kirchen im heiligen Lande wieder herzustellen und sich zu bemühen, die Bauart derselben auf ihre erste Einrichtung zurückzuführen. Sie verständigten sich über mehrere alte Zeichen und aus der Religion entnommene symbolische Worte, um sich daran von den Ungläubigen und Sarazenen zu erkennen. Man teilte diese Zeichen und Worte nur denen mit, die feierlich und oft am Fuße des Altars versprachen, sie niemals zu offenbaren. Dieses heilige Versprechen war daher kein verabscheuungswürdiger Schwur, wofür man ihn ausgibt, sondern ein achtungswertes Band, um die Christen aller Nationen in ein und derselben Bruderschaft zu vereinen. Einige Zeit nachher verband sich unser Orden aufs engste mit den Rittern des heiligen Johannes von Jerusalem. Seit der Zeit tragen alle unsere Logen den Namen: Logen des h. Johannes. Diese Vereinigung geschah nach dem Vorbilde der Israeliten, als sie den zweiten Tempel bauten. Während diese mit der einen Hand Kelle und Mörtel handhabten, trugen sie mit der andern Degen und Schild."

Diese Geschichtskonstruktion ist genau so unhistorisch wie die des Anderson, allein sie fand mit der Zeit Anklang und ging in die Französische Übersetzung des Englischen Konstitutionenbuchs von de la Tierce über, sowie in die Französischen Rituale, wo die 69. Frage lautet:

„Wem war Ihre Loge gewidmet?

Antwort. Dem h. Johannes.

70. Frage. Warum?

Antwort. Weil zur Zeit des Krieges in Palästina die Ritter-Maurer (Chevaliers maçons) sich mit den Rittern des h. Johannes

[1] Schiffmann, Ramsay 92 f.

von Jerusalem vereinigten.“[1] Wenn nun auch die Beschuldigungen gegen Ramsay, daß er die Freimaurerei für politische (die Wiederherstellung der Stuartischen Dynastie in England) und katholische Zwecke mißbraucht habe, sowie daß er der Erfinder der Hochgrade und der Tempelrittermaurerei gewesen sei, ganz unbegründet sind, indem Ramsay allen politischen Machinationen fernblieb, seine ganze Lebenshaltung ihn als einen edlen Menschen erkennen läßt und er in seiner Rede ausdrücklich nur drei Grade anerkennt, so liegt doch in der eben angeführten Stelle seiner Rede der Keim zu einer völligen Umgestaltung und Entartung der Freimaurerei.

In Frankreich konnte sich die Freimaurerei unmöglich rein erhalten, weil der Franzose den eigentlichen Zweck derselben von Anfang an verkannte und weil er das Geheimnis nicht zu bewahren verstand. Nicht nur die Rituale wurden publiziert, das geschah ja auch in England, sondern auch die Gebräuche wurden in zahlreichen Schriften profaniert und Kupferstiche halfen der Phantasie und dem Verständnis nach. Diese verräterischen und apologetischen Schriften fanden reißenden Absatz; erlebte doch der Ordre trahi in vier Monaten sieben Auflagen und vier Übersetzungen. Jedermann konnte sich folglich über die Freimaurerei genau unterrichten und ohne aufgenommen zu sein sich Zutritt in die Logen verschaffen. Wie konnte von einem Geheimnis die Rede sein, wenn, wie es damals Mode war, die adligen Herren ihre Bedienten in die Logen mitnahmen. Diese wurden als dienende Brüder aufgenommen und waren Zeugen von all dem, was in den Logen vorgieng. Sie äfften ihre Herren in allem nach; so hielten sie auch unter sich Logen. Bei der Aufnahme von Suchenden verfuhr man überaus leichtsinnig, indem man nicht einmal abstimmte und auch nicht die üblichen Fristen zwischen den drei Graden innehielt, sondern sehr oft am gleichen Abend einem Kandidaten alle drei Grade erteilte. Vortrefflich beurteilt l'Ordre trahi diesen Mißbrauch:

---

[1] Schwalbach, Geschichte des maur. Gebrauchtums p. 63.

„Nach den seit unvordenklichen Zeiten bei den Freimaurern beobachteten Gebräuchen gab es Zwischenzeiten zwischen jedem Grade, den man im Orden erreichte. Wenn man zum Lehrling aufgenommen war, blieb man auf dieser Stufe drei oder vier Monate; dann wurde man zum Gesellen aufgenommen und sechs Monate später zur Meisterschaft zugelassen. So hatte man Zeit, sich zu unterrichten, und wenn man beim letzten Grade angelangt war, war man mehr im Stande, ihn mit Würde zu behaupten. Die Französische Lebhaftigkeit hatt alle diese Fristen nicht ertragen können; man wollte in einem Augenblick alle die verborgensten Geheimnisse durchdringen; und es haben sich Logen-Meister gefunden, die aus Gefälligkeit die Schwachheit gehabt haben, dem stürmischen Verlangen der Aufzunehmenden ehrwürdige Gebräuche zu opfern, die ihre Weisheit und ihr Alter vor jeder Verführung hätte sicher stellen sollen. Aber das Übel ist geschehen, und dies ist noch das Geringste, was die Freimaurer-Brüderschaft zu erleiden gehabt hat, seit sie in Frankreich errichtet ist.“ [1] Wir finden Stuhlmeister, die für ihr Amt ganz unfähig und unwürdig waren. Wirten wurden Patente gegeben zur Errichtung von Logen und diesen Leuten lag natürlich daran, recht viele Gäste zu bekommen. Die Gründung von Logen wurde geradezu ein Geschäft. Mit aller Schärfe tadelten die damaligen freimaurerischen Schriftsteller diese Auswüchse des Logenwesens. So sagt der Sceau rompu p. 23: „Die Schwäche oder die Gefälligkeit, ein niederes Interesse, ein unbesonnener Eifer und andere noch weniger entschuldbare Motive haben ohne Unterschied und ohne Wahl eine unendliche Menge von Leuten zugelassen, die die Freimaurerei verunehren, und es ist zu fürchten, daß sie, ähnlich wie Rom, erliegen wird unter dem Gewicht nicht ihrer Größe, sondern ihrer zu großen Ausdehnung.“ Ähnlich sprechen sich andere aus. Den Fehler erkennen, heißt ihn auch verbessern. Der Verfasser des Ordre trahi, welcher der Freimaurerei den Untergang prophezeit, im

---

[1] 41 ff.

Falle sie dem Übel nicht Einhalt gebietet, spricht sich an anderen Stellen mit Hochachtung aus. Und der Abbé Pérau[1] preist mit Begeisterung die Freimaurer: „Sie tragen die Liebe zur Ordnung und zum Frieden in ihrem Herzen. Sie sind der bürgerlichen Gesellschaft ebenso ergeben, wie sie untereinander vereint sind, und man kann in ihrer Schule wirksamer lernen, welche Achtung, welche Unterwerfung, welche Verehrung man für die Religion, für den Fürsten und für die Regierung haben muß, als aus dem Munde derer, die von Amtswegen darin unterweisen. . . . Bei den Unterhaltungen während der Mahlzeit erstreckt sich der Anstand außerordentlich weit. Ich weiß nicht, ob die strengsten Vertreter einer ernsten Moral im stande sein würden, eine solche Gesetzmäßigkeit aufrecht zu erhalten." Ramsay bezeichnet als Aufgabe des Bundes: „die Einigung der Geister und Herzen, um sie zu bessern und in der Folge eine ganz geistige Nation zu bilden, worin man, ohne daß den Pflichten Abbruch geschieht, die die verschiedenen Staaten fordern, ein neues Volk schaffen wird, das aus verschiedenen Nationen zusammengesetzt, sie alle bis zu einem Punkt durch das Band der Tugend und der Wissenschaft verknüpfen wird." [2]

Ernstere Brüder bemühten sich, den Bund zu reformieren, zu welchem Zwecke Ramsay eine allgemeine Versammlung der englischen und französischen Großmeister nach Paris berufen wollte. Allein der damals allein mächtige Minister Fleury verbot die Versammlung. Auch der Versuch, den Bund durch Beseitigung unregelmäßiger Logen und Ausstoßung unwürdiger Brüder zu reinigen, konnte nicht gelingen. Dagegen stellte man strenge Grundsätze auf, um den unsittlichen Elementen im Bunde entgegenzuwirken. Diese Statuten, die de la Tierce mitteilt,[3] gehen den in den Pariser Logen herrschenden Unsitten scharf zu Leibe, allein gerade die verwilderten Logen, die man zu reformieren unternahm, bekümmerten sich am

[1] Le Secret des Francs-Maçons 1749 p. 11. 27.

[2] Schiffmann, Ramsay p. 82.

[3] Histoire, Obligations et Statuts etc. p. 142 ff.

wenigsten darum. Da wurden Lieder gesungen, die so frech waren, daß Pérau Scheu tragen mußte, sie abzudrucken. Mit dem besten Willen besaß die Französische Großloge nicht die Macht, dem Unwesen zu steuern.

Da traten mit Wissen des Großmeisters einige Meister zusammen unter dem Namen Schottische Meister, um die Freimaurerei aus ihrer Entartung wieder zu den ursprünglichen Grundsätzen und Zielen zurückzuführen. Am 9. Dezember 1743 war der bisherige Großmeister, Herzog von Antin, gestorben; am 11. Dezember wählten die Vertreter von 16 Logen Louis de Bourbon-Condé, Grafen von Clermont, zu seinem Nachfolger, der diese Würde bis zu seinem Tode, den 15. Juni 1770, bekleidete, ohne indeß sich viel um den Freimaurerbund zu bekümmern. Zugleich wurde in besagter Versammlung ein neues Logenstatut erlassen, das mit den meisten Punkten des Englischen Konstitutionenbuches übereinstimmt und dessen zwanzigster Artikel speziell gegen die Schottischen Meister gerichtet ist. Diese Schottischen Meister bildeten nicht etwa einen besonderen Grad, sondern sie waren lediglich ein Privatverein, der sich die Läuterung der Französischen Freimaurerei von ihren Schlacken zur Aufgabe gemacht hatte. Sie trugen ein besonderes Abzeichen und zwar die Akazie, welche in der Hiramslegende eine Rolle spielt. Die Akazie ist ja eben das Symbol für die Reinheit von allem Schlechten. Darum antwortet der Schottische Meister auf die Frage: „Sind Sie ein Meister?“ mit: „Die Akazie ist mir bekannt!“ Als diese Antwort auch den andern Meistern, die nicht zum Verein der Schottischen Meister gehörten, bekannt wurde, da änderte man den Ausdruck „frères acassois“ (Akazienbrüder) in „frères écossois“ (Schottische Brüder), wobei jedoch jede Beziehung zu Schottland fehlt.[1]

In manchen Kreisen herrschte die Ansicht, man müsse, nachdem man die unwürdigen Glieder des Bundes ausgestoßen

[1] Schiffmann, die Freimaurerei in Frankreich p. 147 ff. Seine Beweisführung ist jedoch nicht ganz überzeugend.

habe, auch die Formen ändern. Eine Anzahl Schriften erschienen, die die neuen Zustände vorbereiteten, wie z. B. 1744 La Franc-Maçonne ou Revelation des Mysteres des Francs-Maçons par Madame ***, Le parfait Maçon ou les véritables Secrets des quatres Grades d'Apprentis, Compagnons, Maîtres ordinaires et Ecossois de la Franche-Maçonnerie, 1746 Les Francs-Maçons écrasés, suite du livre intitulé L'ordre des Francs-Maçons trahi traduit du latin. Alle drei Bücher machen höchst unglaubwürdige Angaben, indem sie ein Phantasiebild von dem damaligen Zustand der Freimaurerei geben. Doch die letztere Schrift ist sehr interessant. Hier finden sich bereits die Grundzüge des revolutionären Programms von 1789 vorgezeichnet. Der Verfasser behauptet, Cromwell sei der eigentliche Gründer der Freimaurerei, zum Zwecke, die Throne auf der ganzen Erde umzustürzen. Freiheit, d. h. völlige Unabhängigkeit von andern Menschen, und Gleichheit d. h. gleicher Anteil an den Gütern der Erde, sind dem Menschen von Gott als Eigentum gegeben, über die kein anderer Mensch ein Recht hat, und das der Mensch selbst nicht aufgeben kann, ohne dem Willen Gottes entgegenzuhandeln. Seine Pflicht ist es, sich der Gewaltsamkeit der Tyrannen zu erwehren und die Standarte der Unabhängigkeit und Gleichheit auf die Trümmer der Ungeheuer zu pflanzen, die seinen Fall verursacht haben. Die Aufgabe der Freimaurerei ist es, wie ein zweiter Moses das seufzende Volk zu befreien, die Fackeln der Zwietracht zu löschen, die die Welt verzehren, und alle die verschiedenen Familien in einem Körper zu vereinen. Da die Menschen nicht nur durch Gewalt ihrer Freiheit und Gleichheit beraubt sind, sondern auch durch falsche Frömmigkeit und durch Unwissenheit, so hat die Freimaurerei auch das Reich des Aberglaubens zu zerstören, Irrtum und Unwissenheit zu bekämpfen und nur dem Lichte der Natur, das heißt der Vernunft zu folgen. Die Aufgabe der Freimaurerei ist es deshalb, die drei Ungeheuer des Aberglaubens, der Tyrannei und der Willkür zu bekämpfen durch die Mittel der Religion, der Natur und der Stärke, und dadurch das gelobte Zeitalter wieder herbeizuführen. Damit nun der Zweck um so eher erreicht werde und diese Lehre nicht unvorbereitete oder ungeeignete Gemüter erschrecke, habe der kluge Cromwell die Lehre durch Symbole verhüllt und die Mitglieder des Bundes in verschiedene Stufen verteilt. Über dem Meister erhob sich noch ein höherer Grad, den nur die erhielten, welche als ganz zuverlässig erkannt worden waren. Diese werden in die geheimsten Lehren und Pläne eingeführt und heißen, weil sie alles können und verstehen, Architekten oder auch Schotten. — Wir haben gesehen, daß die Schottischen Meister in Frankreich ursprünglich nur einen freien Verein bildeten mit besonderen Abzeichen. Daraus entwickelte sich in der Folge in Frankreich ein höherer Grad, in Deutschland ein höherer Orden.

Am 4. Juli 1755 erließ die Französische Großloge Statuten, deren 23. Artikel lautet: „Nur die Meister der Loge und die Schotten haben das Recht, bedeckt zu sein“ und Artikel 42: „Die Schottischen Meister sollen die Oberaufsicht über die Arbeiten führen. Sie allein können die vorgefallenen Fehler tadeln. Sie haben die Freiheit, das Wort zu ergreifen, stets bewaffnet und bedeckt zu sein, und können, wenn sie in Fehler verfallen, nur von Schotten zur Rede gestellt werden.“ Damit wurde der Artikel 20 der Statuten vom 11. Dezember 1743 aufgehoben, der den Schottischen Meistern jegliches Vorrecht untersagte. Sie wurden nun von der Großloge als Inspektoren offiziell anerkannt und ihre Pflicht war es, in den verwilderten Logen Ordnung zu schaffen. Denn die auf den neuen Großmeister gesetzten Hoffnungen erfüllten sich nicht. Dieser vornehme Herr, ein Prinz von Geblüt, konnte die Logen nicht vor den Verfolgungen der Polizei und der Kirche schützen; er war meist im Felde abwesend und übertrug die Leitung des Bundes untergeordneten Organen, so daß die Unordnung immer größer wurde. Mit einigem Recht konnte der Verfasser der Défense apologetique (1747) dem Großmeister den Vorwurf ins Gesicht schleudern: „Man darf nicht ein Amt übernehmen, dessen Pflichten man nicht erfüllen kann oder vielmehr nicht zu erfüllen wagt." Noch schärfer als dieser schilderte De la Chaussée in seinem Mémoire justificativ die Zerrüttung der Französischen Freimaurerei, namentlich dadurch, daß Wirte sich das Amt von Logenmeistern anmaßten und, um möglichst viel Gewinn von den Mahlzeiten zu ziehen, ohne Rücksicht auf Stand, Bildung, Charakter und Sitten jeden Beliebigen zu Freimaurern machten. „Bald erschollen die Wirtshäuser von den schamlosen Orgien, die zahlreiche Logen unter großem Lärm daselbst feierten, und an alle, die kamen, an Bürger vom niedrigsten Stande, an Künstler, Handwerker, Tagelöhner, selbst an Bediente unsere Geheimnisse spendeten."

Als die Freimaurerei auch in Frankreich um sich griff, da drängte sich namentlich der Adel in die Logen. Wenn man die enorme Kluft kennt, die damals den Adel vom Bürgerstand schied, so begreift man den Abscheu dieser Herren, als mehr und mehr auch Bürgerliche in die Logen eindrangen. Gleichheit aller Brüder in der Loge war ein Hauptprinzip des Bundes; in der Loge gilt nicht Rang, nicht Stand, nur die Tugenden verleihen einem Bruder einen Vorrang. In Frankreich fehlte diese Grundbedingung; denn hier galt der Adel alles, der Bürgerliche nichts, und Talent, ja selbst das Genie eines Voltaires schützten ihn nicht vor brutalen Mißhandlungen seitens vornehmer Herren. Das einzige Mittel, sich eine gesellschaftliche Stellung zu sichern, war der Erwerb eines Adelstitels. Um daher in der Loge die erforderliche Gleichheit zu erzielen, legten die Adligen nicht etwa ihre Titel und Vorrechte ab, wie es der Engländer tat, sondern man erteilte dem Bürgerlichen in der Loge den Titel Chevalier und gab ihm einen Kriegsnamen (Nom de guerre). Der niedrige Adel (Beamten- oder Briefadel) genoß jedoch wenig Ansehen, viel mehr der Militäradel (Chevalier de l'épée). Aus diesem Grunde wurde der Grad des Chevalier de l'Orient, der auch Chevalier de l'épée hieß, geschaffen. Die Legende dieses Grades knüpft an die Zerstörung des Tempels Salomonis an, der, nachdem Zorobabel, ein Fürst vom Stamme Juda, mit Hilfe der Maurer-Ritter einen großen Sieg über die Syrer erfochten hatte, wieder aufgebaut wurde. In dieser Legende und in diesem Ritual dreht sich alles um die Vorzüge des Adels. In dem Grade des Chevalier de l'Orient sind alle Maurer Ritter, allein sie erlangen ihre Befreiung aus der Knechtschaft und ihren Adel doch nur durch die Grand-Seigneurs. Der Grad selbst wird nur Grand-Seigneurs verliehen und der Vorsitzende heißt Souverain; alle Mitglieder dieses Grades heißen Prinzen. Freimaurer nennen sie sich deshalb, weil die den Tempel erbauenden Maurer durch Salomon von allen Abgaben befreit waren. Steuerfreiheit war aber das Hauptprivileg des Französischen Adels. Schon zur Zeit Ludwig des XIV. hatten edelgesinnte Männer auf das Verderbliche der Rechtsungleichheit der Stände hingewiesen. Im Laufe des 18. Jahrhunderts wurde der Kampf des Bürgertums gegen den Adel heftiger und leidenschaftlicher. Voltaire goß die volle Schale seines ätzenden Witzes über den Französischen Adel aus, indem er ihn mit dem Englischen verglich. Noch rücksichtsloser ging Rousseau vor, der die historischen Grundlagen der Gesellschaft und des Staates negierte und erschütterte und Rückkehr zur Natur, Freiheit, Gleichheit zum Schlachtruf von vielen Tausenden machte. Diese Kämpfe wurden auch in die Logen hineingetragen. Der Verfasser der Schrift l'Ordre trahi preist noch mit Begeisterung die Gleichheit in den Logen. Allein der Adel wollte von einer solchen Gleichheit nichts wissen; er fühlte sich abgestoßen durch die schlechten Manieren der Bürgerlichen. Der Baron von Tschudy teilt in seinem L'Etoile flamboyante eine Stelle aus dem Briefe eines hochgeachteten Bruders aus dem Elsaß mit, worin dieser sich beklagt, daß man nicht sorgsam bei der Auswahl der Brüder sei. „Warum ist die Forderung der Reinheit des Blutes in Wegfall gekommen? Warum schmückt das schwarze Band, dieser traurige Ersatz für das glänzende Zeichen, das die Kreuzritter auszeichnete, in unsern Tagen den Bruder Seifensieder ebenso gut wie den Bruder Grafen? Erbärmliches Gemisch der Stände!“ [1] Namentlich

[1] Eine vortreffliche drastische Schilderung des Gebahrens des Adels gegenüber dem Volke gibt Claude Tillier in „Mon oncle Benjamin.“

war der Hofadel durch seinen brutal zur Schau getragenen Hochmut verhaßt. „Der Hof“, sagt schon 1739 der spätere Minister d'Argenson, „in diesem Wort steckt das ganze Übel. Der Hof ist das Grab der Nation.“ [1] Um nun nicht mit andern zusammen sein zu müssen, gründete der Hofadel 1745 eine Loge, genannt Loge de la Chambre du Roi. Ärger hätte man dem Grundprinzip der Freimaurerei nicht ins Gesicht schlagen können. Der Zwiespalt zwischen Adel und Bürgerlichen entbrannte auch in der Großloge und jeder Stand suchte den andern hinauszustoßen. Da dies nicht gelang, begann man alle die Vorzüge, die der Adel im Leben besaß, in die Loge zu verpflanzen. Die Ritter vom Osten haben wir kennen gelernt, deren Vorsteher Souverain hieß. Dann schuf man 1758 einen Grad der Kaiser von Osten und Westen (Empereurs d'Orient et d'Occident), in dem alle Mitglieder Souveraine waren. Die Ordensbänder wurden immer breiter, der ganze Pomp großartiger. So bildeten sich Grade aus, in denen entweder nur Adlige aufgenommen wurden oder in denen allen Brüdern die Vorrechte des Adels zuerteilt wurden. Die für diese Grade ausgearbeiteten Legenden knüpften entweder an die Hiramslegende oder an die Geschichte vom Tempelbau oder auch an die Behauptung Ramsays vom Ursprung der Freimaurerei vom Orden des h. Johannes an. Von den Templern ist nirgends die Rede. Die Geschichte von dem Fortleben des Tempelherrenordens und die lächerliche Nachäfferei des Rittertums ist dem deutschen Erfindungsgeiste zuzuschreiben. Wahrlich, die Franzosen haben sich an dem Geist der Freimaurerei arg versündigt, noch ärger die Deutschen, die allzu gelehrigen Nachahmer fremden Wesens. Es hat jetzt ein geringes Interesse diesen Thorheiten nachzuspüren, genug, die Anziehungskraft der Logen war überaus groß, und ihr Hauptreiz bestand in der von den Franzosen so heiß erstrebten Gleichheit. Noch im Jahre 1793 sagte der Großmeister, Herzog von Orleans unseligen Angedenkens: „Ich hatte mich der Freimaurerei an-

[1] S. Taine, L'Ancien Régime.

geschlossen, die eine Art von einem Bilde der Gleichheit bietet, gerade wie ich mich den Parlamenten angeschlossen hatte, die eine Art von einem Bilde der Freiheit boten." [1]

Es ist überaus schwer zu sagen, wie groß der Einfluß der Freimaurerei auf die Französische Gesellschaft gewesen ist; kaum so schwerwiegend wie in England oder in Deutschland. Während hier die bedeutendsten Geister sich in die Logen drängten, blieben sie in Frankreich der Freimaurerei fern, wie Montesquieu, Jean-Jacques Rousseau, Beaumarchais, Diderot u. A. oder sie verhielten sich ihr gegenüber gleichgiltig, so daß man an ihren geistigen Erzeugnissen keinerlei Einwirkung der Freimaurerei bemerken kann. Freilich Voltaire war 83 Jahre alt, als er sich am 7. Februar 1778 in die Loge des Neuf Soeurs zum großen Jubel der Brüder aufnehmen ließ und Mirabeaus Aufnahme fiel in die Blüte seiner Liederlichkeit. Es läßt sich aber nicht leugnen, daß die Freimaurerei auf unendlich viele begabte Männer veredelnd und erhebend einwirkte. Nimmermehr darf man von einer Gesellschaft gering denken, in der Männer wie B. Franklin und Washington Erquickung und Erhebung fanden.[2] Aber wie sich diese Institution in Frankreich entwickelte, konnte sie nur Schaden stiften. Am harmlosesten waren noch die, welche sich in den Logen zu vergnügen oder Befriedigung ihrer Eitelkeit suchten; viel gefährlicher aber die, welche in die Abgründe der Mystik gelockt wurden oder sich gar der Magie hingaben und Betrügern wie Cagliostro zum Opfern fielen. Und welchen öden geistlosen Eindruck macht dieses ganze Treiben, diese Phrasendrescherei oder Charlatanerie, das ist die Signatur der Freimaurerei in Frankreich im 18. Jahrhundert. Die meisten dieser Freimaurer sind gewiß recht brave Leute gewesen, aber schlechte Musikanten. Die Verfolgungen der Päpste und Staatsgewalten gaben ihnen ein Relief, das ihnen nicht zukam. Ein Blick in die Acta Latomorum von Thory belehrt uns, weß Geisteskinder

[1] G. Kloß, Geschichte der Freimaurerei in Frankreich I, p. 313.

[2] S. die schönen Worte bei Kloß l. c. p. 344.

diese Freimaurer waren, endlose Streitigkeiten der untereinander rivalisierenden Großlogen und Hochgradsysteme, Nichtigkeiten, das sind die Leistungen dieser Männer.[1]

Man hat gegen den Freimaurerbund den schweren Vorwurf geschleudert, daß er die Revolution vorbereitet und herbeigeführt habe.[2] Keine Beschuldigung ist unbegründeter als gerade diese. Wohl atmen einige der freimaurerischen Schriften vor der Revolution sehr freimütige Gesinnungen, jedoch darf man nicht vergessen, daß der Freimaurerbund im vorigen Jahrhundert eine sehr aristokratische Gesellschaft war. In England war darin der gesamte Adel, vom Prinzen von Wales bis auf die Gentry vertreten; in Frankreich bildete der Adel in den meisten Logen die Mehrheit und in Deutschland rekrutierten sich die Logen vornehmlich aus den Kreisen des Adels, des Offiziers- und höheren Beamtenstandes. Gewiß es gab auch in den Logen solche, die mit Leidenschaft dem Altar und dem Thron den Krieg erklärten, der junge Napoleon Bonaparte gehörte zu diesen,[3] aber die große Mehrzahl verhielt sich völlig passiv und ließ alles über sich ergehen. Beim Ausbruch der Revolution lösten sich in Frankreich alle Logen auf, denn im Reiche der Gleichheit war ein solcher Bund nicht mehr möglich. Erst nach Beendigung der Schreckenszeit 1799 lebten sie wieder auf. Sie erfreuten sich dann des Schutzes Napoleons, der sie für seine politischen Zwecke mißbrauchte, und seitdem konnten die Französischen Logen sich nicht mehr den Klauen der Staatsgewalt entreißen. Sie haben sich zuerst für die Menschenrechte begeistert, dann dem Sieger von Marengo gehuldigt. Nach seinem Sturze fielen sie den Bourbonen zu, um dann nochmals Napoleon zuzujubeln; sie haben Louis Philipp Weihrauch gestreut, nicht minder aber

---

[1] Der ätzende Spott, den William Vogt, La grande Duperie du Siècle, Paris 1904 p. 185 ff. gegen die Freimaurerei in Frankreich ausspritzt, hat seine Berechtigung.

[2] S. die Nummern 262, 304, 645 etc. in H. Boos, Neue Beiträge zur Bibliographie der Freimaurerei. Basel 1892

[3] A. Chuquet, La jeunesse de Napoleon II, 31 f.

auch Napoleon III. und 1870 wurden sie wieder republikanisch. Was die Freimaurerei eigentlich bezweckte, wußten die wenigsten, sie fühlten sich im Schoße dieser mächtigen Verbindung wohl geborgen und machten keine höhere Ansprüche als hie und da gut zu essen und schöne Reden zu halten oder zu hören. Die, welche politischen Umtrieben sich hingaben, gehörten der Minderheit an. Für solche Zwecke wurde zumal in Belgien, Italien und Spanien die Freimaurerei mißbraucht.[1] Seit 1870 verfiel die Freimaurerei in den romanischen Ländern, Belgien mit eingeschlossen, einer ruchlosen Freigeisterei und wilden Radikalismus. Am 10. September 1877 beseitigte die Generalversammlung des Großorients von Frankreich aus der Verfassung den Glauben an Gott und die Unsterblichkeit der Menschenseele, weshalb die englische Großloge die Verbindung mit der französischen Großloge abbrach, weil eine solche Änderung den Überlieferungen, der Übung und den Gefühlen aller treuen und echten Maurer widerstrebe und gegen die alten Landmarken des Ordens verstoße, von denen der Glaube an Gott die erste und wichtigste ist. Seitdem tummeln sich diese sogenannten Freimaurer munter auf allen Freidenkerkongressen (zuletzt im September 1904 in Rom) und werden nicht müde, dem lieben Gott, dem Papste und der Kirche sowie den gekrönten Häuptern den Krieg zu erklären. Fast sämtliche Männer des öffentlichen Lebens, wie ein Gambetta, ein J. Ferry etc. waren und sind Mitglieder des Bundes, aber die meisten von ihnen haben sich mehr aus politischen Motiven denn aus Herzensdrang zum Eintritt bewegen lassen. In der Tat kann einen Mann von Geist das französische Logenwesen in seiner jetzigen Form wenig fesseln, da man sich hier mehr als in andern Ländern der Reform verschlossen hat.[2]

---

[1] Deschamps, Les sociétés secrètes et la Revolution. 3. Auflage 1880, 2 Bände (ultramontan). Claudis Jeannet 3. Band dazu unter dem Titel: Notes et documents 1885, ein leidenschaftlicher Gegner der geheimen Gesellschaften.

[2] Das Buch Les frères Trois-Points von Leo Taxil ist zwar durch und durch verlogen, immerhin lassen sich gewisse Mißbräuche nicht verkennen.

Das Hochgradwesen lebt hier noch ungebrochen und noch immer ist die Zahl der Systeme groß. Gegenwärtig bestehen in Frankreich folgende maßgebende Logensysteme: 1) Grand Orient de France; 2) Suprême Conseil Grande Loge de France (seit 1896); 3) Grande Loge Symbolique Ecossaise; 4) Ordre Oriental de Misraïm. Folgende Riten sind vom Grand Orient anerkannt: 1) Rite français oder Rite moderne; er besteht aus den drei symbolischen Graden und vier Hochgraden: Êlu, Ecossais, Chevalier d'Orient und Chevalier de Rose-Croix. 2) Rite d'Hérédom (H. R. D. M.) mit 33 Graden; Templerei und von Amerika nach Frankreich verpflanzt. 3) Rite écossais, den das Suprême conseil pflegt, besteht aus 33 Graden. 4) Rite Kilwinning. 5) Rite philosophique, dem Schottischen Ritus nahe verwandt. 6) Rite du régime rectifié, eine Französische Umarbeitung des Hund'schen Systems (s. das folgende Kapitel).

Was der Freimaurerei in Frankreich von Anfang an geschadet hat, ist das Überwiegen des Formenwesens, das Streben nach einer Äußerlickkeit, nach einer Hülle, der die Innerlichkeit, der Kern der Sache, nicht selten geopfert wird. Dann bildeten sich in Frankreich fortwährend neue Systeme mit einer Mannigfaltigkeit der Grade, die auf ernster denkende Männer nur abstoßend wirken können. Der Gedanke wird dem Symbol untergeordnet. Auch in der Organisation bemerkt man ein ungesundes Streben nach Zentralisation. Die Geschichte der Freimaurerei in Frankreich ist ein Abbild der Geschichte des Landes seit der Mitte des 18. Jahrhunderts. Zuerst eine krasse Mißregierung der adligen Großmeister, die der Willkür den größten Spielraum gewährte, dann Revolution und Anarchie, zuletzt Diktatur. So wenig eine Republik ohne Republikaner lebensfähig ist, so kann auch der Freimaurerbund kein wahres Leben entfalten, wenn nicht seine Mitglieder treue und echte Maurer sind, d. h. Männer von Ehre und Rechtschaffenheit.[1]

---

[1] Das neueste Buch über die Französische Freimaurerei heißt: *** Le Secret de la Franc-Maçonnerie. Paris 1905

ACHTES KAPITEL.

# Die Entartung der Freimaurerei im 18. Jahrhundert.

In Deutschland, wo die religiösen Leidenschaften zuerst und am heftigsten aufgelodert sind, erwachte auch zuerst der Gedanke der Toleranz. Dreihundert Jahre vor Luther hat ein Deutscher Kaiser der Kirche das kühne Wort ins Gesicht geschleudert: Moses, Christus und Mohamed seien alle drei Betrüger. Derselbe hat dann aber auch, um die Gunst des Papstes zu erlangen, in Deutschland die ersten Ketzer verbrennen lassen. In edlerer und humanerer Weise traten im 16. und 17. Jahrhundert Männer auf wie Sebastian Franck, S. Castellio, J. V. Andreae, A. Comenius, die rückhaltlos die Glaubensfreiheit verfochten. Allein der dreißigjährige Krieg ließ solchen edlen Regungen keinen Raum in Deutschland. Der westfälische Friede beschloß sodann die Periode der Glaubenskriege, nur hie und da glühte es noch unter der Asche. Das deutsche Volk war darniedergeworfen, seiner besten Lebenskräfte beraubt; hunderte von Dörfern waren vom Erdboden vertilgt worden, viele tausend Menschen elend zu Grunde gegangen; der Rest lebte in Armut dahin, kein Volk mehr, sondern ein Konglomerat von armseligen Staaten und Stäätchen, die auf jeden Wink des Auslandes horchten. Die alte urwüchsige nationale Kultur war vollständig vernichtet, so daß zwischen der Gegenwart und der Vergangenheit eine tiefe, unüberbrückbare Kluft bestand. Der Deutsche besaß kein Verständnis mehr für die Kunst und Poesie seiner Vorväter. Langsam und mühselig mußten nach beendigtem Kriege die Grundlagen einer neuen Existenz und Kultur wieder gewonnen werden, und das konnte nur auf dem Boden der Territorien geschehen. Die Reichsverfassung war lediglich eine antiquierte Kuriosität, aber doch das einzige Band, das die Deutschen ein bischen zusammenhielt. Jetzt entfaltete sich ungehemmt das Sonderleben, das schon in der unglücklichen Zeit des Interregnums Raum gewonnen hatte. In kleinen engen Kreisen spielte sich fortan das Leben des Deutschen ab, unendlich beschränkt und armselig, ausgeschlossen von der Anteilnahme an der Politik und dem öffentlichen Leben, ohne Ideal, Hoffnung und Aussicht, daß seine Nation jemals wieder im Konzert der Völker eine Stimme mitzuspielen habe, ein Privatmensch, der sich demütig und ergeben der Willkür seiner Obrigkeit fügte. Auch die Religion erwärmte nicht mehr sein Gemüt, denn sie war in Formeln erstarrt und diente der Regierung als Zuchtmittel. Man war gleichgiltig gegen die Glaubensfrage geworden. Deutschland und die Schweiz waren die einzigen Länder in Europa, wo volle Parität herrschte. Das war die beste Frucht des großen Krieges, aus dem der Protestantismus zwar geschwächt, aber doch seine Position behauptend, hervorgegangen war. Gemäß der Zersplitterung der Territorien saßen die drei großen Glaubensparteien zerstreut über das ganze Land, oft nahe bei einander, ja in manchen Städten, wie Straßburg, Worms, Augsburg u. s. w. mußten sich Lutheraner und Katholiken bequemen, nebeneinander zu wohnen, oder wie in der Pfalz und im Kanton Glarus sogar gewöhnen, in ein und derselben Kirche Gott zu verehren und Frieden zu halten. Wohl schmähte noch hie und da ein lutherischer Pastor über die babylonische Hure in Rom, wohl gingen die Jesuiten auf die Seelenjagd aus, zuweilen auch erwachte im Volke wieder der alteingefleischte Fanatismus, aber die Gebildeten verhielten sich meist ganz indifferent. Die Furcht der Protestanten vor dem Papsttum war geschwunden und zu keiner Zeit das Ansehen der römischen Kurie tiefer gesunken als jetzt. Duldung wurde nun eine Haupttugend des gebildeten Mannes, und sogar Geistliche der verschiedensten Konfessionen konnten jetzt in Freundschaft miteinander verkehren. Der Deutsche war aber nicht allein in Glaubenssachen tolerant, sondern auch gegen die andern Nationen. Die Franzosen, welche den Deutschen so viel Herzeleid angetan hatten, waren ihnen, zumal in Süddeutschland, nicht verhaßt, vielmehr sahen sie zu den gebildeteren Nachbarn bewundernd auf und bemühten sich eifrig sie nachzuahmen. „Wie hätte ich," sagt Goethe zu Eckermann, „ich, dem nur Kultur und Barbarei Dinge von Bedeutung sind, eine Nation hassen können, die zu den kultiviertesten der Erde gehört und der ich einen so großen Teil meiner eigenen Bildung verdanke." Alles was fremd war, verehrte der Deutsche von damals. Was bot ihm denn sein eigenes Land Gutes oder Erhebendes? Auch der Kriegsruhm wurde durch feile oder erpreßte Söldner errungen, und der Staat war ihm eine gleichgiltige oder feindselige Macht. „Ich kann Sie versichern," sagt Werner in Wilhelm Meisters Lehrjahren, „daß ich in meinem Leben nie an den Staat gedacht habe; seine Abgaben, Zölle und Geleit habe ich nur so bezahlt, weil es einmal hergebracht ist." Die staatliche Gewalt fühlte der Mensch des vorigen Jahrhunderts immer nur als Druck, er war ein Untertan und eine Seele, wie er in den statistischen Tabellen genannt wurde, zum Schweigen, Gehorchen und Dulden verurteilt, und ob ein Landesherr ein guter oder schlechter Regent war, er empfand die Wirkung nicht anders als die einer Naturgewalt, vor der man sich demütig beugen mußte. Tausende verließen ihre Heimat ohne Trauer, fochten in fremden Diensten die Schlachten des Jahrhunderts oder suchten sonst im Auslande einen besseren Erwerb. Überall war es besser als in seinem Vaterlande. Verlor sich einmal ein Deutscher auf politisches Gebiet, so geschah es im weltbürgerlichen Sinne. Die Teutomanie Klopstocks und seiner Verehrer fand man lächerlich und die Heldentaten eines Friedrichs des Großen wurden zwar begeistert gepriesen, aber selbst ein Lessing sah in dem Staate Friedrichs lediglich eine glorreiche Sklaverei und er spricht dem Benjamin Franklin das schiefe Wort nach: „Was

Blut kostet, ist gewiß kein Blut wert." In Übereinstimmung mit Lessing träumte der einsame Denker in Königsberg von einem europäischen Staatenbunde mit einer einheitlichen Verfassung, wodurch der ewige Frieden garantiert würde. Dieser kosmopolitische Zug durchdringt die gesamte deutsche Literatur des vorigen Jahrhunderts.

Toleranz und Kosmopolitismus sind aber die Grundbedingungen des Freimaurerbundes; folglich war der Boden Deutschlands für seine Verpflanzung und Ausbreitung wohl geeignet. Dazu kamen dann noch andere Faktoren, die bewirkten, daß die Freimaurerei in Deutschland zu weit größerer Bedeutung gelangte, als selbst im Mutterlande, in England. Dort galt sie als Zufluchtsort für tätige Männer, die sich zeitweise aus dem stürmischen Tagestreiben in die stille Loge zurückziehen wollten, gleichsam in einen sichern Port, um hier sich als Mensch zu fühlen und Werke der Barmherzigkeit auszuüben. In Frankreich trieb vorzüglich die Neugierde und die Sehnsucht, der Glückseligkeit der Gleichheit teilhaftig zu werden, Adlige und Bürgerliche in die Loge. Weder in Deutschland noch in Frankreich existierte ein öffentliches Leben, und jede Vereinstätigkeit war bei dem Druck polizeilicher Willkür sehr erschwert. Frankreich besaß wenigstens seine Salons, in Deutschland gab es in den größeren Städten gelehrte Gesellschaften, die Nachfolgerinnen der Sozietäten oder Akademien des 17. Jahrhunderts, welche sich wie diese mit literarischen Fragen aber auch mit solchen aus dem Gebiete der Moral und Religion beschäftigten und sich althergebrachter Symbole bedienten, die wir bei den Freimaurern wiederfinden. So berichtet Vasari[1] von einer Gesellschaft in Rom, Compagnia della Cazzuola, aus dem Anfange des 16. Jahrhunderts, der Künstler, Musiker, Ärzte, Kaufleute etc. angehörten, die als Gesellschaftszeichen eine Maurerkelle besaß und deren Mitglieder bei ihren Festen Schürzen, Hämmer, Kellen und andere Werk-

---

[1] Vite de piu eccellenti pittori VI. Firenze 1881. Vgl. L. Keller, Zur Geschichte der Bauhütten und der Hüttengeheimnisse. Berlin 1898, p. 15 ff.

zeuge des Maurerhandwerkes trugen; so auch andere Gesellschaften in den Niederlanden und Deutschland. In Druckschriften des 17. Jahrhunderts rosenkreuzerischen Inhalts kommen ebenfalls maurerische Symbole vor, der Zirkel, der kubische Stein, das Richtscheit, der rechtsschreitende Mason, die Sphäre, das längliche Viereck. Ebenso besaßen die fruchtbringenden Gesellschaften, der „Schwan," der „Palmbaum"[1] u. s. w. solche Sinnbilder. Ganz besonders interessant ist das Titelbild der Ausgabe von Comenius Pansophia Prodromus, die 1644 in Leiden erschien: in der Mitte eine Frauengestalt mit Krone und Mantel, der mit Bildern der Sonne, des Mondes und der Sterne bestickt ist; um ihren Hals trägt sie eine Kette; zu ihren Füßen sieht man Winkelmaß, Zirkel, Richtscheit, Risse und Zeichnungen der Baukunst; sie lehnt sich an einen mit einem Teppich bedeckten Tisch, auf dem ein aufgeschlagenes Buch liegt. Und nicht minder interessant ist der Titel (Kupferstich) der von der „Gesellschaft der Maler" in Zürich 1722 herausgegebenen Wochenschrift: „Discourse der Maler"[3]: im Hintergrund eine Kirche (Predigerkirche), vorn sieht man einen Herrn sich vor einer Dame verneigen, links ein Kind, das dem Herrn ein Papier überreichen will und ihn am Mantel zupft, hinter dem Herrn eine Frauengestalt, deren Gesicht mit einer Maske verhüllt ist, hinter der Dame einen rechtsschreitenden Mann mit einem Schurzfell bekleidet, in dem ein Hammer steckt, auf seiner rechten Schulter trägt er ein Richtscheit. Als Umrahmung des Bildes dienen die Gestalten zweier Faunen, deren Hände (je die linke und rechte) verschlungen sind; der Zeigefinger der rechten Hand des rechtsstehenden Fauns liegt auf der Kopfbedeckung des Steinmetzen. Davon, daß Bodmer und Breitinger,

[1] Begemann in den Monatsheften der Comenius-Gesellschaft 1896, p. 210 ff.

[2] L. Keller, Comenius und die Akademien der Naturphilosophen des 17. Jahrhunderts. Berlin 1895 p. 45 ff.

[3] Ein gutes Facsimile in: J. J. Bodmer. Denkschrift zum cc. Geburtstag. Zürich (1900) p. 10.

die Herausgeber der genannten Wochenschrift, Freimaurer gewesen sind, wissen wir nichts, eine regelrechte Loge konstituierte sich in Zürich erst 1740,[1] merkwürdig ist es aber doch, daß 1737 Professor J. G. Altmann in Bern, Vorstand der „neuen Gesellschaft" daselbst, in einem Briefe an Bodmer schreibt:[2] „Schließlich bitte an Junker Wyß und Herrn Orell wie auch die ganze ehrende Societät der Herren Freimaurern meine gehorsame Komplimente abzulegen." 1745 schrieb die „Verjüngte"[3] deutsche Gesellschaft in Bern an die „Wachsende deutsche Gesellschaft" in Zürich: „Man hat hier drei gedruckte Reden aus dem Lager der Freimaurer, davon die von Halle als ein Meisterstück der Beredsamkeit unsere Gesellschaft fast entzückt." Demgemäß muß ein Zusammenhang zwischen diesen literarischen und den Freimaurergesellschaften bestanden haben, aber diese ersteren waren sehr wenig zahlreich und stießen durch ihren gelehrten Pedantismus Leute von Geist eher ab. Ganz anders die Freimaurer-Societäten. Diese boten sich als Stätten der Geselligkeit dar, wo die Gebildeten die sie beschäftigenden Fragen, in erster Linie Erziehung und Bildung, besprechen konnten, wo man eine edlere Geselligkeit und Unterhaltung fand und wo den Tugenden Kränze geflochten wurden. Doch schwerlich hätte die Freimaurerei in Deutschland eine so große Bedeutung und Verbreitung erlangt, wenn sie nicht im Ruf gestanden hätte, sie wäre im Besitze besonderer Geheimnisse. Das Geheimnis war das unwiderstehliche Lockmittel, das Gekrönte und Ungekrönte anzog. Denn die Mystik, obgleich sie wissenschaftlich durch Jakob Böhme ihren Abschluß gefunden hatte, übte auf das deutsche Gemüt noch den alten Zauber aus, wie in früheren Zeiten. Das offizielle Kirchentum konnte die religiös gesinnten

---

[1] H. Boos, Handbuch der Freimaurerei. Aarau 1894 p. 333.

[2] L. Keller, Die Deutschen Gesellschaften des 18. Jahrhunderts und die moralischen Wochenschriften. Berlin 1900 p. 15 ff.

[3] L. Keller l. c. druckt „Vergnügte d. G.", aber siehe J. Bächtold, Geschichte der deutschen Litteratur in der Schweiz. Frauenfeld 1887 p. 575 ff.

Seelen wenig befriedigen, und ebensowenig die auf den Universitäten gepflegten Wissenschaften die nach höherer Wahrheit und Weisheit Lüsternen. Trotz aller Aufklärung herrschte in Deutschland eine mystisch gefärbte trübe Stimmung. Der durch die Popularphilosophie verbreitete Deismus schlug leicht in den Materialismus um, wie der Unglaube in Aberglaube und Wahnwitz. Jeder Aufgeklärte schwor darauf, daß Christus ein weiser Mann gewesen war und daß die Wunder des alten und neuen Testaments lediglich auf Pfaffentrug beruhten. Aber dieselben hellsichtigen Leute wurden mit leichter Mühe eine Beute jedes beliebigen Schwindlers. Denn die Bildung, zumal des Adels, war überaus oberflächlich, meistens auf den Schein berechnet und der wissenschaftliche und literarische Betrieb ein dilettantischer.[1] Auch jetzt noch, gerade wie im 16. Jahrhundert, wurden die wirklich großen Entdeckungen auf dem Gebiete der Naturwissenschaften nicht in dem Maße gewürdigt und verstanden, wie sie es verdient hätten, indem die überreizte Phantasie nach viel höheren, wunderbaren Geheimnissen lechzte. Astrologen und Adepten gab es immer noch sehr viele und sogar Ärzte glaubten an magische Kräfte und blickten bewundernd zu Swedenborg und Mesmer auf. Tausende sonst sehr gebildete Menschen glaubten an den Stein der Weisen und das Lebenselixir und waren begierig darauf versessen, unedle Metalle in Gold zu verwandeln. Denn die Genußsucht war in allen Ständen weit verbreitet, und die Fürsten zumal liebten es, einen Luxus zu entfalten, dem ihre Mittel nicht gewachsen waren. Wohl hielt man sich für allmächtig, allein Gold ließ sich nicht aus dem Boden stampfen und die Aussaugung der Untertanen hatte ihre Grenzen. Daher konnten nur wenige dieser Fürsten dem

[1] Einen trefflichen Beleg hiefür bieten das Leben und die Schriften des Freiherrn von Knigge. S. dessen Biographie von K. Gödeke. Hannover 1844. Auch Herders Schriftstellerei kann nicht immer vom Vorwurf des Dilettantismus freigesprochen werden, indem ich namentlich auf manche in der Adrastea erschienenen historischen und politischen Aufsätze verweise.

Reize widerstehen, sich mit Goldmachern einzulassen; diese wiederum suchten Freundschaft mit den Freimaurern, weil die Freimaurerei bei Groß und Klein im Geruche stand, besondere Geheimnisse zu besitzen,[1] obgleich jedermann sich über die Grundsätze der Freimaurerei, ihr Wesen und ihren Zweck genau unterrichten konnte, da ja das Englische Konstitutionenbuch deutsch und französisch in Frankfurt herausgegeben worden war und eine Flut französischer Schriften den Deutschen Büchermarkt überschwemmte. Aber unreine Begierde und eine zügellose Phantasie umnebelten die Sinne und verdunkelten die lautere klare Wahrheit.

Auf zwei Wegen fand die Freimaurerei Eingang in Deutschland, aus England und Frankreich. Zwischen England und Hamburg bestand ein alter intensiver Handelsverkehr, und dem Englischen Einfluß wurden in Niederdeutschland vollends alle Tore geöffnet, seitdem der Kurfürst von Hannover zugleich König von England war. Viele Deutsche lebten in England und lernten dort die Freimaurerei kennen, und umgekehrt wohnten viele Engländer in Hamburg und brachten dorthin ihre Gebräuche mit. Der erste Deutsche Freimaurer ist Albrecht Wolfgang Graf von Schaumburg-Lippe gewesen, der sich 1721 oder in den folgenden Jahren als Mitglied der Loge zum „Römer und Trauben" in London hatte aufnehmen lassen.[2] Vielleicht ist es seiner Vermittlung zuzuschreiben,[3] daß Theophil Desaguliers (s. o. p. 143 f.) die Ehre hatte, die Aufnahme des spätern Kaisers von Deutschland, Franz Stephan, Herzog von Lothringen, im Juni 1731 im Haag zu vollziehen. Seiner Gemahlin gegenüber, der Kaiserin Maria Theresia vertrat er eifrig die Interessen des Freimaurerbundes. Aber noch ein größeres Verdienst hat sich der Graf von Lippe dadurch erworben, daß er Friedrich den Großen veranlaßte, dem Bunde beizutreten. Am 17. und 18. Juli 1738 hielt sich König

---

[1] H. Kopp, Die Alchemie in älterer und neuerer Zeit. Heidelberg 1886 II. p. 10 ff.

[2] L. Keller, Graf Albrecht Wolfgang von Schaumburg-Lippe und die Anfänge des Maurerbundes in England, Holland und Deutschland. Berlin 1901.

[3] Keller l. c. p. 28.

Friedrich Wilhelm I. von Preußen, der mit seinen Söhnen eine Reise nach den Niederlanden unternahm, in Minden auf, wo ihm der Graf von Lippe seine Aufwartung machte. Bei Tafel kam das Gespräch auch auf die Freimaurerei, über die sich der König abfällig äußerte, wogegen der Graf sie warm verteidigte und sich freimütig als Maurer bekannte. Der Kronprinz, im Innern durch diesen Vorgang tief berührt, erklärte dem Grafen seinen Wunsch, Mitglied einer Gesellschaft zu werden, der so ausgezeichnete Männer angehörten. Da der Graf seit seiner Abreise aus England keine direkten Beziehungen zu Logen hatte, wandte er sich an Friedrich Christian von Albedyll in Hannover, der den Wunsch des Grafen der Hamburger Loge (seit 1741 Absalom genannt) übermittelte. Diese beschloß am 29. Juli eine Abordnung nach Braunschweig, wo die Aufnahme des Kronprinzen stattfinden sollte, zu schicken. Am 11. August erschienen die Hamburger Abgeordneten in Braunschweig und zu gleicher Zeit der Graf Albrecht Wolfgang von Lippe, Graf Georg Ludwig von Kielmannsegge und Albedyll. In der Nacht vom 14. auf den 15. August wurde der Kronprinz in üblicher Weise und nach ihm sein Begleiter Reichsgraf von Wartensleben aufgenommen.[1] Er war von dieser Aufnahme so sehr begeistert, daß er auf dem Schlosse Rheinsberg maurerische Sitzungen veranstaltete und 1740 nach seiner Thronbesteigung sich öffentlich als Freimaurer bekannte. Am 20. Juni 1740 hielt er eine feierliche Loge in Charlottenburg und übernahm 1744 die Stelle eines Großmeisters der Loge Aux trois Globes in Berlin. Aber freilich die wachsende Last der Geschäfte und die schweren Sorgen des Krieges ließen ihm keine Zeit mehr, sich viel um die Freimaurerei zu bekümmern, und aus spöttischen Äußerungen des großen Königs über die Freimaurerei („La maçonnerie est un grand rien," soll er angeblich gesagt haben) hat man geschlossen, daß er sich der Freimaurerei entfremdet habe, aber

[1] O. Etzel, Beschreibung der Säkularfeier der Aufnahme Friedrichs des Großen. Berlin 1738.

wir besitzen eine Anzahl schriftlicher Äußerungen, woraus seine unwandelbare wohlwollende Gesinnung gegenüber dem Bund deutlich erhellt. Es ist ja selbstverständlich, daß der alternde König den Idealen seiner Jugend fremd werden mußte, aber dessenungeachtet ist sein Eintritt in den Bund von epochemachender Bedeutung für diesen geworden, denn seinem Beispiel folgten viele andere Fürsten und vornehme Leute.

Bei den mannigfaltigen Beziehungen Hamburgs zu England ist es begreiflich, daß in genannter Stadt die erste Deutsche Loge gestiftet wurde. Im Protokoll der Londoner Großloge vom Jahre 1730 wird ein De Thoms als Provinzialgroßmeister des Kreises Niedersachsen erwähnt, von dessen Tätigkeit indessen nichts bekannt ist. Eine Hamburger Loge ist unter der Nummer 124 im Logenverzeichnis der Londoner Großloge eingetragen.[1] Die erste Loge, die in Hamburg eine wirkliche Tätigkeit entfaltete, ist laut dem erhaltenen Protokoll[2] am 6. Dezember 1737 durch den sehr ehrwürdigen zugeordneten Großmeister von Preußen und Brandenburg Karl Sarry und die Brüder Georg Ludwig von Obrig, Peter Karpse, Peter Stüven und Johann Daniel Krafft gegründet worden unter dem Namen „La très vénèrable Société des acceptés Maçons libres de la ville de Hambourg". Wie in England wurden der erste und zweite Grad nacheinander erteilt, während der dritte (Meistergrad) in einer besonderen Meisterloge gegeben wurde; auch wurden bis 1763 die Suchenden mit unverbundenen Augen aufgenommen. Den Teppich zeichnete man in jeder Sitzung mit Kreide oder Kohle auf Wachsleinwand. Seit 1741 nannte sich diese Loge „Absalom" und wurde im selben Jahr durch M. A. Lüttmann, der in London die Vollmacht als Provinzialgroßmeister von Hamburg und Niedersachsen erhalten hatte, in eine Provinzialgroßloge umgewandelt. Von Hamburg aus verbreitete sich die Freimaurerei nach Hannover und Braunschweig, andere Logen erhielten von der Großloge in London Freibriefe, wie die 1742 gestiftete Loge „Zur Einigkeit" in Frankfurt a. M.

---

[1] Hughans, Facsimile of engraved List of Lodges a. d. 1734 p. 25.

[2] Hamburgische Zirkel-Korrespondenz 1896/97. p. 50.

Auch in Genf verbreitete sich die Englische Freimaurerei schon früh seit 1736,[1] und von da aus im Waadtlande. Während die Schweiz politisch wie geistig im 17. und 18. Jahrhundert ganz unter Französischem Einfluß stand, erhob sich gegen diese zunehmende Verwelschung in Zürich und Basel, aber auch in Bern, starke Opposition, die aus dem Studium der Englischen Literatur Nahrung saugte. An den Englischen Dichtern bildete der große Albrecht von Haller seinen Geist, und die Englischen Wochenschriften fanden in der Schweiz zahlreiche Nachahmungen, wie die schon erwähnten „Discourse der Maler." Durch dieses Studium der Englischen Moralphilosophie und der Englischen Dichtung wurde der vaterländische Sinn mächtig geweckt und ein neuer Geist zog in die Städte des Schweizerlandes ein. „Glaube, Tugend, Gott, Unsterblichkeit, Freiheit, Vaterland geben die ernsten Grundtöne einer neuen Poesie in einer neuen, bisher nicht gehörten, kraftvollen, gedankenreichen, gedrungenen Dichtersprache."[2] Diese Ideale waren auch die der Freimaurerei, kein Wunder, wenn man ihr sympathisch entgegenkam. Aber es stellten sich ihr in den vom engherzigen und mißtrauischen Geist geleiteten städtischen Republiken viel größere Schwierigkeiten entgegen, als in den meisten monarchischen Ländern. So erließ am 7. März 1738 der Senat der freien Hansastadt Hamburg ein Dekret, daß „Ein Hochweiser Rat die Gesellschaft der Freymaurer hier gänzlich supprimiert wissen wolle."[3] Doch gelang es dem Senator Scheel, dieses Verbot wieder zu beseitigen. In der Schweiz hingegen mußten die Freimaurer um ihre Existenz schwer kämpfen, ein Kampf, der allgemeineres Interesse hat.

Der aufgeklärte Despotismus hatte wenigstens den guten Willen, das Wohl des Volkes zu fördern und zu diesem Zweck sah er in der Freimaurerei ein treffliches Hilfsmittel. Dagegen pochten die Schweizerischen Aristokratieen auf ihre von Gott

[1] H. Boos, Handbuch p. 311 ff.

[2] J. Bächtold, Geschichte der Deutschen Litteratur in der Schweiz. Frauenfeld 1892 p. 480.

[3] C. Bröcker, Die Freimaurer-Logen Deutschlands. Berlin 1894 p. 411.

ihnen verliehenen Herrschaftsrechte und taten nicht nur nichts für die öffentliche Wohlfahrt, sondern hemmten mit Bewußtsein alle darauf hinzielenden Bestrebungen. Wohl rühmte man sich gerne der durch den Heldenmut der Väter erkämpften Freiheiten, aber man hielt Bürger und Untertanen in sklavischer Unterwürfigkeit. Mit berechtigtem Hohne deckt der junge Goethe die gähnende Kluft zwischen Einst und Jetzt auf: „Frei wären die Schweizer und frei diese wohlhabenden Bürger in den verschlossenen Städten? Frei diese armen Teufel auf ihren Klippen und Felsen? Was man dem Menschen nicht alles weismachen kann! Besonders wenn man so ein altes Märchen in Spiritus aufbewahrt! Sie machten sich einmal von einem Tyrannen los und konnten sich in einem Augenblick frei denken; nun erschuf ihnen die liebe Sonne aus dem Aas des Unterdrückers einen Schwarm von kleinen Tyrannen durch eine sonderbare Wiedergeburt; nun erzählen sie das alte Märchen immerfort, man hört bis zum Überdruß, sie hätten sich einmal frei gemacht und wären frei geblieben: und nun sitzen sie hinter ihren Mauern, eingefangen von ihren Gewohnheiten und Gesetzen, ihren Frau-basereien und Philistereien, und da draußen auf den Felsen ist's auch wohl der Mühe wert, von Freiheit zu reden, wenn man das halbe Jahr vom Schnee wie ein Murmeltier gefangen gehalten wird.“ [1]

In der Tat kann von Freiheit da kaum geredet werden, wo die Regierungen jede Regung freier Gesinnungen mit blutiger Hand darniederschlugen. Sogar die harmlosen Reden der helvetischen Gesellschaft, der doch vorzugsweise die aristokratischen Kreise angehörten, wurden verdächtigt. Wie hätte unter solchen ungünstigen Umständen die Freimaurerei sich frei entwickeln können?

Am 20. Februar 1739 gründeten Engländer in Lausanne eine Loge La parfaite Union des Etrangers, und darauf entstanden

[1] Briefe aus der Schweiz. Anhang zu Werthers Leiden. Ausgabe letzter Hand, XVI, 197 f.

weitere Logen im Waadtlande, die sich in einen Verband zusammentaten unter dem Namen: Directoire national Helvétique Roman. Sobald die Bernische Regierung von dieser Sache Kunde erhielt, tat sie Schritte, um die Freimaurerei zu unterdrücken. Zwar berichtete der Berner Amtmann in Lausanne Ryhiner 1744 nur Günstiges über die Freimaurer-Gesellschaft und er meint: „Es wäre ja gewiß gut, wenn man von der Freimaurerei nichts wüßte, aber sie sei einmal in ganz Europa zur Mode geworden, und so sei es nicht zu verwundern, wenn sie auch in dieser Stadt (Lausanne) entstanden wäre, wo so viele müßigen Leute sind, die keine Occupationes haben."[1] Allein der Kleine Rat verlangte, daß seinem Befehle nachgelebt würde; Ryhiner erreichte es mit Güte, daß sich die Gesellschaft im Mai 1745 auflöste, wozu er in seinem Bericht bemerkt: „Niemand ist darüber mehr erfreut, als der Frey-Mäurer Eheweiber, als welche dem Himmel danken, daß er diese ihnen unleidenlich gewesene Gesellschaft zerstört und ihre Männer aus ihren diessörtigem Enthousiasmus gezogen, weilen einerseits die Weiber ungeachtet ihrer Liebkosungen, List und Ränke, zu ihrem größten Verdruß zu Ergründung des pretendierenden Frey-Maurer Secrets niemals gelangen können, anderseits dann diese Societät ihren Männern zu vielen Distractionen, Absenzen, Besuchung der öffteren heimlichen Versammlungen, allerhand ohnerwartete fremde Visite und Zulaufs, auch nahmhafte Extra Depensa Anlaß gaben, dahingegen sie die Männer von diesem allem enthoben, frey und losgesprochen worden." Es sei die höchste Zeit gewesen, dem Übel zu steuern, „sonst die hiesige Geistlichkeit in kurzem mit Freimaurern wäre angefüllet worden wie in Engelland."

Das gewalttätige Vorgehen der Berner Regierung erregte in Europa großes Aufsehen. Die Brüder ließen zu ihrer Rechtfertigung eine in Frankfurt verlegte und dem Grafen Heinrich von Brühl gewidmete Schrift drucken unter dem Titel: „Le Franc-Maçons dans la République, ou Refléxions apologiques sur les

[1] Nach den Akten im Berner Staatsarchiv.

persécutions de F. M. par un Membre de l'Ordre, avec une lettre à Mad. de *** ou l'on invite plusieurs Auteurs celébres d'entrer dans le dit Ordre. Francfort et Leipzig 1746. 96 Seiten. Der Herausgeber ist höchst wahrscheinlich der um die Freimaurerei hochverdiente Phil. Friedrich Steinheil, kurf. Sächs. Legationssekretär in Frankfurt a. M., einer der Gründer der Loge L'Union (jetzt zur Einigkeit) in Frankfurt und ihr erster Meister. In England hatte er die Freimaurerei an der Quelle kennen gelernt und seine Erfahrungen eben in dem obengenannten Buche, sowie in der kleinen Schrift: „Die Quintessenz der echten Freimaurerei" niedergelegt, worin jene vortreffliche Instruktionsrede enthalten ist, die uns ein so treues Bild der damaligen Grundanschauungen über die Freimaurerei bietet.

Die in unsern Tagen so berühmte Freimaurerei, heißt es in besagter Schrift, ist eine Gesellschaft von Männern jedes Standes und aller Länder, die Liebhaber der Wahrheit genug sind, um sie überall zu suchen, mutig genug, um sie nie zu verraten, und glücklich genug, um sie durch ihre wahrhaftigen Brüder ausgeübt zu sehen. Sie ist eine Kunst, die, indem sie die Menschen durch das süße Band der Brüderlichkeit einigt, sie lehrt zu einem gemeinsamen Zweck zu arbeiten, um sie glücklich zu machen, indem sie das angenehme mit dem nützlichen vereinigt. Dessenungeachtet ist der berühmte Orden der Freimaurer von Zeit zu Zeit grausam verfolgt worden, und zwar in Holland, Frankreich, Rom etc., zuletzt in der Schweiz. Hier seien nach dem Beispiel von Frankreich die Freimaurer gütig, gemäß ihrem Verdienste, aufgenommen worden. Der Eifer, mit dem die Schweizerischen Einwohner die Ausbreitung dieser erlauchten Gesellschaft gefördert hätten, könnte andern Nationen zum Muster dienen. Nur ein grausames Vorurteil konnte die Berner Regierung veranlassen, ein so ungerechtes und schlecht motiviertes Mandat gegen die Freimaurer zu erlassen. Der Verfasser kritisiert nun das Mandat sehr scharf und meint, die Herren von Bern kennten wahrscheinlich die Freimaurerei nicht; er unternimmt es daher in den rosigsten Farben eine begeisterte

Schilderung der Freimaurerei und das wahre Portrait eines Freimaurers zu entwerfen. Eine der edelsten Tugenden der Freimaurer und zugleich die unschuldige Ursache so vieler Verfolgungen ist die Verschwiegenheit, deren moralischen Wert der Autor mit Beispielen aus dem klassischen Altertum belegt. Auch in Staatsgeschäften sei die Tugend der Verschwiegenheit unerläßlich. Die Freimaurer seien in einer großen Anzahl von Staaten wohl gelitten und viele hochangesehene Fürsten gehörten dem Orden an. Der Orden enthalte nichts, was der Religion oder den Pflichten des Bürgers gegen den Staat zuwiderlaufe. Die irrige Meinung der Menge, die sich unter einem Freimaurer ein schreckliches Ungeheuer vorstelle, sollte doch endlich verschwinden. Auch über die Mysterien und Geheimnisse herrschen viele Vorurteile. Wer sich dafür interessiere, könne ja sich beim Orden anmelden. Ein Mann von erprobter Redlichkeit wird nicht vergeblich anklopfen. Aber auf anderm Wege könne man keinen Aufschluß erhalten.

Als Antwort darauf erschien das Buch, betitelt: Lettre à l'auteur d'un ouvrage intitulé: Le F. M. dans la république, dans lequel on examine, si l'auteur est fondé à se plaindre de l'ordonnance de la République de Berne contre le dit Ordre. o. O. 1747. 142 Seiten. Alle die bekannten und bis auf den heutigen Tag wiederholten Gemeinplätze und Anklagen gegen die Freimaurerei kommen hier schon vor. Der Verfasser beruft sich zur Rechtfertigung des Vorgehens der Berner Regierung auf eine Ordonanz vom Jahre 1567, die 1703 bestätigt worden ist, welche alle Gesellschaften ohne jede Ausnahme verbiete. Denn solche Vereine widersprächen der fundamentalen Konstitution des Staates. Sodann werden die Argumente Steinheils Punkt für Punkt einer scharfen Kritik unterworfen. Die Wahrheit scheue das Licht nicht, und Redlichkeit in Absicht und Tat habe nicht nötig, sich hinter verschlossenen Türen und unter geheimnisvollen Bildern zu verkriechen. Namentlich in Republiken seien solche geheime Gesellschaften viel gefährlicher als in Monarchien, weil in diesen Staaten die Macht und Gewalt der Regierung fester, schneller und gegen jede Gefahr gerüsteter sei, als in jenen. Niemals können Freistaaten zugeben, daß ihre Bürger neben dem Eide, den sie dem Vaterlande geschworen, noch einen andern Eid leisten, der sie einer geheimen Gesellschaft unterwerfe. Auch lehre die Erfahrung, welchen Einfluß geheime Gesellschaften in Freistaaten bei Besetzungen der Staatsämter und durch ausschließliche Beförderung ihrer Mitglieder ausüben. Billig sei es, daß der Staat alle öffentlichen Verbindungen zu wohltätigen Zwecken nicht nur dulde, sondern ehre und schütze, aber ebenso billig sei es, daß jeder, der das Licht scheue, ans Licht gezogen oder aus dem Kreise des öffentlichen Gemeinwesens fortgewiesen werde.

Aber schon vorher hatte ein angesehener Gelehrter sich der Freimaurerei gegen ihre Verläumder warm angenommen, Johann Joachim Schwabe, der dem Gottsched'schen Kreise angehörte und Mitglied der Leipziger Deutschen Gesellschaft war.[1] Er publizierte 1738 anonym bei B. Christoph Breitkopf in Leipzig eine Wochenschrift „Der Freymäurer", die es freilich nur auf einen Jahrgang brachte, weil die Zahl der Freimaurer in Deutschland damals noch zu klein für ein solches Unternehmen war. Diese Zeitschrift war für ein weiteres Publikum bestimmt, aber durchaus vom freimaurerischen Geist durchtränkt[2] und von dem Bestreben beseelt, die Freimaurerei gegen ihre Widersacher zu verteidigen. Auf die Frage: „Was muß der Freimaurer für ein Mann sein?" antwortet Schwabe: „Er bemüht sich die Pflichten zu erfüllen, die ihm die Gesetze der Natur vorschreiben. Er bestrebt sich stets ein treuer Untertan seiner Obrigkeit zu sein;[3] er beugt sich vor keiner vergoldeten Kutsche . . . Der Arme und Niedrige ist ihm angenehm, wenn er Wissenschaft und

[1] L. Keller, Die Deutschen Gesellschaften des 18. Jahrhunderts und die moralischen Wochenschriften. Berlin 1900.

[2] Wie der Verfasser des Artikels „Presse" im Allgemeinen Handbuch der Freimaurerei; 3. Auflage II, 185 behaupten kann, die erste freimaurer. Zeitschrift enthalte nichts von Freimaurerei, ist mir unbegreiflich.

[3] Siehe die alten Pflichten I., II.

Tugend besitzt.“ „Man weiß, was für üble Nachreden und Verfolgungen unsere ehrwürdige Gesellschaft hat leiden müssen, nachdem sie sich über das Meer in andere Reiche ausgebreitet hat. Es kann sein, daß sich rohe und ungezogene Leute unseres Namens bedient und ihn zu ihren Lastern gemißbraucht haben; allein deswegen hätte man nicht die rechten Freimaurer für Gottesleugner, Freygeister, lasterhafte und gefährliche Leute schelten sollen. Die heiligsten Sachen sind dem Mißbrauche ausgesetzt, aber daher nicht verwerflich.“ Eben um diesem Übel Einhalt zu tun, und seine Landsleute zu belehren, soll diese Zeitschrift dienen. Dergleichen Zeitschriften seien in „unserer Gesellschaft“ nichts ungewöhnliches, er nennt einige, darunter den Freidenker und den Zuschauer (Spectator von Addison herausgegeben). „Weil ich einen beständigen Briefwechsel mit der ordentlichen Gesellschaft in England unterhalte, so wird es mir so leicht nicht an erbaulichen Materien fehlen. So hat mich auch meine vieljährige Beiwohnung ihrer Zusammenkünfte in den Stand gesetzt, die Lernbegierde meiner Leser zu unterhalten.“ [1] Als die großen Vorbilder der freimaurerischen Schule nennt er Pythagoras, Plato und Sokrates, speziell letzteren sollten die Freimaurer ihren „jungen Mitbrüdern“ empfehlen, sich ihn zum Meister zu nehmen. Besonders eifrig verteidigt er die Freimaurer gegen den Vorwurf der Religionsverachtung und der Freigeisterei und er sucht den Beweis zu führen, daß die Religionen nicht, wie manche Spötter meinen, eine Erfindung kluger Köpfe seien, um die Menschen leichter zu beherrschen, sondern daß die Idee der Gottheit den Menschen angeboren sei, ganz entsprechend der Vorschrift der alten Pflichten, wonach der Maurer weder ein dummer Gottesleugner noch ein Wüstling ohne Religion sein soll. Trotz aller Schwierigkeiten verbreiteten sich die Logen, zumal in den vierziger Jahren des 18. Jahrhunderts rasch in Deutschland und sogar in dem stockkatholischen Österreich.

---

[1] In Leipzig gab es vor der Gründung der ersten Loge Minerva (1746) eine Anzahl von im Auslande aufgenommenen Brüdern; nach Schwabe waren es ihrer acht, s. Keller, l. c. p. 20, Anm. 2.

Obwohl die ältesten Deutschen Logen in Hamburg, Braunschweig, Berlin, Frankfurt u. s. w. unter Englischem Einflusse entstanden waren und sie ihren Arbeiten das Englische Konstitutionenbuch und das Prichardsche Ritual zu Grunde legten, so war doch in der Folge der Zusammenhang der Tochterlogen mit der Mutterloge ein ganz lockerer. Die Englische Großloge bekümmerte sich wenig um das, was auf dem Kontinente vorging. Die Rituale und Instruktionen wurden nur mündlich überliefert und erlitten naturgemäß mannigfache Abänderungen, indem man die Gebräuche dem örtlichen Bedürfnis anpaßte. Das wäre nun nicht so schlimm gewesen, wenn man sich nur nicht von den Grundprinzipien entfernt hätte. Aber die Isoliertheit führte auf böse Abwege, namentlich als der Französische Einfluß überwog.

Seitdem der große Krieg die nationale Deutsche Bildung vernichtet hatte, klammerte sich der Deutsche krankhaft an alles fremdländische, und besonders die Franzosen wurden seine Vorbilder und Lehrer, die er bewunderte, beneidete und nachahmte. Wer Anspruch auf Bildung machen wollte, mußte die Französische Sprache kennen. Den letzten Schliff der Bildung erhielt man nur in Paris, weshalb es zum guten Ton eines jeden Edelmannes oder jeden, der ein Weltmann sein wollte, gehörte, nach Frankreich zu reisen. „Welche Schande", sagt Herder ironisch, „bei Landräten und Sekretären von Wind und Geschmack kein Französisch zu sprechen! Welche Schande, eine Schweizer-Französin und einen durchwandernden Franzosen, insonderheit wenn es ein Abbé wäre, nicht zu verstehen! Welcher Vorteil hingegen, mit jedem Narren nach seiner Narrheit zu reden! Den Geschmack auch in der Sprache des Geschmacks hören zu lassen! Werke des Geschmacks in Poesie, Prosa, Malerei, Baukunst, Verzierung, auch in der Sprache des Geschmacks zu charakterisieren!" In der vornehmen Gesellschaft unterhielt man sich und schrieb man nur Französisch und selbst ein Goethe bequemte sich dieser Sitte an, indem er an seine Freundin Charlotte von Stein Briefe in einem sehr fragwürdigen Französischen Stil richtete. Friedrich der Große sprach nach eigenem Geständnis das Deutsche wie ein Cocher. Ja, am Hofe von Braunschweig führte man Deutsche Stücke in Französischer Übersetzung auf. Zahlreiche Franzosen lebten in Deutschland. Einmal hatte die Aufhebung des Ediktes von Nantes eine große Menge gebildeter Franzosen nach Deutschland geworfen, die sich in Kolonien in Berlin, Magdeburg etc. niederließen. Sodann waren sie der damaligen Kultur unentbehrlich als Sprachlehrer, Fecht- und Tanzmeister u. s. w. Friedrich der Große wählte seine intimere Umgebung nur aus Franzosen, und an der von Leibniz gegründeten Berliner Akademie wurde nur Französich gesprochen. Die Kriege führten oft genug große Französische Heere nach Deutschland, wo sie es sich manchmal lange Zeit wohl sein ließen und durch ihr mitgebrachtes Theater Französische Kultur in den breitesten Schichten des Volkes verbreiteten. Viele Deutsche ließen sich in Frankreich in einer Loge aufnehmen und zahlreiche Französische Kriegsgefangene gründeten in Deutschland Logen; außerdem gab es in Deutschland viele Französische Militärlogen in den in Deutschland einquartierten Französischen Regimentern. Der Französische Einfluß war also weit größer als der Englische. Der Französischen Gesinnung waren Tor und Türe weit geöffnet und selbst der eigenen Sprache schämte man sich in den Logen.

Doch wenn die Deutschen Schriftsteller den Franzosen die Hauptschuld an der Entartung der Freimaurerei zuschieben, indem die Deutschen nur die Verführten seien, so ist dieses Urteil ganz ungerechtfertigt, zumal der ärgste Humbug, die Rosenkreuzer- und Tempelrittermaurerei, auf Deutschem Boden ihre größten Triumphe feierten. Auch ohne Französische Einwirkung hätte die Freimaurerei sich in Deutschland nicht in ihrer Reinheit erhalten können, weil diese Verirrungen eben in den damaligen Zuständen der Bildung und der Gemütsverfassung der Deutschen begründet waren.

Es ist wahrlich kein Zufall, daß der Faust, der schon im 16. Jahrhundert eine Lieblingsfigur des Volkes war, im 18. nochmals eine Anzahl der bedeutendsten Geister intensiv beschäftigte.

Die Mystik und die Magie übten von neuem ihren Zauber auf den größten Sohn des Volkes, wie im 16. Jahrhundert auf einen Reuchlin, Agrippa und Paracelsus. Die magisch-mystischen Schriften der Rosenkreuzer des 17. Jahrhunderts wurden eifrig studiert und nicht nur Dummköpfe hantierten in Laboratorien und brauten nach alten Rezepten geheimnisvolle Elixiere. Hat sich doch der junge Goethe eifrig mit dem Studium abstruser alchemistischer Schriften wie der Aurea catena Homeri abgegeben. Deutschland bedeckte sich mit einem Netze geheimer Gesellschaften, die vorgaben, das Glück der Menschen zu fördern. „Das Zeitalter des aufgeklärten Despotismus konnte sich auch die Verbreitung der Aufklärung nur in der Form despotischer Bevormundung denken. Ausgeschlossen von aller selbsttätigen Teilnahme an den großen Bewegungen des Staates suchte der Strebende, dem die Verwirklichung seiner stillen Begeisterung ernste Herzensangelegenheit war, in geheimen Gesellschaften, was ihm das öffentliche Leben versagte. Wie tief und allgemein die Idee von der Notwendigkeit und dem Segen erziehender und leitender Geheimbünde auch im Bewußtsein der Gebildetsten und Erleuchtetsten lebte, beweist die hervorragende und abschließende Stellung, die denselben Goethe im Wilhelm Meister zuerteilt, in jenem unvergleichlichen Roman, welcher die buntdurchkreuzten Wirren und Kämpfe einer modernen, nach reinem und harmonischem Menschendasein ringenden Bildungsgeschichte mit tiefster Lebensweisheit und ergreifendster Naturwahrheit schildert."[1] „Gewiß sind diese geheimen Gesellschaften eine arge Krankheit der Zeit, ein arger Auswuchs der allgemeinen Unfreiheit und Bedrückung, die jeder kraftvollen Regung des öffentlichen Lebens den Atem abschnitt. Der bewegende Grundgedanke aber, welcher diesem krankhaftem Treiben Halt und Macht gab, war nichtsdestoweniger gesund und unverlierbar. Es war die fruchtbringende Einsicht der Deutschen Aufklärungsphilosophie in die Notwendigkeit des Heraustretens

---

[1] H. Hettner, Geschichte der Deutschen Litteratur. 4. Aufl. II, p. 302 f.

der Wissenschaft aus der Schulstube, des unmittelbaren und werktätigen Einwirkens der Gebildeten auf die bildungsbedürftigen Massen."[1] Die Notwendigkeit dieser Erscheinung begründet Lessing im „Ernst und Falk" mit den Worten: „Es war immer das sicherste Kennzeichen einer gesunden, nervösen Staatsverfassung, wenn sich die Freimaurerei neben ihr blicken ließ, so wie es noch jetzt das unfehlbare Merkmal eines schwachen, furchtsamen Staates ist, wenn er das nicht öffentlich dulden will, was er im Geheimen doch dulden muß, er mag wollen oder nicht." Aber am allerwenigsten kann man gerechter Weise der Freimaurerei den Vorwurf machen, diese Krankheit verschuldet zu haben. Der Freimaurerbund war zum mindesten in England keine geheime Gesellschaft, die im Verborgenen arbeitete. Jedermann kannte sie dort und jeder rechtschaffene Mann hatte Zutritt; ihre Statuten, Zwecke und Ziele waren durch den Druck bekannt gemacht und nur für die Rituale, das Gebrauchtum und für die internen Vorgänge in den Logen bestand das Gelübde der Verschwiegenheit. Lange bevor der Freimaurerbund sich in Deutschland verbreitet hatte, gab es geheime Vereine[2] und neben ihnen andere geheime Bünde in Scherz und Ernst. Als der junge Goethe 1772 in Wetzlar die Abgründe des Reichsrechtes studierte, ließ er sich in eine Rittergesellschaft aufnehmen. „An einer großen Wirtstafel traf ich beinah sämtliche Gesandtschaftsuntergeordnete, junge muntere Leute beisammen; sie nahmen mich freundlich auf, und es blieb mir schon den ersten Tag kein Geheimnis, daß sie ihr mittägiges Beisammensein durch eine romantische Fiktion erheitert hatten. Sie stellten nämlich, mit Geist und Munterkeit, eine Rittertafel vor. Obenan saß der Heermeister, zur Seite desselben der Kanzler, sodann die wichtigsten Staatsbeamten, nun folgten die Ritter nach ihrer Anciennität; Fremde hingegen, die zusprachen,

---

[1] Hettner l. c. 321.

[2] L. Abafi, Geschichte der Freimaurerei in Österreich-Ungarn. Budapest I. 1890. p. 33 ff.

mußten mit den untersten Plätzen vorlieb nehmen, und für sie war das Gespräch meist unverständlich, weil sich in der Gesellschaft die Sprache, außer den Rittersausdrücken, noch mit manchen Anspielungen bereichert hatte. Einem jeden war ein Rittername zugelegt, mit einem Beiwort .... Übrigens wurde dieses fabelhafte Fratzenspiel mit äußerlichem großen Ernst betrieben, ohne daß jemand lächerlich finden durfte, wenn eine gewisse Mühle als Schloß, der Müller als Burgherr behandelt wurde, wenn man die vier Haimonskinder für ein kanonisches Buch erklärte, und Abschnitte daraus, bei Zeremonien, mit Ehrfurcht vorlas. Der Ritterschlag selbst geschah mit hergebrachten, von mehreren Ritterorden entlehnten Symbolen. Ein Hauptanlaß zum Scherze war ferner der, daß man das Offenbare als ein Geheimnis behandelte; man trieb die Sache öffentlich, und es sollte nicht davon gesprochen werden ... In dieses Ritterwesen verschlang sich noch ein seltsamer Orden, welcher philosophisch und mystisch sein sollte und keinen eigentlichen Namen hatte. Der erste Grad hieß der Übergang, der zweite des Übergangs Übergang, der dritte des Übergangs Übergang zum Übergang, und der vierte des Übergangs Übergang zu des Übergangs Übergang. Den hohen Sinn dieser Stufenfolge auszulegen war nun die Pflicht der Eingeweihten, und dieses geschah nach Maßgabe eines gedruckten Büchleins, in welchem jene seltsamen Worte auf eine noch seltsamere Weise erklärt, oder vielmehr amplifiziert waren."[1] Man sieht, wie diese jungen Leute unbewußt das thörichte Treiben der Hochgrade persiflierten. Die Seele davon war U. S. von Goué, „ein schwer zu entziffernder und zu beschreibender Mann, eine derbe, breite, hannövrische Figur, still in sich gekehrt." Er hat sich später durch einen maurerischen Roman bekannt gemacht[2] und spielte in der strikten Observanz eine Rolle.

Seit den sechziger Jahren trieben die Rosenkreuzer, die Alchimisten und Goldmacher ihren Spuck unter dem Deckmantel

---

[1] Dichtung und Wahrheit III, 12. Buch. Vgl. auch die 1741 gestiftete Dukaten-Sozietät bei Ritter, Die alte Freimaurerei und ihre modernen Aufgaben. Leipzig 1890, p. 16.

[2] Über das Ganze der Freimaurerei. Leipzig 1782.

der Freimaurerei,[1] wobei man die Jesuiten beschuldigte, daß sie sich dieser Gaukler und Schwindler für ihre Zwecke bedient hätten; Cagliostro und andere Abenteurer mißbrauchten die Freimaurerei für ihre egoistischen Zwecke. Die einfachen Englischen Rituale genügten diesen Mystikern und Zaubermännern nicht. Schon in Frankreich hatte man die Symbolik vertieft und die Rituale erweitert. Damit nicht zufrieden fröhnte man der Eitelkeit durch Verleihung von seidenen Bändern und Ordenszeichen und fügte zu den drei Johannisgraden weitere hinzu, in denen man dem Neuling vorgab, große Geheimnisse zu offenbaren. Denn eben diese Aussicht auf große Geheimnisse war die Lockspeise, womit man die Gimpel und leider auch viele kluge Leute fing. Es ist unglaublich, wie viel Zeit man im vorigen Jahrhundert hatte, die man mit Torheiten vergeudete. Irgend ein spekulativer Kopf prahlte, ein Geheimnis zu besitzen, und gleich fand er Gläubige und Anhänger. „Aus den bekanntesten Dingen wurden Geheimnisse gemacht. Was nur die Mythologie oder die Geschichte, die Kirchengeschichte oder die Physik und sogar die schon halb verlachte Magie darbieten konnten, ward zu einem Geheimnis tüchtig befunden; und ein jedes Geheimnis war für die Freymaurer zu gebrauchen."[2]

Um diesen Vorspiegelungen bessern Glauben zu verschaffen und um die Anhänger fest am Gängelbande der Torheit zu halten, wurde eine straffe Organisation geschaffen. Die Englischen Freimaurer waren eine Gesellschaft freier Männer, die durch eine Ordnung, die sie sich selbst gegeben hatten, zusammengehalten wurden. Jeder Bruder war gleichberechtigt und

[1] Vgl. Kopp, Alchemie II, 14 ff.

[2] H. C. Albrecht, Geheime Geschichte eines Rosenkreuzers. Hamburg 1792 p. 36. In einigen Romanen ist dieses Treiben gut dargestellt worden, ich nenne nur L. Tiek, die Wundersüchtigen, zuerst erschienen im Novellenkranz für d. J. 1831. Berlin. R. A. Ragotzky, Franz Hell oder die Irrwege. Köthen 1803. Sehr interessant. Ganz schlecht hingegen M. Ring, Rosenkreuzer und Illuminaten. Berlin 1861. Vgl. Latomia XVIII p. 13 ff. Kopp, Alchemie II, 246 ff.

jeder Meister konnte zum Vorsteher der Loge gewählt werden. Diese Freiheit gefiel den Stiftern der neuen Gesellschaften nicht, und sie führten, um die volle Herrschaft ausüben zu können, absoluten Gehorsam ein; ja der Aufgenommene sollte nicht einmal die kennen, denen er zum Gehorsam verpflichtet wurde. Man rechnete dabei mit großer Menschenkenntnis auf die Schwäche menschlicher Natur und auf die damalige Gewohnheit, sich vor Höhern schweigend und demütig zu ducken. Eine geheime Gesellschaft, die den schon eingeschüchterten Menschen in neue Unterordnung und Einschränkungen bringen wollte, mußte ihn locken, reizen und verführen, daß er sich das Joch in gedankenloser Gutwilligkeit selbst über den Nacken ziehe. Sie mußte aus dunkler Ferne seine Erwartungen rege machen, seine Neugierde reizen und seine Hoffnung in schmeichelnder Geschäftigkeit erhalten. Welchen Unsinn diese unsichtbaren Obern ihren Brüdern zu bieten wagten, zeigen die Rituale der Rosenkreuzer und Tempelritter. Die Hauptsache war, abgesehen von der Lust zu mystifizieren und die Zeit angenehm totzuschlagen, den Leuten möglichst viel Geld aus der Tasche zu locken.

Die Deutschen Schrifsteller[1] schieben, wie schon bemerkt, diese Entartung den Franzosen in die Schuhe. Doch mit Unrecht. Wir haben gesehen, wie in Frankreich, um der wachsenden Unordnung zu steuern, eine Anzahl eifriger Freimaurer unter dem Namen „Schottische Meister“ zusammengetreten waren, die für sich das Recht in Anspruch nahmen, eine Kontrolle über die Johannislogen auszuüben. Aus ihnen erwuchs dann ein vierter Grad. In Deutschland ging die Entwicklung ganz unabhängig von Frankreich dahin, daß hier die Schottischen Meister nicht einen mit den Johannislogen organisch verbundenen höheren Grad bildeten, sondern einen von den Johannislogen ganz unabhängigen Orden.[2] Bei dem regen

[1] Ich nenne einen unter vielen: R. Fischer, Erläuterung der Katechismen, IV. Teil. 4. Aufl. Leipzig 1886 p. 57.

[2] S. Schiffmann, d. Freimaurerei in Frankreich p. 176 ff.

Verkehr zwischen Frankreich und Deutschland ist es sehr erklärlich, wenn es in Hamburg und andern Orten einzelne Schottische Meister gab. 1744 taten sich unter dem Vorsitz des Grafen von Schmettau eine Anzahl solcher Schottischer Meister als Schottische Loge zusammen. Diese war durchaus unabhängig, ohne Zusammenhang mit einer Johannisloge. Bald entstanden auch an andern Orten, in Berlin, Leipzig u. s. w. Schottische Logen. Die Rituale für diese Schottische Loge in Hamburg sind aber nicht aus Frankreich herübergebracht, vielmehr in Hamburg selbst fabriziert worden. Dieses Ritual verbindet Ideen, die in Französischen unechten maurerischen Schriften wie Les Francs-Maçons écrasés, Amsterdam (1747) vorkommen, mit alchimistischen Gedanken, die in Deutschland viel verbreitet waren. Diese Schottische Loge wurde sodann der Ausgangspunkt für weitere Abirrungen vom echten maurerischen Prinzip.

Schon früh wurde die Entstehung der Schottischen Maurerei und der Hochgrade mit der Verjagung Jakobs II. zusammengebracht.[1] Die Freimaurerei sei gegründet worden, um die Stuarts wieder auf den Thron ihrer Väter zurückzuführen. Später wurde dann der Prätendent selbst für das unsichtbare Oberhaupt des Ordens erklärt. Obgleich nun in einem Schreiben vom 25. September 1780 Prinz Karl Stuart erklärte, er befinde sich in gänzlicher Finsterheit in Bezug auf die Mysterien,[2] so lebt dessenungeachtet dieser Irrtum bis auf den heutigen Tag weiter, obschon die Geschichte Englands im 17. und 18. Jahrhundert durchaus bis ins kleinste Detail bekannt ist.

Vorzüglich aber hat man den Englischen Gelehrten Andreas Michael Ramsay[3] zum Sündenbock für alle Verirrungen in der

---

[1] S. Fr. Nicolai, Einige Bemerkungen über den Ursprung und die Geschichte der Rosenkreuzer und Freymaurer. Berlin und Stettin 1806. p. 143 ff.

[2] Schiffmann, Die Entstehung der Rittergrade. Leipzig 1882. p. 53.

[3] S. Schiffmann, A. M. Ramsay. Leipzig 1878. L. Keller, die Tempelherren und die Freimaurer. Berlin 1905, unbrauchbar.

Freimaurerei gemacht, indem er durch seine Rede im Jahre 1740 die Entstehung der Rittergrade verursacht haben soll. Die Jesuitenriecherei ist nicht erst eine Erfindung der Neuzeit.[1] Schon im 18. Jahrhundert traute man den Jesuiten, namentlich nach der Aufhebung ihres Ordens, alles zu. Sie sollen den Freimaurerorden gestiftet oder ihn für ihre Zwecke umgemodelt haben; die Rosenkreuzer arbeiteten für sie wie auch Schrepfer und Cagliostro. Auch Ramsay soll ihr Werkzeug gewesen sein.

Ramsay war um 1680 in Schottland geboren. Er studierte Mathematik und Theologie und diente dann in den Niederlanden im Englischen Heer. Hier hörte er von dem berühmten Erzbischof von Cambray, Fénélon. Die Begierde, diesen edlen Mann kennen zu lernen, veranlaßte ihn 1710 nach Cambray zu reisen, und bald entstand zwischen beiden Männern ein sehr intimes Verhältnis. Nach dem Tode Fénélons ging Ramsay nach Paris, wo er zuerst Erzieher des Grafen von Chateau-Thierry war und später seinen Studien lebte. Philipp von Orleans, der Prinz-Regent, nahm ihn als Ritter in den Orden des h. Lazarus auf. In Paris schrieb er 1723 das Leben Fénélons, das die Aufmerksamkeit Jakobs III. erregte, der ihn zum Gouverneur des Prinzen Karl Eduard Stuart ernannte (1724—1725). 1730 wurde er Mitglied der Royal Society in London und Doktor der Rechte zu Oxford. Er verheiratete sich darauf mit einer reichen Engländerin und wurde Hofmeister des Prinzen von Turenne. Er stand mit Racine in Korrespondenz und war überhaupt in der Gesellschaft ein geachteter und angesehener Mann.

Man klagt ihn ganz allgemein der Zuneigung zum Hause Stuart und des Abfalls vom protestantischen Glauben an. Allein das erste ist nicht erwiesen, denn sonst würde er schwerlich den Doktorgrad in Oxford erhalten haben, und was den zweiten Punkt betrifft, so darf man den Übertritt Ramsays zum katholischen Glauben nicht zu hart beurteilen. Die Glaubenskraft

---

[1] Namentlich E. Sierke, Schwärmer und Schwindler zu Ende des 18. Jahrhunderts, Leipzig 1874 ist stark darin.

war in jener Zeit erlahmt und deshalb konnte die Toleranz immer mehr Raum gewinnen. Toleranz ist ja schließlich nichts anderes als Gleichgiltigkeit gegen die Konfessionen. Ramsay gibt über seine Stellung zur religiösen Frage deutlichen Aufschluß in seinem Leben Fénélons. „In einem freien Lande geboren, wo der menschliche Geist sich in allen seinen Gestalten ohne Scheu zeigt, bin ich die meisten Religionen durchgegangen, um darin die Wahrheit zu suchen. Der Fanatismus oder der Widerspruch, welcher in all den verschiedenen protestantischen Systemen herrscht, haben mich zum Gegner aller Sekten des Christentums gemacht.“ Fénélons milder Geist hatte es ihm angetan und ihn der katholischen Kirche zugeführt. Denn nicht der katholische Glaube als solcher machte auf ihn Eindruck, vielmehr die praktische Frömmigkeit dieses hochgebildeten Mannes. Ramsay blieb auch als Katholik Ekletiker, wollte nichts von katholischer Propaganda wissen und beurteilte das jesuitische Treiben mit unverhehlter Verachtung. Ebendeshalb konnte er auch nach dem Übertritt zur katholischen Kirche ein Freimaurer bleiben. Nicht eine einzige Tatsache kann beigebracht werden, wodurch der Vorwurf gerechtfertigt würde, daß er den Freimaurerbund für politische oder katholische Zwecke mißbraucht hätte. In seinem freimaurerischen Diskurs sagt er selbst, daß alle politischen Angelegenheiten von der Verbindung der Freimaurerei ferngehalten werden müßten. Auch die andern Vorwürfe, daß er die Entstehung der Hochgrade veranlaßt und die Brüderschaft in einen Ritterorden verwandelt habe, zu welchem Zwecke er die Geschichte der Freimaurerei verfälschte, sind ungerecht. Er selbst spricht nur von drei Graden, und der von ihm gebrauchte Ausdruck Orden kann nichts beweisen, da Ordre in Frankreich oft für Gesellschaften gebraucht wurde, ohne daß diese einen Bezug zu geistlichen oder weltlichen Orden hatten.

„Zur Zeit der Kreuzzüge nach Palästina,“ erzählt Ramsay,[1] „vereinten sich mehrere Fürsten, Adlige und Bürger, und taten

[1] Discours d'un Gr. Maître dans la Gr.-Loge assemblée solennement à Paris en 1740, wieder abgedruckt bei de la Tierce, Histoire, Obligations

ein Gelübde, die christlichen Kirchen im heiligen Lande wieder herzustellen, und sich zu bemühen, die Bauart derselben auf ihre erste Einrichtung zurückzuführen. Sie verständigten sich über mehrere alte Zeichen und aus der Religion entnommene symbolische Worte, um sich daran von den Ungläubigen und Sarazenen zu erkennen. Man teilte diese Zeichen und Worte nur denen mit, die feierlich und oft am Fuße des Altars versprachen, sie niemals zu offenbaren. Dieses heilige Versprechen war daher kein verabscheuungswürdiger Schwur, wofür man ihn ausgibt, sondern ein achtungswertes Band, um die Christen aller Nationen in ein und derselben Brüderschaft zu vereinen. Einige Zeit nachher verband sich unser Orden aufs engste mit den Rittern des heiligen Johannes von Jerusalem. Seit der Zeit tragen alle unsere Logen den Namen Logen des h. Johannes. Diese Vereinigung geschah nach dem Vorbilde der Israeliten, als sie den zweiten Tempel erbauten.“ Mit diesem Passus hat Ramsay viel Verwirrung angestiftet, doch kann man ihn für den Mißbrauch, welchen man mit dieser Stelle trieb, wohl kaum verantwortlich machen. Nicht eine Spur eines Rittergrades, eines Zusammenhanges des Freimaurerbundes mit dem Tempelritterorden findet sich bei Ramsay, sondern lediglich die Ansicht, daß der Freimaurerorden in der Zeit der Kreuzzüge entstanden sei. Diese seine irrige historische Ansicht oder Hypothese hat genau soviel Wert als die des Anderson, der die Englischen Könige seit Edward zu Freimaurern stempelte. In Frankreich fand die Hypothese Ramsays wenig Beachtung, erst als sie nach Deutschland übertragen wurde, erhielt sie die verhängnisvolle Bedeutung für die Freimaurerei.

Ein Französischer kriegsgefangener Offizier, Tilly de Lernay, gründete am 17. Juli 1760 zu Berlin unter Mitwirkung des Meisters vom Stuhl der Loge zu den drei Weltkugeln, Freiherrn von Printzen, im Namen und unter Autorität und mit Jerusalemischer Macht des höchsten Französischen Meisters, des Grafen

---

et Statuts etc., ferner bei Schiffmann, Ramsay, Anhang mit Deutscher Übersetzung.

von Clermont, ein „Kapitel der auserwählten Brüder des Jerusalemischen Ritterordens." Er bestand aus vier Hochgraden, die den drei Johannisgraden folgten, nämlich 4. Schottengrad, 5. Chevalier de l'aigle élu; 6. Chevalier illustre or Templier; 7. Sublime chevalier illustre. In Deutschland wurde dieses System unter dem Namen Clermontsches Kapitel bekannt. Davon leitet man gewöhnlich das Templersystem ab und bringt es in Zusammenhang mit den Anhängern der Stuarts, den Jakobiten.[1]

In Deutschland bemächtigte sich nun ein ganz gemeines Subjekt der Sache, nämlich der ehemalige Konsistorialrat Rosa von Köthen, der wegen lüderlichen Lebenswandels seines Amtes entsetzt und aus dem Freimaurerbunde ausgestoßen worden war. Trotzdem wußte er sich überall einzudrängen und nahm auch an der Gründung des Berliner Kapitels teil. Er fabrizierte eigene neue Rituale und wanderte durch halb Deutschland, indem er überall neue Kapitel gründete. Das Interesse für die geistlichen und weltlichen Orden war damals durch das große Werk von Helyot, das in Paris 1714 erschien, geweckt und neu belebt worden. Namentlich interessierte man sich für den Tempelritterorden, über den 1654 das Buch von Dupuy neues Licht verbreitete. Schon 1655 wurde es ins Deutsche übersetzt.

Ein Schriftsteller, der klarer als ein anderer in das Wesen und Treiben der geheimen Gesellschaften hineinsah und die Motive, welche die Menschen in diese Geheimbünde hinführte, gründlich erkannte, H. C. Albrecht, leitet die Erneuerung des Tempelritterordens von der Liebe zum Romantischen ab. „Die Liebe zum Romantischen kann nur zu leicht fehlerhaft werden. Aber sie ist an sich selbst so wenig ein Fehler, daß vielmehr ihr Dasein eine gewisse und fast untrügliche Anzeige von sehr schätzbaren und vorzüglichen Eigenschaften der Seele ist, die sie teils begleiten, und aus denen sie zum Teil entsteht. Sie entsteht aus eben der Liebe zum Schönen und Edlen, welche, je nachdem innere mit ihr vergesellschaftete Anlagen des Charak-

[1] Schiffmann, Rittergrade 39 ff.

ters und äußere zufällige Umstände sie in dieser oder jener Gestalt sichtbar werden lassen, den Dichter, den Philosophen, den Helden und Patrioten bildet." [1] Trotzdem das 18. Jahrhundert das Zeitalter der Aufklärung ist, das sich in schärfsten Gegensatz zum Mittelalter setzt, lebte doch in Deutschland das Mittelalter kräftiger fort, als in irgend einem andern Lande. Das soll durchaus kein Vorwurf sein, denn ebendadurch wurde Deutschland vor der vernichtenden Wucht der Revolution bewahrt. Auch die Französische Gesellschaftsordnung baute sich auf dem Feudalsystem auf. Aber hier war nur noch die Schale ohne den Inhalt. Der Adel genoß alle Privilegien, welche im Mittelalter dem Grundherrn von Rechts wegen zustanden, ohne indes die Pflichten gegenüber dem Volke und Lande zu erfüllen. Dadurch entstand die unüberbrückbare Kluft von Schein und Wirklichkeit und infolge davon der unversöhnliche wütende Haß des Bürgers und Bauers gegen den adligen Schmarotzer.[2] In Deutschland hingegen übte der Adel noch im 18. Jahrhundert seine Funktionen als patrimonialer Gerichtsherr, als natürlicher Vertreter seines Bezirkes, als Anführer des heimischen Kontingentes aus.[3] Er ernannte den Pfarrer, den Lehrer etc. Noch hauste die große Mehrzahl des Adels auf den zerfallenden Schlössern; wie vor alters ritt er den Schloßberg herunter auf die Jagd, von Bauern und Bürgern mit tiefster Devotion begrüßt. Zu Goethes Zeit bildete der Adel noch eine eigene streng abgeschlossene Welt, die man am besten aus seinen Romanen kennen lernt. Trefflich schildert er in Werthers Leiden die adlige Gesellschaft in ihrer hohlen Nichtigkeit und mit ihrem verletzenden Hochmut gegenüber dem Bürgerlichen, greller Schiller in Kabale und Liebe. Langeweile und Neugierde führten den Adel der Loge zu. Diesen nur auf den äußerlichen Schein

---

[1] Geheime Geschichte eines Rosenkreuzers p. 27 f.

[2] S. die klassische Darstellung von H. Taine, L'ancien régime.

[3] Diesen Unterschied der Deutschen und Französischen Zustände hat A. Sorel, L'Europe et la Revolution I trefflich dargestellt.

hin erzogenen Menschen konnte die einfache prunklose Johannismaurerei, die in erster Linie auf das Gemüt wirken soll, nicht genügen; sie lechzten nach Unterhaltung und Aufregung, und darum eben wurden Grade geschaffen, in denen Glanz und Pomp entfaltet werden konnte. Der Abstand zwischen Adel und Bürgertum war in Deutschland nicht minder groß als in Frankreich, das mußte nicht nur Werther, sondern Goethe selbst in Weimar bitter an sich erfahren. Erst als ihm sein fürstlicher Freund durch Kaiser Joseph II. den Adel verschaffte, galt er als vollkommen gesellschaftsfähig. Er beurteilt dies mit der ihm eigenen Großartigkeit.[1] „Ich hatte," sagte er zu Eckermann, „vor der bloßen Fürstlichkeit als solcher, wenn nicht zugleich ein tüchtiger Menschenwert dahintersteckte, nie viel Respekt."

Die Freimaurerei fordert die Gleichheit aller Brüder in der Loge. Allein anstatt daß der Französische und Deutsche Adlige beim Eintritt in die Loge den Degen ablegte, wie es in England Gebrauch war, wurde dem Bürgerlichen der Degen in die Hand gegeben. Alle waren dadurch Ritter und folglich alle gleichen Standes. Man erfand eine fabelhafte Geschichte des Tempelherrenordens, der keineswegs, wie die Uneingeweihten glauben, erloschen sei, sondern im verborgenen in Schottland fortlebte. Es gibt eine Reihe von Varianten dieser Erzählung, von denen die von der Großen Landesloge in Berlin bevorzugte die absonderlichste ist. Es wäre wirklich überflüssig, ein Wort über diese Fabeleien zu verlieren, da ja jetzt die Geschichte des Tempelherrenordens dokumentarisch klar gestellt ist.[2] Immerhin ist es doch merkwürdig, daß ein so scharfer kritischer Kopf wie Lessing sich irreführen ließ.

---

[1] Wie kleinlich erscheint dagegen Herder, der zwar oft genug seine bittere Galle über den Adel ergoß, bei der ersten Gelegenheit jedoch gierig nach dem Adelsdiplom haschte. Wer damals in der vornehmen Gesellschaft verkehren wollte, mußte vom Adel sein. Aber heutzutage ist es lächerlich, von einem Fr. von Schiller, Johannes von Müller zu reden.

[2] S. K. Schottmüller, Der Untergang des Templer-Ordens. Berlin 1887. 2 Bände. J. Gmelin, Schuld oder Unschuld des Templerordens. Stuttgart 1893.

Das Ritterspiel tat es freilich nicht allein, um die Leute in die Logen zu locken; das bewirkte die Gier, Geheimnisse zu erfahren. Der Erkenntnisdrang war zwar groß, aber ebenso groß die Ungeduld. Nicht auf dem langsamen aber sichern Weg der empirischen Forschung wollte man die Geheimnisse der Naturkräfte ergründen, sondern man glaubte, daß dahin viel rascher die Magie führe. Auch heute gibt es ja noch recht aufgeklärte freisinnige Leute, die doch gerne Geister sehen möchten. Die Rosenkreuzer gaben sich speziell mit diesen Dingen ab. Man verband nun rosenkreuzerische Elemente mit der Legende des Tempelritterordens, und darauf wurde ein neues freimaurerisches System basiert. An leichtgläubigen Toren und an Schwindlern war damals kein Mangel. Das System der strikten Observanz ist beider Werk. Der Schwindler war Johnson und der Tor Hund.

Karl Gotthelf, Reichsfreiherr von Hund und Altengrottgau,[1] geboren den 11. September 1722, studierte in Leipzig, machte, wie es beim Adel damals üblich war, Reisen in Holland, England und Frankreich, trat 1742 in die Dienste des Kurfürsten von Köln, wurde 1753 königlich Polnischer und kurfürstlich Sächsischer Kammerherr, erhielt 1755 den Russischen Sankt Annenorden und wurde 1759 von den Oberlausitzischen Ständen zum Landesältesten der Stände erwählt. Im siebenjährigen Kriege hatte er wegen seiner Treue zu Sachsen und Österreich viel von den Preußen zu leiden. 1769 ernannte ihn der König August III. zum wirklichen Geheimen Rat und die Kaiserin Maria Theresia zum Geheimrat. Er starb am 8. November 1776 zu Meiningen stark verschuldet.

---

[1] Über sein Leben s. hauptsächlich die von seinem Freunde Keßler von Sprengseisen am 30. Dez. 1776 in Meiningen gehaltene Trauerrede, abgedr. in der Altenburger Zeitschrift 1837, 21—75. Handbuch der Freimaurerei (Brockhaus) II, 5—11. R. Taute, Johnson und die strikte Observanz in Astraea 1885 p. 56 ff. Abafi, Geschichte der Freim. in Österreich-Ungarn I. 257 ff. Sodann benutzte ich eine große Anzahl ungedruckter Briefe von Schubart (im Archiv der Loge von Zürich).

Bode, der Freund Lessings, der in die freimaurerischen Verhältnisse tief eingeweiht war, schildert den Freiherrn Hund nicht gerade sehr schmeichelhaft:[1] „Er war von altem Adel und für einen Privatmann zu ansehnlichen Reichtümern geboren. Von sanguinischem Temperament. Seine Erziehung war aber natürlich mehr darauf eingerichtet, daß er genießen und erhalten, als durch gründliche Wissenschaften und mühsames Bestreben erwerben sollte. Auch waren seine Kenntnisse bey aller Lebhaftigkeit seines Geistes mehr die Früchte einer angenehmen Lectüre, eines Hofmannes, als des Fleißes und Studiums eines Geschäftsmannes. So viel Vergnügen er an den ergötzlichen Leibesübungen fand, als am Reiten, der Jagd u. s. f., ebenso große Abneigung hegte er gegen die Beschäftigungen am Schreibtische, denn ich weiß, daß er Tage, Wochen, ja Monate lang hat hingehen lassen, ehe er sich hat zu der widrigen Arbeit entschließen können, einen Handbrief zu schreiben oder nur ein Document zu unterzeichnen. Alles, was seine äußern Sinne angenehm rührte, hatte für ihn einen mächtigen Reiz, daher sein großes Wohlgefallen an allem, was feyerliche Ceremonien mit sich führte u. s. w.“ Auch die Beurteilung Schubarts stimmt mit der Bodes überein. Bei einer solchen Charakteranlage konnte es nicht fehlen, daß er das Opfer von Täuschungen und Betrügereien wurde. Schon als zwanzigjähriger Jüngling war er am 18. Oktober 1741 in Frankfurt a. M. aufgenommen worden, im Sommer 1742 wurde er in Gent zum Meister befördert, in Brüssel zum Schotten. In Paris war er ein überaus eifriger Maurer, so daß er keine Loge unbesucht ließ, ja am 20. Februar 1743 selbst eine Loge etrangère gründete. „Sein tugenhaftes Betragen,“ sagt sein Freund Keller, „und sein außerordentlicher Eifer, welcher bei allen Gelegenheiten hervorleuchtete, halfen ihm zu Bekanntschaften von erhabenen Maurern, welche er außerdem

[1] Gutachten des Hw. Br. Christoph Eq. a Lilium convallium über das provisor. Zirkular seiner herzogl. Durchl. M. S. O. a Victoria sub. d. 19. Sept. 1780 betr. einen allgemeinen O. Convent. fol. (Weimar 12. März 1781 gedruckt). Ich benutze eine Kopie der Originalhandschrift.

nicht so leicht würde erhalten haben.[1] Damals war man in Paris eifrig mit der Reform des Logenwesens beschäftigt. Aus dem Tagebuche des Herrn von Geusau geht hervor, wie sehr Ramsay darauf hielt, daß es bei den Mahlzeiten anständig und mäßig zuging. Auch Hund teilte diese Tendenz und er hat später überaus wohltätig auf das Logenwesen eingewirkt, indem die vormals üblichen Schwelgereien aus den Logen verbannt wurden. Wir kennen die reformatorischen Bestrebungen der Schottischen Meister in Paris.[2] Diese haben mit Schottland absolut nichts zu tun.[3] Später behauptete Hund, er sei von Lord Kilmarnock (1742—1743 Großmeister von Irland, 1746 wegen seiner Stuartschen Umtriebe enthauptet) aufgenommen worden, wobei Lord Clifford als Prior assistierte; ein Oberer, den er als den Ritter vom roten Federbusch bezeichnete, habe ihn zum Coadjutor der VII. Provinz ernannt und ihm die Weisung erteilt, sich an den damaligen Heermeister der VII. Provinz, den Baron H. W. von Marschall zu wenden.[4] Diese Erzählung enthält eine ganze Reihe von Unmöglichkeiten.[5] Was den Baron von Marschall anbetrifft, so war dieser durch den Grafen von Darnley in London 1737 zum Provinzial-Großmeister des Obersächsischen Kreises ernannt worden. Mit ihm wird häufig C. G. Marschall von Biberstein verwechselt. Dieser hatte allerdings nach eigener Aussage in s. Germain en Laye den Lord Balmorin und den Grafen Kilmarnock kennen gelernt, aber in die Umtriebe der Jakobiten hat er sich nicht eingelassen und von dem Heermeistertum wollte er nichts wissen.[6] Er soll, behauptete später Hund, alle geheimen Papiere verbrannt haben, außer der Ordens-

---

[1] Bei Schiffmann, Rittergrade p. 48.

[2] S. o. Kap. 7.

[3] S. Murray Lyon, History ol the Lodge of Edinburgh (Mary Chapel) Nr. 1 und die instruktiven Bemerkungen von Merzdorf in Bauhütte 1874. Nr. 1 ff.

[4] Über das in rätselhaften Chiffern geschriebene Patent, das er in Paris erhalten haben wollte, vgl. Merzdorf, Bauhütte 1874 p. 328 ff.

[5] S. Schiffmann, Rittergrade p. 44 ff.

[6] S. Schiffmann l. c. p. 39 ff.

matrikel.[1] In dieser wahrscheinlich von Hund selbst erfundenen Matrikel war Europa in neun Provinzen oder Heermeistertümer eingeteilt. Nach seiner Rückkehr aus Paris setzte Hund sich mit Brüdern der Loge in Naumburg, die von Marschall von Biberstein 1749 gegründet worden war, in Verbindung und arbeitete mit ihrer Beihilfe neue Rituale aus. Unzweifelhaft, auch die Andeutungen Bodes und Schubarts beweisen es, benutzte er die Rituale von Rosa,[2] änderte sie aber um. Am 24. Juni 1751 gründete er auf seinem Schloß Kittlitz die Loge zu den drei Säulen, die er dann nach dem Rittergut Unwürde verlegte. Die Zahl seiner Anhänger stieg bis auf 24. Diese legten sich lateinische Ordensnamen bei. Hund hatte in Paris, wie es dort üblich war,[3] den Namen Chevalier de l'Epée erhalten; jetzt nannte er sich vornehmer Eques ab Ense und legte sich den Titel eines Heermeisters bei.[4] Ein Heermeister muß aber auch Truppen haben und als solche hielt Hund die Freimaurer für geeignet. Damals konnte kein vernünftiger Mensch den Plan fassen, einen Kreuzzug zur Eroberung des heiligen Landes ins Werk zu setzen, man mußte also dem neuen Orden einen anderen Endzweck geben. Äußerlich sollte dieser die Förderung der Glückseligkeit der Menschheit sein. Man erdachte sich also einen Operationsplan, um die neuen Ritter besolden zu können und um eine Anzahl von wohltätigen Stiftungen, Waisenhäusern etc. zu gründen; auch Fabriken wollte man anlegen, deren Ertrag dem Orden zu gute kommen sollte. Aber das Hauptlockmittel war auch hier wieder Alchemie und Kabbalistik, die dazu dienen sollten, die Mittel des Ordens zu vermehren und ihm neue Mitglieder zuzuführen.[5] Unbedingter blinder Gehorsam war die Vorbedingung für das Gelingen dieses großen Planes.

---

[1] Durch Schubart handschriftlich mitgeteilt in dem Archiv der Basler Loge.

[2] S. Abafi l. c. I, p. 171.

[3] S. Schiffmann, l. c. 115 ff.

[4] Schubart in seinen vertraulichen Briefen an D. Lavater wiederholt es oft, daß Hund sich seine Heermeisterwürde eigenmächtig selbst angemaßt habe.

[5] S. Abafi l. c. I, p. 275 ff.

Der siebenjährige Krieg machte diesen Bestrebungen ein jähes Ende, denn Hund mußte fliehen und verlor infolge des Krieges den größten Teil seines Vermögens. Um so eifriger war er auf seine phantastischen Pläne versessen, die ihm wieder aufhelfen sollten, und darin förderte ihn ein Schwindler, der für das 18. Jahrhundert charakteristisch ist.

Es ist überaus schwer, den Spuren eines Abenteurers nachzuspüren, dessen eigentlicher Name nicht einmal feststeht. 1752 wurde in der Loge zu den drei Sternen in Prag ein Mann Jüdischer Herkunft aufgenommen, der sich de Martin nannte, aber wahrscheinlich Joh. Samuel Leuchte hieß. Seine Glaubensgenossen nannten ihn den „Schwarzen Salm", „Schlone" oder auch „Salomon". Bald nannte er sich Becher, bald Despocher, de Bousch, Sommery, König, Scheel, Robert von Leichten oder seit 1763 bald Johnson a Füßen, bald Georg Friedrich von Johnson.[1] Brandmarken wir ihn bei letzterem Namen. Nachdem er in Prag, Wien und anderswo Betrügereien ausgeübt hatte, wurde er 1755 Jägerbursche beim Fürsten von Anhalt-Bernburg. Trotz seines abstoßenden Aussehens — er war von schwärzlichem Angesicht mit einem Paar boshafter Augen — gelang es ihm doch die Leute zu bezaubern. Er log dem Fürsten vor, die Kunst zu besitzen, Gold zu machen. Die Gier nach Gold war damals so groß wie jetzt, nur suchte man damals Gold durch Magie zu gewinnen, während jetzt der Zauberstab die Börse ist. Der Fürst von Anhalt biß begierig auf den Köder an und ernannte Johnson zu seinem Sekretär. In Bernburg verheiratete er sich mit einem Mädchen aus gutem Hause und genoß eine ganz ansehnliche Stellung. Er schwindelte nun seinem Herrn vor, daß die Zubereitung des Steins der Weisen nichts anderes sei, als die Kunst, die rohen Metalle in kürzerer Zeit, als die Natur brauche, zur Zeitigung zu bringen. Der Fürst ließ in den Bergwerken auf dem Harz ein Laboratorium errichten. Nach

[1] Über Johnson vgl. die oben p. 232 Note 1 angegebenen Werke, ferner Bauhütte 1885, 87 ff., 163 ff., 1890, 65 ff., 86 ff., 100 ff.

einiger Zeit meldete Johnson, eine große Quantität Silber und Gold sei zur Reife gebracht worden, aber es sei so fein, daß es mit geringerem Silber und Gold versetzt werden müsse. Natürlich gab ihm sein Herr das gewünschte, worauf sich der Spitzbube auf die Beine machte. Der Fürst eilte ihm nach, nahm ihm den Raub wieder ab und ließ ihn mit einer Tracht Prügel laufen.

Während seiner Glanzzeit hatte Johnson die Loge zu den drei Rosen in Jena besucht. Dort tat er sehr geheimnisvoll und weihte einige der älteren Brüder in einen vierten Grad ein, den er Sublime (Rosenkreuzergrad) nannte. Diese Jenaer Brüder halfen ihm nun zur Flucht nach Altona. Hier hatte er die Frechheit, sich beim Erbprinzen von Anhalt-Bernburg, der in Dänischen Kriegsdiensten stand, als Württembergischer Oberst zu präsentieren und den Sohn, wie vorher den Vater, um eine große Summe zu betrügen. Nebenbei beschwindelte er einen Hamburger Juden um 30,000 Dukaten. Der Erbprinz und die Stadt Hamburg fahndeten auf ihn; man wollte ihn in die Festung Rendsburg einsperren, doch er entkam. Mit Hilfe der geretteten Beute konnte er einige Zeit leben. Er erneuerte nun die 1758 in Jena mit dem Württembergischen Rittmeister Franz von Prangen gemachte Bekanntschaft. Dieser war als Kriegsgefangener in Magdeburg interniert gewesen und der dortigen Militärloge La Parfaite Union beigetreten. Er hatte offenbar eine dem Johnson verwandte Ader des Leichtsinns in sich, weshalb sich die beiden bald verstanden. 1763 erschien Johnson mit seinem Getreuen in Jena. Je größer die Dreistigkeit und der Hokuspokus, um so leichter konnten die Leichtgläubigen betrogen werden. Johnson stellte sich den Jenaern Brüdern als Georg Friedrich von Johnson, Eques a Leone magno, Großprior des höchsten, wahren und verborgenen Großkapitels der ganzen Welt vor, berufen, „die Logen in Deutschland nach dem Templerbrauche zu reformieren und den in Finsternis irrenden Deutschen Brüdern das wahre Licht zu zeigen,“ indem er durchblicken ließ, daß ihm die Kunst eigne, unedle Metalle in Gold zu verwandeln. Im Sturm hatte er die Jenaer erobert, und sie verehrten ihn wie einen Gott. Es waren nicht etwa untergeordnete Leute aus dem Handwerker- oder Kaufmannsstande, vielmehr hochgebildete Männer, Professoren, Juristen, Theologen etc. In Jena richtete er nun ein Priorats-Kapitel mit großer Pracht ein und trieb kolossalen Aufwand auf Kosten seiner Anhänger, indem er in wenigen Wochen 15,000 Thaler verjubelte. Man lud den Rosa, welchem doch Johnson durch die Mitteilungen Prangens sein höheres maurerisches Wissen verdankte, nach Jena vor; er erschien und wurde mit der größten Brutalität behandelt. Johnson sagte ihm, er sei ein Mensch, der keinen Lehrlingsteppich zu erklären verstünde. So dupierte ein Schwindler den andern. Johnson erklärte das Berliner Kapitel als ein unrechtmäßiges, und er ließ die von demselben eingesandten Patente und Akten zerreißen; am 6. November 1763 wurden sie unter dem Schalle der ritterlichen Feldmusik der Trompeten durch die dienenden Brüder mit Füßen getreten und dann verbrannt. Gegen andere Logen verfuhr er ähnlich, wobei sich dieser Mensch einer pöbelhaften Sprache bediente. Die vorhandenen Briefe bekunden seine völlige Unbildung. Dennoch lokte dieser neue Rattenfänger die Toren scharenweis nach Jena. Die von Berlin aus errichteten Kapitel schickten gehorsam ihre mit allegorischen Bildern verzierten Diplome ein; von allen Seiten kamen Deputierte, die mit Saus und Braus empfangen und dann in den neuen Orden aufgenommen wurden. „Schicken Sie," schrieb Dr. Meuder, Deputierter der Loge zu den drei Granatäpfeln in Prag an seine Loge, „Deputierte nach Jena, so werden Sie nicht Schafhäute (Pergamente), wohl aber Realien zu Ihrer Befriedigung erhalten." Nicht nur die Kapitel seien falsch, sondern auch die Schottischen und die Johannislogen. Man bedauerte die Deputierten, daß ihre Logen durch die Betrügereien der Berliner in große Unkosten gestürzt und daß sie statt wahrer und wichtiger Geheimnisse mit törichten Zeremonien, Träumereien und allerlei Spielwerk unterhalten worden seien. Was erhielten sie aber jetzt dafür in Jena? Sie wurden zu Knappen und Rittern gemacht, ohne viele Umstände und Zeremonien, aber gegen tüchtige

Bezahlung. Johnson nahm jeden Einzelnen unter vier Augen vor und versprach ihm je nach seinem Charakter entweder Rang oder Reichtum oder chemische Kenntnisse. Es ist unglaublich, was alles dieser Kerl den Leuten vorzuschwindeln wagte, und sie glaubten ihm. Der Konsistorialrat Gräfenhahn hielt Johnson für den größten Menschen unter der Sonne, selbst der Engel Gabriel könne sich nicht rühmen, so hohe Kenntnisse zu haben, wie er. Er wußte die Macht des Ordens recht anschaulich zu schildern; der Provinzial von Hund kommandiere im geheimen 26,000 Mann u. s. w. Es sei auf die Eroberung Cyperns abgesehen, wobei England seine Unterstützung zugesagt habe. Der strengste Gehorsam und Geheimhaltung mußten angelobt werden, und Johnson unterwarf seine Getreuen einer scharfen militärischen Disziplin und duzte sie alle. Das Kapitel versammelte sich immer um Mitternacht, und die Ritter mußten bei diesen Versammlungen im Brustharnisch, mit Stiefeln und Sporen erscheinen und jedem Wink bereit sein. Allein, seine Weisheit ging allmählich zu Ende, denn die Brüder wurden es schließlich müde, sich schröpfen zu lassen und verlangten stürmisch die versprochenen Aufschlüsse. Da bot sich ihm in der Person des Freiherrn Hund, der im Besitz der Heermeisterwürde war, eine Rettung.

Hund hatte nach dem Hubertusburger Friedensschluß in Unwürde sein Kapitel wieder ins Leben gerufen. Als er nun von dem Treiben des Großpriors in Jena Nachricht erhielt, war er erstaunt darüber und geriet in Zweifel über seine angemaßte Würde. Trotz aller Warnungen knüpfte er Verbindungen mit Johnson an, denn dieser verfügte über 10 Kapitel, während er außer der sehr unbedeutenden Loge in Unwürde nur noch der Loge zu den drei Palmen in Dresden befahl. Kurz, Hund erkannte Johnson und sein Kapitel in Jena an, wogegen die Ritter in Jena in der Nacht vom 11. auf den 12. Februar 1764 in Ritterkleidung dem Heermeister von Hund feierlichst Obedienz leisteten. Die stürmischen Dränger verwies Johnson an die große Union und um Schrecken einzuflösen ließ er den Ritter von

Strodzky als Verräter verhaften und über vier Monate lang gefangen halten, ein abgekartetes Spiel. Im Mai begab sich Johnson mit seinen Rittern nach Altenberge in Sachsen-Altenburg, wo ein großer Kongreß abgehalten werden sollte. Bis Hund anlangte, wurde fleißig Ritterspiel gehalten. Johnson spiegelte seinen Getreuen vor, er würde von verschiedenen Fürsten, darunter Friedrich dem Großen, verfolgt; sie mußten daher vor seiner Schlafkammer mit gezogenem Schwerte Wache halten und fleißig patrouillieren, bei Nacht im Sturm und Regen durch die Thüringischen Wälder schweifen oder bei plötzlich gemachtem Alarm aus den umliegenden Quartieren gerüstet zu Pferde erscheinen; wer nicht gehorchte, erhielt Arrest. So durchhallten die Thüringer Berge von dem Halloh der neuen Don Quixote, und es muß einen unsäglich lächerlichen Anblick gewährt haben, wenn man Professoren der Theologie mit schweren Reiterstiefeln, den Raufdegen umgeschnallt, herumstolpern sah.

Am 26. Mai traf endlich Hund mit seinen Freunden in Altenberge ein. Jetzt erklärte Johnson, die Freimaurerei sei nur die Fortpflanzung des Tempelritterordens, und erzählte dann die uns bekannte Legende. Er bezeichnete sich als Abgesandten der Ordensobern, um die Deutschen Brüder auf den richtigen Weg zurückzuführen. Hund bestätigte die Aussagen Johnsons und huldigte ihm knieend; dabei trug Hund eine so schwere Rüstung und einen solch prunkvollen Ornat, daß er von zwei Rittern unterstützt werden mußte. Hund war durch den Oberstleutnant von Pracht aus Prag über die Schwindeleien Johnsons genau unterrichtet worden, allein er bedurfte dessen Unterstützung, da er arg verschuldet, mit dem Plane umging, sein Rittergut um 50,000 Thaler an den Orden zu verkaufen. Aus den Revenuen des Gutes sollten alsdann der Heermeister jährlich 1000 Thaler Rente, der Visitator generalis 600 Thaler, der Sekretär 200 Thaler etc. erhalten. Ferner wurde ein Plan ausgeheckt, der die Brüder samt ihrem Vermögen vollständig der Gewalt der hohen Oberen überliefert haben würde. Jeder Novize sollte sich verpflichten, sein Vermögen nach seinem Tode dem Orden zu vermachen etc. Doch erhob sich gegen diese tolle Idee Widerspruch, der Plan wurde zunächst fallen gelassen, um später in anderer Form wieder aufgenommen zu werden. Unterdessen intriguierte man lebhaft gegeneinander. Johnson suchte Hund durch kriechende Schmeicheleien zu gewinnen, während er andere Brüder durch schamlose Brutalität in Unterwürfigkeit hielt. Doch die Eintracht ging bald in Stücke. Man stieg dem Johnson zu Leibe und warf ihm seine Lügen vor. Darauf wurde er dermaßen grob und unverschämt gegen Hund, daß dieser ihn mit Degen und Pistolen bedrohte. In diesem kritischen Momente verließ den Schwindler sein tolldreister Mut. Er versprach Belege für seine Legitimation herbeizubringen und erbat sich dafür 24 Stunden Frist, die er benutzte, um zu verduften. In Nürnberg wollte er nochmals seine gewohnte Rolle spielen, die dortigen Brüder waren jedoch gewarnt. Dann tauchte er in Schaffhausen auf, von wo aus er Drohbriefe an von Prangen schrieb. In Worms wartete er in eitler Hoffnung, seine Getreuen würden ihn holen. Da niemand sich um ihn bekümmerte, so trat er von neuem die Wanderung an, in der Hoffnung, bei den Brüdern in Jena Unterschlupf zu finden. Allein der Zorn und die Erbitterung waren zu groß; durfte es doch Dr. Teychmeyer längere Zeit nicht wagen, seine Wohnung zu verlassen, weil die Studenten ihn verhöhnten. Dennoch erschien Johnson in Jena, wurde aber sofort verfolgt und auch seine Frau wurde weggewiesen. Sie wäre mit ihren Kindern im Elend verkommen, wenn sich ihrer nicht einige Brüder angenommen hätten. Johnson wurde nun wie ein Wild gehetzt und endlich am 24. Februar 1765 in Alsleben im Herzogtum Anhalt-Dessau auf Veranlassung des Weimarischen Ministers von Fritsch durch Preußische Soldaten verhaftet und an Weimar ausgeliefert. Er wurde auf die Wartburg geschafft, wo er zehn Jahre lang bis zu seinem Tode, den 13. Mai 1775 in Luthers Stube gefangen gehalten wurde, ohne Verhör und Urteil, ein trauriger Beleg für die damalige Willkür in den Deutschen Kleinstaaten. Denn im Zeitalter des Despotismus galt der brutale Willen des Fürsten beziehungsweise des Ministers alles, Gesetz und Rechte nichts. Auch im Gefängnis verleugnete Johnson seine Verbrechernatur nicht, und er fuhr fort zu lügen und zu prahlen.

Wir sind bei Johnson länger verweilt, nicht weil er eine bedeutende Persönlichkeit war, sondern weil er für seine Zeit eine typische Erscheinung ist und weil er Erfinder eines maurerischen Systems war, das zum Teil bis auf den heutigen Tag existiert. Denn dem Johnson war es gelungen, eine straffe Organisation zu schaffen. Von Altenberge nach Unwürde zurückgekehrt, hatte Freiherr Hund alle Hände voll zu tun, um den zahlreich sich anmeldenden Logen die Konstitutionen, Rituale und Instruktionen ausfertigen zu lassen. Zunächst wurde teils auf Grundlage historischer Reminiszenzen, teils auch rein willkürlich die ehemalige territoriale Einteilung des Templerordens wiederhergestellt. Darnach zerfiel Europa in neun Provinzen: I. Arragonia. II. Albernia (Auvergne). III. Occitania (Languedoc). IV. Legio (Leon). V. Burgundia. VI. Britania (Bretagne). VII. Germania inferior ad Albim et Oderam. VIII. Germania superior ad Danubium, Padum et Tiberim. IX. Grăcia et Archipelagus. Diese Einteilung erlitt später einige Abänderungen. Von den neun Provinzen traten tatsächlich nur die II., III., V., VII. und VIII. ins Leben und vollständig organisiert wurde nur die VII.[1] Jede Provinz erhielt ein Wappen und eine Devise. Sie zerfielen wieder in vier Diöcesen oder Subpriorate und diese wieder in Präfekturen. Das Ritual beruht auf dem Clermont'schen bez. auf dem Rosa'schen System. In diesem dienten die drei Johannisgrade, oder auch blaue Grade genannt, nur als Vorstufen zur höheren Maurerei. Dann folgt der Schottische Meistergrad. Diesem liegt die Idee zu Grunde: der Tempel Salomons ist zerstört, die Logen sind verderbt. Da ist es die Aufgabe der Schottischen Meister, den Tempel wieder aufzubauen. Weil die Hoffnung auf das Gelingen dieses Werkes die

[1] Über ihre Einteilung und ihren Personalbestand vgl. Verzeichnis sämtlicher innern Ordensbrüder der Strikten Observanz (von Merzdorf). (Hamburg 1846). 4°. 163 Seiten.

Brüder belebte, so war die Farbe dieses Grades grün. Und weil Schottische Meister das Geheimnis entdeckt hatten, war der Schutzpatron Schottlands, der h. Andreas, zugleich auch Schutzpatron der Schottenloge. Die Schottischen Meister erhielten Vorrechte in den blauen Logen eingeräumt. Sie durften gleich dem Stuhlmeister bedeckten Hauptes und bewaffnet eintreten und vorgekommene Fehler rügen. Jeder Schotte konnte Freimaurer ernennen und ihrer vier eine Loge gründen. Sie versammelten sich im Kapitel ⊠, das als das Direktorium der blauen Logen galt. Darüber erhoben sich noch drei Grade 1) Maître élu oder Chevalier de l'aigle. 2) Chevalier illustre oder Templier. 3) Chevalier sublime. Der Grad des Maître élu ist ein rosenkreuzerischer, der Maître élu und der Chevalier illustre sollen an dem Mörder Hirams Rache nehmen. Im Chapitre sublime genießt der Chevalier den Lohn für seine Lebensarbeit und Tugend, und er beschäftigt sich mit Metaphysik. Rosenkreuzerische und templerische Tendenzen flossen also hier zusammen. Johnson änderte dieses Systems und auch später noch erlitt die Strikte Observanz Wandelungen. Hund träumte anfangs von einer Wiederherstellung des Tempelherrenordens. Bald aber sah man die Absurdidät dieser Idee ein und nun behauptete man, der Orden der Tempelherren hätte geheime Wissenschaften besessen. Darum eben trieb man Alchemie. Die Strikte Observanz — so genannt im Gegensatz zur laten Obervanz, d. h. aller Logen, die sich diesem System nicht anschlossen — zerfiel in die drei Johannisgrade, in den Schottengrad und den Innern Orden (I. O.) Dieser bestand aus dem Novizengrad und dem Grade des Tempelritters. Dazu kam später noch der Grad eines Eques professus, der indes nicht allgemein anerkannt wurde. Der Rittergrad hatte drei Stufen, nämlich die des Armiger oder Knappen, für solche, die man nicht zu Rittern machen wollte; die des Socius et Amicus Ordinis, für Fürsten, denen man nicht unbedingten Gehorsam auferlegen konnte und für Freimaurer, die dem Orden nützlich waren, endlich die Stufe des Eques. In diesem System wurde der Schottengrad dahin abgeändert, daß der Aspirant der Ermordung Hirams verdächtigt, aber dann begnadigt wurde; denn Hiram ist nicht tot, sondern erwacht und ist im Begriffe als Notuma aufzustehen. Notuma ist lediglich ein Anagramm von Aumont, der, wie der Aspirant im Novizengrad erfuhr, der Nachfolger J. Molays war. Der Novizengrad war sehr einfach; hier vernahm der Einzuweihende bloß, daß die Erhaltung des Templerordens Zweck des Freimaurerordens sei. Erst im Rittergrad erhielt er näheren Aufschluß über die Geschichte des Templerordens und seiner Schicksale nach Ermordung des Jakob Molays, eine unglaublich langweilige, fabelhafte und blödsinnige Erzählung mit einigem gelehrten Anstrich. Nach Anhörung dieser langen Lektion[1] wurde der Unglückselige als Ritter eingekleidet und erhielt knieend den Ritterschlag und darauf einen Lateinischen Ritternamen nebst Devise. Dieser Rittergrad war der eigentliche Orden, der als Kapitel das Ganze regierte und der von den untern Graden unbedingten Gehorsam heischte, ohne ihnen Rechenschaft schuldig zu sein. Es gehörte viel Geduld und viel Geld dazu, um in den innern Orden zu gelangen, und die Brüder wurden gehörig geschröpft. Denn schon die Zurüstungen zu den Kapiteln waren umständlich und kostspielig.[2] Man wollte eben durch diese Prachtentfaltung auf

[1] Diese Instruktion zählt in dem der Basler Loge gehörigen Exemplar 60 Seiten in Quart.

[2] Für die Zeremonie einer Einkleidung eines Ritters bedurfte man fünf Zimmer. Die Kleidung eines Ritters bestand 1) aus dem Waffenrock von weißem Leder mit rotem Zeug gefüttert; 2) aus einem kurzen Rock, Chlamys genannt, von weißer Leinwand; 3) aus einem langen Mantel von weißer Leinwand; 4) aus dem Ordenskreuz, das auf der Brust getragen wurde; 5) aus dem goldenen Ring; 6) aus dem Ordensdegen; 7) aus einer Schärpe von weißer Seide; 8) aus einem Hut mit Feder und Hutschleife; 9) aus Stiefeln aus schwarzem Safian mit zitronenfarbenen Aufschlägen; 10) aus goldenen Sporen und 11) aus weißen rotgestickten Handschuhen. Schubart vertraute dem D. Lavater in Zürich das H. O. Buch an, das derselbe eigenhändig abschrieb. Großfolio in rotem Safian gebunden mit einem Geheimschloß. Dieses interessante Buch enthielt u. a. 1) Regula Pauperum Comilitonum Christi Templique Salomonici, deutsch und lateinisch; zu den meisten Artikeln bemerkt Lavater mit roter Tinte: „Läßt sich heut zu Tage nicht anwenden.“ 2) Liste der Ordensprovinzen samt ihrem Wappen.

die Phantasie einwirken. Aber auch durch materielle Vorteile suchte man die Mitglieder an den Orden zu fesseln. Die Beamten, welche ihre Zeit und Kraft dem Orden widmeten, sollten besoldet werden. 1764 wurde der Plan zur Errichtung einer Pensionskasse genehmigt. Joh. Chr. Schubart, der fähigste Kopf unter den Helfern Hunds, der später sich als Landwirt rühmlichst ausgezeichnet hat und zur Belohnung den Adelstitel „von Kleefeld" erhielt, arbeitete einen neuen ökonomischen Plan aus, der 1766 genehmigt wurde. Danach hatte jeder Ritter Anspruch auf eine Pension, die aus einem Kapital bezahlt werden sollte, das durch die Rezeptionsgelder (350 Thaler für jeden Lehrling) gebildet wurde. Dieser Plan, wie die andern Projekte Schubarts und Hunds zerrannen in ihr nichts. Doch die Organisation der Logen machte Fortschritte, und es kam nun zu einer größeren Einheit der Arbeitsweise der Logen; ein nicht geringer Fortschritt gegenüber der früheren Zerfahrenheit und Willkür. Der Tapis wurde jetzt gemalt und nicht mehr wie früher auf den Boden gezeichnet. Man liebte es jetzt, die Logenräume mit Sinnsprüchen zu verzieren. Auch die Rituale der Johannisgrade erhielten eine Erweiterung und Vertiefung der Symbolik. Wohltätigkeit wurde reichlich geübt, und mancher Maurer suchte auch im gewöhnlichen Leben die maurerischen Tugenden zu betätigen. Das fruchtbare maurerische Leben spielte sich doch vornehmlich

---

3) Auszug aus der Geschichte des Ordens nebst Verzeichnis der Heermeister, von denen ich nur die vier letzten anmerke:

1695. Eques ab Oceano † 1717.
1717. Eques a Leone aureo † 1732.
1732. Eques ab Unione † 1743.
1743. Eques a Sole aureo.

4) Von den Konvocationen dieser Kapitel und Ordens-Konvente. 5) Von deren Titulaturen etc. 5) Vom Rang und von der Titulatur. 6) Abbildungen der Ordensringe und Ordenskreuze. 7) Ordensfeste. 8) Von dem Ceremoniell bei Todesfällen. 9) Officium Defunctorum (lat.). 10) Von dem Ceremoniell, so bey dem großen und kleinen Bann auch der Degradation gebraucht wird. 11) Ceremoniell bey der Tafel. 12) Von denen Ceremonien, welche in denen Frey Maurer Logen . . . zu beobachten. 13) Über die Praefecturen, Praebenden. 14) Über die Novitz Scheine. 15) Der Ökonomische Plan.

in den drei Johannisgraden ab; was in den obern Graden getrieben wurde, war ein törichtes Spiel. Flunkerei war auch die maurerische Zeitrechnung. Man rechnete nämlich den Bestand des Freimaurerordens vom Tode Molays an, also 11. März 1314. Der 12. September 1893 würde z. B. nach dieser Zählung der 1. September 579 sein. Auch die Chiffrenschrift gehört dahin.

Es wurde nun eifrig für dieses System Propaganda gemacht, wobei vorzüglich Schubart (Eques a Struthione) tätig war. Dieser sparte nicht mit lockenden Bildern, aber auch nicht mit Drohungen, indem er Logen, die sich dem System der Strikten Observanz nicht ergeben wollten, einfach für unecht erklärte. Die Unterwerfung geschah durch eine Obedienzakte, wonach die aufgenommene Loge den strengsten Gehorsam zu leisten gelobte, ohne alle Ausnahme, und sich allen Strafen willig und ohne Widerstand zu fügen.[1] Bode führt die Verpflichtung strengsten Gehorsams auf jesuitische Umtriebe zurück. Viele Brüder wurden dadurch stutzig gemacht. Auch die großen Anforderungen an den Geldbeutel erregen Bedenken und Mißtrauen, so daß derselbe vertraute Bruder mit Recht fragen konnte, ob denn der Orden ein begründetes Recht habe, die Brüder Freimaurer als kontribuable Menschen zu behandeln. Dieser besonnene und hochgebildete Mann begleitete Schubart auf einer Reise durch die Sprengel der VII. Provinz, um den Brüdern den ökonomischen Plan mundgerecht zu machen. Nicht ohne Interesse sind die Beobachtungen, die Bode bei dieser Gelegenheit machte.[2] „A Struthione, wenn er, wie er oft und gern tat, in der Versammlung der vier ersten Grade entweder bey Aufnahmen oder andern Veranlassungen öffentlich redete, pflegte unter allegorischen Bildern und sinnbildlicher Sprache von Gewalt und Macht des Ordens und von der hohen Glückseligkeit, die er seinen folgsamen Gliedern gewähre, den Eifer der Brüder durch eine hoch-

[1] Das Formular der Obedienzakte ist abgedruckt bei Keller, Geschichte der Freimaurerei in Deutschland p. 135 f.

[2] S. das schon angeführte Gutachten Bode's vom J. 1780.

gespannte Erwartung zu beseelen." Auf die Vorwürfe Bodes meinte Schubart, daß er mit Absicht große Erwartungen erwecken wolle, um Begierde zum Avancement einzuflößen. „Es kömmt mir vor," fügt Bode hinzu, „als ob nachher alle aufgetretenen Lehrer neuer Ordensgeheimnisse eben diese Verfahrungsart adoptiert haben und daß sie, weil sie wissen, daß sie zu Personen reden, die an eine symbolische Sprache gewöhnt worden, ihr Arcanum, welches sich nach meiner festüberzeugten Meinung auf bloße historische Facta reduzieren muß, in eine solche mystische Sprache einkleiden, wohinter man Gott weiß, was für Geheimnisse vermuten kann, die sie aber am Ende zu unserer großen Verwunderung sehr simpel erklären würden, wenn es zur gemeinen buchstäblichen Explikation käme."

Wie meisterhaft Schubart zu flunkern und empfängliche Gemüter einzuspinnen verstand, zeigt sich aus seiner Korrespondenz mit Dr. Diethelm Lavater, Präfekten der rektifizierten Loge Modestia in Zürich, einem begeisterten Freimaurer, der aber nie sich zur vollen Klarheit ihres Zweckes durchringen konnte.[1] Am 18. Juli 1772 spricht sich Schubart über die verschiedenen Fragen und Zweifel Lavaters scheinbar offen aus. „Ehe ich das System des Freimaurerordens kennen lernte, hatte ich 23 teils in Frankreich, teils in Schweden, teils durch andere fruchtbare Genies erfundene Grade erhalten, die sich teils mit mystischen, teils mit alchemistischen Dingen, teils mit Religions-Meinungen entwickelten; aber alle waren lächerlich, teils ohne Fonds und Zweck, einige aber gefährlich. Die Freimaurerei ist einmal da, sie hat eine Menge Leute teils zum Narren, teils arm gemacht, die was anderes darinne gesucht haben, was nicht darinne gewesen und nie darinne zu finden sein wird. Man hat daher für gut befunden, rechtschaffenen Leuten das wahre Geheimnis, nämlich Entwickelung und Geschichte zu eröffnen, teils damit sie nicht auf Irrwege geraten, teils damit, wenn in der Freimaurerei die Brüder moralisch gebildet werden, und alle ordent-

[1] Vgl. Boos, Handbuch p. 334 ff.

lich Freundschaft ausgeübet, sie durch nähere Verbindung im Hohen Orden desto eher imstande sein mögen, für andere Leute, die keine Verbindung zu guten Endzwecken haben, rechtschaffene Absichten, die ihnen Ehre machen und auf die Länder, wo sie sind, passen, zu erreichen. Wer diesen Leuten etwas anderes vorbilden will, ist entweder ein Windbeutel, ein Sophist oder ein Betrüger. An allen drei Sorten von Menschen hat es nie gefehlet und solche gibt es häufig, die immer mehr wissen wollen, als andere Leute.“ Schubart gesteht ein, beim Heermeister oft im Laboratorium gearbeitet zu haben. „Mich kostet die Chemie oder vielmehr die Alchemie mehr als 1000 Dukaten. Ich habe stets mit Brüdern von verschiedenen hohen Graden, mit Rosenkreuzern, Schlüssel-, Schwertbrüdern, Elus, Illustres und Sublimes gearbeitet. Sie wußten aber nichts, und ich lernte nichts als Kunstgriffe, wodurch ich hinreichend überzeugt worden, daß ein vernünftiger Mann Ursache habe, dieses Geschäft als die Pest zu fliehen, weil es ihn nach und nach arm macht und von nütztlichen Geschäften abhält.“ Allein, trotz dieser Erfahrungen glaubt Schubart an die Möglichkeit, Gold zu machen, und Lavater stimmt ihm bei. „Möglich ist, daß es Brüder gebe, die noch besondere Geheimnisse besitzen. Ich kenne aber dergleichen nicht, und da ich so oft hinter das Licht geführt worden bin, so bin ich gar zu mißtrauisch geworden.“ Schubart empfiehlt dem Lavater, rechtschaffene Männer der drei ersten Grade in die Loge zuzulassen, die Türe des vierten aber noch verschlossen zu halten. Er schlägt ihm vor, er solle ihm Gehorsam und Gefolgsamkeit leisten. „Vor der Hand errichten wir eine Präfektur. Sind Sie stärker in hohen Ordensbrüdern geworden, und Sie könnten noch eine Präfektur in Bern, Genf, Basel oder wo es ist errichten, so werden Sie ein Sub-Priorat. Haben Sie nur 12 alte, recht sehr würdige Brüder, die Sie aus dem Grunde für redlich und eifrig haben kennen lernen, die sich mehr Verdienste als andere Ihrer Brüder erworben, die alle Zeremonien und Verfassung inne haben, so errichten Sie ein neues Heermeistertum.“ Er möge ihn zum Heermeister erwählen oder, wenn er einen andern als Heermeister vorziehe, wenigstens zum Ordens-Marschall oder Prior. Ihr Heermeistertum ist rechtmäßiger, als das der VII. Provinz. Dieses neue Heermeistertum könne außer der Schweiz ganz Italien umfassen. Anfang 1773 schickte Schubart dem Lavater das große Ordensbuch zum Abschreiben und erteilte ihm das Recht, Komture zu ernennen, und Vollmacht, Brüder in den innern Orden einzuführen. Dem Bruder a Libertate (Andreas Buxtorf von Basel) möge er den Ritterschlag erteilen. Er referierte ausführlich, wie ein Bruder in den Orden aufgenommen werden müsse, und gibt Aufschluß über alle dabei in Betracht kommenden Zeremonien.

Am 28. April 1773 wünschte er Lavater Glück zur ersten Ordensarbeit. „Die göttliche Fürsicht gebe, daß sie zu seiner Ehre und dem Besten aller Brüder ja aller Menschen gereiche.“ Er warnt ihn vor Schwärmern. „Das sind die Betrüger, welche bald unter der Larve der Religion, bald Chemie, bald Magie etc. Leute irrig und gar abtrünnig machen; unter ersterer betrog Rosa, unter zweiter Johnson und unter dritter der elende Kaffeeschenker Schrepfer. Am besten ist es, wenn Zürich und Basel eine Präfektur ausmachen. Später kann man sich ja teilen. Lavater soll Präfekt und Buxtorf Komtur werden; letzterer darf nur mit Erlaubnis und in Lavaters Namen Brüder in den innern Orden aufnehmen. Er verspricht, ihm die Rituale des Schwedischen Systems zu schicken. Das Kapitel soll er vorläufig geheim halten und das Wort Strikte Observanz vermeiden; sagen Sie, sie seien Hamptoncourtische Brüder, das verschafft Ihnen Respekt. Der Heermeister ist zu sehr verhaßt und er hat seine Würde usurpiert. Nach dem Englischen Konstitutionenbuch ist eine Loge, wo sieben Meister, zwei Gesellen und zwei Lehrlinge sind, ohne Konstitution giltig. Über den hohen Orden kann niemand urteilen, wer ihn nicht kennt. Der ist unabhängig von der Freimaurerei, und da er ein geistlicher Orden ist, so muß er Obere haben und diese können die Brüder wählen, wie die Kapuziner ihren Provinzial und General. Am 4. Juli 1774 sucht Schubart die Zweifel Lavaters nochmals in einem langen Briefe zu widerlegen und zu zerstreuen. Schrepfer, Zinnendorff etc., sie alle sind Betrüger und der Freiherr von Hund ein Don Quixote. Er, Schubart, sei rechtmäßig gewählter und eingeweihter Visitator generalis und Prior Domorum, ein Glied des Consilii und Provinzialkapitels, folglich ein Großoffizier des Ordens, mit der Befugnis, Provinzen zu etablieren und restituiren. Am 29. März 1775 berichtet Schubart: Zinnendorfs Schisma ist Ihnen bekannt. Weil er dem König vorgebildet, daß durch den Orden viel Geld in sein Land gezogen würde, ist er privilegieret worden. 18 Dukaten kostet bei ihm ein Logen-Patent, der dritte Teil von allen Rezeptionsgebühren, sowie ein jährlicher Johannisdukaten von allen Brüdern . . . Das ist Geld! Er hat eine Loge Voyagere gestiftet. Dieser ist es geglückt, den Herzog (von Sachsen-Gotha) in Gotha, wo sich die Truppe jetzt befindet, aufzunehmen. Der Herzog ist, wie alle neuen Maurer, davon charmieret und hat an die Altenburgischen Brüder geschrieben und Ihnen den Wunsch geäußert, sie möchten sich mit dem Zinnendorfschen System konformieren.[1] Er (Schubart) reise nun nach Altenburg, um dort zwei Brüder und den Herzog in den Hohen Orden aufzunehmen. „Dieser Fürst ist Protektor Evangelii Helvetiae. Es würde diesen Herrn ungemein charmieren, wenn Sie ihn sodann zu Ihrem Heermeister wählten und machten etliche von seinen Ministern zu S. P. und Prov.-Capitularen etc.“ Das Kapitel möge Schubart zum Prioren machen; er würde dann sogleich resignieren und Lavater solle an seiner Stelle Prior und a Libertate Subprior werden. Lavater konnte sich aber von der Vorstellung nicht trennen, daß der Freiherr von Hund der Stifter des Ordens sei und daher einige Rücksicht verdiene.

Trotz seinem zweifelhaften Ursprung wäre das System der Strikten Observanz ein Fortschritt gewesen, wenn nur die hohen Ordensbrüder hätten Frieden halten können. Allein Ehrgeiz und Neid arbeiteten geschäftig gegeneinander; kaum geeint

---

[1] Vgl. Die s. Johannisloge Archimedes etc. Denkschrift. Altenburg (1842) p. 6 f.

entstanden neue Trennungen, und der Schöpfungstrieb brachte fast jedes Jahr neue Geheimnisse und neue Systeme zu Tage, wie z. B. die Asiatischen Brüder, die Afrikanischen Bauherrn u. s. w., die meist ebenso rasch wieder verschwanden, wie sie entstanden waren. Es hat keinen Zweck, das Wesen dieser Eintagsfliegen näher zu betrachten; sie haben für die Geschichte genau so viel Wert, wie für die Botanik die durch die Kunst des Gärtners geschaffenen Variationen der Rosen und Nelken. Alle diese Erfinder neuer Systeme und Gründer neuer Orden gaben vor, aus uralten Papieren geschöpft zu haben, aber gerade in diesen Fiktionen, die sich angeblich auf die Geschichte stützen, offenbart sich der unhistorische Geist des Zeitalters. Man heischte Respekt für die Überlieferung der Vorzeit und man sprang dann mit den Tatsachen der Geschichte in frechster Weise um. Einer der gescheitesten Erfinder maurerischer Systeme ist J. A. Starck gewesen, der 1816 als Oberhofprediger und Freiherr in Darmstadt gestorben ist. Er wurde verdächtigt, insgeheim Katholik zu sein, und in der Tat zeigen seine maurerischen Systeme, wie auch seine Schriften ein intimes Vertrautsein mit den Gebräuchen und Institutionen der katholischen Kirche. Aber das lag damals gewissermaßen in der Luft. Er ist der Erfinder des Klerikats, einer Variante des Systems der Strikten Observanz, indem er die Lücken dieses Systems scharfsinnig erkannte und sie geschickt ausfüllte. Er trat mit dem Freiherrn Hund in Verbindung, der unbelehrt von allen Erfahrungen, begierig nach neuen Geheimnissen haschte. Als aber Starck Geld von ihm wollte, zog er sich von ihm zurück. Aus Rache schrieb Starck einen satyrischen Roman, in dem er die Strikte Observanz lächerlich machte.[1] Ebenso kurzlebig war das Projekt der Gründung der „Deutschen Union der XXII," das der von Goethe so scharf gezüchtigte Doktor der Theologie K. Fr. Bahrdt[2] 1788 ausgeheckt hat.[3]

[1] Saint-Nicaise oder eine Sammlung merkwürdiger maurerischer Briefe etc. Frankfurt 1785. Dagegen schrieb Keßler von Sprengseisen den Anti-Saint-Nicaise. Über das Klerikat vgl. Latomia XXIX, 1 ff.

[2] Pater Brey etc.

[3] S. Latomia XXI, 30 ff. 127 ff. 221 ff.

Die Streitigkeiten und Eifersüchteleien der maßgebenden Persönlichkeiten der Strikten Observanz hatten schließlich das Ansehen des Heermeisters tief erschüttert. Denn Hund war nicht der Mann, sich Respekt zu verschaffen. Leute wie Bode bezweifelten das Alter der Rituale der Strikten Observanz, und sie bestürmten fortwährend Hund um Kundgebung seiner Legitimation und um Bezeichnung der unbekannten Obern. Zur Beilegung dieser Streitigkeiten und zur Aufhellung des freimaurerischen Geheimnisses fanden eine Anzahl maurerischer Kongresse statt: 1772 zu Kohlo, einem Schloße des Grafen von Brühl in der Nieder-Lausitz, wo eine Verschmelzung des Hundschen Tempelherrensystems mit dem Starckschen Klerikat zustande kam und wo Herzog Ferdinand von Braunschweig (a Victoria) zum Großmeister aller Schottischen Logen und zum Magnus superior Ordinis aller vereinigten Logen der VII. Provinz ernannt wurde; 1775 zu Braunschweig, wo Hund sich nochmals im Glanze seines Heermeistertums sonnen konnte; aber da es ihm nicht gelang sich vollständig zu legitimieren und Rechenschaft über die unbekannten Obern abzulegen, so erlitt sein Ansehen den letzten Stoß; er starb am 8. November 1776 und wurde in voller Ordenstracht der Tempelherren in Mellrichstadt begraben; 1776 zu Wiesbaden, wo der Schwindler Gugomos entlarvt wurde; 1778 zu Wolfenbüttel, wo der Herzog von Södermannland, Bruder des Königs Gustav III. von Schweden und Vicarius Salomonis, zum Heermeister an Stelle des verstorbenen Freiherrn Hund gewählt und zu seinem Koadjutor Prinz Karl von Hessen bestellt wurde. Aber die Hauptsache, die Einigung mit dem Schwedischen System, scheiterte. Der wichtigste dieser maurerischen Kongresse fand 1782 zu Wilhelmsbad bei Hanau statt, unter Vorsitz des Herzogs Ferdinand von Braunschweig, der von den Logen der II., V. und VII. Provinz beschickt wurde. Alle Welt war auf die Resultate dieses Kongresses gespannt, und freudig eilten die Brüder von Deutschland und Frankreich dorthin. Unter ihnen auch Diethelm Lavater aus Zürich. Dieser ernstgesinnte Mann war inzwischen auch mit dem Herzog Ferdinand von Braunschweig in Korrespondenz getreten. Bei aller Ehrfurcht vor dem Fürsten spricht er sich mit republikanischer Freimütigkeit über das, was beiden das Herz und Gemüt erregte, aus. Besonders interessant ist sein Brief vom 1. Januar 1780, worin er ein freimaurerisches Glaubensbekenntnis ablegt. Nachdem er in die vier ersten Grade eingeweiht worden sei, habe er die Entwicklung der Freimaurerei schon bestimmt vermutet, aber immer nur als schwache Bilder, als Schatten angesehen. „Mein Eifer, mein Durst, meine Hoffnung, Weisheit und nützliche Geheimnisse oder doch Wege zu solchen zu finden, war stärker, als die Gegenbemühungen verschiedener maurerischer Freunde.“ Auch die Einführung in den Hohen Orden durch den Ritter a Struthione (Schubart), habe ihn nicht befriedigt. Nach Hause zurückgekehrt, habe er keine Gelegenheit mehr gehabt, eine Loge oder ein Kapitel zu besuchen, jedoch um so eifriger die verschiedenen Systeme, Französische, Deutsche, Schwedische studiert, dazu theosophische, magische und chemische Schriften gelesen, besonders seltene Manuskripte. Dadurch wurde ich dem Orden wieder geneigter. „Ich betrachtete ihn da von der religiösen und moralischen Seite und da fand ich ihn, auch nach dem gegebenen Aufschluß der Strikten Observanz, äußerst wichtig, in demselben eine fast unerschöpfliche Fülle von Lehren der Weisheit, von ermunternden, tröstenden, stärkenden, warnenden Beispielen, die zum Heil, zur Besserung der Brüder, zum Besten der Menschheit, blos durch vernünftige Anwendung wirkend gemacht werden könnten.“ Die Geschichte der Freimaurerei sei eine Wiederspiegelung des Weltlaufes. „Da nun einmal die Freimaurerei noch existiert, so sehe ich die Logenzusammenkünfte zugleich als eine eigene Art, so unvermerkt dem menschlichen Herzen beikommen zu können, und als eine Gelegenheit und Schule der großen Wissenschaft der Menschenkenntnis, die Einrichtung von feierlicher Ordnung, verbunden mit der brüderlichsten Freimütigkeit als die schicklichste Gelegenheit, sich in der allen Männern, besonders aber Republikanern, die schon als

Bürger an der Regierung einen etwelchen Anteil haben und die größtenteils zur Regierung selbst gelangen werden, so nötigen und wohlanstehenden Kunst, über alle selbst unerwartet vorkommenden Geschäfte mit Freimütigkeit, Unerschrockenheit, Ordnung und gehöriger Anständigkeit öffentlich reden und raten zu können, zu üben, und so war mein einiger, wenigstens Hauptendzweck: wahre Bruderliebe, Ausbreitung geistlicher Religions-Ehrfurcht, Erhöhung des Geistes, Adel der Seele und Übung in Geschäften." Mit Eifer verhieß er seine Teilnahme an dem vom Herzog angeregten und 1782 nach Wilhelmsbad ausgeschriebenen Kongresse. In einem ausführlichen Gutachten bezweifelt Lavater die Entstehung der Freimaurerei aus dem Tempelritterorden, und er wirft die Frage auf, ob es nicht besser sei, der Welt endlich einmal die Wahrheit zu sagen: „daß ohngeachtet des vielen Schönen und Guten, das durch dieses Institut bewirkt worden, dennoch bei der nicht mehr existieren könnenden Hauptabsicht und bei dem entsetzlichen Mißbrauch, welcher mit der Maurerei verbunden ist, und der Gefahr, die aus fernerm Mißbrauch in seiner Fortpflanzung entstehen könnte u. s. w., solcher einmal seine Endschaft erreicht und aufgehoben werden müsse?" Wenn die Tempelherrengeschichte nicht das Geheimnis, nicht der Zweck der Freimaurerei ist, so fragt es sich, was ist er dann? Ist er Nachäffung alter wahrer Philosophie oder Folgen Englischer Revolution oder blos gesellschaftliches Vergnügen? blos Bildung des Jünglings zum politischen Leben? blos moralische Verbesserung? blos Wohltätigkeit? In seiner weitern Untersuchung kommt Lavater der Wahrheit ganz nahe. Die Bilder der drei Grade, „sowie alle Ceremonien etc. scheinen mir zu beweisen, daß der Maurerorden nicht sowohl wichtige Aufschlüsse und Geheimnisse über irgend einen wissenschaftlichen Gegenstand gebe, als vielmehr Mittel und Wege auf eine bald deutliche, bald verdeckte Art zeige, wie der Mensch solche erhalten könne, wie er wieder zu seiner ursprünglichen Würde und zu seinen ursprünglichen Kräften gelangen, wie er im vollkommensten Sinn wieder ein Tempel Gottes und Herr der Geschöpfe werden könne."

Zu Wilhelmsbad wurde die Strikte Observanz feierlichst zu Grabe getragen. Einer der schärfsten Köpfe, Freiherr von Ditfurth aus Wetzlar, erklärte: „daß die Beweise einer Abstammung der Strikten Observanz von dem Templerorden so beschaffen seien, daß man damit in jedem Gerichtshofe der Welt ausgepfiffen werden würde. Zweck des Ordens sei nicht eine Wiederbelebung des Templersystems, die lächerlich und kindisch wäre in einer Zeit, wo ein aufgeklärter Monarch (Kaiser Joseph II.) damit beschäftigt sei, die wirklich noch existierenden Orden aufzuheben; auch bliebe die Hoffnung eine schwärmerische, durch denselben in den Besitz übernatürlicher Kräfte zu gelangen.“ Endlich kam man durch Majorität zu dem Beschluß, daß der Zusammenhang mit dem Templerorden durch einen historischen Unterricht in einer besondern und letzten Klasse des Ordens, dem zugleich die Regierung der untern Grade zu übertragen und der Name der Ritter der Wohltätigkeit beizulegen wäre, erteilt werde. Die Rituale wurden nun neu bearbeitet. Das ganze System erhielt sechs Grade: die drei Johannisgrade, der Schottengrad, der Novizengrad und der Rittergrad. An die Spitze des Ordens trat Herzog Ferdinand von Braunschweig mit dem Titel: Generalgroßmeister. Br. von Virieu entwarf die Freimaurerregeln, welche Bode ins Deutsche übersetzte. Sie entsprachen den damaligen Anschauungen der Moralphilosophie und verpflichteten die Brüder zum Glauben an die Religion Jesu sowie zum unbedingten Gehorsam gegenüber den Obern.[1]

Unbefriedigt gingen die Brüder nach Auflösung des Kongresses auseinander und nur die Logen der V. Provinz (Burgund mit Inbegriff der Schweiz) hielten sich an die Beschlüsse des Kongresses gebunden. Ein wahrer Schwall freimaurerischer Literatur überflutete die Messen, des Gezänks war kein Ende, und vergebens gebot der Herzog von Braunschweig Schweigen.

---

[1] Diese Regeln wurden auch den Brüdern der Logen des Schottischen Direktoriums in der Schweiz in die Hand gegeben. 1813 veranstaltete man davon einen Neudruck.

Es ist ja heutzutage leicht, Steine gegen diese Schwärmer für das Rittertum und geheime Weisheit zu werfen, konnte sich doch selbst ein Lessing von diesem Wahn nicht freihalten. Indes gab es auch damals unbefangene Männer, die wie namentlich einige Brüder der Frankfurter Loge zur Einigkeit[1] die Triebfeder wohl erkannten, die zu diesen Unordnungen und Ausschweifungen geführt hatten. Überaus bezeichnend hiefür ist ein Schreiben an den Prinzen Ludwig Georg Karl von Hessen-Darmstadt vom 11. Dezember 1772: „Es ist nur zu gewiß, daß gar so oft bloße Neubegierde, Gewinnsucht, jugendliche Überredungen, übertriebene Vorspiegelungen von in unserm Orden nicht befindlichen Geheimnissen, Erwartung allerlei sinnlicher Vergnügungen und Ergötzlichkeiten u. s. w. die Beweggründe und Triebfedern sind, sich in unsern verehrungswürdigen Orden aufnehmen zu lassen . . . Wir finden aber auch, daß diejenigen Brüder, welche die einem Freimaurer eigenen Eigenschaften und Tugenden nicht befolgen, gar geschwinde wieder von uns abgehen, weil sie das Gesuchte nicht finden, also ihren Irrtum leicht einsehen. Bei der Strikten Observanz sah man dies ein, man suchte diesem Übel (wenn es eins ist) zu steuern, deswegen vermehrte man die Grade, um die Neu- und gewisse Begierde zu unterhalten; man erhob Geld und versprach Belohnungen, man begehrte Gelübde, nicht wieder vom Orden abzugehen, und einen blinden Gehorsam. Eine Gesellschaft von freigeborenen Menschen, die aus allen Nationen besteht und in alle Weltteile ausgebreitet ist, kann sich nach den Regeln der Strikten Observanz keine Dauer versprechen, ebensowenig wie eine nämliche Gesellschaft, wo Unordnung, Ausschweifung, Zänkereien, Verschwendung oder eigennützige Absichten u. s. w. herrschen, hoffen kann, daß vernünftige Mitglieder lange bei ihr bleiben werden.“ Der Verfasser preist sich daher glücklich, daß er und seine Mitbrüder dem Englischen

---

[1] Siehe W. Keller, Geschichte der Freimaurerei in Deutschland p. 161 f. Derselbe, Geschichte des eklektischen Freimaurerbundes. 2. Aufl. Gießen 1857. B. Reges, Geschichte der Loge zur Einigkeit in Frankfurt 1742—1892. Frankfurt 1892.

System angehören. — Doch auch in vielen Logen der Strikten Observanz herrschte ein guter Geist. Sie ließen es an Opferwilligkeit nicht fehlen und ihre Freigebigkeit und Bereitwilligkeit, die Not zu lindern, war oft größer als heute, wo kostbare Logengebäude die Mittel der Brüder über Gebühr in Anspruch nehmen. Trotz aller ritterlichen und alchimistischen Spielerei lebte das Ideal eines echten Maurers in vieler Herzen.[1]

Seit der zweiten Hälfte des 18. Jahrhunderts war der Zudrang in die Logen Deutschlands ein ganz außerordentlicher, indem alle begierig waren, den Schleier des Geheimnisses, in das sich damals die Freimaurerei hüllte, zu lüften. Die Leichtgläubigkeit und Kritiklosigkeit jener Generation fielen Schwindlern und Betrügern zum Opfer, die vorgaben, den wahren Ursprung und Zweck der Freimaurerei zu kennen und ohne Gewissensbisse Papiere fälschten, Rituale fabrizierten und Systeme zimmerten. Alle diese gehen von dem Gesichtspunkte aus, daß die drei ersten Grade (Lehrling, Geselle, Meister) oder die sogenannten Johannislogen gleichsam nur den Vorhof zum innern Tempel bilden; einzig und allein die höhern Grade, die Schotten- oder Andreaslogen vermögen Aufschluß über den Zweck der Freimaurerei zu geben. Diese höheren Grade, als Innere Oriente organisiert, maßten sich die Leitung der Johannislogen an. Die Brüder der drei niedern oder blauen Grade wurden absichtlich von den Mitgliedern der obern oder roten Grade getäuscht, indem man ihre Phantasie und Begierde durch allerlei Andeutungen reizte. Und noch schlimmer war es, daß man die Johannisbrüder im Ungewissen über die wirklichen Leiter des Bundes ließ und sie durch Vorspiegelungen der Allmacht dieser unbekannten Obern in Furcht und Angst versetzte.[2] Wir haben gesehen, auf welchem schwachen Grunde der luftige Bau des Systems der strikten

[1] Siehe die vortreffliche Anrede des Grafen von T. an seinen Sohn bei Keller, Geschichte der Freim. in Deutschland p. 172 ff.

[2] Sehr gut ist alles dies bei Albrecht, Geheime Geschichte eines Rosenkreuzers. Hamburg 1792 dargestellt. Man muß bei Kopp, Alchimie II, 117 ff. nachlesen, welche Angst G. Forster vor der Verfolgungswut der unbekannten Obern empfand.

Observanz errichtet war, aber die Legitimität der andern Hochgradsysteme ist nicht minder schwach.

In den monarchischen Ländern gibt der Fürst in allen Dingen den Ton an. Nachdem Friedrich der Große die Freimaurerei gewissermaßen hoffähig gemacht hatte, ist es nicht zu verwundern, daß zahlreiche Deutsche Fürsten sich als Freimaurer aufnehmen und an die Spitze der Großlogen stellen ließen. In Preußen entstanden eine große Anzahl von Logen, die drei Großlogen untergeordnet waren, welche nach verschiedenen Systemen arbeiteten: 1. Große National-Mutterloge, genannt „Zu den drei Weltkugeln". Diese ist aus der vom König 1740 gegründeten Hofloge (La loge du Roi) hervorgegangen. Sie gründete eine Anzahl von Tochterlogen und legte sich daher am 24. Juni 1744 den Charakter einer Großloge bei. Die ihr angehörigen Logen arbeiteten anfänglich wahrscheinlich nach dem Muster der Englischen Logen. Aber schon früh wurden in Berlin Französische Einflüsse mächtig, und damit drang der Unfug des Hochgradwesens ein. Rosa brachte das Schottische System nach Berlin, 1766 bewirkte aber Zinnendorf, daß die Großloge „Zu den drei Weltkugeln" sich der strikten Observanz unterwarf. An ihre Spitze trat 1772 Herzog Friedrich August von Braunschweig mit dem Titel eines Nationalgroßmeisters. Im Jahre 1783 sagte sie sich von der strikten Observanz los und gab sich 1797 eine neue Verfassung. Nach ihrem System besteht sie aus den drei Johannisgraden, der allgemeinen altschottischen Loge und drei weiteren Graden, nämlich der Grad der auserwählten Brüder, der Geweihten des innern Tempels und der Vertrauten der Vollendung. 2. Die „Große Landesloge der Freimaurer von Deutschland." Ihr Stifter ist Johann Wilhelm Ellenberger, genannt Zinnendorf.[1] Er studierte die Medizin, trat 1756 als Feldmedicus in die preußische Armee ein und wurde 1765 zum Lohn für seine Verdienste zum Generalchirurgus und Chef des

[1] Vergl. den vorzüglichen kritischen Artikel im A. Handbuch der Freimaurerei, 3. Auflage II, 581 ff. von Begemann, ferner die Artikel Schweden, Schwedische Lehrart.

gesamten Medizinalwesens ernannt. 1754 wurde er in die Loge Philadelphia in Halle aufgenommen und hier erhielt er auch den Gesellen- und Meistergrad, in Breslau 1758 den Schottengrad und in Halle 1763 die Rosa'schen Kapitelgrade. Allein er fand sich durch sie nicht befriedigt, vielmehr wollte er „wahre Freimaurerei" aus England oder Schweden nach Deutschland herüberholen und verband sich zu diesem Zwecke mit einigen Brüdern. Einer von diesen, Schopp, reiste im Dezember 1763 nach Stockholm, richtete aber trotz bedeutender Auslagen nichts aus, so daß die Berliner Freunde Zinnendorfs mißtrauisch wurden und sich dem Hund'schen System der strikten Observanz zuneigten, ja Zinnendorf suchte selbst den Propheten auf dessen Schloß Unwürde auf, ließ sich von ihm unterrichten und zum Provinzial- und Ordensobern in den Preußischen Landen und ganz Niedersachsen ernennen und mit dem Gute Templin bei Berlin belehnen. Doch behielt er seine Verbindung mit Stockholm aufrecht, von wo aus ihn der Landesgroßmeister der Schwedischen Großen Landesloge (1759 eingeweiht) Karl Friedrich von Eckleff vor der strikten Observanz warnte. Zinnendorf sandte nun auf eigene Rechnung und Gefahr im Mai 1765 mit einer Vollmacht den Bruder Baumann nach Schweden zu dem Zwecke, eine von der Großloge in Stockholm gegründete und von der Englischen Großloge bestätigte Schottenloge „Germanien" zu errichten. Eckleff hielt Baumann länger als ein Jahr hin, bis er endlich den Wunsch Zinnendorfs erfüllte und dessen Boten die Akten aller Grade und drei chiffrierte Dokumente übergab, nämlich einen Freibrief, eine Instruktion für den Deputierten Salomos und eine Instruktion zur Errichtung eines Kapitels. Wenn man Eckleff für den Schöpfer des Schwedischen Systems gehalten hat, so ist dies durch die neueste Forschung als Irrtum erwiesen worden, vielmehr sind in Schweden Französische Einflüsse sichtbar, indem vor dem Auftreten Eckleffs um 1750 sieben Grade bekannt waren, während Eckleff den Berliner Maurern das Material für die weitern zwei Grade (8 und 9) nur unvollständig liefern konnte. Diese von Eckleff nach Berlin gegebenen Akten lehren uns ein System kennen, dem die Templerei noch ganz fremd war, dafür aber einen Zusammenhang der Freimaurerei mit dem Johanniterorden zur Zeit der Kreuzzüge lehrte, also den Gedanken Ramsays in seinem Discours (siehe oben) weiter ausführte. In dieses ältere Schwedische System mit sieben Gräden wurden schon vor 1760 templerische Grade hineingeschmuggelt. Einen großen Aufschwung nahm die Freimaurerei in Schweden, als 1774 Karl Herzog von Södermanland die Leitung der Schwedischen Großloge erhielt. Er wollte eine Annäherung an die Englische Maurerei erzielen und ließ zu diesem Zwecke eine Übersetzung der Englischen Freimaurereigesetze anfertigen und nach Englischem Muster eine Stewardsloge errichten, aber von Englischen Ritualen wollte er nichts wissen, hielt vielmehr an den aus Frankreich überlieferten fest, ja er näherte sich den Obern der strikten Observanz in Deutschland, um eine engere Verbindung mit ihr anzubahnen, und wurde wirklich 1778 zum Heermeister der VII. Provinz erwählt, eine Würde, die ihm nur Ärger bereitete, weßhalb er schon 1781 auf sie verzichtete. Sein Bruder, der König Gustav III. begeisterte sich für die Tempelritterspielerei der strikten Observanz und verfügte die Aufrichtung der IX. Provinz dieses Ordens, als dessen Protektor Ordinis und Eques a Corona vindicata er sich bezeichnete, während sein Bruder Karl Vicarius Salomonis hieß. Herzog Karl arbeitete mit großem Eifer an dem Ausbau des Schwedischen Systems. Dieses besteht aus 9, bzw. 10 Graden, nämlich den 3 Johannisgraden, 2 Andreasgraden und 4 bzw. 5 Kapitelgraden; letztere heißen auch Stewards- (fälschlich auch Stuarts-)Logen. Die Beamtenorganisation dieses Systems ist eine höchst umständliche, wobei naturgemäß die zehn höchsten Beamten Mitglieder der Hochgrade (Inhaber des roten Kreuzes) sein müssen. Die Basis dieses Systems ist die Lehre Christi, daher ist die Bibel „das größte aller Lichter“ und deshalb können nur Christen Mitglieder dieses maurerischen Systems sein.

Indes haben wir Zinnendorf einige Zeit aus den Augen gelassen. Mit der größten Zähigkeit überwand er alle Schwierigkeiten, erfüllt von der selbstlosesten Begeisterung für seinen Plan. Es gelang ihm eine Anzahl Logen zu gewinnen oder neu zu stiften und am 27. Dezember 1770 vollzog er die Gründung der „Großen Landesloge der Freimaurer von Deutschland.“ Überzeugt von seinem Rechte, begründet auf die von Eckleff erworbenen Vollmachten, hielt er es nicht für nötig, die Genehmigung der Großlogen von England und Schweden einzuholen, sondern begnügte sich mit einer Anzeige. Während die Mitglieder der großen Landesloge ihn trotz seines heftigen Charakters liebten, ja bewunderten, verfolgten ihn die Anhänger der strikten Observanz mit bitterer Feindschaft, indem sie ihm namentlich mißbräuchliche Verwendung von Logengeldern vorwarfen. Ungeachtet er genaue Rechnung ablegte und mehrmals von hochangesehenen Personen Ehrenerklärungen erhalten hatte, hörten diese Verläumdungen bis zu seinem Tode 16. Juni 1782, ja über seinen Tod hinaus, nicht auf. Aber seine Schöpfung dauert bis heute fort.

3. „Große Loge von Preußen, genannt Royal York zur Freundschaft.“ Diese knüpft an die am 10. August 1760 gegründete Loge Aux trois Colombes an, die dann am 12. April 1761 den Namen L'amitié aux trois colombes erhielt. Am 27. Juli 1765 wurde hier der Prinz Eduard August, Herzog von York und Albanien, Bruder des Königs Georg III. von England aufgenommen, weshalb sie sich ihm zu Ehren Royal York de l'amitié nannte. Sie löste sich 1768 von ihrer Mutterloge „Zu den drei Weltkugeln,“ nachdem sie von der Englischen Großloge eine Stiftungsurkunde erhalten hatte. Für kurze Zeit 1774—1776 schloß sie sich der großen Landesloge von Deutschland an, trat aber dann wieder in ihre frühere Selbständigkeit zurück. Die Konstituierung als große Loge von Preußen erfolgte erst am 11. Juni 1798, und um diese Zeit erhielt sie durch Feßler ihre Verfassung und ihr Lehrsystem (s. Kapitel 10).

Wer die Geschichte der einzelnen Logen und der verschiedenen Systeme im 18. Jahrhundert im Detail studiert, der erhält den Eindruck, daß leider die Zustände sehr ungesund waren. Jede

Großloge erhob sich über die andere und stritt ihr die Existenzberechtigung ab, aber auch in den einzelnen Logen herrschte ein nichts weniger als brüderlicher Geist; Neid und Haß, Zank und Zwietracht waren vielmehr an der Tagesordnung und ein widerliches Cliquenwesen trieb überall seine Orgien und scheuchte ernst- und edelgesinnte Männer aus den Logen. Einer der edelsten Freimaurer, J. A. Feßler, tadelt es scharf,[1] daß die meisten Logenvorsteher und Brüder sich eine willkürliche Vorstellung von der Freimaurerei machen, indem sie in dieselbe entweder ein veraltetes chymisches System oder die Geschichte und Organisation eines längst eingeschlafenen katholischen Ordens, hier eine platte Moral, dort eine philosophische Humanitätslehre, zuweilen borniertes Kirchentum und dann wieder Freidenkerei hineintrugen. Das alles ist aber keine Freimaurerei, diese ist ja etwas positiv Überliefertes. Ihr Wesen und ihre Richtung muß aus dem Zweck der Menschheit und der Menschlichkeit abgeleitet werden. Diese Humanitätsidee wurde dann das Hauptmittel der Folgezeit, um eine gründliche Reform der Freimaurerei und des Logenwesens durchzuführen. Bevor aber eine solche Reform überhaupt möglich war, mußte die Freimaurerei die Krankheitstoffe ausscheiden.

Die schlimmste Verirrung, unter welcher die Freimaurerei litt und wodurch sie aufs schwerste in den Augen redlicher Männer kompromittiert wurde, war die Rosenkreuzerei, d. h. eine Art von Geheimwissenschaft, die man heute mit dem Namen Okkultismus bezeichnet. Auri sacra fames, der heilige Hunger nach Gold ergriff zuweilen die Menschen mit unwiderstehlicher Begierde. Man wollte reich werden, aber nicht auf dem langsamen mühseligen Wege redlicher Arbeit, sondern rasch, entweder indem man auf Abenteuer ausging, wie die Spanischen Conquistadoren im 15. und 16. Jahrhundert, oder sich einem wilden Spekulationsfieber hingab, oder man suchte den unterirdischen Gewalten ihre Schätze im Innern der Erde durch Beschwörung

---

[1] Sämtliche Schriften III.

zu entreißen oder noch einfacher, man ging mit dem Bösen einen Bund ein. Vor allen Dingen wollte man das Glück erhaschen und da Glück und Reichtum indentisch waren, bemühte man sich, die Kunst zu entdecken, unedle Metalle in Gold und Silber zu verwandeln. Dann in zweiter Linie wünschte man sich Gesundheit und langes Leben, das glaubte man sich durch ein geheimnisvolles Lebenselixier verschaffen zu können. Edlere Geister aber strebten nach Erlangung höheren Wissens. Die merkwürdige Leichtgläubigkeit vieler Menschen im 18. Jahrhundert reizte Schwindler, Abenteurer und Betrüger, diese für ihre eigennützigen Absichten auszubeuten und sie bedienten sich eben zu diesem Zwecke der Organisation und Symbolik des Freimaurerbundes, indem sie vorgaben im Besitze ganz besonderer Geheimnisse zu sein und Vollmacht zu haben, sie den Eingeweihten mitzuteilen. Wir haben bereits einen dieser Schwindler, Johnson, kennen gelernt (s. o. p. 236 ff.). Ein Geistesverwandter war Gugomus, der 1776 einen Konvent der Mitglieder des Hund'schen Tempelherrensystems nach Wiesbaden ausschrieb und hier allerlei Blödsinn vorflunkerte, trotzdem fand er einige gläubige Seelen, wie die Prinzen Georg und Ludwig von Hessen-Darmstadt, Wöllner u. a. Die Wundergläubigkeit dieses Zeitalters fand neue Nahrung in den außerordentlichen Erfolgen zweier Propheten, Swedenborg und Messmer. Emanuel Swedenborg, ein Sohn des protestantischen Bischofs Jesper Swedborg in Skara in Westgotland, wurde 1688 in Stockholm geboren und lebte von frühester Jugend an in einer stark angehauchten mystisch-pietistischen Atmosphäre. Zwar waren seine Neigungen anfangs durchaus den exakten Wissenschaften und der klassischen Philologie zugewandt, allein gegen Ende seiner fünfziger Jahre gewann die Mystik über ihn die Oberhand, indem er glaubte, daß Gott ihn besonders seines Umgangs begnadigt hätte. Durch diesen magischen Verkehr mit Gott und seinen Engeln erhielt er die Gabe der Voraussagung. So abstrus seine Lehre auch ist, gleichwohl scharten sich viele Anhänger um ihn und es entstanden in England, in Frankreich und Deutschland eine Anzahl kabalistisch-magischer Gesellschaften, die unter dem Deckmantel freimaurerischer Rituale die Gemüter der Leichtgläubigen berückten.[1] Ebenso gefährlich wie die Geisterseherei Swedenborgs war die Lehre von Franz Anton Mesmers (geb. 1734 in Ignanz bei Konstanz) über den tierischen Magnetismus. Auch sie leistete dem Okkultismus als Gegenpol der Aufklärung mächtige Förderung.

Der Ideen Swedenborgs bemächtigte sich ein jüdischer Abenteurer Martinez Paschalis (oder Pasqualis), indem er eine Loge „Temple des Elus écossais“ gründete, mit neun Graden. Dieses System wurde sodann durch seinen Verehrer, Louis Claude, Marquis de Saint Martin (geb. 1743) modifiziert, das große Verbreitung fand, denn Saint Martin wußte durch seine vortrefflich geschriebenen mystischen Bücher, namentlich „Des Ereurs et de la Verité (Lyon 1775) tiefere Gemüter anzuregen und zu fesseln.

Ein Mann ganz anderer Art war der Graf Saint Germain,[2] dessen wahren Namen und Herkunft man nicht kennt. Um 1750 tauchte er in Frankreich auf, wo er stets in der vornehmsten Gesellschaft verkehrte. Er, ein großer Humorist, wußte, wie viel man diesen Leuten bieten durfte. Er behauptete 4000 Jahre alt zu sein und wollte der Hochzeit von Kana beigewohnt haben; Christus und dessen Apostel Petrus hätte er gut gekannt und letzteren wiederholt zur Mäßigung seiner Heftigkeit ermahnt. Ihn übertrumpfte sein Diener an Frechheit, der über das unwahrscheinlich hohe Alter seines Herrn befragt antwortete, dieser sei der größte Lügner auf Erden, wenn er behaupte 4000 Jahre alt zu sein, denn er, der Diener sei schon bald ein Jahrhundert lang in dessen Dienst und wisse ganz genau, daß der Graf, als er ihn gedingt habe, erst 3100 Jahre alt gewesen sei. Saint Germain besaß ein Lebenselixier, das ihm eben die Kraft der Verjüngung gewährte. Davon gab er zuweilen kleine Flacons. Der Graf Lamberg[3] erzählt, eine alte

[1] Vergl. E. Sierke, Schwärmer und Schwindler zu Ende des 18. Jahrhunderts. Leipzig 1874, p. 6–69.

[2] Bülau, Geheime Geschichten rätselhafter Menschen I. d'Alméras l. c. p. 124 ff.

[3] Kopp l. c. II, 20*.

Dame habe gegen die Vorschrift zu viel davon genommen und sei zu einem Embryon zusammengeschrumpft. Ganz Paris erzählte solche Geschichten und machte für ihn Reklame. Auch verstand er Perlen zu vergrößern und Gold zu machen, welche Kunst ihm die Gnade des Königs verschaffte. Konnte man einen Mann, der als Grandseigneur lebte für einen Charlatan halten! Aber es passierten ihm doch einige unangenehme Geschichten, weshalb er sich 1760 gerne vom Marschall de Belle-Isle in einer geheimen Mission nach Holland schicken ließ, doch sein Mißerfolg zog ihm einen Ausweisungsbefehl der Französischen Regierung zu und er mußte nun als Abenteurer sich ruhelos in Rußland, Deutschland und Italien herumtreiben, bis es ihm gelang sich beim Landgrafen Karl von Hessen-Kassel einzuschmeicheln, der ein leidenschaftlicher Adept war. Dieser gewährte ihm in Schleßwig einen sichern Unterschlupf gegen seine Gläubiger, bis er 1784 starb.

Dieser Graf Saint Germain war nun das bewunderte Vorbild des Grafen Cagliostro, der ihn wahrscheinlich in Deutschland kennen gelernt hatte.[1] Als Goethe, der sich sehr für Cagliostro interessierte, 1787 in Sizilien reiste, suchte er die Familie dieses Mannes auf und nahm menschlichen Anteil an ihr. Cagliostro stammte so wenig als Saint Germain aus vornehmem Geschlecht, vielmehr waren seine Eltern Pietro Balsamo und Felicita Braconnieri arme Leute. Ihr Sohn, Giuseppe Balsamo wurde am 8. Juni 1743 in Palermo geboren und weil er einige Begabung verriet dem geistlichen Stande geweiht. Aber seine bösen Neigungen führten ihn auf andere Wege. Er wollte sein Glück, gleichviel auf welche Weise, versuchen. Mit Gleichgesinnten verbunden, verübte er allerlei Betrügereien, die ihn mit der Justiz in Konflikt brachten. Daher verließ er den heißgewordenen Boden seiner Heimat und trieb sich als Abenteurer in Ägypten, Griechenland, Syrien und Italien herum, wo er überall seine Kenntnisse in den geheimen Wissenschaften vermehrte. Eine

[1] Vergl. d'Alméras Cagliostro; p. 1—11 enthalten eine sorgfältige Aufzählung der Quellen und Literatur.

wertvolle Gehilfin gewann er in der jungen reizenden Lorenza Feliciani, die er 1769 in Rom heiratete. Mit ihr reiste er nach Spanien, Portugal, England und Frankreich, aber es erging ihm meist sehr elend und nur die Reize seiner schönen Frau retteten ihn. So entkam er in Palermo, wohin ihn das Heimweh getrieben hatte, mit Hilfe seiner Frau den Klauen der Justiz. Er entfloh nach Neapel, wo er einige Zeit seine Künste ausübte, indem er Stunden in der Alchimie und Kaballa gab, ein Schönheitswasser verkaufte, Hanf in Seiden verwandelte und Quecksilber in Gold, Diamanten und Perlen vergrößerte und die Glücksnummern der Lotterie ansagte. Allmählich wurde Balsamo etwas klüger, indem er begriff, daß wenn er sein Glück machen wollte, man vor den Menschen nicht wie ein Lump dastehen dürfe. Er nahm daher einen Umwandlungsprozeß mit sich vor, indem er seinen ehrlichen Namen abwarf und sich und seine Vorfahren eigenmächtig in den Adelstand erhob; nach verschiedenen Versuchen nannte er sich seit Ende des Jahres 1776, wo er England wieder mit seiner Gegenwart beglückt hatte, Oberst Marquis Cagliostro. Aber um einen solch vornehmen Namen führen zu können, bedurfte er des Geldes und dieses verschaffte er sich durch Betrug, was ihn logischerweise ins Gefängnis brachte. Doch wußte er das notwendige Geld beizubringen und die Freiheit zu erlangen. Er erschien nicht mehr wie früher als der arme Teufel, den die Richter und Polizeileute mit Verachtung behandelten, nun hielt er etwas auf schöne Kleidung und edle Sprache. Er verstand es, durch lautes Reden die Leute einzuschüchtern und ihnen eine große Meinung von sich einzuflößen. Auch stand er nicht mehr wie früher schutzlos allein, sondern neben und hinter ihm die mächtige Genossenschaft der Freimaurer.[1]

In London gab es in den siebziger Jahren eine Loge „zur Hoffnung“, die sich zum Hund'schen System hielt und der meist Leute aus dem Handwerkerstande angehörten.[2] Am 12. April 1777

[1] Der Artikel im Allg. Handbuch I, 147 f. ist ungenügend.
[2] d'Alméras l. c. p. 70 ff.

sollte er mit zwei andern aufgenommen werden unter dem Titel eines Obersten des 3. Brandenburgischen Regiments und mit ihm seine Frau, der man aus Galanterie den Vortritt gab. Seine Aufnahmezeremonien dauerten länger, denn er wollte für die von ihm einbezahlten fünf Guineen auch etwas haben. Die Proben, denen man ihn unterwarf, waren etwas roh. So wurde er an einem Strick in die Höhe gehoben und dann unsanft fallen gelassen, so daß er sich die Hand verstauchte. Dann sollte er sich mit einer angeblich geladenen Pistole mit verbundenen Augen vor den Kopf schießen; anfangs weigerte er sich energisch, schließlich willigte er ein; er schoß, hörte einen Knall und erhielt einen Stoß; alles war nur ein Theatereffekt. Kurz darauf verließ er London ohne seine Schulden zu bezahlen.

Er war jetzt entschlossen sein Glück zu schmieden und dazu sollte ihm die edle Freimaurerei dienen. Freilich die wahre Freimaurerei kannte er nicht, denn da er kein Mann von Ehre und gutem Ruf war, so blieben ihm die Pforten einer „gerechten und vollkommenen Loge“ verschlossen, aber die Aftermaurerei der Hochgradlogen war für ihn ein vorzügliches Mittel, seine Netze auszuspannen, um reiche Gimpel zu fangen. Noch in England erfand er ein neues System, den ägyptischen Ritus. Er will diese Idee Papieren entnommen haben, die von einem gewissen Georg Capston oder Kofston herstammen sollten. Doch fand er es dann effektvoller, den Ursprung auf Elias und Henoch zurückzuführen, die das Geheimnis den ägyptischen Priestern gelehrt hätten, von denen er es selbst erfahren hätte, als er in Ägypten weilte. Um diesen Schwindel glaubwürdiger zu machen, verwirrte er seine Lebensgeschichte in einen tollen Roman,[1] wonach er, der Sprößling eines mächtigen Fürsten, in Medina auferzogen worden sein soll. Aber das genügte ihm noch nicht. Er gab sich für einen Sendboten des Propheten Elias oder des Großkophta aus, ja für den Großkophta selbst und legte sich zuletzt göttliche Abstammung bei.[2] Darum kam es nicht so viel

[1] Mémoire de Cagliostro 1786.

[2] Elise von der Recke, Nachrichten von des berüchtigten Cagliostros Aufenthalts in Mitau im Jahr 1777. Berlin und Stettin 1787.

darauf an, ob er sich ein Alter von ein paar hundert oder tausend Jahren beilegte, denn in dieser Hinsicht war er blos ein Nachäffer Saint Germains.

Um nun auf sein System zurückzukommen, so verstand er es die Neugierde zu reizen. Er versprach seinen Anhängern in ihnen sei sowohl eine physische als eine moralische Regeneration zu bewirken. Der Stein der Weisen und die Akazie als Symbol der Unsterblichkeit bieten die Garantien der ewigen Jugend. Durch das Pentagon oder das jungfräuliche Blatt, auf dem die Engel ihre Chiffern und Siegel eingegraben haben, werden sie von ihren Fehlern befreit und zu jener ursprünglichen Unschuld geführt, die der Mensch durch seinen ersten Sündenfall eingebüßt hatte. Natürlich schloß Cagliostro die Frauen, die ja besonders empfänglich sind für suggestive Eindrücke, nicht von der Aufnahme in diesen Ägyptischen Ritus aus und ebensowenig irgend eine Religion, denn in allen Religionen gibt es naive Seelen, deren Leichtgläubigkeit und Hinneigung zum Wunderbaren ausgenützt werden konnte. Die einzigen Bedingungen waren der Glaube an die Unsterblichkeit der Seele und für die Männer die Zugehörigkeit zum Freimaurerbund. Das System umfaßte 90 Grade oder Stufenleitern;[1] diese vielen Grade boten den Vorteil, die Neugierde und Phantasie aufs höchste zu reizen und nebenbei Gelegenheit durch Forderung von Rezeptionsgeldern den Beutel zu füllen. Es ist hier nicht der Platz, das ganze System und Ritual des Ägyptischen Ritus ausführlich darzustellen, indem ein Hinweis auf Goethes „Großkophta“ (1792) genügt. Die dem Ritual einverleibte Thaumaturgie bietet absolut nichts Originelles. Denn die Zitierung der Geister ist einfach Swedenborg entlehnt und das Lebenselixier dem Grafen Saint Germain. Eine Hauptrolle bei diesem Hokus-Pokus spielte eine wunderbare mit Wasser gefüllte Karaffe, nichts anderes als der Zauberspiegel, der sowohl in der okkultistischen Literatur seit uralter

[1] Die besten Mitteilungen finden sich in dem Buch: Vie de Joseph Balsamo connu sous le nom de comte Cagliostro. Paris et Strasbourg 1791.

Zeit als in den Zaubermärchen eine so große Rolle spielt.[1] Vorzüglich aber verstand es Cagliostro seine medizinischen Kenntnisse zu verwerten. Freilich sein Lebenselixier, das die ewige Jugend verleihen sollte, gab er nur in Ausnahmefällen, um so freigebiger verfuhr er mit seinem Ägyptischen Wein und andern Geheimmitteln. Es gelangen ihm eine Anzahl von glänzenden Kuren, die seinen Ruf weit verbreiteten, die aber an seinen Mixturen zu Grunde gingen, konnten nicht mehr reden und so mochte er mit Faust rühmen:

Hier war die Arzeney, die Patienten starben,
Und niemand fragte: wer genas?
So haben wir, mit höllischen Latwergen,
In diesen Tälern, diesen Bergen,
Weit schlimmer als die Pest getobt.
Ich habe selbst das Gift an Tausende gegeben,
Sie welkten hin, ich muß erleben,
Daß man die frechen Mörder lobt.

Cagliostro wußte, wie man der Menge imponierte. Im prächtigsten Aufzuge, mit Equipagen und zahlreichen Livrebedienten, im kostbarsten Anzuge, mit Diamanten, freilich falschen, übersät, reiste er durch Holland und Deutschland, überall warf er das Geld weg, fluchte wie ein vornehmer Herr und der illustrissime comte verstand es, seinen Ruf als unfehlbaren Mediziner und unvergleichlichen Thaumaturgen auszubreiten. Man war überzeugt, daß er die Kranken heilen und die Toten auferwecken konnte und man traute ihm das Wunderbarste zu. Die wenigen, die an seiner Kunst zweifelten, wurden des Neids bezichtigt. Konnte ein Herr, der mit solchem Luxus reiste, der nicht nur nicht kein Geld verlangte, sondern solches mit vollen Händen gab, ein Schwindler sein?

Im Haag wurde er von den Brüdern Freimaurer mit Begeisterung empfangen. Hier hielt er eine wirksame Rede über den Ägyptischen Ritus und gründete eine Damenloge, deren Großmeisterin seine Frau Lorenza war. Auch in Nürnberg und

[1] Ich erinnere nur an die Hexenszene in Goethes Faust.

Leipzig erlebte er Triumphe, während freilich die aufgeklärten Berliner Brüder seiner Behauptung, Alexander der Große, der noch in Ägypten lebte, hätte durch seine magischen Krieger Friedrich dem Großen zu seinen Siegen verholfen, keinen Glauben schenkten. So kam er 1779 nach Mitau in Kurland. Hier ließ er alle seine Künste spielen und er gewann viele Anhänger, aber auch Feinde, darunter die Gräfin Elisabeth Constanze von der Recke, die bei Gelegenheit des Halsbandprozesses seine in Mitau verübten Betrügereien öffentlich aufdeckte.[1] Auch in Petersburg erging es ihm übel, denn sowohl der Spanische Gesandte, als der Preußische reklamierten gegen ihn und nur durch freiwillige Abreise entging er einem Ausweisungsbefehl. Erst in Warschau gewann er sein Selbstgefühl zurück, machte allerlei wertvolle Eroberungen, erlitt aber mehrfache Fiascos. In Straßburg lächelte ihm wieder die Sonne des Glücks. Eine ungeheure Menschenmenge erwartete am 19. September 1780 auf der Brücke von Kehl die Ankunft des berühmten Mannes, der in einem von sechs Pferden gezogenen Wagen saß, seltsam marktschreierisch angekleidet, mit Diamanten und kostbaren Steinen übersät, neben ihm seine schöne Frau mit stets lächelndem kindlichen Gesicht, So zog er unter dem Jubel des Volkes in Straßburg ein. An den Freimaurern hatte er auch hier einen Rückhalt und er beeilte sich wie in Mitau und Warschau auch hier eine Loge des Ägyptischen Ritus zu errichten und durch seine wunderbare Karaffe die gläubigen Gemüter zu faszinieren. Dabei verstand er es schlau durch Wohltaten und unentgeltliche Hilfeleistungen in Krankheitsfällen sich Popularität zu erwerben. Seine Reichtümer schienen unerschöpflich zu sein, so verschwenderisch ging er mit dem Gelde um, aber für sich selbst brauchte er sehr wenig, er war als Romane in Speise und Trank sehr mäßig und schlief nur einige Stunden am Tage in einem Fautenil. Dabei machte er seine Person sehr kostbar, indem er nur wenige Salons besuchte, wo er als Prophet mit mystischen Phrasen um sich warf.

[1] Nachricht von des berüchtigten Cagliostros Aufenthalt in Mitau im Jahre 1779. Berlin und Stettin 1787.

in einem Jargon gemischt aus italienischen, französischen und arabischen Brocken. Da ihm aber jede tiefere Bildung fehlte, so konnte er keine Sprache richtig sprechen.

Besonderes Aufsehen erregten seine Kuren, namentlich die ihm gelangen, denn von den andern sprach niemand. An dem Basler Bankier Jakob Sarasin machte er eine sehr wertvolle Eroberung.[1] Dieser durch seine Beziehungen zu den Trägern der Sturm- und Drangbewegung in der Literatur bekannte Mann suchte bei Cagliostro Hilfe für seine an einer schweren Nervenkrankheit leidende Frau. Er gab seinem Freunde J. K. Lavater Auftrag, sich in Straßburg über Cagliostros Wesen und Wirksamkeit zu erkundigen, eine Aufgabe, die diesem Wundermanne höchst zusagen mußte. Die erste Begegnung fand am 24. Januar 1781 statt. Als Lavater Cagliostro fragte, woher seine Kenntnisse stammten, wie er diese erlangt hätte und worin sie bestünden, antwortete letzterer lakonisch: „In verbis, in herbis, in lapidibus." In einem Bericht Lavaters an Goethe schildert er diesen Magier in seiner wunderlichen Weise: „Cagliostro ist ein höchst origineller, kraftvoller, unerhabener und in gewissem Betracht unaussprechlich gemeiner Mensch; ein paralcelsischer Sternnarr, ein hermetischer Philosoph, ein Arkanist, ein Antiphilosoph; das ist nun wohl das Schlimmste was von ihm erzählt wird . . . Ohne Charlatanerie ist er gewiß nicht, obgleich er dennoch kein Charlatan ist. Ist er so schrecklich mit medizinischen Konsultationen beschäftigt, daß er nichts hören, nichts antworten kann? Eigentlich anziehendes, amuroses hat er nichts. Übrigens steht er neben andern Menschen wie ein ewiger Fels neben Strohhütten. Seine Stimme ist physisch so stark, daß es einem wie natürlich scheint, daß ihr die Geister gehorchen müssen . . ." Besser traf Goethe den Nagel auf den Kopf: „Cagliostro ist immer ein merkwürdiger Mensch. Und doch sind Narr mit Kraft und Lump so nah verwandt. Ich darf nichts darüber sagen . . . Doch lassen solche Menschen Seiten der Menschheit sehen, die im gemeinen Gange unbemerkt

[1] A. Langmesser, Jakob Sarasin. Zürich 1899. (Abhandlungen her. von der Gesellschaft für Deutsche Sprache in Zürich V.)

bleiben."[1] Auch der bekannte Göttinger Professor Meiners beurteilt ihn richtig.[2] Aber Cagliostro war in Straßburg vorsichtiger als irgendwo sonst und hütete sich, sein Renommee durch törichte Streiche zu kompromittieren. So gewann er die namhaftesten Mitglieder der Straßburger Gesellschaft für sich, wie den mächtigen Prätor Klinglein, den Marschall Contades, den Marquis de la Salle etc. Man drängte sich an ihn heran, haschte nach einem Blick, einem Worte. „Er war," schreibt die Frau von Oberkirch,[3] „nicht gerade schön, aber nie habe ich eine ausdrucksvollere Physionomie gesehen als seine. Er besaß einen Blick von beinahe übernatürlicher Tiefe; der Ausdruck seiner Augen schien bald eine Flamme zu sein, bald wie Eis; er zog an und stieß zurück; er flößte Furcht ein und eine unwiderstehliche Anziehung." Mit Begeisterung schloß sich Sarasin an Cagliostro, nachdem dieser die Krankheit seiner geliebten Gertrud geheilt hatte. Er lernte durch ihn den Ägyptischen Wein herstellen und präparierte für ihn allerlei Medikamente.

Doch alle diese Bekanntschaften waren für Cagliostro nur Mittel zum Zweck, indem er darauf ausging, den Fürstbischof Kardinal Louis de Rohan einzufangen. Dieser, ein Abkömmling eines alten berühmten Geschlechts, war ein Grandseigneur im großen Stil, mit ungeheurem Einkommen, das er sorglos verschwendete und dazu noch kolossale Schulden machte, nicht ohne Begabung, aber liederlich bis zum Exzeß, so daß ihn Maria Theresia mit Recht als ein „mauvais sujet" bezeichnen konnte. Wie die meisten seiner Standesgenossen glaubte er an keinen Gott, wohl aber an den Teufel. Eifrig beschäftigte er sich mit alchimistischen Studien und suchte nach dem Stein der Weisen; da mußte ihm ein Magier wie Cagliostro hoch willkommen sein. Aber dieser warf sich ihm nicht an den Hals, sondern machte sich sehr kostbar. Bald übte Cagliostro eine

---

[1] Langmesser l. c. p. 34.

[2] Briefe über die Schweiz. 2. Teil. Berlin 1785 p. 296 ff.

[3] Mémoires de la baronne d'Oberkirch sur la cour de Louis XVI. Paris 1882. 2 Bände.

dämonische Gewalt über den Kardinal aus, der ihm in Straßburg und Paris nicht nur seine Paläste zur Verfügung stellte, sondern auch große Summen in Form von kostbaren Geschenken. Rohan war überzeugt, daß sein Freund Gold machen könne. „Er ist," sagte er zu der Baronin von Oberkirch, „der außerordentlichste Mensch, der erhabenste, dessen Wissen nur mit seiner Güte verglichen werden darf." Selbstverständlich nahm Rohan an den Sitzungen der Ägyptischen Loge leidenschaftlichen Anteil. In seinem Kabinet stellte er die Büste des Wundermannes auf mit der Inschrift: Divo Cagliostro. Ihn empfahl er dem König, den Ministern, den maßgebenden Persönlichkeiten in Paris. Dorthin verreiste 1781 sein Halbgott und zwar auf Umwegen über Neapel, Bordeaux und Lyon, wo ihn die Freimaurer mit großen Ehren empfingen. Auch hier gründete er eine Loge des Ägyptischen Ritus, genannt la „Sagesse triomphante." Als Großkophta verlieh er ihr ein hochtönendes Installationspatent. Seine Ankunft signalisierte den Parisern der berühmte Baron von Grimm in seiner Correspondence littéraire vom Juli 1781 in ironischer Weise. Doch unterbrach Cagliostro seinen Aufenthalt in Paris durch längere Reisen in den Provinzen und nach dem Ausland und erst seit dem 30. Januar 1785 ließ er sich bleibend in der Hauptstadt nieder. Er hütete sich, Argwohn zu erregen, denn der König hatte ihm wohl erlaubt, in Paris zu wohnen, aber ihm verboten seine Künste auszuüben, und argwöhnisch wurde er von der Polizei überwacht. Wie überall so gründete er auch hier eine Loge seines Systems, genannt „Isis", eine Damenloge, deren Großmeisterin die noch immer jugendschöne Lorenza war, und der die vornehmsten Damen, wie die Gräfinnen von Brienne, von Polignac, Choiseul etc. angehörten. Trotz den Verboten des Königs und der medizinischen Fakultät fuhr er auch hier fort wie in Straßburg und Bordeaux seine Heilkunst auszüben, ohne dafür etwas zu fordern oder zu nehmen, denn er verfügte ja über die Kasse des Kardinals und den Kredit Sarasins. In einer so neuerungssüchtigen großen Stadt wie Paris verdrängt eine Tagesgröße rasch die andere. Kurz vor der Ankunft

Cagliostros hatte Meßmer große Triumphe mit seinen magnetischen Kuren erlebt, aber ebenso rasch war er der Lächerlichkeit anheimgefallen. Nun wurde Cagliostro das Opfer des Pariser Enthusiasmus. Alle drängten sich an ihn und wollten von ihm geheilt werden. Wenig wollte es sagen, daß Mißgünstige wie die Madame de la Motte ihm hämisch nachsagten, er habe durch seine Mixturen Kranke in die andere Welt geschickt. Die Geheilten verkündeten um so eifriger seinen Ruhm, und man erzählte sich die seltsamsten Wundergeschichten von dem Magier. Sein Portrait war allenthalben zu sehen, die Damen trugen es in Medaillons oder auf ihren Fächern, die Herren auf ihren Tabaksdosen, und den Ruhm Cagliostros teilte seine Frau Lorenza genannt Serafina, die in den vornehmen Gesellschaften wie ein verwöhntes Kind behandelt wurde. Sie herrschte dank ihrer in Paris so seltenen Aufrichtigkeit wie ihr Mann dank seiner majestätischen Würde.

Cagliostro verdankte seine große Popularität der Anhänglichkeit der Freimaurer der verschiedenen Systeme, deren immer neue entstanden, teils im Anschluß an den Tempelherrenritus, teils im Zusammenhang mit den Lehren eines Swedenborg, Meßmer, Martinez, Paschalis etc. Im Schoße der Pariser Loge Amis Réunis gründete Savalette de Langes, ein Mann, der der Mystik zuneigte, 1773 eine neue maurerische Gesellschaft, die Philalethen oder Chercheurs de la verité. Ihr gehörten eine Anzahl bekannter Männer an wie der schwärmerische Landgraf von Hessen, der Vicomte de Tavanne, Salzmann von Straßburg u. a. Das System bestand aus zwölf Graden in zwei Erkenntnisstufen eingeteilt und verfolgte einerseits mystisch-moralische Zwecke, andererseits wissenschaftliche. Durch Zirkularschreiben vom 24. September 1784 luden die Philalethen die Brüder aller Systeme auf den 15. Februar 1785 nach Paris zu einem Kongresse ein und legten 10 Fragen über das Wesen der Freimaurerei und ihre Entstehung, über ihre Traditionen, über ihren Zusammenhang mit den geheimen Wissenschaften etc. vor. Von den Eingeladenen lehnten der Herzog von Braunschweig, Saint

Martin und Meßmer die Einladung ab. Cagliostro forderte durch Vermittlung der von ihm in Lyon gegründeten Loge de la Sagesse Triomphante als Bedingung seiner Teilnahme die Verbrennung der Archive der Gesellschaft der Philalethen, indem er sich für den Pontifex maximus der Freimaurerei ansah und sein System als das einzig wahre, neben dem kein anderes bestehen dürfte. Hätte Savalette nicht einige Zuneigung zu Cagliostro gehabt, so würde er dessen Anmaßung schroff abgewiesen haben, so aber ließ er sich zu weiteren Verhandlungen herbei und schickte drei Delegierte an ihn, die der geschickte Komödiant vollständig auf seine Seite zu ziehen wußte, aber seine unglaubliche Arroganz führte schließlich zu einem völligen Bruch. Der erste Kongreß wurde am 26. Mai ergebnislos geschlossen. Auch ein zweiter Kongreß (18. März bis 26. Mai 1787) blieb erfolglos. Die guten Brüder suchten die Wahrheit, welche Cagliostro, wie er ihnen schrieb, allein zu besitzen vorgab, aber sie verirrten sich in die Nebelgründe der Mystik, Alchemie, Kabbalistik und göttlichen Magie; vergebens warnte sie der erfahrene Bruder Bode[1] in Weimar, indem er erklärte, daß alle diese verborgenen und geheimen Wissenschaften Fallstricke seien, welche von den Jesuiten gelegt würden. Denn wie Nicolai witterte er überall Jesuiten.

Nun sollten sich rasch die Geschicke Cagliostros erfüllen. Zu den Freundinnen Rohans gehörte die Madame de la Motte; da sie wie Cagliostro es sich zur Aufgabe gemacht hatte, den Kardinal möglichst gründlich auszuplündern, so betrachteten sie sich als Rivalen und wurden trotz ihrer zur Schau getragenen Freundschaft erbitterte Feinde. Der spätere Französische Staatsminister J. A. Beugnot erzählt in seinen Memoiren von einem Diner, an dem Cagliostro, Madame de la Motte und er teilnahmen und er schildert lebhaft den kleinen dicken Italiäner, mit seinem olivenfarbigen Teint und den großen leuchtenden Augen, gekleidet wie ein Marktschreier, übersät mit Diamanten. Cagliostro führte

---

[1] J. Chr. Bode, Essai sur l'Origine de la Francmaçonnerie. 1787. Vgl. Kloß, Geschichte der Freimaurerei in Frankreich I, 314 ff.

dabei fast allein das Wort, ein fürchterliches Kauderwelsch. Sie, die Madame de la Motte fädelte nun jene Intriguen ein, die zum Untergang der Französischen Königsfamilie führten. Am 31. Januar 1785 zitierte Cagliostro im Salon des Hotel de Straßburg die Geister und verkündete feierlich dem Kardinal, daß der Ankauf eines kostbaren Halsbandes für die Königin ihm deren Dankbarkeit zuziehen und ihn zur höchsten Macht emporheben würde. Aber bald wurde Cagliostro mißtrauisch gegen die de la Motte und witterte Gefahr für den Kardinal, dem er Dankbarkeit schuldig war und deshalb ihm riet Paris zu verlassen und ruhig in Zabern zu leben. Aber Rohan glaubte jetzt mehr den Geisterstimmen, als dem getreuen Warner, er blieb und wurde am 17. August 1785 verhaftet. Als die Madame de la Motte das erfuhr, war ihr Plan gefaßt. Um sich zu retten beschuldigte sie Cagliostro, das kostbare Halsband gestohlen und in England verkauft zu haben.[1] Zwar hätte sich Cagliostro unter Umständen keine Skrupeln gemacht, ein Halsband oder anderes zu stehlen, aber diesmal war er unschuldig, als er und seine Frau am 23. August verhaftet und in die Bastille gebracht wurden. Nach all dem, was er zuletzt erlebt hatte, lastete die Stille des Gefängnisses schwer auf ihm, zumal der bange Zweifel, ob er je wieder aus diesen fürchterlichen Mauern loskommen würde, ihn drückte. Und sogleich hatte die Gräfin de la Motte ihre Feindseligkeit gegen ihn eröffnet, indem sie im November 1785 ein Pamphlet, betitelt Mémoire, herausgab, worin sie ihn hart mitnimmt, aber sie hatte doch so viel Gerechtigkeit, in einem zweiten Mémorie die Anklage auf Diebstahl zurückzunehmen, denn nicht Cagliostro, sondern der Kardinal selbst hätte das Halsband gestohlen. Die Verteidigung Cagliostros übernahm der Advokat Thilorier mit drei Druckschriften, die eine enorme Verbreitung in ganz Europa fanden und außerordentliches Aufsehen erregten. Schon aus Haß gegen die Königin schlug sich die öffentliche Meinung auf Cagliostros Seite. Vor allen Dingen gab es für die spottsüchtigen

[1] Das beste Buch über die Halsbandgeschichte ist von Funck-Brentano, l'Affaire du Collier. Paris 5. Ed. 1903.

Pariser viel zu lachen, als Cagliostro am 30. Mai 1786 in öffentlicher Sitzung des Parlaments sich verteidigte; gekleidet wie ein dressierter Affe, erzählte er seine Lebensgeschichte in seinem seltsamen Jargon, ein wahrer Roman aus tausend und einer Nacht. Die Zeugenverhöre waren alle zu seinen Gunsten ausgefallen, so wurde er denn am 1. Juni freigelassen. Viele tausend Menschen warteten in seinem Quartier auf seine Ankunft und begrüßten ihn stürmisch. Und als man vernahm, daß er den Befehl erhalten hätte, Paris in acht Tagen, Frankreich in drei Wochen zu verlassen, da erneuerten sich die stürmischen Manifestationen vor seinem Hotel, und es hätte nur von ihm abgehangen, eine Emeute zu erregen, ja die Regierung hoffte auf eine Unbesonnenheit Cagliostros, um ihn aufs neue in der Bastille zu versorgen, er zog es aber vor, Paris zu verlassen und nach London zu verreisen, von wo aus er seinen Freunden den berühmten „Brief an das Französische Volk" schickte, der in mehrere Sprachen übersetzt wurde. Namentlich seinem Ingrimm über die berüchtigten Lettres de cachet läßt er freien Lauf. Von London aus erließ er am 29. Mai durch seinen Pariser Advokaten Thilorier eine Klageschrift gegen den Polizeikommissär Chénon und den Gouverneur der Bastille Marquis de Launay wegen ihm bei der Verhaftung entwendeten Diamanten, Schmucksachen und Gelder, deren Wert er auf 180000 Livres berechnete, doch wurde ihr keine Folge gegeben. In London suchte ihn auch die Freundin Goethes, Sophie von La Roche auf. Anmutig erzählt sie,[1] wie das Spiel des Zufalls einen asiatischen Charlatan (Cagliostro), eine Deutsche Romanschreiberin (La Roche) und einen Englischen Fanatiker (Lord Gordon) zusammengeführt hätte. Die Gräfin Cagliostro schildert sie als eine hübsche, gute, immer lächelnde Frau. „Mich dünkte, niemals eine weißere Brust, Nacken und Hände gesehen zu haben. Sie sprach mit Liebe von den Sarasins, mit Entzücken von ihren Freunden in Frankreich; aber mit Schauer und Abscheu von der Bastille."

[1] Tagebuch einer Reise durch Holland und England p. 294 ff.

Aber die Lage Cagliostros gestaltete sich in England schlimm, denn der Halsbandprozeß hatte seinen Ruf unwiederbringlich zerstört und namentlich fehlte ihm sein Gönner, Freund und Schatzmeister Rohan. Vergebens versuchte er es mit seinen alten Kunststücken, niemand glaubte mehr daran. Er behauptete das Meerwasser in Öl verwandeln zu können und wollte damit London erleuchten; man lachte ihn aus. Sogar die Freimaurer ließen ihn im Stiche. Er besuchte die Loge „Antiquité“ in der Hoffnung wie einst gefeiert zu werden, aber welche Enttäuschung, als ihn ein Bruder in Versen arg verhöhnte. Diesen Abfall seiner Getreuen hatte er einem Manne zu verdanken, der gleich wie er ein Lump war, aber ein großes Talent als Preßkosak besaß, Théveneau de Morande. Dieser wußte sich durch Verbreitung schmutziger Geschichten über bekannte Persönlichkeiten, Prinzen, Minister, Literaten etc. Geld zu verschaffen, auch leistete er dem Französischen Minister, dem Grafen von Vergennes Spionendienste, und als der Amerikanische Krieg ausbrach, gründete er eine vom Französischen Ministerium subventionierte Zeitung in London, den Courier de l'Europe (1777—1789). Da Cagliostro der Französischen Regierung auch in England lästig war, kaufte sie die Feder Morandes, um ihn unmöglich zu machen, und dieser vollzog seinen Auftrag mit überraschendem Geschick. So erschien im Courier de l'Europe ein Aperçu sur les voyages du sieure Cagliostro avant son arrivée en France, der der Wahrheit meist nahe kam und die Schwindeleien Cagliostros schonungslos aufdeckte. Vergebens wehrte sich dieser und leugnete jede Identität zwischen Joseph Balsamo und dem Grafen von Cagliostro, zwischen der Gräfin Serafina und Lorenza Feliciani ab. Aber obgleich die Feinde des Französischen Hofes und viele Billigdenkende Partei gegen den literarischen Bravo nahmen, so daß Morande es für gut fand, seine Polemik gegen Cagliostro einzustellen, so fühlte sich dieser doch tief ins Herz getroffen und der Verzweiflung nahe, da er sich seiner Gläubiger nicht mehr erwehren konnte. Vergebens erließ er am 2. November 1786 einen Aufruf an alle wahren Maurer, um mit ihnen im Namen Jehovas den neuen

Tempel Jerusalems aufzurichten, niemand erschien. Im Frühjahr 1787 reiste er von London ab, seine Frau im tiefsten Elende im Stiche lassend.

Schon im Dezember 1786 hatte er sich an den getreuen Sarasin in Basel wegen einer Zuflucht gewandt. Sarasin dachte an Neuchâtel, das ja Preußisch war, und er benützte seine persönliche Bekanntschaft mit dem Prinzen Heinrich von Preußen, um für Cagliostro den Schutz der Preußischen Regierung zusichern zu lassen. Allein der Prinz antwortete sehr kühl,[1] so sorgte er für Cagliostros sichern Aufenthalt in Biel, das eine selbständige Republik war. Denn auch die Pariser Katastrophe hatte keinen Augenblick den Glauben Sarasins an den Retter seiner Frau erschüttert. „Und sollte er," schrieb er am 1. März 1788 an Lavater, „auch Sokrates Schicksal haben, wir würdens uns immer noch zur Ehre rechnen, seine Schüler und Jünger zu heißen." Auch Schlosser, der Schwager Goethes, nahm sich des von allen Seiten Verfolgten tapfer an. Cagliostro kam am 5. April 1787 in Basel an. Hier bei Sarasin im weißen Haus am Rheinsprung lernte ihn Christian Gottlieb Schmidt, Verfasser des „Reisejournals eines Sächsischen Geistlichen" kennen. „Er, Cagliostro, ist eine kleine, sehr dicke Figur, an welcher der Kopf das frappanteste ist, der der marmornen Büste (im Sarasinschen Hause) ganz gleichet. Wenn ich einen Zauberer malen sollte, so würde ich diesen Kopf zum Ideal nehmen. Sein Blick ist drohend, verschlingend und flüchtig, denn man kann nicht dazu kommen, ihm nur einige Momente fest ins Auge zu sehen. Sein dünnes Haar trägt er hinten in einer runden Locke, und auf dem Wirbel hat er entweder eine Platte oder wohl gar eine Tonsur. Sein Anzug bestand in einem ziemlich abgetragenen, grünen mit Gold eingefaßten Tuchrocke, rothseidener Weste und Beinkleidern, weißen Strümpfen und Schuhen. Sein Gang war trotzig und etwas tanzmeisterlich." Wie Beugnot bemerkt auch Schmidt, daß Cagliostro in der Gesellschaft selten jemand zum Worte kommen lasse. Der Glaube an seine Wunderkraft scheine

[1] Abgedruckt bei Langmesser l. c. p. 53.

ziemlich erloschen zu sein. „Dagegen hat er hier im Sarasinschen Hause eine Loge Egyptienne errichtet, wo er vermutlich als Oberpriester präsidieren wird.“ Schon früher hatte Cagliostro im Weißen Haus Gastrollen in der Ägyptischen Maurerei gegeben und in Riehen bei Basel auf dem Glöcklihof hatte er für diesen Zweck einen Pavillon bauen lassen, der noch heute existiert und von furchtsamen Leuten mit Scheu betrachtet wird. Im Mai 1787 wurde wiederum eine glänzend installierte Ägyptische Loge eröffnet, die den Namen Loge mère des pays helvétiques führte. Viele Einwohner von Basel wurden mit allem Zeremoniell des Ägyptischen Ritus aufgenommen. Er arbeitete verschiedene Male mit zwei Waisen, einem Knaben und einem Mädchen.[1]

Endlich im Juni 1787 langte auch Cagliostros Frau in Basel an und am 29. Juni bezog das Ehepaar das von Sarasin gemietete prächtig gelegene Schloß Rockhalt bei Biel. Hier traf Cagliostro auch seine frühere Freundin, die schöne Marquise Branconi. Allein er geriet in verschiedene Streitigkeiten, die Sarasin vergebens beizulegen versuchte. Am 23. Juli 1788 mußte er Biel verlassen, und nun begann aufs neue seine unstete Wanderschaft, indem er überall von den Behörden ausgewiesen wurde. Seine Frau, dieses elenden Lebens überdrüssig, bewog ihren Mann, die Schritte nach ihrer Heimat, Rom, zu lenken, wo sie Ende Mai 1789 ankamen. Aber er war in die Höhle des Löwen geraten. Auch hier wieder gründete er eine Ägyptische Loge, jedoch die Häscher der Inquisition hatten jeden Schritt des Todgehetzten überwacht; am 27. Dezember 1789 umzingelten sie seine Wohnung und führten das Ehepaar in die dunkeln Gewölbe der Engelsburg, von wo aus es kein Entrinnen gab. Im April 1790 begann der Prozeß gegen Cagliostro, dem die Kurie große Wichtigkeit beilegte, indem sie hoffte, aus den bei Cagliostro beschlagnahmten Papieren und aus seinen Geständnissen eine Schlinge drehen zu können, um die Freimaurerei

---

[1] Leben und Taten des J. Balsamo sog. Grafen Cagliostro. Zürich 1791 p. 103 f. Cagliostro, einer der merkwürdigsten Abenteurer unseres Jahrhunderts. Königsberg 1792 p. 129.

endgiltig zu ersticken. Die Kurie publizierte die Akten über diesen Prozeß und verband damit die schärfsten Ausfälle gegen die Freimaurerei.[1] Dagegen verteidigten sich die lombardischen Logen sowie das Directoire hélvétique roman und erließen zu diesem Zwecke am 17. August 1791 eine Druckschrift, welche die Kurie durch Ankauf aller erreichbaren Exemplare unschädlich zu machen suchte, aber vergeblich, denn es erschienen nacheinander vier Auflagen. Das Belastungsmaterial gegen Balsamo war so groß, daß sein Untergang unvermeidlich war. Er wurde am 21. März 1791 zum Tode verurteilt, aber aus besonderer Gnade das Todesurteil in lebenslängliches Gefängnis umgewandelt. Am 3. Mai hielt man auf dem Minervaplatz ein feierliches Autodafé über die maurerischen Bücher und Schriften Cagliostros. So oft ein Buch in Flammen aufging, jauchzte der Pöbel vor Freude und klatschte mit den Händen. Für einen Vagabunden, und das war Balsamo seit seiner Jugend, ist die Entbehrung der Freiheit die schwerste unerträglichste Strafe. Sein ganzes Sinnen und Denken ging darauf, die Freiheit wieder zu erlangen. Darum bezeugte er die tiefste Reue und bat um einen Beichtvater. Man schickte ihm einen Kapuziner, der sich darauf freute diesen Teufelsbraten zu retten. Allein Cagliostro ersah die Gelegenheit, stürzte sich auf den Kapuziner und suchte ihn mit dem Strick zu erdrosseln, doch dieser, ein starker Mann, erwehrte sich seines Gegners und rief um Hilfe. Cagliostro wurde nun in das Fort Santa Leone im Herzogtum Urbino gebracht, wo er wahrscheinlich 1795 den Mißhandlungen seiner Henkersknechte erlegen ist. Im Jahre 1858 lebte in Paris in einer entlegenen Gasse im sechsten Stock eine alte Frau, Madeleine genannt. Die Decke ihres Zimmers war blau bemalt und mit kabbalistischen Zeichen bedeckt; sie behauptete wahr-

[1] Compendio della vita e delle gesti di Giuseppe Balsamo che si è stratto del processo contro de lui formato in Roma l'anno 1790 e che si può servire di scorta per conoscere l'indole della setta dei libri muratori. In Roma 1791 nella Stamperia della rev. Camera apostolica. Diese Schrift hat verschiedene Auflagen und Übersetzungen ins Französische und Deutsche erlebt.

sagen zu können. Diese Madeleine soll die Tochter Cagliostros und einer Jüdin in Lyon gewesen sein.[1]

Cagliostros alter Freund Sarasin in Basel wankte auch dann nicht im Glauben an diesen Wundermann, nachdem ihn das Verhängnis erreicht hatte. „Was den Grafen anbelangt,“ schrieb er an Lavater, „so schmerzt mich natürlich sein Leiden. Übrigens wenn ich denke, daß ers so muß gewollt haben, weils in seiner Macht stand, es anders zu machen, so bin ich weit ruhiger, als ein anderer an meiner Stelle wäre. Was über die ganze Sache in die Welt geschrieben wird, ist Kinderey . . . nicht einen seiner Fehler will ich verteidigen. Nur erlaube man mir als erprobten Zeugen seines innern Wertes mehr wahre Achtung für ihn zu haben.“ [2]

Cagliostros Treiben erregte allenthalben das größte Aufsehen. Verehrten ihn die einen wie Sarasin als einen wahrhaft großen Mann, der tiefe Blicke in die Geisterwelt getan hatte, so brandmarkten ihn andere als einen intriganten Gaukler, der durch Geheimkünste, Magie und Alchemie, die Seelen auf Abwege verlocke und Irrtum für heilige Wahrheit ausgebe, was zu den schrecklichsten Folgen und Verbrechen führen könnte. Elisa von der Recke machte es sich zur Pflicht, diesen gefährlichen Betrüger zu entlarven, „der weitaussehende Pläne hat, welche durchzusetzen er Welt- und Menschenkenntnis genug besitzt und sie dazu auf die unwürdigste Art mißbraucht,“ worauf der Herzog Friedrich Heinrich Eugen von Württemberg sich offen zum Glauben an Wunder und Umgang mit höhern Geistern bekannte.[3] Natürlich wurde Friedrich Nicolai in Berlin, der unfehlbare Papst der Aufklärung, nicht müde sowohl in seinen Zeitschriften „Allgemeine Deutsche Bibliothek“ und „Berlinische Monatsschrift,“ als auch in seiner breitspurigen „Beschreibung einer Reise durch Deutschland“ das drohende Gespenst einer Verschwörung der Dunkelmänner, der Kryptokatholiken und namentlich der Jesuiten,

---

[1] H. d'Alméras l. c. p. 350.

[2] Langmesser l. c. p. 57.

[3] Mai- und Juliheft der Berlinischen Monatsschrift 1786.

vorzumalen, die unter dem Schutze geheimer Gesellschaften den Zweck verfolgen, ganz Deutschland wieder der Herrschaft des Papstes zu unterwerfen. Die damaligen Zeitschriften sind erfüllt von Anklagen und Verteidigungen dieser geheimen Gesellschaften, und diese bildeten das allgemeine Gesprächsthema. Auch der 1786 in Berlin weilende Graf Mirabeau war durch Nicolai beeinflußt worden und denunzierte Cagliostro als Sendboten der Jesuiten, während er den Lavater unverblümt als Schwindler brandmarkte.[1] Richtiger hat schon 1781 Goethe in einem Brief an Lavater (vom 22. Juni) die Schwindeleien Cagliostros als ein Sympton tiefgehender Verderbnisse der Französischen Gesellschaft erkannt. „Was die geheimen Künste des Cagliostro betrifft," schreibt er, „bin ich sehr mißtrauisch gegen alle Geschichten . . . Ich habe Spuren, um nicht zu sagen Nachrichten, von einer großen Masse Lügen, die im Finstern schleicht . . . Glaube mir, unsere moralische und politische Welt ist mit unterirdischen Gängen, Kellern und Kloaken minieret." Gerade der romanhafte Lebenslauf Cagliostros mußte die Phantasie der Dichter reizen. Als erster Maximilian Klinger, der Verfasser von „Sturm und Drang." Er hatte sich um 1779 in Straßburg als Freimaurer aufnehmen lassen[2] und wurde dann namentlich in Zürich durch seinen Freund Chr. Ph. Kayser von Frankfurt a. M., den Komponisten der Lieder und Singspiele Goethes,[3] in seinen freimaurerischen Grundsätzen bestärkt. Lessings Derwisch im Nathan gab Klinger die Idee zu seinem Drama „Der Derwisch", der eben niemand anders ist als Cagliostro. Dieses Stück „ist in der glücklichsten Laune erdacht und entsprechend leicht und flott durchgeführt. In aller Phantastik spiegelt es die Wirklichkeit des Menschenlebens. Ein lustiges Lustspiel durch und durch ist es zugleich ethisch

---

[1] Lettre de Comte de Mirabeau à M . . . sur M. M. Cagliostro et Lavater. A Berlin chez F. de la Garde 1786. Vgl. die Literatur bei A. Stern, Das Leben Mirabeaus. Berlin 1889. I. p. 196, Anm. 2.

[2] Nach Akten der Zürcher Loge.

[3] C. K. Burckhardt, Goethe und der Komponist Chr. Ph. Kayser. Leipzig 1879.

belebt und mit bedeutenden Ideen gesättigt. Der komplizierte dramatische Organismus bewegt sich leicht und glücklich, kein Glied ist zu viel und keines verkümmert, kein notwendiges Motiv leidet an mangelhafter Ausführung." [1] Der Dichter hält seiner Zeit einen Spiegel vor, wie Goethe es mit seinem „Großkophta" (1792) beabsichtigt hatte, nur ist dieser Großkophta ein plumpes Intriguenstück geworden, in dem nach altbekanntem Rezept die Tugend siegt und das Laster beschämt und bestraft wird.

Auch Schiller beschäftigte sich mit Cagliostro. Er ist der Armenier im „Geisterseher". Die Beschäftigung mit diesem Thema hängt mit seiner Arbeit am „Don Carlos" im Sommer 1786 zusammen, indem der „Geisterseher" Gelegenheit bot, die Umtriebe katholischer Pfaffen und ihren verderblichen Einfluß auf Prinzen regierender Häuser grell zu beleuchten. Jedem Würtemberger war der Übertritt des Herzogs Karl Alexander von Würtemberg bekannt. Im Körnerschen Hause hörte Schiller viel von den Wundermännern reden. Denn Körner war zeitlebens ein eifriger Freimaurer, nachdem er 1780 in der Loge Modestia in Zürich aufgenommen worden war,[2] und bekämpfte den Einfluß der Geisterbanner in den Logen. Denn das Treiben Schrepfers in Leipzig stand noch lebhaft in vieler Mitlebenden Erinnerung. In den Jahren 1784—1786 reiste Elisa von der Recke in Deutschland und kam auch nach Leipzig und Dresden; ihre Erzählungen über die Gaukeleien Cagliostros bildeten ein Hauptthema der Unterhaltung. So gewann das stoffliche Interesse für den Geisterseher dem Dichter viele Verehrer, wiewohl der literarische Wert dieses Romans kein geringer ist.[3]

Wir haben gesehen, daß die Brüderschaft der Rosenkreuzer im 17. Jahrhundert lediglich eine Fiktion war (s. o. p. 55 ff.). Erst um die Mitte des 18. Jahrhunderts traten die Goldmacher

---

[1] M. Rieger, Klinger in der Sturm- und Drangperiode. Darmstadt 1880 p. 289 ff.

[2] Siehe Zürcher Logenlisten im Archiv der Loge Modestia cum Libertate.

[3] Schillers sämtliche Werke. Säkularausgabe II. Band. Einleitung p. XXII ff.

zu einem Bund der Rosenkreuzer zusammen, 1757 in Frankfurt a. M., von da verbreitete er sich 1761 nach Prag, seit 1775 bildete Wien ein Hauptzentrum der Rosenkreuzerei. Die drei untern Grade des Rosenkreuzersystems bildete die Johannismaurerei, die Einführung in die höhere Erkenntnis blieb den obern Graden vorbehalten, für deren Erlangung gehörig bezahlt werden mußte. Die Brüder kannten die Namen der Oberen, denen unbedingter Gehorsam geleistet werden mußte, nicht, doch wurde das wißbegierige Publikum durch eine Anzahl von Druckschriften über das Wesen der Rosenkreuzerei unterrichtet.[1] Es ist unglaublich, welche plumpen Lügen sich die Leute im Zeitalter der Aufklärung aufbinden ließen. Nur die Rosenkreuzer besäßen die wahre Naturkunde, die Kunst unedle Metalle in Gold zu verwandeln, Universalmittel von unfehlbarer Wirkung herzustellen etc. Und damit verbanden sie kryptokatholische Tendenzen. So bezeichnet ein rosenkreuzerischer „Hirtenbrief an die wahren und ächten Freymaurer alten Systems“ 1785[2] den Orden als den wahren Jesusorden, an dessen Spitze Jesus selbst stehe, und dessen Obere die geistlichen Väter seien. Die alchemistischen Schriften, die man den Betörten zum Studium übergab, enthielten absoluten Unsinn. Mißlang einem Adepten ein chemischer Prozeß, so wurde ihm Mangel an Frömmigkeit vorgeworfen, machte hingegen jemand eine Entdeckung, so wurde er verpflichtet, diese Entdeckung den Obern mitzuteilen. Der Fabeldichter M. G. Lichtwer (1719—1783), der 1742 Mitglied einer Loge in Leipzig geworden war, spottet über diese Leute:

Der Weise und der Alchymist.

Gesund und fröhlich ohne Geld,
Lebt einst ein Weiser in der Welt.
Ein Fremder kam zu ihm und sprach: „Auf meinen Reisen

[1] C. H. L. von Plumenock, Geoffenbarter Einfluß der ächten Freimaurerei. 1777. Der Kompaß der Weisen etc. Vgl. Kopp, Alchemie II, 22; 221 ff.

[2] M. Philippson, Geschichte des Preußischen Staatswesens vom Tode Friedrichs des Großen bis zu den Freiheitskriegen. Leipzig 1880. I, 64.

Hört ich von deiner Redlichkeit;
Du bist ein Phönix unsrer Zeit.
Nichts fehlt dir als der Stein der Weisen.
Ich bin der Trismegist,[1] vor dem sich die Natur
Stets ohne Schleier zeigt; ich habe den Merkur,
Dadurch wir schlechtes Blei in feines Gold verkehren,
Und diese Kunst will ich dir lehren."
„O dreimal größter Trismegist! —
Versetzt der Philosoph — du magst nur weiter reisen!
Der ist ein Weiser nicht, dem Gold so schätzbar ist.
Vergnügt sein ohne Gold, das ist der Stein der Weisen."

Freilich, so lange nicht die Versuchung an einen herantritt, ist es keine Kunst weise zu sein, aber so gescheidte Leute wie der Weltumsegler Georg Forster, der Anatom Samuel Thomas Sömmering und der Historiker Johannes Müller konnten ihr nicht widerstehen.[2] Sie alle drei lebten und lehrten anfangs der achtziger Jahre in Kassel und nahmen an dem Treiben der Rosenkreuzer teil. Forster war in London der Freimaurerei beigetreten und durch ihn Sömmering. Als Forster im November 1778 nach Deutschland kam, suchte er bei den Freimaurern um Hilfe nach für seinen im Schuldgefängnis in London schmachtenden Vater und zwar nicht vergebens.[3] In Kassel trat er der Loge von der strikten Observanz „Zum gekrönten Löwen" bei, ohne gerade besonderen Eifer zu zeigen, doch war er 1780 Vorbereitender und Redner. Später spricht er sich sehr abschätzig über die Freimaurerei aus, was ihn 1784 nicht hinderte aus Rücksicht auf seinen Freund Ignaz von Born in Wien der von diesem geleiteten Loge „Zur Eintracht" sich anzuschließen. Auf ein phantastisches weiches Gemüt wie das Forsters, mußte die Rosenkreuzerei verführerisch wirken. Die Kunst, Gold machen zu können war für ihn, der immer in Schuldennöten steckte, äußerst verlockend. „Da er," schreibt seine Witwe,

[1] Eine mystische Figur, vgl. Kopp l. c. I, 4.
[2] Kopp l. c. II. 45 ff., namentlich p. 91 ff.
[3] Kopp l. c. II, 92. Anm. **

geborene Therese Heyne,[1] „nicht die Charakterkraft hatte, ohne Mißmut zu entbehren, da er sich nicht über seinen teilnehmenden Kummer, über die Bedrängnis seiner Eltern emporschwingen konnte, ergriff er den überirdischen Trost und die Aussicht auf wundertätige Hilfe, welche der Rosenkreuzerorden ihm bot, mit sehnsüchtigem Eifer. Er betete, hoffte mit Geistern in Verbindung zu kommen und war unaufhörlich mit chemischen Arbeiten beschäftigt, die zur Entdeckung des Steins der Weisen führen sollten."

Wo irgendwo damals ein Geheimorden auftauchte, hatte gewiß der Freiherr Adolf Franz Friedrich von Knigge (1752 bis 1796) seine Hand darin. Er wurde 1772 in Kassel in die Loge „Zum Tale Josaphat" aufgenommen,[2] trat dann 1778 einer neugegründeten Loge der strikten Observanz in Hanau bei. In diesem System führte er den Ordensnamen A Cygno albo. Freilich in seinem berühmtesten Buch: Über den Umgang mit Menschen. Hannover 1788, verurteilt er das Geheimbundwesen, aber solche Widersprüche wollen bei diesem charakterlosen Vielschreiber wenig besagen. So spricht er sich auch höchst abfällig über die Rosenkreuzerei und Alchemie aus, doch die Kunst Gold zu machen, hätte er gar zu gerne gelernt, aber er hatte, wie er selbst sagt, nur ein halbes Dutzend silberne Kaffeelöffel daran zu wenden. In Kassel setzte er sich mit dem Major von Canitz in Verbindung. Beide beabsichtigten 1779 eine Reform der Freimaurerei durchzuführen, deren wahre Aufgabe es sei, „die Würde der Menschheit oder das Ebenbild Gottes wieder herzustellen," und zu diesem Zwecke verbanden sie sich mit Forster, „der einzige Mann, der noch fähig ist, sich und die Welt ohne Vorurteile zu betrachten, und den Wert und die Bestimmung des Menschen zu fühlen." Aber diese engere Freimaurerei

[1] J. G. Forsters Briefwechsel her. von Th. Huber, (geb. Heyne). 2 Teile. Leipzig 1829. I, 26.

[2] C. Bröcker, Die Freimaurer-Logen Deutschlands. Berlin 1894 p. 69. Nach einer Mitteilung des Asträa-Taschenbuch für Freimaurer XV. 1850 p. 160 gehörte er hingegen der Loge „Zum gekrönten Löwen" in Kassel an.

kam nicht zustande und Forster warf sich mit Sömmering 1780 dem Rosenkreuzerzirkel in die Arme, und auch Johannes Müller machte alle diese Torheiten mit. Sie glaubten fest an die Möglichkeit des Goldmachens und beschäftigten sich mit alchemistischen Experimenten. Wie alle, die sich in solche Torheiten eingelassen haben, wurden sie betrogen und gerieten in böse Schulden. Sie glaubten auch, daß es möglich sei mit den Toten zu verkehren und dadurch Kenntnis überirdischer Dinge zu erlangen. Das Schlimmste war jedoch, daß sie in einen exaltierten Zustand religiöser Schwärmerei gerieten. Wie es im Rosenkreuzerorden üblich war, führte jedes Mitglied einen Ordensnamen; Forster hieß Amadeus. Endlich 1783 erwachten sie aus dem Taumel und sie lösten sich aus dieser gefährlichen Gesellschaft. Forster enthüllte seinem Freunde Johannes Müller, der schon im Sommer 1783 Kassel verlassen hatte, um in die Schweiz zurückzukehren, seinen innersten Gemütszustand.[1] „Das ist gewiß die höchste Wahrheit," schrieb er am 20. Dezember, „immer die Gegenwart des lieben Schöpfers vor Augen zu haben! Lassen Sie, mein Bester, sich immer dies und die Liebe des Gekreuzigten genügen und trachten Sie nicht nach hohen Dingen. Wissen macht nicht glücklich, auch selbst göttliche Weisheit nicht ohne die Liebe, wie 1. Corinth. 13 steht. Dabei bleiben Sie bei Ihrem Entschluß, geheime Gesellschaften und Wissenschaften nicht zu suchen. Ich lasse die Frage unentschieden, ob es wahre geheime Wissenschaft gebe oder nicht; aber das ist doch ausgemacht, daß das Meiste, was von dieser Art in der Welt herumgetragen wird, falsche Vorspiegelung, Lug und Trug, oder, wenn wir das Gelindeste glauben, fromme Selbstverblendung ist. Wenn der Glaube, auf den so viel, ja alles ankommt, nicht Ergebung und liebevolles Vertrauen auf das Dasein und die Güte Gottes wäre, wenn dazu gefordert würde, Dinge für wahr zu halten, die, wenn sie auch wahr wären, doch unmittelbar keine Beziehung auf unsere Seligkeit haben, dann stünde es wahrlich übel um alle diejenigen, von

[1] G. Forsters sämtliche Schriften VII, 210 ff.

denen Glaube gefordert wird. Wahrlich, lieber Freund ich kann mir nicht vorstellen, daß die Frage, glaubst du, daß es Gespenster und Geistererscheinungen gibt? eine von denen sein wird, nach welchen wir gerichtet werden sollen. Vor allen Dingen rathe ich Ihnen, nicht Ihr Geld so unnütz anzuwenden und Freimaurer zu werden. Was unter diesem Namen Gutes geschieht, konnte ebensowohl ohne denselben auch geschehen; und was Böses geschehen ist und noch geschieht, dazu bedürfte es ebenfalls keiner eigenen Verbindung."

Forster und sein Freund Sömmering waren voller Furcht vor der Rache der unbekannten Obern, von deren Macht namentlich ersterer ganz übertriebene Vorstellungen hatte. Und Nicolai, mit dem er am 20. Mai 1784 in Leipzig zusammentraf, bestätigte ihn in der Meinung, daß hinter den Rosenkreuzern die Jesuiten steckten, derselbe Nicolai, den Goethe im Walpurgisnachtstraum (Faust I. Teil) mit den Versen verspottete:

Sagt wie heißt der steife Mann?
Er geht mit stolzen Schritten.
Er schnoppert, was er schnoppern kann,
„Er spürt nach Jesuiten."

Nur in der Entfernung von Kassel sah Forster seine Rettung und noch in der Rückerinnerung an das, was er dort erlebt hatte, packte ihn die Verzweiflung an. „Zuviel ists," schrieb er am 14. Mai 1784 an Sömmering, „was wir schon erlitten; unser Beutel geschnitten, unsere Zeit verderbt, unsere Denkkraft geschwächt und gelähmt, unser Vaterland verarmt, unser Gedächtnis mit unnützem Plunder angefüllt, unsere Grundsätze untergraben und angesteckt." Das Schlimmste aber für Forster war, daß er mit dem Glauben an die Wunderkraft der Rosenkreuzerei überhaupt den Glauben verloren hatte und damit vollends jeden Halt. Diese Tatsache erklärt auch den tragischen Ausgang dieses Mannes.

Daß Forsters Ansicht von der Gefährlichkeit des Treibens der Rosenkreuzer nicht so ganz unbegründet war, das beweisen die merkwürdigen Vorgänge in Berlin, wo zwei Intriganten,

Bischoffswerder und Wöllner, unter dem Deckmantel der Rosenkreuzerei den König Friedrich Wilhelm II. ins Verderben zu locken wußten. Ein Repräsentant der Rosenkreuzerei war Johann Georg Schrepfer von Nürnberg, zuerst Preußischer Husar, dann Kaffeewirt in Leipzig,[1] ein Mensch ohne jede Bildung. Ob er jemals Aufnahme in einer echten Loge gefunden hat, ist zweifelhaft, aber offenbar hatte er rosenkreuzerische Geheimnisse aufgeschnappt und war im Besitz rosenkreuzerischer Rituale.[2] Mit diesen Kenntnissen prahlte er und suchte wirkliche Freimaurer ihren Logen abtrünnig zu machen und seiner eigenen Loge zuzuführen. Namentlich drangsalierte er die Loge Minerva in Leipzig in unverschämter Weise, so daß sich schließlich der Protektor der Sächsischen Logen, Herzog Karl von Kurland ihrer annahm und dem Schrepfer hundert Stockprügel zudiktieren ließ (Septbr. 1773); dieser erhielt ein Dutzend Prügel, mußte aber die vollen hundert bescheinigen.[3] Dieser Vorfall machte ihn in Leipzig unmöglich. In Frankfurt a. M. und in Braunschweig wußte er sich das Air zu geben, als ob er in die intimsten Geheimnisse eingeweiht sei, man behandelte ihn daher am letztern Ort sehr rücksichtsvoll und vermittelte eine Versöhnung mit der Loge Minerva. Er kam nun wieder nach Leipzig (April 1774) und verstand es wie früher durch Geisterbannen die Leute anzulocken. Davon hörte auch der Herzog von Kurland in Dresden und schickte seinen Stallmeister Herrn von Bischoffswerder nach Leipzig, um Erkundigungen einzuziehen. Dieser wurde von Schrepfer derart bezaubert, daß er für den Magier Feuer und Flamme wurde und ihn nach Dresden brachte, wo er große Triumphe davon trug.[4] Der Umgang mit vornehmen Herren machte den Schwindler vollends aufgeblasen, er trug fortan

[1] Bülau, Geheime Geschichten und rätselhafte Menschen I, 369 ff. Sierke l. c. p. 288 ff.

[2] Abgedruckt in Les plus secrets mystères des hauts grades de la Maconnerie dévoilés ou Le vrai Rose-Croix etc. à Jérusalem 1768.

[3] Abgedruckt in Freimaurer-Zeitung 1886 p. 115.

[4] (Wilhelm von Kügelgen), Jugenderinnerungen eines alten Mannes. Berlin. 10. Auflage. 1882. p. 259 ff.

Französische Offiziersuniform, nannte sich Baron von Steinbach und gab sich für einen Bastard eines Französischen Prinzen aus. Aber der Französische Gesandte stellte ihn zur Rede und bedrohte ihn, und da er zudem in großen Geldverlegenheiten steckte, wußte er nicht mehr wo ein, wo aus. Am 7. Oktober 1774 hielt er nochmals mit seinen Anhängern in Leipzig eine Loge und ging dann am andern Morgen um acht Uhr mit vier Freunden, darunter Bischoffswerder, ins Rosental spazieren. Er entfernte sich unter einem Vorwande, da hörten die Freunde plötzlich einen Schuß, sie eilten an den Ort, wo der Schall herkam und fanden Schrepfer tot in seinem Blute. Er hatte sich für einen Sendling der Jesuiten ausgegeben, nichts als leere Prahlerei eines Schwindlers, aber die von ihm gestiftete Vereinigung blieb auch nach seinem Tode bestehen, und namentlich Bischoffswerder betrachtete sich als Erbe Schrepfers, hatte er sich doch dessen Apparate angeeignet, um Geister zu zitieren und ein Elixier, das die Jugend und Lebenskraft erhalten sollte.

Johann Rudolf von Bischoffswerder (1741—1803) trat schon als Student 1758 in die Loge Philadelphia in Halle ein, ging dann zum System der strikten Observanz über, fand sich jedoch auch nicht befriedigt, da er tiefere Geheimnisse suchte, die ihm dann Schrepfer zu verschaffen versprach. Von da an war Bischoffswerder eines der tätigsten Mitglieder des Rosenkreuzerodens[1] (sein Ordensname war Farferus) an den sich Leute ähnlichen Charakters, wie Dubosc, Fröhlich etc. anschlossen. Er war ein Mann von imponierender Gestalt, ein vollendeter Kavalier und Hofmann und verstand es durch eine Mischung vornehmer Zurückhaltung und geheimnisvollen Tiefsinns schwache Gemüter zu bezaubern, dabei erfüllt von brennendem Ehrgeiz, den er freilich unter dem Scheine tiefster Unterwüfirgkeit zu verbergen wußte. Beim Ausbruch des Bayrischen Erbfolgekrieges (1778) trat er wieder in Preußische Dienste und lernte den Prinzen Friedrich Wilhelm von Preußen kennen, auf den

[1] Philippson l. c. I, 66 ff.

er bald einen außerordentlichen aber verderblichen Einfluß übte, namentlich seitdem er ihn von einer schmerzhaften Krankheit geheilt hatte.

Mit Bischoffswerder war aufs engste Johann Christoph von Wöllner (1732—1800) verbunden. Der Sohn eines märkischen Landpfarrers, studierte er in Halle Theologie und erhielt hier durch Baumgarten und Wolf die rationalistische Richtung. Seine Predigten sind denn auch erfüllt von seichter Aufklärung ohne Spur von Herzenswärme. Das einzige Ziel dieses Kandidaten war, sein Glück zu machen und sich auf die Höhen der Gesellschaft hinaufzuschwingen. Als Hofmeister in die Familie des Generalmajors von Itzenplitz auf Groß-Behnitz eingeführt, wußte er die gnädige Frau und ihre Tochter ganz für sich einzunehmen, die er dann nach dem Tode des Generals heiratete, zum großen Ärger Friedrichs des Großen, der sein Gesuch um Erteilung des Adels mit der Randbemerkung ablehnte: „Der Wöllner ist ein betriegerischer und Jntriganter Pfafe." Wöllner widmete sich dem Studium der Theorie des Ackerbaues und schrieb zahlreiche Artikel in Nicolais „Allgemeiner deutscher Bibliothek." In Berlin war er 1766 Mitglied der Loge zur „Eintracht" geworden und bald darauf zur strikten Observanz übergetreten. So wußte er sich nach allen Seiten hin einflußreiche Verbindungen zu sichern. Es gelang ihm 1770 Kammerrat des Prinzen Heinrich zu werden und ließ sich nun in Berlin nieder. Im Gegensatz zu dem mystisch beanlagten Bischoffswerder war Wöllner ein nüchterner Verstandesmensch und ein Gefolgsmann des Aufklärers Nicolai. Wenn er dessenungeachtet sich dem System der strikten Observanz zuwandte und in der Großloge „zu den drei Weltkugeln" bald eine große Rolle spielte, so sind hiefür nur egoistische Gründe maßgebend gewesen. Er hatte Bischoffswerder kennen gelernt und war durch diesen in die Geheimnisse der Rosenkreuzerei eingeführt worden (sein Ordensnamen war Heliconus, Ophiron etc.). Er gehörte der rosenkreuzerischen Loge „Friedrich zum goldenen Löwen" als Redner, Meister und Zirkeldirektor an.

Hier versuchte er sich mit seinen Genossen, Bischoffswerder, Generalchirurg Theden etc. in alchimistischen Experimenten, wobei es sich um Herstellung der Materia prima handelte, um daraus die Universaltinktur zu destillieren. Als Materia prima galt die Sternschnuppensubstanz.[1] Auch mit dem Betrüger Gugomus (Theophilus a Cygno triumphante, Hohepriester des heiligen Stuhls von Cypern und Abgesandter der unbekannten Obern) ließ er sich auf dem Wiesbadener Kongreß 1776 ein, nicht weil er an diesen Unsinn geglaubt hätte, sondern weil er dadurch Bekanntschaften mit den Ordensobern, dem Prinzen Friedrich von Braunschweig etc. machen konnte, ja er hatte die Frechheit, sogar in das Hauptorgan der Aufklärung, die „Allgemeine deutsche Bibliothek", die rosenkreuzerische Geisterlehre einzuschmuggeln.

Durch Bischoffswerder wurde Wöllner auch in den Kreis des Prinzen von Preußen eingeführt. Beide arbeiteten daran, diesen in ihrem Netze zu fangen. Klug hielten sie ein ganzes Jahr lang den Prinzen mit Ermahnungen zu einem sittlichen Lebenswandel und größerer Würdigkeit hin, um dadurch dessen Begierde aufs höchste anzustacheln. Endlich am 5. April 1781 nahm ihn Bruder Hannan[2] in Dresden in den Orden auf, mit der Begründung, weil „die alte Schlange in unseren Tägen mehr denn jemals raset, durch die schröckhlichen Greul des blinden Unglaubens der afterwitzigen Weltklugen, auch Cacomagie und anderer Irrthümer geblendeter schwacher Geister dem Reiche GOTTES Abbruch thun." Der Prinz erhielt den Ordensnamen Ormessus. Natürlich großer Jubel im Lager der Rosenkreuzer, deren Obere nicht verfehlten dem Kronprinzen die beiden eifrigen Brüder Bischoffswerder und Wöllner warm zu empfehlen. Ersterer war der Ansicht, daß äußere Frömmigkeit nicht genüge, sondern daß der Rosenkreuzer ein aufrichtiger

[1] Kopp l. c. I, 6 ff. II, 274 ff.

[2] Herausgeber der „Freymäurerischen Versammlungsreden der Gold- und Rosenkreuzer des alten Systems." Amsterdam 1779.

Christ sein müsse, und setzte es durch, daß der Kronprinz sich von seiner Maitresse, der Rietz, trennte. Hannan wünschte darauf dem Prinzen Glück zur Erlösung aus einer Leidenschaft, in deren „satanischen Fesseln" er durch wirkliche „Zauberei" gehalten worden und verspricht ihm zum Lohne Zutritt zu einer höhern Ordensstufe. Allein die Rietz hatte sich während zwanzig Jahren dem Prinzen unentbehrlich zu machen gewußt, daher bewirkte Wöllner, ein größerer Menschenkenner als die andern Schwarmgeister, unbekümmert um die frommen Grundsätze des Ordens, eine Versöhnung zwischen dem Prinzen und seiner alten Geliebten, und nicht genug damit förderte er dessen Neigung zu einer schönen Hofdame, Fräulein von Voß. Die Ordensobern waren viel zu eigennützig, um daran Anstoß zu nehmen. Die eigentliche Seele des Ordens war Wöllner, der 1782 ein Buch herausgab unter dem Titel: „Die Pflichten der Gold- und Rosen-Creutzer alten Systems, in Juniorats-Versammlungen abgehandelt von Chrysophiron", das, weil es die wahre Lehre des Ordens und die Anleitung zur Erkenntnis enthielt, unter die Brüder verteilt wurde, ganz in dem schwülstigen Stil geschrieben, wenn es ihm darum zu tun war, zu täuschen und zu betrügen. So lügt er uns vor, die Rosenkreuzerei hätte seit ewigen Zeiten existiert und sowohl den Templerorden als auch später die Freimaurerei hervorgebracht, um zur Vorbereitung für die eigentlichen hochheiligen Geheimnisse der Rosenkreuzer zu dienen. „Jeder echte Rosenkreuzer weiß, daß die Freimaurerei zu dem Ende von unseren höchsten Ordensobern erfunden ist, daß sie die Pflanzschule abgeben soll, um von dort aus in den wahren hohen Orden zu gelangen. Die Freimaurerei ist der Vorhof des Tempels, dessen verborgener Eingang nur den würdigen Freimaurern entdeckt und eröffnet wird." So wurde bewußt die Wahrheit auf den Kopf gestellt und die Lüge verbreitet. Aber gegen die Anhänger anderer Systeme schleuderte man mit dem Brustton tiefster Überzeugung und Wahrheitsliebe das Anathem. „Wehe, wehe allen Irrlichtern, allen Satansboten, die Euch zeitlich und Euch ewiglich unglücklich machen!" Den

Anhängern werden zeitliches und ewiges Heil, besonders aber weltliche Vorteile versprochen. „Glücklicher Bruder, Du besitzest alles, was dich zeitlich und ewig beglücken kann. Dir gehorcht die folgsame Natur ohne Zwang. Sie leihet Dir ihre Kräfte. Du hast Kenntnis und Macht und Erlaubnis, das durch den Fluch der Sünde inwärts gekehrte Licht wieder herauszuwenden, alle Gewinnung hinwegzunehmen, Körper von ihren harten Schlacken zu reinigen, helle zu machen und auf den höchsten Punkt der Vollkommenheit zu bringen.“ Dem Zweifler aber schleuderte Wöllner die fürchterliche Drohung ins Gesicht: „nur durch das Gebet der hohen Obern habe sich der ewige Erbarmer erweichen lassen, uns den Orden zu geben; plötzlich aber könne dies Licht sich wieder einhüllen und uns in Dunkelheit und Finsternis zurücklassen, wenn auch nur ein Schatten elenden Zweifels in unserer Seele aufsteigen sollte, wenn wir nur einen Augenblick uns überreden könnten, der hohe Orden sei nicht das, wofür er ausgegeben wird, und wir also getäuschet sein möchten.“ [1] Zahlreich strömten ihm die Brüder zu, um der großen versprochenen Geheimnisse teilhaft zu werden. Aber es ging den meisten wie Forster und seinen Freunden: verlorenes Geld, verlorene Zeit und bittere Enttäuschung und Reue waren die Folgen ihrer Torheit. Wie schamlos die Brüder geschröpft wurden, erzählt uns Albrecht.[2] Aus Furcht und Scham wagten die Betrogenen nicht zu klagen, und die es mutig wagten, wurden der Bosheit bezichtet. Auf dem berühmten Wilhelmsbadener Kongreß 1782 (s. o. p. 252 ff.) versuchten es die Obern der Rosenkreuzer die Mitglieder des Templerordens in ihren Orden hinüberzuziehen, doch scheiterte dieser Versuch an der tapfern Gesinnung wackerer Maurer. Aber die Neigung für das Wunderbare war allzugroß und namentlich in Berlin erreichte der Unfug den größten Aufschwung. Fürsten, Grafen, Staatsmänner, hohe Militärs und Beamte drängten sich in den Orden.

[1] Philippson l. c. I, 80 ff.

[2] H. C. Albrecht, Geheime Geschichte eines Rosenkreuzers. Hamburg 1792 p. 280 ff.

Der Preußische Minister Chr. A. H. K. Graf von Haugwitz veröffentlichte 1785 einen „Hirtenbrief an die wahren und ächten Freimaurer alten Systems," worin er gegen die Aufklärer und Illuminaten die wildesten Drohungen ausstieß. Wir begreifen es, daß Nicolai den Drohungen Wöllners sich verschloß.

Auf Dankbarkeit darf niemand, selbst wenn er das Höchste geleistet hat, rechnen. So erwarteten viele in Preußen mit Ungeduld den Tod des großen Friedrichs, indem sie fanden, er habe seine Verdienste längst überlebt. Als daher das große Ereignis eintrat und Friedrich der Große am 17. August 1786 auf seinem Lehnstuhl verschied, da atmeten alle die, welche ihn gefürchtet hatten, auf und begrüßten seinen Nachfolger König Friedrich Wilhelm II. als die Morgenröte einer neuen bessern Zeit. Der neue Monarch aber war nicht der Mann, die überschwänglichen Hoffnungen zu erfüllen. Ohne Erziehung aufgewachsen, ohne jedes Bildungsbedürfnis und ohne jeden moralischen Halt, gab er sich mystischen Neigungen und ungezügelter Ausschweifung hin und wurde darin von seinen Ordensbrüdern vom Goldenen- und Rosen-Kreuz nur gefördert. In der Bibliothek des von ihm in Potzdam erbauten Marmorpalais stellte er fast ausschließlich mystische Bücher auf. Hier und in Berlin trieb man den bekannten Hokuspokus weiter. In Wöllners Wohnung wurde eine Schaubühne für die Geistererscheinungen eingerichtet und u. a. Caesars Schatten zitiert. Die Rolle des Geistes spielte ein Sachse Steinert, der in der Kunst des Bauchredens geübt war.[1] Eine Bande von Schmarotzern niedrigster Art scharte sich um den König, im Dienste Bischoffswerders und Wöllners, die nun zur vollen Macht zu gelangen hofften. Der erstere war der intimste Vertraute des Königs, der ihn zum Oberstleutnant und Generaladjutanten ernannte. Dabei verstand er unter dem Scheine der Bescheidenheit und Uneigennützigkeit seinen Ehrgeiz zu verbergen. Viel weniger konnte diesen der unbändig ehrgeizige Wöllner verstecken, der

---

[1] Philippson l. c. I, 181 ff, II, 135 ff, 149 ff.

unzufrieden war, daß er nicht sogleich zum leitenden Minister ernannt wurde, sondern nur die Leitung der Finanzangelegenheiten erhielt. Wöllner, persönlich von Friedrich dem Großen beleidigt, atmete nur Haß und Rachsucht gegen diesen und tat alles, um das Andenken des großen Königs zu verunglimpfen. Scharfe Kritik wurde daher an der neuen Regierung geübt, namentlich gerechtes Aufsehen erregte das zweibändige Buch von Mirabeau, Histoire de la Cour de Berlin 1789, denn dieser war ein Beobachter allerersten Ranges. „Was wird," sagt er im Hinblick auf Bischoffswerder und Wöllner, „das Schicksal eines Landes sein, in das die Priester, die Visionäre und Buhlerinnen sich teilen werden?" Er sah scharf die Fäulnis vor der Reife und sagte prophetisch den Umsturz voraus. Aus Haß gegen Friedrich den Großen erklärte Wöllner der Aufklärung den Krieg. Freilich der geistesöde Rationalismus der protestantischen Kirche, die banale Freigeisterei und eine tiefgreifende Unsittlichkeit forderte die Reaktion gegen die herrschende Geistesrichtung heraus. Allein der Ingrimm Wöllners gegen diese Schäden entsprang nicht sittlichen Motiven, sondern die von ihm herbeigeführte Reaktion sollte lediglich seiner Herrschsucht dienen, und hiefür benützte er des Königs Neigung zur mystischen Frömmelei. Mit Hilfe seiner Ordensfreunde setzte er es beim König durch, daß er am 3. Juli 1788 zum Wirklichen Geheimen Etats- und Justizminister und zum Chef des Geistlichen Departements in allen lutherischen Kirchen-, Schul- und Stiftssachen ernannt wurde. Wenige Tage darauf erschien am 9. Juli das berüchtigte Edikt über das Religionswesen, am 19. Dezember das über die Bücherzensur etc. Wöllner war allmächtig, allein es war die traurige Herrschaft „gewissenloser Intriganten, kläglicher Mittelmäßigkeiten und eitler Genußmenschen."

So weit war die Verirrung gediehen, daß die Freimaurerei, die ja ursprünglich Politik und Religion grundsätzlich aus ihrem Tempel verbannte, nun zur Basis eines politischen und kirchlichen Systems gemacht wurde. Nun tauchte ein neues Projekt auf, um den Lieblingstraum des 18. Jahrhunderts zu verwirklichen und das goldene Zeitalter herbeizuführen, der Orden der Illuminaten und dieser Versuch führte zu einer Verfolgung der Geheimbünde und in Folge davon zu einer Einkehr der besseren Elemente in sich selbst.

Die Freimaurerei ist recht eigentlich ein Produkt des protestantischen Geistes. Darum eben hat sie sich vornehmlich in den protestantischen Ländern verbreiten und Wurzeln fassen können, während sie in den katholischen Staaten von Anfang an mit Mißtrauen angesehen, überwacht oder gar verboten wurde. In Deutschland haben einzelne Regierungen wohl hie und da den Versuch gemacht, die Logen zu unterdrücken, aber diese Verbote waren nur zeitweilig und mehr gegen das Vereinswesen überhaupt gerichtet. In Österreich und Bayern hingegen wurden alle geheimen Gesellschaften unterdrückt und verboten, und sie unterliegen bis auf heute gewissen Einschränkungen. Diese von der Natur so reichgesegneten Gebiete, die einst zur Zeit der Blüte des Kaisertums dem Deutschen Volke eine große Anzahl der bedeutendsten Dichter und Künstler geschenkt haben, waren der Deutschen Kultur seit der Gegenreformation völlig entfremdet worden, weil die Jesuiten die Regierung in die Hände bekamen. Die Siege Friedrichs des Großen über Österreich führten auch für letzteres eine heilvolle Wendung herbei, denn von diesem Moment an, begann eine Periode segensreicher Reformen, und das Eindringen der protestantischen Literatur in dieses allem geistigen Lebens fast ganz entfremdete Land. Eine Reihe von hochgesinnten Männern, wie J. von Sonnenfels, Gerhard van Swieten, T. Ph. Gebler, K. A. Freiherr Martini etc. bahnten der Aufklärung auch in Österreich den Weg. Die meisten der genannten waren Freimaurer, so daß ein ultramontaner Schriftsteller mit Fug und Recht sagen konnte:[1] „Die sogenannte Aufklärung ist in Österreich vorzugsweise das Werk der Freimaurer; indem die hohe Frau (Maria Theresia) dem Bunde, welchem ihr kaiserlicher Gemahl angehört hat und bis zum

[1] W. B., Beiträge zu einer Geschichte der Freim. in Österreich. Regensburg 1868 p. 18.

Tode treugeblieben ist, die öffentliche Existenz versagte, konnte sie nicht verhindern, daß derselbe im Verborgenen bestand, wirkte und um sich griff, ja, sie selbst fand sich von Freimaurern umgeben, wurde deren Werkzeug und förderte unbewußt deren Pläne und Zwecke." Tatsächlich hat der Gemahl der Maria Theresia, Kaiser Franz I., zur Förderung der Freimaurerei in Österreich viel beigetragen, indem er die Logen gegen die Angriffe der Jesuiten und gegen die Abneigung der eigenen Gemahlin schützte. Freilich allzu stolz darf die Freimaurerei auf dieses Mitglied nicht sein, denn der unersättliche Durst nach Gold flößte ihm vornehmlich die Zuneigung zur Freimaurerei ein.[1] Er hatte sie zwar in ihrer reinen Gestalt kennen gelernt, allein das Geheimnis übte bald über ihn eine zerrüttende Macht aus, und tiefer als einer versenkte er sich in die Abgründe der Rosenkreuzerei.[2] Die Freimaurerei wurde überaus populär in Österreich und Ungarn; eine Unmasse von Logen und Kapiteln entstand,[3] und ungeprüft wurden viele Ungeeignete als Brüder aufgenommen. Sie wurde in den vornehmen Kreisen geradezu Mode und jedermann trug freimaurerische Bijoux und begrüßte sich als Freimaurer.[4] Gegenüber der seichten und frivolen Geselligkeit, wie sie damals getrieben wurde und die dem Wiener im Blute lag, boten die Logen höhere und edlere Genüsse, und die Begeisterung und Befriedigung, welche damals gerade die Besten im Logenleben fanden, klingt noch in den Worten des Ungarischen Klassikers Franz Kazinczy nach. „Die Loge," sagt er,[5] „war eine Gesellschaft, welche aus den besten Menschen einen kleinen Kreis bildete, worin man jene großen Ungleichheiten, die in der Außenwelt herrschen, vergißt — worin man

---

[1] Siehe Abafi, Geschichte der Freimaurerei in Österreich I, 56 ff.

[2] Vgl. die interessanten Artikel in der Latomia XXVII, 64 ff. XXVIII, 62 ff.

[3] Darüber gibt das oben zitierte Werk von Abafi den besten Aufschluß, 4 Bände.

[4] Karoline Pichler, Denkwürdigkeiten I, 105 f.

[5] Abafi l. c. I, 138 f.

den König und den niedrigst gestellten Menschen als einen Bruder betrachtet, worin man die Verkehrtheiten der Welt vergißt und sehend, daß alle Mitglieder nur von einem Geist, dem der Liebe zum Guten beseelt sind, Freudenthränen vergießt, — worin man viel verläßlichere Freunde trifft, als in der Außenwelt, — worin jeder sich bestrebt, die Not seiner Mitmenschen nach Kräften zu lindern, worin jeder verpflichtet ist, zu lesen und zu lernen und seine Brüder durch seine Werke, seine Schriften, sein Beispiel zu lehren; die Loge ist die vollkommenste Schule des Herzens." Fürwahr die Freimaurerei hat sich um die Geistes- und Herzensbildung in Österreich ein unsterbliches Verdienst erworben.

Bayern war dem Deutschen Einfluß fast noch entrückter als Österreich, und die Jesuiten waren auch nach Aufhebung des Ordens unumschränkte Meister des Staates und verstanden es, jeden dauernden Fortschritt zu hemmen. Als Andreas Zaupfer eine Ode gegen die Inquisition veröffentlichte,[1] worin er wünschte, daß die Duldung, das Gotteskind, „Friedrichs Vertraute," sich auch nach Süden wende, wo mit Tränen die Menschheit sie um Hilfe fleht, schimpfte ihn der Exjesuit Gruber ein Teufelskind und er wurde gemaßregelt (1780). Nicolai und andere traten für ihn ein und auch Schiller interessierte sich für diesen Handel. Von Bauerbach aus schrieb er am 14. April 1783 an den Bibliothekar Reinwald in Meiningen: „Außerdem will ich es mir in diesem Schauspiel (Don Carlos) zur Pflicht machen, in Darstellung der Inquisition die prostituierte Menschheit zu rächen und ihre Schandflecken fürchterlich an den Pranger stellen." Dieser schmachvolle Zustand war dem Professor des Kirchenrechtes an der Universität Ingolstadt, seit Ecks famosem Angedenken die Hochburg ultramontaner Wissenschaft, unerträglich. Adam Weishaupt war Schüler der Jesuiten gewesen und kannte daher das Wesen des Jesuitismus ganz genau. Ihre Feindschaft empfand er übel; so entstand denn in ihm der Gedanke, eine geheime Gesellschaft

[1] D. Jacoby in: Euphorion, Zeitschrift für Literaturgeschichte. Leipzig und Wien 1903. X p. 92.

zu gründen, nach dem Muster des Jesuitenordens, die berufen sei, der Aufklärung in Bayern Bahn zu brechen.[1] Zuerst war sein Bund lediglich ein Studentenverein, wie es deren damals viele gab. Die Organisation des Bundes entlehnte er dem Jesuitenorden, dem Freimaurerbunde hingegen, den er durch Schriften und mündliche Besprechungen seit 1774 oberflächlich kannte und dem er 1777 beigetreten war (in Burghausen, wo eine Rosenkreuzer-Loge war), entnahm er das Geheimnisvolle, den Ritus und das Zeremoniell. Weishaupt nahm als Ordensgeneral unumschränkte Gewalt und widerspruchslosen Gehorsam in Anspruch. In echt jesuitischer Weise hatte er ein Spioniersystem eingeführt; jeder mußte periodisch über seine Seelenstimmung und Wahrnehmungen an die Obern, die Areopagiten hießen, berichten. Der Orden hatte einen eigenen Kalender, seine eigene Geographie (z. B. hieß Bayern Achaja, München Athen u. s. w.) und die Mitglieder trugen Ordensnamen; so hieß Weishaupt Spartacus, Knigge Philo, Bode Amelius u. s. w. Der Ursprung wurde in die Urzeit zurückverlegt, und auch sonst fehlte es nicht an Absonderlichkeiten. Als Zweck des Bundes gibt Weishaupt an:[2] „Wäre es nicht gut, eine Gesellschaft zu errichten, deren Absicht und Arbeit blos auf Besserung und Erleuchtung der Menschen gerichtet wäre? wo nur die reinste Moral und eine unerschütterliche Rechtschaffenheit herrschte? in welcher der Tugendhafte gegen Unglück Zuflucht und gegen Boshafte Schutz finden könnte? etc.“ Um diese Zwecke zu erreichen, ist es nötig, daß alle Glieder desselben so handeln, als ob sie nur eine einzige Kraft wären. Da nun die Menschen so handeln, wie sie denken, so ist für alle Ordensglieder eine

---

[1] Die Schriften über den Illuminaten-Orden sind bei Kloß, Bibliographie der Freimaurerei Nr. 3211—3275 verzeichnet. S. Hettner, Geschichte der D. Literatur im 18. Jahrhundert. 4. A. II, 301 ff. Cl. Th. Perthes, Das Deutsche Staatsleben vor der Revolution. Hamburg u. Gotha 1845 p. 260 ff.

[2] Siehe den interessanten Brief Weishaupts an den FreiherrnTh. Fr. Maria von Bassus vom 31. Okt. 1778 in: Vorstellung denen h. Standeshäuptern der . . . Republik Graubünden in Ansehung des Illuminatenordens etc. 1788 p. 3 f.

Übereinstimmung des Denkens notwendig, welche nur allmählich erreicht werden kann, indem sich Führer und Lehrer finden, die das ganze System übersehen, die Jünger durch stufenweise Einführung in die verschiedenen Grade vorbereiten und sie Kraft ihrer höhern Einsicht und Gewalt leiten. Aus den gemeinsamen Zwecken und Ideen folgt sodann das gleiche Handeln. Jedes Handeln gegen den Ordenszweck ist verboten, jedes Handeln für denselben geboten. Kein Teil des Ordensganzen darf mehr oder weniger tun, als ihm angewiesen ist. Jedes Rad muß in der gehörigen Proportion in das andere eingreifen; mit einem einzigen Druck muß sich die ganze Bewegung vom Mittelpunkt bis an die äußerste Peripherie des Zirkels verbreiten."

Weishaupt war ein ganz gescheiter Kopf, allein ohne jede Weltkenntnis, weshalb sein Orden anfangs nicht gedeihen wollte. Erst als er sich mit dem Freiherrn von Knigge verband (1780), nahm der Bund einen großen Aufschwung. Dieser gewann eine große Anzahl der bedeutendsten Freimaurer für die Gründung. Sein Plan ging auf die Verschmelzung des Freimaurerbundes mit dem Illuminatenbunde, und da die von Weishaupt bearbeiteten auf „verfinsterte katholische Provinzen" berechneten Minervalklassen für Männer, die auf der Höhe protestantischer Bildung standen, nicht paßten, so arbeitete er neue Instruktionen und Rituale aus. Der Orden bestand danach aus dem Noviziat und der Minervalklasse, letztere als Pflanzschule für den Orden; dann folgten die drei Johannisgrade mit von Knigge neu bearbeiteten Ritualen; hierauf die dritte und höchste Klasse, die ebenfalls in drei Grade zerfiel: 1) der Illuminatus major oder Schottische Novize; 2) Illuminatus dirigens oder Schottische Ritter und 3) die Mysterienklassen, nämlich Priester, Magier, Regenten.[1] Dieses weitläufige System wurde nun reichlich mit Moralität durchtränkt, denn die Glückseligkeit sollte zur Wirklichkeit werden; die einzige Quelle der Glückseligkeit ist aber

[1] Vgl. Der ächte Illuminat oder die wahren unverbesserten Rituale der Illuminaten. Edessa (Frankfurt) 1788. Weishaupt, Das verbesserte System der Illuminaten. Frankfurt und Leipzig 1787.

die Vermehrung der Sittlichkeit. Rousseau'sche Gedanken durchziehen das Ganze.[1] Die ganze Tendenz und der Gedankeninhalt dieses Bundes mußten auf jenes moralische, nach Tugend und Glückseligkeit begierige Geschlecht, anziehend genug wirken. Eine wichtige Eroberung Knigges war die Gewinnung Bodes. Dieser haßte die Jesuiten ebensosehr wie Weishaupt und war erfreut, einem Orden verbunden zu sein, der es sich zur Aufgabe gemacht hatte, der Verdummungspolitik der Jesuiten mit ihren eigenen Mitteln entgegenzutreten. Bode besaß über die unter der Obedienz der strikten Observanz stehenden Logen einen großen Einfluß, und so konnte er die meisten Logen in Nieder-Deutschland dem Illuminatenorden zuführen. Eine Anzahl namhafter Fürsten wurden Mitglieder, wie Karl August von Sachsen-Weimar (Aeschylus), Herzog Ernst von Gotha (Walter Fürst), Herzog Ferdinand von Braunschweig (Aaron) etc.; Goethe und Herder waren Illuminaten, Goethes Schwager, Schlosser in Emmendingen, Pestalozzi in der Schweiz, eine Anzahl Mitglieder der berühmten Helvetischen Gesellschaft; selbst in Dänemark, Schweden, Rußland, zählte der Illuminatenbund Anhänger. Doch nur wenige wurden in die obern Grade eingeweiht; sie sahen nur die schöne Außenseite und erkannten den revolutionären Geist in diesem Orden nicht,[2] wie denn damals die wenigsten Verehrer Rousseaus eine Ahnung von der destruktiven Macht seiner Schriften hatten. Die Spitze des Ordens war gegen die Jesuiten gerichtet, diese brachten ihn auch zum Fall. Verräter denunzierten ihn dem bigotten Kurfürsten Karl Theodor. Am 22. Juni 1784 erging ein landesherrliches Verbot gegen alle ohne öffentliche Autorität und landesherrliche Bestätigung errichteten Kommunitäten, Gesellschaften und Verbrüderungen. Die Freimaurerlogen stellten darauf sogleich ihre Arbeiten ein und lösten sich

[1] Bezeichnend für die Denkungsweise Weishaupts ist sein Buch: Über die geheime Welt- und Regierungskunst 1795. Vgl. Hettner l. c. p. 311 ff.

[2] Später machte man den Illuminatenorden geradezu für die Französische Revolution verantwortlich, vgl. Die neuesten Arbeiten des Spartacus und Philo in dem Illuminaten-Orden 1794.

auf, Weishaupt dagegen schmeichelte sich, den Kurfürsten eines Besseren belehren zu können. Hierauf wurde Weishaupt am 11. Februar 1785 „als ein hochmütiger renommirter Logenmeister“ seiner Professur enthoben und auf seinen Kopf einen Preis gesetzt. Er entkam nach Gotha, wo ihm der Ordensbruder Herzog Ernst eine Freistatt bot. Hier schrieb er eine Verteidigung des Ordens: „Vollständige Geschichte der Verfolgung der Illuminaten in Bayern“ I. 1786 und darauf „Apologie der Illuminaten.“ Weitere Untersuchungen bei Anhängern des Ordens förderte gewichtiges Beweismaterial ans Licht, das von der Bayerischen Regierung zu ihrer Rechtfertigung unter dem Titel: „Einige Originalschriften des Illuminatenordens“ publiziert wurde. Es entstand nun in Bayern eine allgemeine Hetze gegen die Mitglieder des Bundes. Viele wurden ihrer Ämter und Güter beraubt, erlitten lange Haftstrafen und wurden aus Bayern vertrieben. Schon wer im Besitze einer höhern humanistischen Bildung war, galt als verdächtig und wurde überwacht. Zwar gaben die übrigen Deutschen Regierungen der Aufforderung Bayerns, die Mitglieder des Illuminatenbundes zu verfolgen, kein Gehör, allein der Schlag traf doch alle Verbindungen, der Argwohn der Regierungen war einmal geweckt und viele Logen deckten. In der Freimaurerwelt trat nun eine Ernüchterung ein, man kam zur Besinnung und Einsicht und kehrte zur lautern Quelle der Wahrheit zurück.

NEUNTES KAPITEL.

# Der Einfluss der Freimaurerei auf die geistige Kultur.

„Es wird das neue Evangelium kommen."
*Fr. Schlegel.*

Die Vorliebe für das Geheimnisvolle, das Versteckspielen, ist ein charakteristischer Zug des 18. Jahrhunderts, und eben dieser Zug deutet auf eine gewisse Unreife hin. Die Aufklärung wollte das Volk zur Glückseligkeit führen; sie bekämpfte den Aberglauben und die Unbildung; aber man hielt damals das gemeine Volk noch nicht für reif zur Erkenntnis der Wahrheit. Die Besten jener Zeit bekannten sich zu dem Spruche: „Alles für das Volk, aber nichts durch das Volk." Man lebte der Überzeugung, daß es noch eines Gängelbandes bedürfte, und nur den Eingeweihten sollte der Zugang zur Wahrheit geöffnet werden. Darum liebte man so sehr das Versteckspielen, die Scheidung in eine esoterische und exoterische Lehre.[1] Schon Leibnitz hat dazu den Anstoß gegeben, und Lessing war bekanntlich ein Meister in der Kunst, die Gedanken zu wenden, zu drehen und zu verdecken. „Der exoterische Vortrag will jeden auf dem Wege, wo der Lehrer ihn eben fand, weiter leiten zur Wahrheit, das eigene Feuer, wie Lessing sagt, zwar nicht im Kiesel verbergen, aber selbst aus dem ungeschicktesten Quarzstück Funken schlagen, eine verkehrte Meinung so lange wenden und pflegen, bis ihr Vernunftgehalt herausgelockt, die Sonnenseite an ihr gefunden ist."[2]

[1] Windelband, Geschichte der neueren Philosophie. I, 275.
[2] Erich Schmidt, Lessing. II, 614.

Die Aufklärung sammelte in den Freimaurerlogen ihre Hilfstruppen, mit denen sie den Kampf gegen die Mächte der verschrumpften Autoritäten, die in Wissenschaft, in der Religion, in der Kunst, im Staats- und Rechtsleben noch allenthalben herrschten, ausfocht. Die Freimaurerlogen waren die Sammelstätten, wo die edelsten Männer des Volkes am Bau des Menschheits-Tempels arbeiteten. Sie enthielten damals wirklich die Summe der Intelligenz, die Elite des Volkes, und davon ausgeschlossen zu sein, war selbst einem Geist wie Goethe unerträglich. In einem Briefe vom 13. Februar 1780 an den Freiherr von Fritsch motiviert er sein Gesuch um die Aufnahme in die Loge mit geselligem Bedürfnis. Wenn ein Mann wie Goethe in der Loge Geselligkeit, d. h. Unterhaltung mit Befriedigung geistiger und gemütlicher Bedürfnisse zu finden hoffte, so kann das der Loge nur zur Ehre gereichen. Wohl waren damals viele Logen ein Tummelfeld für Abenteurer, Schwindler, Schwärmer und Intriganten aller Art, wohl war die Freimaurerei durch die Umtriebe der Betrüger und durch das Geschrei der Betrogenen in argen Verruf geraten, allein dessen ungeachtet blieb ihre Anziehungskraft unvermindert, und selbst solche, die wie Kant oder Schiller der Loge nicht beitraten, oder wie Lessing und Herder, den Arbeiten fern blieben, beschäftigten sich mit freimaurerischen Problemen. Die Freimaurerei wirkte außerordentlich befruchtend auf die ganze Kultur des 18. Jahrhunderts. Andererseits hat sie hinwiederum die edelsten Antriebe von der klassischen Literatur erhalten. Es ist also ganz schief, wenn ein namhafter neuer Literaturhistoriker höhnt, es mute uns lächerlich an, „daß unsern ersten Dichtern und Denkern durch irgend einen Mann im Schurzfell die Binde vom Auge hätte gelöst werden sollen.“[1] Nein, es bedurfte wahrlich keines Mannes im Schurzfelle, um den großen Geistern die Binde vom Auge zu lösen, aber diese Dichter und Denker erhielten dennoch durch die freimaurerischen Ideen Anregungen von weittragender Bedeutung. Die ganze Literatur

[1] E. Schmidt, l. c. II, 586.

des ausgehenden 18. Jahrhunderts ist von freimaurerischen Ideen durchtränkt, und man lernt sie erst dann ganz erkennen, wenn man dem Einfluß der Freimaurerei auf die Kultur des Zeitalters der Aufklärung Rechnung trägt. Wollte ich nun den Versuch machen, den Einfluß der Freimaurerei auf die Literatur erschöpfend darzustellen, so würde dies ein eigenes Buch erfordern, ja sogar die Beschränkung auf die eigentliche maurerische literarische Produktion würde den Rahmen dieses Werkes überschreiten. Auch wäre eine solche Arbeit mühevoll und undankbar. Denn die Mehrzahl der freimaurerischen Schriften hat nur geringen literarischen Wert. Das Auftauchen immer neuer Systeme führte zu den ärgerlichsten Streitigkeiten, und eine wahre Sündflut polemischer Schriften kam ans Tageslicht, indem sich Berufene und Unberufene in den Streit mischten.[1] Welchen Zweck hätte es sodann, über die zahlreichen Reden und Lieder viel Worte zu verlieren, denn auch ihrer war eine Legion, und Lessing hat sie schon hinreichend charakterisiert, indem er Falk sagen läßt: „Freund, sei billig! Hyperbel, Quidproquo jener schalen Reden und Lieder! Probewerk! Jüngerarbeit!" Mögen sie im Orkus der Vergessenheit schlummern, samt ihren Urhebern, obskuren Menschen, die kein Recht hatten, im Chor der Geister mitzusingen.

Aus der Masse dieser maurerischen Schriftsteller hebe ich einen Mann hervor, der eine typische Erscheinung seiner Zeit ist, Adolf Freiherr Knigge. „In seinem Leben wie in seinen Schriften," sagt Knigges vorurteilsfreier Biograph,[2] „hat er ein denkwürdiges Beispiel hinterlassen, wie die in Bewegung geratenen Elemente der Zeit in einzelnen regsameren Individualitäten lebendig und wirksam wurden, wie anfänglich der Druck von außen die fortstrebende Kraft der Menschheit ins Enge und Geheime zu-

[1] Die Bibliographie der Freimaurerei von G. Kloss. Frankfurt 1844 gibt den besten Einblick. Ergänzungen dazu von R. Taute, Maurerische Bücherkunde. Leipzig 1886 und H. Boos, Neue Beiträge zur Bibliographie der Freimaurerei. Basel 1892.

[2] Gödeke l. c. p. 188.

sammendrängte und dadurch erhöhte und stärkte, und wie dann diese kondensierte Kraft plötzlich nach außen hin sich in ungeahnten fast wunderbaren Wirkungen offenbarte.“ Sein Vater hinterließ ihm ein schwer verschuldetes Gut, das von raubgierigen Vormündern ausgebeutet wurde. Er kam zeitlebens nicht aus der materiellen Sorge heraus trotz seiner großen Tätigkeit. Er entfaltete eine literarische Fruchtbarkeit, die zum Erschrecken ist. Seine allzeit bereite Feder verbreitete sich über alle möglichen Gegenstände, Romane, Erbauungsschriften, Predigten, Streitschriften, ja sogar musikalische Kompositionen. Nur ein Werk hat diese ungeheuerliche Buchmacherei überdauert: „Über den Umgang mit Menschen,“ das die Summe seiner Lebenserfahrungen enthält und noch heute nicht veraltet ist. Schon früh wurde er Mitglied des Freimaurerbundes, aber seine Jugend, sein Fürwitz, sein Mangel an Subordination, sein fahriges Wesen und seine Vermögenslosigkeit ließen ihn im Orden nicht aufkommen. Doch die Neugierde trieb ihn zum Studium der verräterischen Schriften. Er erlangte infolge seiner Kenntnisse Zutritt zu den höhern Graden und beschäftigte sich eifrig mit alchimistischen und mystischen Torheiten, wie sie damals Mode waren. Der Ritter a Cygno, so lautete sein Ordensnamen, ging nun begierig auf Abenteuer aus. „Wo in einem Hause der Bediente oder die Magd oder beide mit einander von einem bösen Geiste geplagt wurden, wo ein schlauer Mönch im Rufe stand, die Seelen der Verstorbenen zitieren und Schatten aus den Gräbern hervorrufen zu können, wo ein alter Mann abgesondert von der Welt lebte und leichtsinnige Toren zu seinen Schmelztiegeln lockte, da blieb der hochwürdige Bruder a Cygno nicht fern.“[1] Er kam nun selbst in den Ruf eines Zaubermannes. Aber ach! die Geister die er rief, wurde er nicht mehr los. Alle wollten von ihm Gold, das er doch nicht zu machen verstand. Indes, er glaubte fest an die Magie. „Enthusiastisch für alles, was Mysterien hieß, war ihm das Unverständlichste fast immer das Ehrwürdigste.“[2]

---

[1] Gödeke l. c. p. 32.

[2] Gödeke l. c. p. 35.

In der strikten Obervanz spielte er eine Rolle, wie im Illuminatenbunde. Er verplemperte Zeit und Geld mit einer ganz unfruchtbaren aufreibenden Tätigkeit und wurde von Weishaupt, für dessen Projekte er sich aufopferte, mit Undankbarkeit belohnt. Das veranlaßte ihn, dem Illuminatenbund den Rücken zu kehren, ehe der Sturm losbrach. Jetzt wurde er ein Gegner aller geheimen Verbindungen, weil sie zugleich unnütz und gefährlich seien. Trefflich charakterisiert er das Wesen dieser Geheimbünde und verhöhnt sie. „Man habe im 18. Jahrhundert, wo die Schwärmerei wie der Schnupfen anstecke und die Wut nach geheimen Verbindungen allgemein sei, sogar Mittel gefunden, alle Arten von religiöser, theosophischer, chemischer und politischer, oder wer wisse, was für Narrheit in ein System zu bringen." [1] Er verneint ihre Bedeutung, nur wenn politische Verfolgung ihnen einmal wieder übertriebene Wichtigkeit gab, erstarkte sie nach dem Naturgesetze, daß zu leben strebt, was getötet werden soll." [2] Diese richtige Erkenntnis hinderte ihn aber nicht, daß er sich dennoch mit dem Stifter der Deutschen Union der XXII einließ, infolgedessen er in einen bösen Streit mit dem ebenso berühmten wie maßlos eitlen Dr. Zimmermann (von Brugg) in Hannover geriet. Seine zahlreichen, überaus weitschweifigen Romane schildern mit aller Treue und Behaglichkeit die Auswüchse der damaligen Gesellschaft, und darin beruht ihr Wert. Wir erhalten einen Einblick in die Sitten des damaligen Deutschlands. „Aus dem ganzen Ton und Wesen seiner „Geschichte Peter Clausens" [3] tritt ein Bild moralischer und sozialer Fäulnis hervor, dessen Züge hin und wieder zu grob und grell geführt sein mögen, leider aber nur zu sehr mit denen übereinstimmen, die auch anderswo geboten werden." Auch seine Reiseschilderungen liefern manchen wertvollen Caraktergzug zur Erkenntnis jenes wunderlichen Zeitalters. Abgesehen

[1] Gödeke l. c. p. 66.

[2] Gödeke l. c. p. 67.

[3] 3 Bände 1783—1785, auch ins Französische übersetzt. Le Gil Blas allemand ou aventures de Pierre Claus. Paris 1792 oft aufgelegt.

von seinen speziell maurerischen Schriften, werfen gerade seine Romane die interessantesten Streiflichter auf die geheimen Verbindungen. Indes zur Klarheit über sich und seine Zeit ist dieser Sprudelkopf nie gekommen und er steht daher im schärfsten Gegensatz zu Lessing.

Lessing, dieser eisenharte Mann inmitten eines sentimentalen Geschlechts, der tränenlos blieb, als ihm das Schicksal das schwerste Leid antat und der Schmerz an ihm fraß, blieb von der Mystik ganz unberührt, die fast allen seinen Zeitgenossen zuweilen die Sinne verrückte. Obgleich er mit Freimaurern intim verkehrte, lockte es ihn keineswegs, ihr Geheimnis zu wissen, vielmehr verhöhnte er sie (1751) wegen ihres Geheimnisses, das kein Geheimnis sei.

„Ich kenn ein drollig Volk, mit mir kennt es die Welt,
Das schon seit manchen Jahren
Die Neugier auf der Folter hält,
Und dennoch kann sie nichts erfahren.
Hör auf, leichtgläubige Schar, sie forschend zu umschlingen!
Hör auf, mit Ernst in sie zu dringen!
Wer kein Geheimnis hat, kann leicht den Mund verschließen,
Das Gift der Plauderei ist, nichts zu plaudern wissen.
Und wissen sie auch was, so kann mein Märchen lehren,
Daß oft Geheimnisse uns nichts Geheimes lehren,
Und man zuletzt wohl spricht: war das der Mühe wert,
Daß ihr es mir gesagt, und ich's von euch begehrt.“ [1]

Lessing war eine viel zu ungebundene Natur, als daß er sich dem Zwang einer Gesellschaft hätte fügen können, ihm, dem selbst die Preußische Hauptstadt manchmal zu enge war. Die Kongenialität Herders hat diesen Charakterzug schon früh erkannt. „Niemals, niemals würde Lessing der Mann sein, der er ist, wenn er in die enge Luft eines Städtchens oder gar in einer Studierstube eingeschlossen, in einer Falte seines Geistes blos Würmer hecken und Ungeziefer, kriechendes Ungeziefer von Gedanken ausbrüten sollte. Ich beneide Herrn Lessing in mehr als einer Absicht. Er ist ein Weltbürger, der sich aus Kunst

[1] Sämtliche Schriften ed. Lachmann. 3. Aufl. I, 181 f.

in Kunst und aus Lage in Lage und immer mit ganzer unveralteter Seele wirft; solch ein Mann kann Deutschland erleuchten." [1] In Braunschweig, in dessen Nähe Lessing seit 1770 lebte, arbeiteten mehrere Logen, und Herzog Ferdinand von Braunschweig stand seit 1772 als Magnus superior Ordinis per Germaniam inferiorem an der Spitze der strikten Observanz. Aber in den Kreisen, wo Lessing mit Vorliebe verkehrte, hielt man nicht viel von dem Geheimbunde, namentlich Dr. Reimarus in Hamburg meinte kühl, Vernunft hat keine Zeremonien, und Sokrates, den es nicht nach den Eleusinischen Mysterien verlangte, wäre in unsern Tagen auch kein Freimaurer geworden. Und doch hat sich Lessing mit der Freimaurerei intensiv beschäftigt, denn ihn reizte es, das Rätsel ihres Ursprungs zu lösen. Wir besitzen noch den ersten Entwurf seiner Freimaurergespräche, der vor seiner Aufnahme in den Bund geschrieben ist. Kühl genug spricht er sich über das freimaurerische Geheimnis aus, in der nüchternsten Form: „die Geheimnisse sind weder der Weg zur Hölle noch zum Himmel." Er hatte Anderson's Konstitutionenbuch und andere Schriften gelesen und glaubte über diese Sache hinlänglich orientiert zu sein. In diesem Sinne äußerte er sich gegenüber Bode in Hamburg, der ihm erwiderte: „Lessing! Ich möchte nicht gern in irgend einer Wissenschaft Ihr Gegner sein; aber hier wissen Sie so wenig, daß ich es leicht haben würde, meinen Speer gegen Sie aufzunehmen." Das bewog Lessing, um die Aufnahme in die von Bode geleitete Loge Absalom zu bitten. Dieser schlug es ihm ab mit den Worten: „Ich wüßte keinen Mann, den ich lieber zum Bruder hätte als Sie; aber ich muß es Ihnen deswegen platterdings abraten, sich aufnehmen zu lassen, weil die Fortschritte in unserm Systeme (der strikten Observanz) zu langsam für Ihr Alter und Ihren feurigen Charakter sind." Gerade dieser Widerspruch reizte Lessing, und er ließ sich nun erst recht durch einen pensionierten Rittmeister, Baron von Rosenberg, der als Sendling Zinnendorfs

[1] E. Schmidt l. c. II, 183.

die Loge zu den drei Rosen in Hamburg gestiftet hatte, am 14. Oktober 1771 aufnehmen. Nach der Aufnahme fragte der Meister: „Nun? Sie sehen doch, daß ich die Wahrheit gesagt? Sie haben doch nichts wider die Religion oder den Staat gefunden!" Verdrießlich wandte sich Lessing um und sagte: „Ha! ich wollte, ich hätte dergleichen gefunden; das sollte mir lieber sein!" Vollends mußte er von der Loge zurückgestoßen werden, nachdem er den impertinenten Brief des Großmeisters von Zinnendorf gelesen hatte, der sich geängstigt darüber fühlte, daß Lessing aufgenommen worden war, der vertraute Freund Bodes, welcher dem abtrünnigen Ritter a Lapide nigro (so hieß Zinnendorf in der strikten Observanz) den Fehdehandschuh hingeworfen hatte. Dieser Brief enthält einen Glückwunsch, eine Warnung und eine Drohung. „Suchen Sie derjenige zu werden, welcher Sokrates ehedem den Atheniensern war; allein, dem widrigen Schicksale auf die eine oder andere Art zu entgehen, welches seine Tage verkürzte, müssen Sie den Zirkel nicht überschreiten, den Ihnen die Freymaurerei jedesmahls vorzeichnet und jederzeit eingedenk bleiben, daß wir nur hinter verschlossenen Thüren, auch allein gegen Brüder, welche mit uns gleiche Erkänntniß haben, von der Freymaurerei reden und die uns darinnen aufgegebenen Arbeiten nie anders verrichten dürften." Damit war Lessing unter Vormundschaft gestellt. Er begnügte sich mit den drei Johannisgraden und war nach weitern Enthüllungen nicht mehr lüstern. In Braunschweig zog er sich vollends vom Logenleben zurück. „Wer wollte einem raschen Knaben, weil er dann und wann noch fällt, den Gängelwagen wieder einschwätzen?" sagte er später in Bezug auf seinen Eintritt in die Loge und fügte bezeichnend hinzu: „Den Weg müssen wir alle betreten." Gleichwohl beschäftigte ihn die Sache nachhaltig, und das Produkt seines Nachdenkens sind die berühmten Gespräche „Ernst und Falk"[1] die er selbst als Ontologie der Freimaurerei

[1] J. F. L. Th. Merzdorf hat einen Sonderabdruck des „Ernst und Falk" veranstaltet. Hannover 1855 mit wertvollen Erläuterungen. Vgl. über diese Gespräche Findel, Studie über L. 3. Aufl. 1890 (Unbedeutend). E. Möncke-

charakterisiert, das tiefste und das treffendste, was je über Freimaurerei gesagt worden ist, obwohl der Besserwisser Fr. Nicolai dazu bemerkte: Lessing sei nicht ins Innere der Freimaurerei gedrungen. Dieser gute Mann fühlte sich ja seinem Freunde wenigstens in dieser Materie weit überlegen. In der Tat läßt sich Nicolai's freimaurerischen Schriften einige Gründlichkeit nicht absprechen und manche seiner Kombinationen sind überaus fruchtbar. Er verdiente es nicht, in so grober Weise von Herder angegriffen zu werden, der diesen seichten Menschen, obschon er der Freund Lessings war, gründlich verachtete, ja haßte. Will man den schreib- und druckseligen Nicolai in seiner ganzen Blöße kennen lernen, so darf man nur sein Buch: „Öffentliche Erklärung über seine geheimen Verbindungen mit dem Illuminatenorden“ [1] lesen, nichtswürdiges, persönliches Gezänke mit Ausfällen gegen Jesuiten, Lavater und andere Dunkelmänner.

Lessing ließ das Manuskript der drei ersten Gespräche bereits 1777 unter seinen Freunden, Moses Mendelssohn, Bode, M. Claudius, zirkulieren; 1778 erschienen sie dann im Drucke. Auch das Manuskript des 4. und 5. Gespräches teilte er zuerst seinen Freunden mit, u. a. dem verständigen, nüchternen Campe, der einer der berühmtesten Pädagogen seiner Zeit war; infolge der Lektüre dieser Gespräche schied er aus dem Freimaurerbunde. Lessing hatte ihn gebeten, keine Abschrift von den Gesprächen zu machen noch sie in den Druck zu geben, da er dem Herzog von Braunschweig versprochen hatte, nichts über die Freimaurerei zu schreiben. Wahrscheinlich hat Campe doch die Gespräche eigenmächtig drucken lassen und mit einer Vorrede versehen. Diese fünf Gespräche sind für uns ein herrliches Vermächtnis Lessings und durch die Form von unvergänglichem Reize; nie werden sie vom Roste der Zeit angefressen werden,

---

berg, L. als Freimaurer. Hamburg 1880. Fr. A. Eckstein, Maurerische Vorträge über Lessing und seine Schriften. Leipzig 1886. A. Riehl, L. (Rede). Graz 1881. Im ganzen zutreffend E. Schmidt, Lessing. Geschichte seines Lebens und seiner Schriften. Berlin 1886—1892. 2 Bände.

[1] Berlin und Stettin 1875. 174 Seiten.

wenn sich auch einmal das Interesse an der Sache verlieren mag. Nicht alles hält inhaltlich der bessern Erkenntnis Stand, denn die historische Deduktion ist ganz verfehlt, wie schon Nicolai bewiesen hat, und auch sonst zeigen sich, so hoch der Flug ist, Schwächen. Denn Lessings Geist wurzelt noch völlig im Zeitalter der Aufklärung, während Herder, Goethe und Schiller Kinder einer neuen Zeit sind. Er hat zur Natur, Kunst und Geschichte kein intimeres Verhältnis. Er, der immer in reizlosen Gegenden gelebt hat und auf den selbst die Farbenpracht und Formenschönheit Italiens keinen besondern Eindruck machte, wünschte sich zur Abwechslung, daß im Frühling die Natur einmal erröten statt ergrünen möchte. Nie konnte er sich von der Vorstellung lösen, daß alle Kunst und Poesie auf Besserung und Belehrung hinarbeiten müsse, und seine eigenen Dichtungen sind mehr Produkte des rechnenden Verstandes als der Phantasie. So ist denn auch seine Auffassung von dem Wesen der Freimaurerei ein Ergebnis der Abstraktion ohne Erkenntnis ihrer Entstehung und Stellung zu den übrigen geistigen Faktoren. Das wichtigste Moment der Freundschaft wird bei ihm nur ungenügend gewürdigt und für die Sprache des Gemütes, die freimaurerische Symbolik zeigt er geringes Verständnis.

„Auch ich war an der Quelle der Wahrheit und schöpfte. Wie tief ich geschöpft habe, kann nur der beurteilen, von dem ich die Erlaubnis erwarte, noch tiefer zu schöpfen. — Das Volk lechzet schon lange und vergehet vor Durst.“ — Mit diesen Worten widmet er das Werkchen seinem Herrn, dem Herzog Ferdinand von Braunschweig, der das Recht hatte, ihm den Mund zu schließen. Meisterhaft ist die Einkleidung der Dialoge. Zwei Freunde, Falk und Ernst, spazieren an einem erquickenden Morgen im Bad Pyrmont. Der Sinn ist erfrischt und für die lautere Wahrheit empfänglich. Ein vorüberfliegender Schmetterling, dem Falk nachjagt, unterbricht das erste Gespräch. Ernst zeigt sich darüber etwas empfindlich und lehnt zuerst im zweiten Gespräch eine Fortsetzung ab, indem alle Freimaurer mit Worten zu spielen lieben und sich fragen lassen, ohne zu antworten.

Ein Ameisenhaufen gibt aber Anlaß zu einem fruchtbaren Vergleich und zur Fortsetzung des Gesprächs, das dann bis zu einem bedeutsamen Punkte geführt wurde. Beide begeben sich darauf zum Frühstück, und das gesellschaftliche Treiben läßt es nicht mehr zur weitern Aussprache kommen. Doch Ernst wälzte die empfangene Anregung in sich weiter und konnte nicht zur Ruhe kommen, bevor er vollen Aufschluß erhalten hatte. Er folgt dem Falk bis in sein Schlafzimmer, der ihm schließlich das Geheimnis andeutet, worauf Ernst dem Freunde für morgen die Abreise ankündigt.

Auf die Frage des Ernst, ob Falk ein Freimaurer sei, kann dieser nicht ritualgemäß antworten: „Meine Brüder erkennen mich dafür," sondern er weicht dem Profanen aus, indem er sagt, er glaube es zu sein, und auf das weitere Drängen Ernsts erklärte er sich näher, viele würden ja aufgenommen, die nie zur Klarheit gekommen seien. Es komme ja nicht darauf an, in einer gerechten und vollkommenen Loge aufgenommen worden und mit allen Ritualen, Zeichen, Griffen und Worten bekannt zu sein, das sind alles Nebensachen, sondern der ist allein ein echter Freimaurer, der mehr durch eigenes Nachdenken als durch Anleitung zur Erkenntnis gelangt, daß die Freimaurerei nichts willkürliches, nichts entbehrliches ist, sondern etwas notwendiges, das in dem Wesen des Menschen und der bürgerlichen Gesellschaft gegründet ist. Dieser Begriff, daß die Freimaurerei nichts willkürliches sei, wird dann von Falk weiter entwickelt. Das Geheimnis lasse sich nicht sagen, aber die Freimaurer verbreiten ihren Orden durch Taten. Ernst verweist spöttisch auf ihre Reden und Lieder, in denen sie ihre Tugenden rühmen: Freundschaft, Gemeinnützigkeit, Gehorsam, Vaterlandsliebe etc., Taten, die eigentlich auf Eigendünkel hinauslaufen. Falk erkennt jedoch das, was Bruder Redner als Taten der Freimaurer ausgibt nicht an, worauf Ernst die von den Freimaurern gegründeten Wohltätigkeitsanstalten nennt, welche Falk nur als Taten ad extra bezeichnet, als Abschlagszahlungen an die Bevölkerung, um die Freimaurer beliebt zu machen, als Köder für die Regierungen, um dem Orden Achtung und Neigung zu erwecken. Aber mit der Freimaurerei haben solche Taten nichts zu tun; denn auch andere Menschen üben Werke der Barmherzigkeit, ohne Freimaurer zu sein, vielmehr zielen die wahren Taten der Freimaurer dahin, um größtenteils alles, was man gemeiniglich gute Taten zu nennen pflegt, entbehrlich zu machen. Mit dieser Definition, sowie mit einer frühern Antwort Falks: „Die Freimaurerei war immer," verläßt Lessing den historischen Boden und verwandelt die Freimaurerei in einen idealen Begriff. Die Logen sollen der Humanität dienen, d. h. mit andern Worten, der Freimaurerei wird die Aufgabe zugewiesen, die Menschen zu der Höhe idealer Bildung zu führen, wo jeder Mensch gut ist und gut handelt, es also einzelner guter Taten nicht mehr bedarf.

Diesen Gedanken führt Lessing in seiner „Erziehung des Menschengeschlechts" näher aus. Dieses herrliche Büchlein ist eine Entwicklungsgeschichte, welche die Geschichte der Menschheit in drei Teile gliedert, nämlich in das Zeitalter der Kindheit oder der Periode des Judentums, wo Gott die Menschen durch unmittelbare Strafen und Belohnungen erzog; durch Beobachtung und Nichtbeobachtung des Gesetzes hoffte oder fürchtete das Volk glücklich oder unglücklich zu werden; über dieses Leben hinaus ging sein Blick nicht. Das zweite Zeitalter war das Knabenjahr oder die Periode des Christentums. „Es war Zeit, daß ein anderes wahres, nach diesem Leben zu gewärtigendes Leben Einfluß auf seine Handlungen gewänne. Und so ward Christus der erste, zuverlässige, praktische Lehrer der Unsterblichkeit." Aber das Christentum hat mit dem Judentum noch die Eigennützigkeit des menschlichen Herzens gemein, welche auf Lohn und Strafe achtet, sei es hier oder dort. Erst das dritte Zeitalter, das der völligen Aufklärung, besitzt diejenige Reinigkeit des Herzens, die die Tugend um ihrer selbst willen liebt. „Oder soll das menschliche Geschlecht auf diese höchste Stufe der Aufklärung und Reinigkeit nie kommen? . . . Nein! sie wird gewiß kommen die Zeit der Vollendung, da der Mensch, je überzeugter sein Verstand einer immer bessern

Zukunft sich fühlt, von dieser Zukunft gleichwohl Bewegungsgründe zu seinen Handlungen zu erborgen nicht nötig haben wird; da er das Gute tun wird, weil es das Gute ist, nicht weil willkürliche Belohnungen darauf gesetzt sind . . . Sie wird gewiß kommen, die Zeit eines neuen Evangeliums, die uns selbst in den Elementarbüchern des neuen Bundes versprochen wird."

Dem Freunde Ernst erscheint das letzte Wort Falks (von der Entbehrlichkeit guter Taten) als ein Rätsel, das er so wenig lösen werde, als es Falk gelang, den Schmetterling zu fangen. Falk lenkt darauf die Aufmerksamkeit auf einen Ameisenhaufen, der ihm zum Symbol der Gesellschaft wird. Das staatslose Geschlecht des vorigen Jahrhunderts brachte dem Staate nur wenig Verständnis entgegen und das Rousseau'sche Naturrecht verwirrte vollends die Begriffe und trübte das Verständnis für die geschichtliche Eigenart des Volkes und die Notwendigkeit des Staates. Am Ameisenhaufen demonstriert Falk den Satz: Ordnung muß auch ohne Regierung bestehen können. Der Staat ist ihm lediglich ein notwendiges Übel, ein Mittel zum Zwecke, die Glückseligkeit aller Glieder zu begründen, und es ist eben die Aufgabe der Freimaurerei, die Trennungen, welche mit der Staatsordnung unvermeidlich sind und welche den Menschen vom Menschen scheidet, nicht größer werden zu lassen. Es wäre also recht sehr zu wünschen, daß es in jedem Staate Männer geben möchte, die über die Vorurteile der Völkerschaft hinweg wären und genau wüßten, wo Patriotismus Tugend zu sein aufhöret, recht sehr zu wünschen, daß es in jedem Staate Männer geben möchte, die dem Vorurteile ihrer angebornen Religion nicht unterlägen, nicht glaubten, daß alles notwendig gut und wahr sein müsse, was sie für gut und wahr erkennen, recht sehr zu wünschen, daß es in jedem Staate Männer geben möchte, welche bürgerliche Hoheit nicht blendet und bürgerliche Geringfügigkeit nicht ekelt; in deren Gesellschaft der Hohe sich gern herabläßt und der Geringe sich dreist erhebet. „Wie, wenn es die Freimaurer wären, die sich mit zu ihrem Geschäfte gemacht hätten, jene Trennungen, wodurch die Menschen einander so fremd werden, so eng als möglich wieder zusammen zu ziehen!" Das Wörtchen mit ist hier bedeutsam genug. Denn eben die Hauptaufgabe der Freimaurerei, wie sie Lessing auffaßt, wird den Blicken der Profanen, aber auch vielen Freimaurern absichtlich verschleiert, indem der außenstehenden Welt zunächst die Taten ad extra ins Auge fallen. Lessing wünschte niemals, daß der Weise der Menge gegenüber allzu offen seine Meinung kundgäbe. Der Weise, meint Falk, kann nicht sagen, was er besser verschweigt. „Hüte Dich," heißt es in § 68 der Erziehung des Menschengeschlechts, „Du fähigeres Individuum, der Du an dem letzten Blatte dieses Elementarbuches stampfest und glühest, hüte Dich, es Deine schwächeren Mitschüler merken zu lassen, was Du witterst oder schon zu sehen beginnest."

Ernst kann sich mit der von Falk gegebenen Andeutung nicht zufrieden geben und verlangt Aufschluß, worauf ihm Falk zuletzt das Geheimnis enthüllt. Ein Grundgesetz ist, jeden würdigen Mann von gehöriger Anlage, ohne Unterschied des Vaterlandes, ohne Unterschied der Religion, ohne Unterschied des bürgerlichen Standes in den Orden aufzunehmen. Nun läßt sich Ernst nicht länger halten; er ging hin und wurde Freimaurer.

Ernst war, wie so viele, die mit überspannten Erwartungen sich die Binde vom Auge hatten lösen lassen, sehr enttäuscht und machte Falk Vorwürfe, die dieser indes ablehnte. „Dein Verdruß macht Dich sehr ungerecht. – Ich sollte mit Dir von der Freimaurerei gesprochen haben, ohne es auf mehr als eine Art zu verstehen zu geben, wie unnütz es sei, daß jeder ehrliche Mann ein Freimaurer werde — wie unnütz nur? — ja, wie schädlich. — Ich sollte Dir nicht gesagt haben, daß man die höchsten Pflichten der Maurerei erfüllen könne, ohne ein Freimaurer zu heißen?" Ernst ist namentlich darüber ergrimmt, daß man ihn immer mit Vertröstungen abgespeist habe. Wir wissen ja, wie Schubart und andere Häupter des hohen Ordens es meisterhaft verstanden, die Neugierde der Unerfahrenen zu reizen, sie mit vagen Versprechungen und Verheißungen von höhern Geheimnissen hinzuhalten und Geld aus ihnen herauszulocken. Falk wußte die Klagen seines Freundes mit einem wahren Sprühregen von Ironie zu beseitigen; das sind Heimlichkeiten, die sich wohl sagen lassen und die man nur zu gewissen Zeiten, in gewissen Ländern, teils aus Neid verhehlte, teils aus Furcht verbiß, teils aus Klugheit verschwieg. Und als Beispiel führt Falk die Verwandtschaft der Freimaurer mit dem Orden der Tempelherren an. Lessing war gleich vielen seiner Zeitgenossen im Irrtum befangen, als ob der Tempelherrenorden nach seiner Aufhebung fortexistiert habe und im Freimaurerorden wieder zu neuem Leben erwacht sei. Der ganze historische Teil seiner Ontologie (namentlich im 5. Gespräch) ist daher auf Sand gebaut. Indes diese Kindereien der Goldmacher, der Geisterbanner und Tempelherren können Falk in seiner idealen Auffassung nicht beirren, es sind eben, wie Ernst richtig bemerkt, Tonnen, den jungen Walfischen vorgeworfen. Allein, gerade der Umstand, daß Ernst nichts von den erhabenen Zielen der Freimaurerei, wie sie ihm Falk skizziert hatte, erfuhr, wurmte ihn. „Aber was mich nagt, ist das: daß ich überall nichts sehe, überall nichts höre, als diese Kindereien, daß von dem, dessen Erwartung Du in mir erregtest, keiner etwas wissen will. Ich mag diesen Ton angeben, so oft ich will, gegen wen ich will; niemand will einstimmen, immer und aller Orten das tiefste Stillschweigen." Ernst vermißte vor allen Dingen jene Gleichheit, die ihm Falk als Grundgesetz des Ordens angegeben habe. „Jene Gleichheit, die meine ganze Seele mit so unerwarteter Hoffnung erfüllte, mit der Hoffnung, sie endlich in Gesellschaft von Menschen atmen zu können, die über alle bürgerliche Modifikationen hinweg zu denken verstehen, ohne sich an einer zum Nachteil eines Dritten zu versündigen." „Laß einen aufgeklärten Juden kommen und sich melden! „Ja" heißt es, „ein Jude? Christ wenigstens muß freilich der Freimaurer sein. Es ist nur gleichviel, was für ein Christ. Ohne Unterschied der Religion heißt nur ohne Unterschied der drei im heiligen Römischen Reiche öffentlich geduldeten Religionen." — Die Großloge zu den drei Weltkugeln hatte 1766 nach dem Vorbild der strikten Observanz das christliche Prinzip in den Orden eingeführt.[1] Lessing, der die alten Pflichten keiner Beachtung würdigte, wußte demzufolge auch nicht, daß die Toleranz nur gegenüber den christlichen Religionen geübt werde. Die Klage Ernsts, daß man die Pforten der Logen den Nichtchristen und denen, die nicht zur sogenannten guten Gesellschaft gehörten, verschließe, war nur zu sehr berechtigt. Und Falk fügt zu den Anklagen seines Freundes noch die eigenen, indem er das Logenwesen in seiner ganzen damaligen Entartung und Blödigkeit treffend charakterisierte. Er selbst weiß aber sehr wohl Loge und Freimaurerei zu scheiden. Lessing legt am Schlusse des 5. Gesprächs seine eigene Ansicht über Freimaurerei dem Erbauer der St. Paulskirche in London, Christoph Wren, in den Mund. „Er hatte ehedem den Plan zu einer Societät der Wissenschaften entwerfen helfen, welche spekulativische Wahrheiten gemeinnütziger und dem bürgerlichen Leben ersprießlicher machen sollte. Auf einmal fiel ihm das Gegenbild einer Gesellschaft bei, welche sich von der Praxis des bürgerlichen Lebens zur Spekulation erhöbe. „Dort, dachte er, würde untersucht, was unter dem Wahren brauchbar; und hier, was unter dem Brauchbaren wahr wäre. Wie, wenn ich das, was sich nicht exoterisch machen läßt, unter die Hieroglyphen und Symbole desselben Handwerks versteckte, und was man jetzt unter dem Worte Masonry versteht, zu einer Free-Masonry erweiterte, an welcher Mehrere teilnehmen könnten?“ — So dachte Wren, und die Freimaurerei ward. — Nein, nicht Wren dachte so, sondern Lessing. Kraft der Intuition des Genies erschloß sich ihm die richtige Erkenntnis des Wesens der Freimaurerei. „Die menschliche Gesellschaft durch Stärkung und Erweiterung der sinnenden und tätigen, geistigen und ethischen Kräfte in den Individuen human zu erziehen und mit dieser umfassenden Humanität den notwendigen Übeln der staatlichen Ordnung abzuhelfen, das ist die neue Sonne, die, als der Tag zur Rüste

[1] Geschichte der Großen National Mutter-Loge zu den drei Weltkugeln. Berlin 1875 p. 53.

geht, dem Freimaurer Ernst aufsteigt. Die Pforten der großen Menschenloge sind nun aufgetan. Auf ihrer Schwelle grüßt uns Herder neben Lessing. In der Ferne winkt Schillers „ästhetische Erziehung“, mit dem Versprechen, die seit den Griechen entbehrte Totalität unserer Natur wieder herzustellen und so den Staat der Not in den Staat der Vernunft zu verwandeln.“ [1]

Mendelssohn beurteilt den Freimaurer Lessing ganz richtig. Lessing konnte und wollte kein Logenbruder sein, dafür war er ein Freimaurer von echtem Schrot und Korn. Goethe sagt einmal von ihm, er habe die Fähigkeit gehabt, sich wegzuwerfen und doch in jedem Augenblick wieder die Würde aufzunehmen. Denn er war ein ganzer Mensch, erfüllt von den höchsten Idealen, für die Wahrheit erglüht, ein Strebender und ein Irrender. Man darf sich im Urteil über ihn nicht durch seine Vorliebe für die Parodoxie beirren lassen. Er war der festen Überzeugung, Irrtum sei Wahrheit oder führe doch zu ihr hin. Daraus erklärt sich auch sein oft zitierter Ausspruch: „Wenn Gott in seiner Rechten alle Wahrheit und in seiner Linken den einzigen immer regen Trieb nach Wahrheit . . . verschlossen hielte und spräche zu mir: wähle; ich fiele ihm mit Demut in seine linke Hand und sagte: Vater gieb! Die reine Wahrheit ist ja doch nur für Dich allein!“

Ein Ausfluß seiner ausgereiften Humanitätsgesinnung ist der Nathan, eine freimaurerische Tat im reinsten Sinne des Wortes. Der echtmaurerische Grundgedanke dieses Dramas ist: der Adel guter Menschen ist an kein Land und an kein Bekenntnis gebunden. Gute Taten verlangt Lessing von dem Freimaurer und gute Taten sind die Triebfedern dieses herrlichen Dramas. Lessing bewährt sich hier als der große Erzieher seines Volkes, der die ernstesten Fragen der geistigen und sittlichen Aufklärung behandelt. Der Rührseligkeit seiner Zeit stemmt er sich mit aller Kraft entgegen und ruft dem verweichlichten Geschlecht, das stets in Rührung schwimmt und die Arme im

---

[1] E. Schmidt l. c. II, 602.

Schoße ruhen läßt, die Losung zu: Der Mensch ist zum Handeln geboren, nicht zum Träumen und Schwärmen.

> Begreifst du aber,
> Wie viel andächtig schwärmen leichter als
> Gut handeln ist? wie gern der schlaffste Mensch
> Andächtig schwärmt, um nur — ist er zu Zeiten
> Sich schon der Absicht deutlich nicht bewußt —
> Um nur gut handeln nicht zu dürfen?

Ernst und Falk war die letzte Schrift Lessings, unter schweren körperlichen und seelischen Leiden verfaßt. Am 15. Februar 1781 starb er, beweint von den Edelsten seiner Nation. Goethe sagt zu seiner Freundin, Charlotte von Stein: „Wir verlieren viel, viel an ihm, mehr als wir glauben," und Herder setzte ihm ein vielbewundertes Denkmal: „Und wo bist du nun, edler Wahrheitsucher, Wahrheitkenner, Wahrheitverfechter — was siehest, was erblickst du jetzt? Dein erster Blick, da du über die Grenzen dieser Dunkelheit, dieses Erdennebels hinwegwarest, in welch anderm, höhern Licht zeigte er dir alles, was du hienieden sahest und suchtest? Wahrheit forschen, nicht erforscht haben, nach Gutem streben, nicht alle Güte bereits erfaßt haben, war hier dein Blick, dein strenges Geschäft, dein Studium, dein Leben. Augen und Herz suchtest du dir immer wach und wacker zu erhalten und warst keinem Laster so feind, als der unbestimmten, kriechenden Heuchelei, unsrer gewohnten täglichen Halblüge und Halbwahrheit, der falschen Höflichkeit, die nie dienstfertig, der gleißenden Menschenliebe, die nie wohltätig sein will oder sein kann; am meisten (deinem Amt und Beruf nach) der langweiligen, schläfrigen Halbwahrheit, die wie Rost und Krebs in allem Wissen und Lernen von frühauf an menschlichen Seelen nagt. Dies Ungeheuer und ihre ganze fürchterliche Brut gingst du, wie ein Held, an und hast deinen Kampf tapfer gekämpfet. Viele Stellen in deinen Büchern voll reiner Wahrheit, voll männlichen festen Gefühls, voll goldner ewiger Güte und Schönheit, werden, so lange Wahrheit Wahrheit ist, und der menschliche Geist das, wozu er geschaffen ist, bleibet — sie werden aufmuntern, belehren, befestigen, und Männer wecken, die auch wie du der Wahrheit durchaus dienen: jeder Wahrheit, selbst wo sie uns im Anfange fürchterlich und häßlich vorkäme; überzeugt, daß sie am Ende doch gute, erquickende, schöne Wahrheit werde. Wo du irrtest, wo dich dein Scharfsinn und dein immer tätiger, lebendiger Geist auf Abwege lockte, kurz, wo du ein Mensch warst, warst du es gewiß nicht gern und strebtest immer, ein ganzer Mensch, ein fortgehender zunehmender Geist zu werden."

Von all den großen Geistern der jüngern Generation stand Herder[1] Lessing am nächsten. Er hatte ihn persönlich kennen gelernt und unterhielt mit ihm einen freundschaftlichen Briefwechsel. Wenn er eine neue Schrift herausgab, pflegte er zu fragen: „Was wird Lessing dazu sagen?" Herder war, wie Lessing, ein Nordländer, noch mehr als dieser, eine durchaus unharmonische Natur, der bis zu seinem Tode unablässig an seiner Bildung arbeitete, aber nie das Gleichgewicht erlangte. Er konnte bezaubernd liebenswürdig sein, wenn ihn aber die Laune ankam, überaus gallig und verletzend; namentlich in der spätern Zeit machte er sich und andern das Leben recht sauer. Er war eine wahrhaft genialische Natur, voller Gährung, ein Schriftsteller von außerordentlicher Fruchtbarkeit und Vielseitigkeit, überaus anregend, von einer unendlichen Fülle neuer Gedanken. Eben diese Überfülle von Gedanken bewirkte, daß er fast niemals eine Arbeit zur vollkommenen Reife gedeihen ließ; er wollte stets die Früchte brechen, ehe sie ganz gezeitigt waren. Daher sind die meisten seiner Schriften Fragmente geblieben. Das Fragmentarische bildet ja überhaupt ein Charakteristikum der klassischen Deutschen Literatur. Die produktive Kraft war dermaßen groß, daß sich die großen Meister nicht die Ruhe gönnten, einen Vorwurf ganz zu vollenden; andere

[1] Vgl. R. Haym, Herder nach seinem Leben und seinen Schriften. 2 Bände. Berlin. H. Künzel, Maurerisches Herder-Album. Darmstadt 1845. Sämtliche Werke ed Suphan. Berlin 1877 ff. L. Keller, J. G. Herder und die Kultgesellschaften des Humanismus. Ein Beitrag zur Geschichte des Maurerbundes. Berlin 1904.

Gedanken schoben sich dazwischen und drängten das angefangene zurück; so bei Lessing, bei Schiller, am meisten bei Goethe. Herder hatte die feinste Empfindung für die wahre Kunst und die wahre Poesie; er ist es ja, der das Volkslied aus den verschütteten Schachten wieder herausgegraben, der dem Deutschen Volke neben einem Lessing und Winkelmann wiederum ein Verständnis für die wahre Kunst erschlossen hat; ihm selbst blieb die volle Gabe künstlerischer Schöpfungskraft versagt, dafür fehlte ihm die Sinnlichkeit und Phantasie, und der rhetorische fachwissenschaftliche Geist überwucherte das künstlerische Gefühl. Dagegen besaß er den Instinkt, „das Bedeutende aus dem Trümmerfeld der Vergangenheit herauszufinden, das vergessene Verdienst ans Licht zu ziehen und den Schall einer verschollenen Stimme dem eigenen Zeitalter von Neuem hörbar und wirksam zu machen.“ [1] Wenn er eine ihm kongeniale Persönlichkeit entdeckte, so gelang ihm ihre Charakteristik überaus wohl, so z. B. die Schilderung des J. V. Andreae, die Wort für Wort auf Herder selbst passen würde. „Seine Organisation,“ heißt es da, „muß so fein gewesen sein, wie ein moralischer Sinn es ist: denn sein Witz, seine Bemerkungen, die ganze Richtung seiner Empfindungen, selbst seine schärfsten Urteile, seine bitterste Satyre sind allemal aufs feinste moralisch. Der unermeßliche Vorrat von dem, was er wußte, die sonderbare Biegsamkeit seines Geistes für alle Kunst, für alles Wissenswürdige und Schöne, noch mehr aber die zerstreuende Geschäftigkeit, in der er lebte, sein früher Zusammenhang und Umgang mit so mancherlei Menschen, nichts von alle diesem konnte ihn von jenem Einen Wahren entfernen, das allenthalben der Geist seiner Schriften ist. War er kein Dichter, so war er etwas Besseres — Lehrer der echten Menschenliebe und Menschenweisheit.“

Bei J. V. Andreae fand er Andeutungen von einer Gesellschaft edler Menschen, die den Zweck hatte, die Menschheit zur sittlichen Vollkommenheit zu führen. Ehe Herder Andreaes Schriften kennen lernte, war er bereits 1766 zu Riga der Gesellschaft der

[1] Haym l. c. II, 101.

Freimaurer beigetreten, die ja aus dem Samen, den einst Andreae gestreut hatte, erwachsen war. In der Loge zum Schwerte[1] fand der junge Theologe den edlen Geist der Verbrüderung und eine vornehme Geselligkeit, die auf ihn anregend und bildend wirkte. Er war mit Herz und Leib ein Freimaurer, weil er sich eine „tiefe Ehrfurcht vor dem Heiligen, eine warme Liebe für die Menschheit, ein offenes, liebendes Auge für alles Schöne, Gute und Göttliche, wo es sich ihm zeigte, einen Geist der Reinheit und Heiligkeit der Gesinnung, die er sich durch die strengste Gewissenhaftigkeit, durch Tugenden und eine nie unterdrückte Neigung zur Religiösität zu eigen gemacht hatte,“[2] erworben hatte. Tief prägte sich der Eindruck des Gemeingeistes, den er in seiner Loge in Riga wahrnahm, in sein Gedächtnis ein. Später freilich in Weimar, wo er sich an der Logenarbeit nicht beteiligte, pflegte er sich kühl über die Freimaurerei auszudrücken. Als er die Lessingschen Gespräche, Ernst und Falk, erhielt, schrieb er: „Wenn Freimaurerei dazu gehört, es zu lesen, so bin ichs leider auch.“ Und sein jüngerer Freund, J. G. Müller in Schaffhausen, der oft das Echo Herders ist, spricht sich ähnlich kalt über seine Zugehörigkeit zum Bunde aus.[3] Aber in seinen „Erinnerungen“ gedachte Herder mit Sehnsucht und Wehmut der goldenen Jugendzeit in Riga. Die Rigaer Loge war ihm wahrscheinlich beförderlich, als er seine große Reise antrat, und es klingt wie eine Anspielung darauf, wenn er Linda in seinem Freimaurergespräch „Fama fraternitatis“ sagen läßt: „Und mich dünkt, ihr Arm lange weit; sie kennen einander in allen Ländern. Manchem Jüngling, höre ich, haben sie durch Empfehlung und Unterstützung, durch Rat und Tat fortgeholfen, der ihnen sein Glück danket.“ Daß Herder sich gelegentlich abfällig über die Freimaurerei aussprach, berechtigt nicht den Schluß, als ob er

---

[1] L. Keller l. c. p. 26 nennt sie „Zum Nordstern“.

[2] Vgl. die Vorrede J. G. Müllers zu Herders Geist der Hebräischen Poesie. p. VII.

[3] Siehe Briefwechsel der Gebrüder Joh. von Müller und J. Georg Müller. Schaffhausen 1892.

seinen Jugendidealen abtrünnig geworden wäre, denn wen und welche Sache hätte je seine gallige Laune verschont? Auch der sonst so sorgfältige und gewissenhafte Biograph Herders, R. Haym, unterschätzt die Bedeutung der Freimaurerei auf seine Bildung.[1] Es ist ja ganz richtig, daß Herder sich in Weimar von der Loge Amalia fernhielt, der doch die namhaftesten Mitglieder der Weimarer Gesellschaft angehörten. Aber eine Reihe von Gründen bestimmten ihn zu dieser Enthaltsamkeit. Einmal sein geistlicher Stand. Die orthodoxen Kreise waren damals wie heute scharfe und gehässige Gegner der Freimaurerei. Herders Freund, Hamann, der „Magus" des Nordens, hatte ihn wegen seiner Schrift: „Ursprung der Sprache" als einen vom Glauben Abgefallenen gebrandmarkt (1772) und ihn als „Ritter vom Rosenkreuz" gekennzeichnet. Dazu wirkte sein schiefes Verhältnis zum Herzog Karl August mit; ferner der immer schärfer sich gestaltende Gegensatz zu seinem Freunde Goethe. Auch mögen ihn der Johnson-Skandal, in den der Minister von Fritsch verwickelt war, die Geheimniskrämerei und der mystische Spuk, der unter dem Deckmantel der Freimaurerei sich gerade in den achtziger Jahren üppig entfaltete, davon zurückgehalten haben. „Ich hasse," schrieb er am 9. Januar 1786 an den berühmten Philologen Heyne in Göttingen, „alle geheimen Gesellschaften auf den Tod und wünsche sie, nach den Erfahrungen, die ich aus und in ihrem Innersten gemacht habe, zum Teufel; denn der schleichendste Herrsch-Betrug und Kabalengeist ist's, der hinter ihrer Decke kriechet." Hinter solchen Urteilen steckt häufig seine Frau. Denn Karoline haßte jede Gesellschaft, von der sie ausgeschlossen war, die einen gefährlichen Einfluß auf ihren Mann ausüben konnte. Und sie stand mit ihrer Ansicht nicht allein.[2] Dessenungeachtet interessierte er sich immer für alles, was in der Freimaurerei geschah und ließ sich durch J. Joachim Bode, der um 1779 von Hamburg nach Weimar über-

[1] Keller l. c. 52 f. 66 f.

[2] Vgl. Varrentrapp, Johannes Schulze. Leipzig 1889. p. 217.

gesiedelt war, über die Vorgänge in der Loge Amalia zu Weimar unterrichten. In engerer Beziehung stand er hingegen zu Gotha. Hier hatte 1774 der berühmte Schauspieler Eckhof (1720 bis 1778) mit anderen die Loge „Kosmopolit“ gegründet, welcher der regierende Herzog Ernst II. von Sachsen-Gotha-Altenburg und sein Bruder August sogleich beitraten. Namentlich ersterer war ein eifriger Maurer, der selten eine Loge versäumte. Im Jahre 1775 übernahm er das Amt eines Landes-Groß-Meisters der Großen Landesloge von Deutschland. Die Loge „Kosmopolit“ nannte sich den beiden fürstlichen Brüdern zu Ehren „Zum Rautenkranz“. Der Herzog bemühte sich, eine Vereinigung der verschiedenen freimaurerischen Systeme anzubahnen, namentlich zwischen der strikten Observanz und der Großen Landesloge von Deutschland; als aber dieser Versuch am Eigensinn Zinnendorfs scheiterte, konstituierte sich die Gothaer Loge 1784 neu unter dem Namen: „Zum Kompaß“ und trat dem eklektischen Freimaurer-Bund zu Frankfurt a. M. bei.[1] Ein besonders freundschaftliches Verhältnis knüpfte Herder 1777 mit dem Prinzen August von Gotha an, den er im Bade Pyrmont kennen gelernt hatte. Häufig war er nun dessen Gast und nahm an den Zusammenkünften der Brüder in Gotha unter dem Namen Damasus Pontifex[2] Anteil. In diesem Verkehr mit geistreichen edlen Brüdern empfieng er die mannigfaltigsten und fruchtbarsten Anregungen, wie er selbst in einem Briefe an seinen alten Freund Fr. Hartknoch, am 25. September 1777 eingesteht: „Seitdem ich in Sachsen bin, mehr Menschen kenne und von mehreren gekannt werde, geprüfter, reifer und stärker wurde, soll hoffentlich jetzt ein zweites Mannesalter meines Lebens beginnen.“ Und diese Hoffnung erfüllte sich in reichem Maße. Er entfaltete nun eine ungemein fruchtbare literarische Tätigkeit, die mit seinem Interesse für freimaurerische Probleme eng zusammenhängt. Später trat er zu den beiden hervorragendsten Freimaurern, die Reformatoren des Bundes waren, in intime Beziehung,

[1] C. Bröcker, Die Freimaurer-Logen Deutschlands. Berlin 1894 p. 102 f.

[2] Keller l. c. p. 60 nach Akten des Logenarchivs von Gotha.

nämlich zu Ignatius Aurelius Feßler,[1] der ihn im August 1799 besuchte, und besonders zu Friedrich Ludwig Schröder, dem berühmten Schauspieler und Schauspieldirektor in Hamburg.[2] Dieser war im Juni 1800 und nochmals im Sommer 1801 Gast im Herderschen Hause. Mit ihm unterhielt er sich mündlich und schriftlich über freimaurerische Fragen. Ja, es wird behauptet, Herder habe für die Hamburger Loge das Ritual des Meistergrades bearbeitet. Wenn dies auch nicht erwiesen werden kann, so besitzen wir dagegen einen authentischen Beleg für das tiefe aktuelle Interesse Herders für die Freimaurerei und die Reformbestrebungen Schröders, nämlich eine von ihm bearbeitete Rede, „Über die Heiligkeit und Bedeutung der Ehe", die Schröder mit wenigen Änderungen am Sylvesterabend 1801 in der Loge zu Hamburg hielt, worin er den Schwestern ein schönes Denkmal setzte.[3]

Herder war kein Logenbruder so wenig wie Lessing und doch ein eifriger Freimaurer. Er kannte so wenig wie jener den wahren Ursprung des Bundes und beachtete dessen authentische Dokumente nicht, und doch gelangte er kraft der Intuition seines Genies zur richtigen Erkenntnis. Sein maurerisches Ideal war die Humanität, die zu einem Gemeingut der ganzen Menschheit gemacht werden sollte. Schon die merkwürdige Abschiedspredigt,[4] die er am 17. Mai 1769 seiner Gemeinde in Riga hielt, enthüllt seine Gedanken, indem er am liebsten rein menschlich predigte. „Wenn ich," schließt er seine Rede, „also eine Philosophie gepredigt habe, so war es immer eine Philosophie der Menschheit; ich redete ein Wort, um menschliche Seelen glücklich zu machen." Seine ganze Schriftstellerei war dem Werke der Humanität gewidmet. In den schönen Briefen über das Studium der Theologie betont er aufs schärfste den rein menschlichen Gehalt der Bibel; die Theologie ist ihm nicht Wort-, noch

---

[1] S. das folgende Kapitel.
[2] S. das folgende Kapitel.
[3] Jetzt abgedruckt in sämtlichen Schriften ed. Suphan. XXXI p. 657 ff.
[4] Sämtliche Schriften XXXI p. 122 ff.

Silben- und Bücherstudium, sondern Erkenntnis der Wahrheit zur Gottseligkeit, also Sache, Geschäft, Übung. Die Sache der Religion ist tätiges Werk des Lebens, ganz im Sinne Lessings, dem die Tat alles war.

> Laßt uns länger nicht einander nur erweichen,
> Hier brauchts Tat.

„Der Gott, den ich in der Geschichte suchte, muß derselbe sein, der er in der Natur ist, denn der Mensch ist nur ein kleiner Teil des Ganzen, und seine Geschichte ist wie die Geschichte eines Wurmes mit dem Gewebe, das er bewohnt, innig verwebt; auch in ihm müssen also Naturgesetze gelten, die im Wesen der Sache liegen und deren sich die Gottheit so wenig überheben mag, daß sie eben in ihnen, die sie selbst gegründet, sich in ihrer hohen Macht mit einer unwandelbaren weisen und gütigen Schönheit offenbart." „Die reine Christenreligion heißt Gewissenhaftigkeit in allen menschlichen Pflichten, reine Menschengüte und Großmut. Der Bosheit selbst unüberwindlich, der verachtenden Schmach unbezwinglich, ist sie auf Selbstverleugnung gebaut und wird in jeder Beziehung des Lebens nur durch diese befestigt. Die Gottseligkeit selbst ist zu ihr nur Mittel, aber das kräftigste Mittel, wie Christi Vorbild zeigt. Ob hierbei der Name Christi litaneimäßig genannt werde, ist dem Erhöhten gleichgiltig. Am Namen Christianer, der von den Griechen dem Christenvolk als einer Sekte gegeben ward, liegt wenig; gehe dieser unter oder bleibe. Wie nannte sich Christus? den Menschensohn, d. h. einen reinen Menschen. Von Schlacken gereinigt, kann seine Religion nichts anderes als die Religion reiner Menschengüte, Menschenreligion heißen."

Herders Geist, der über den höchsten Problemen brütete, verschmähte es nicht, sich wiederholt in das Studium freimaurerischer Fragen zu versenken. Durch Lessings Gespräche wurde er dazu von neuem angeregt. Als daher Friedrich Nicolai 1782 mit seiner Schrift über den Tempelorden und den Freimaurerbund[1] hervortrat, reizte es ihn ebenfalls, das Wort zu

[1] Versuche über die Beschuldigungen, welche dem Tempelherrenorden gemacht worden etc. Berlin und Stettin 1782.

ergreifen und den „Nickel“, den Ignoranten der Ignoranten, öffentlich zu züchtigen und an ihm zu vergelten, was er an so vielen wackeren Leuten verschuldet hatte. Eilfertig machte er sich an die Arbeit, und im Märzheft des von Wieland herausgegebenen „Teutschen Merkur“ erschienen zwei Briefe unter dem Titel: „Historische Zweifel etc.“,[1] denen im April zwei weitere Briefe und im Juni der Schluß folgte. Nicolai hatte die Schuld der Tempelherren gegenüber der Schrift von K. G. Anton[2] zu erweisen gesucht; zugleich trat er der Lessingschen Hypothese entgegen, wonach sich die Freimaurerei aus einer Tempelherren-Massonry gebildet habe. Er stellt die Vermutung auf, zur Entstehung der Freimaurerei habe die von J. V. Andreae hervorgerufene Rosenkreuzergesellschaft zusammen mit der Londoner Royal Society zusammengewirkt. Den J. V. Andreae kannte nun Herder gründlich; es war ihm daher ein leichtes, manche der hingeworfenen Bemerkungen Nicolais zurückzuweisen. Allein seine Kenntnis der freimaurerischen Literatur war schwach, und er setzte den Hypothesen seines Gegners seine eigenen Vermutungen und gewagten Kombinationen entgegen. Freilich auch im Irren erhebt sich Herder hoch über die Trivialität eines Nicolai, und er läßt das Banner des Lessing'schen templerischen Idealismus sich triumphierend entfalten: „Wie, wenn sie durch eine schöne Mischung von Tapferkeit und praktischer Weisheit sich über die abscheulichen Vorurteile ihrer Zeit erhebend, das Feinste und Wahreste aus Morgen- und Abendlande in ihren Seelen vereinigt hätten, und wirklich der Staat im Staate, die von Nationalvorurteilen unabhängige Tempelloge, die edle Masonei gewesen wäre, dazu Lessing sie und ihre Nachfolger, die Freimaurer, gern erheben möchte? Da sind wir auf dem glänzenden Punkt, dem schönen Licht- und Luftbilde seiner Gespräche; die schönste Schrift, die für beide Gesellschaften geschrieben worden und die den noch lebenden Ideal und Gesetzbuch sein sollte, wenn sie's — sein kann, wenn sie's auch als Nachruhm der abgelebten sein

---

[1] Sämtliche Werke XV, 57 ff.

[2] Versuch einer Geschichte des Tempelherrenordens. Leipzig 1779.

könnte.“ Die Briefe sind überaus witzig und anregend geschrieben, überall merkt man den Einfluß Lessings, nur eignete sich Herder leider nicht dessen Detailkenntnisse und Gründlichkeit an. Natürlich ließ sich Nicolai die Blößen Herders nicht entgehen und mit der ihm eigenen Plumpheit, Breitspurigkeit und Nüchternheit haut er auf den „Ungenannten“, den doch jedermann kenne, ein. Herder erntete in diesem Streite keine Lorbeeren und ein Aussöhnungsversuch scheiterte. Übrigens erfordert es die Gerechtigkeit, daß man die Verdienste Nicolais um die freimaurerische Geschichte anerkennt, namentlich enthält sein gegen Hofrat Buhle gerichtetes Buch [1] viel richtiges und anregendes. Man darf bei all seinen Schwächen seine wackern Eigenschaften nicht unterschätzen, vor allen Dingen seinen unerschütterlichen Mannesmut im Kampfe gegen Schwärmerei, Kryptokatholizismus, Pfaffenherrschaft und Unduldsamkeit, die er bis in ihre äußersten Schlupfwinkel verfolgte, wobei er freilich sehr oft Gespenster sah und gegen Windmühlen stritt.[2] Auch als Freimaurer bewahrte er seine hausbackene Nüchternheit und bekämpfte alles Geheimnisvolle und Mystische im Bunde. Doch schlug er den Wert der Freimaurerei hoch an. „Die Menschenkenntnis, welche ich durch die Verbindung mit der Freimaurergesellschaft erworben habe, möchte ich wahrlich um vieles nicht missen.“ Lessing war sein Gott, neben dem er keine anderen Götter duldete, darum eben konnte er die neuaufgekommenen Genies, Herder, Goethe etc., nicht würdigen.

Lange trug Herder seinen Groll gegen Nicolai herum, doch schließlich folgte er Wielands verständigem Rat, der meinte, Herder könne die Scharte wieder auswetzen, wenn er etwa nach zwei Jahren mit einem großen Werke hervortrete. Das geschah. An seinem schönsten Buche: „Ideen zur Philosophie der Geschichte“ zerschellte der Tadel eines Nicolai und seiner Gesinnungsgenossen.

---

[1] Einige Bemerkungen über den Ursprung und die Geschichte der Rosenkreuzer und Freimaurer. Berlin und Stettin 1806.

[2] Vgl. die verständige Würdigung von L. Geiger, Berlin 1688—1840. I. p. 458 ff.

Sein Idealismus trug ihn über alle Gefahren und Unbilden des Lebens hinweg. Er begrüßte den Ausbruch der Französischen Revolution mit lautem Jubel. Seit Einführung des Christentums und seit Einrichtung der Barbaren in Europa, außer der Wiederauflebung der Wissenschaften und der Reformation habe sich nichts ereignet, das diesem Ereignis an Merkwürdigkeit und Folgen gleich wäre. Er träumt, daß die Französische Revolution uns die Zeiten der Griechen und Römer, ihren republikanischen Geist und damit die Bedingungen einer der ihrigen verwandten Dicht-, Rede- und Geschichtskunst wiederbringen werde. Multa renascuntur wurde nun sein Wahlspruch. Da er mit seinen freien Ideen nicht offen hervortreten durfte, schob er einen Mann als Vertreter seiner Ansichten vor, der sein Ideal eines echten Maurers verwirklichte, Benjamin Franklin, den Mitbegründer Amerikanischer Freiheit. Nach dem Beispiele Franklins der in Philadelphia eine philosophisch-philanthropische Gesellschaft gegründet und für diese Statuten, Junta genannt, entworfen hatte, plante auch Herder eine solche Gesellschaft, die zwar nicht der Tummelplatz politischer Diskussionen werden sollte, „aber Mängel der Gesetzgebung bescheiden und vernünftig, mit Aufmerksamkeit auf das, was zur Verbesserung der Gesetze anderwärts geschieht," erörtern solle. „Wenn jeder Geist, der mit der Zeit fortschreitet, das Merkwürdigste verfolgen muß, das in ihr geschieht; sollten wir das Merkwürdigste, das in unserer Zeit geschieht: die der Menschheit nützlichsten oder gefährlichsten Experimente mit unserer Betrachtung, unserm Urteil, unserer Meinung nicht auch verfolgen?"

Der Geist der Zeit packte ihn mit unwiderstehlicher Gewalt. Allein die Zeitverhältnisse geboten Vorsicht, zumal der Herzog auf politische Raisoneurs nicht gut zu sprechen war. Jetzt versteckte er sich hinter die Kolossalgestalt Martin Luthers; denn Luther mit seinem Freimut, seiner Deutschheit und Derbheit war schon lange sein Mann. Nun, da die politischen Fragen alle anderen Interessen verdrängten, verfaßte er „ein kleines goldenes A-B-C von Luthers Sprüchen und Lehren",[1] in denen

[1] Abgedruckt im Herder-Album p. 210 ff. Sämtliche Werke XVIII 509 ff.

sich der Reformator als ein nationaler Prophet, als „Ekklesiastes, als Prediger und Lehrer der Deutschen Nation“ darstellte. Hier faßte er sein geschichts-philosophisches Glaubensbekenntnis in knappen Sentenzen zusammen, überzeugt, daß, wie physisch, so auch moralisch und politisch die Menschheit in ewigem Fortgang und Streben, daß die Perfektibilität keine Täuschung, sondern Mittel und Endzweck zur Ausbildung alles dessen sei, was der Charakter unseres Geschlechts, Humanität, verlanget und gewähret.“ In seiner Abhandlung: „Über Publikum und Vaterland“ offenbart Herder seine ganze Gesinnungstüchtigkeit und seinen freien Mannesmut. Er will nichts von Vaterlandsstolz wissen, wohl aber preist er begeistert die Vaterlandsliebe, welche die Pflicht für jeden einschließt, sich dem Gemeinwohl zu weihen und bei öffentlichen Gefahren rettend mit Hand anzulegen. Aber über das engere Vaterland hinweg lenkt er den Blick auf die Eine Menschenfamilie und verlangt: „Verbannung des Eroberungsgeistes, Wettstreit nicht der körperlichen, sondern der Geistes- und Kunstkräfte der Völker Europas untereinander.“ Ach, wie fern stehen wir noch von diesem Ziele!

Das Lutherbüchlein variiert zum Teil die Gedanken Lessings in der Erziehung des Menschengeschlechts. Der Geist seines Freundes umschwebte ihn, namentlich „Ernst und Falk“ hatte es ihm angetan, ja, in seinem „Gespräch über eine unsichtbare sichtbare Gesellschaft“ druckte er Lessings Freimaurergespräche größtenteils wieder ab. Doch gab er der Fortsetzung eine andere Wendung. Nicht eine geheime Gesellschaft will Herder, sondern eine offene allgemeine Gesellschaft aller denkenden Menschen in allen Weltteilen, deren Meister Faust oder Gutenberg sein soll. Denn „seitdem die Buchdruckerei ihre Worte und Zeichen in alle Welt sendet, sollte es keine geheime Worte und Zeichen mehr geben.“ Die Taten dieser sichtbaren Gesellschaft sind „Poesie, Philosophie und Geschichte, die drei Lichter, die hierüber Nationen, Sekten und Geschlechter erleuchten; ein heiliges Dreieck: Poesie erhebt den Menschen durch eine angenehme sinnliche Gegenwart der Dinge über alle jene Trennungen und Einseitigkeiten. Philosophie gibt ihm feste bleibende Grundsätze hierüber, und wenn es ihm nötig ist, wird ihm die Geschichte nähere Maximen nicht versagen." Er will nichts von einer Menge von Antrieben wissen, sondern lieber einem einzigen Antriebe alle mögliche intensive Kraft geben, und dieser einzige Antrieb ist die Humanität. Alle Vorurteile von Staatsinteresse, angeborener Religion und das törichte Vorurteil unter allen, von Rang und Stand würden zwar nicht verschwinden, aber gedämpft, eingeschränkt, unschädlich gemacht werden. Es bedarf keiner Symbole. Alle Symbole mögen einst gut und notwendig gewesen sein; jetzt passen sie nicht mehr, denn die Gegenwart verlangt reine, helle, offenbare Wahrheit.

Wir kennen bereits Herders Abneigung gegen die geheimen Gesellschaften. „Seit drei Jahren," schreibt er am 13. Juni 1786 an Heyne in Göttingen, „gehe ich mit einigen Gesprächen oder einer Abhandlung über geheime Gesellschaften, geheime Wissenschaften und Symbole schwanger." Die Arbeit blieb liegen, weil Bode ihm vorgestellt hatte, er würde sich dadurch mächtige Feinde auf den Hals ziehen. Erst 1888 hat Suphan das Gespräch: „Glaukon und Nicias" publiziert.[1]

Thrasymachus, der „leere verfängliche Mensch," hatte den Adimant zum Eintritt in die geheime Gesellschaft verlockt. Seine Freunde Glaukon und Nicias unterhalten sich darüber und sind einstimmig, daß geheime Gesellschaften „Winkel sind, die sich dem Lichte der Sonne verschließen," damit hier der Betrug, dort die Schwärmerei ausbrüten könne, was ihnen der Geist eingibt. „Welche geheime Gesellschaft es mit der Wahrheit und Religion gut meint, die hört sofort auf, geheim zu sein, denn offene Wahrheit allein ist das Kind Gottes, und jede menschliche Wahrheit muß beim Licht der Sonne betrachtet und von Menschen geprüft werden können." Reuig bekannte Adimant seine Dummheit. „Freilich," sagte er, „sah ich Menschen, die ich an diesem Orte nicht zu finden vermeinte, so daß mir bei

[1] Sämtl. Werke XV p. 165 ff.

Manchem, Manchem der Bruderkuß und die Bruder-Umarmung schwer ward. Ein Liebhaber kann nicht so beschämt sein, als ich's den ganzen Abend war; und doch war es keine fröhlich hoffende Beschämung. Ich mußte Menschen Brüder nennen, deren Einige ich sonst in meinem Herzen völlig verachtet hatte; andere, die gute Leute für andere sein mögen, mit denen ich aber keinen Blutstropfen, geschweige das Innere meines Herzens und den Weg des Lebens gemein habe. Noch andere waren unbedeutende, äußerst mittelmäßige Menschen und die Wahrheit zu sagen, nur Zwei in der Versammlung haben mich beruhiget und getröstet."

In seinen letzten Lebensjahren vertiefte sich Herder, angeregt durch den intimen Verkehr mit dem eifrigen Freimaurer Fr. L. Schröder, aufs neue in das Studium der Freimaurerei. Er benutzte dafür die Dresdener und Göttinger Bibliothek und veröffentlichte das Resultat wiederum in Form von Gesprächen und zwar in der von ihm herausgegebenen Zeitschrift Adrastea. Das erste Gespräch ist mit bedeutungsvoller Anspielung an die dem J. V. Andreae zugeschriebene Schrift Fama Fraternitatis betitelt, mit dem Zusatz: Über den Zweck der Freimaurerei, wie sie von außen erscheint.[1] Dieses Gespräch, wie auch die folgenden können sich an künstlerischem Reize nicht mit den Lessing'schen Freimaurergesprächen messen. Gleich der Anfang ist an den Haaren herbeigezogen, indem Faust das Gespräch mit den Worten eröffnet: „Wenn man von nichts anderm zu reden weiß, spricht man von der Freimaurerei oder von Geistern." Auch hier wieder dient Lessing zur Unterlage des Gespräches, indem oft ganze Sätze wiederholt oder an solche angetönt werden. Faust, der Führer des Gesprächs, eifert gegen die Lüge, deren sich die Freimaurer in ihrer Geschichtschreibung schuldig machen. Sondert denn Niemand Wahrheit und Lüge, Schein und Sein? „Die Gesellschaft läßt einen Schimpf auf sich, der sie in den Augen der Welt entweder als Blödsinnige oder als Täuschende darstellt!" Wie viele schlechte Schriften haben sie

---

[1] S. die schöne Arbeit von Ritter in der Asträa 1886 p. 58 ff.

nicht in die Welt geschickt und die Wahrheitsuchenden irregeleitet! „Zu den Ägyptischen, Griechischen, gar Hebräischen, Persischen, Indischen Geheimnissen, zu den Druiden selbst hat man seine Zuflucht genommen und sie zur Freimaurerei gemacht, sowie man denn auch die guten Maurer zu Essenern und Gnostickern, zu Manichäern, Pelagianern, zu Jesuiten sogar zu machen sich nicht entblödet hat. Die Welt ist satt dieser Verdrehungen alter und voriger Zeiten." Erst Lessing hat den Nebel zerstreut, obschon auch er in die Irre ging. Was ist der Zweck der Freimaurerei? Der Bau der Menschheit. Linda bezeichnet das als ein schönes Unternehmen. „Alle Anliegen der Menschheit können, dürfen sich an dies unsichtbare Insitut wenden, es denkt, es sorgt für sie. Es hilft, wo es helfen kann, und man ist Niemandem Dank schuldig. Aus einer Wolke gleichsam kam die helfende Hand und zog, ehe man sie gewahr ward, sich wieder zurück in die Wolke." Klopstock sagt: „ein Mann sagt nicht, was er tun will, noch weniger was er getan hat; er tut und schweiget." Ihr Motto sollte der Spruch der Dido sein:

„Leidenden beizustehen, das lehrten mich eigene Leiden."

Einst bauten sie die Gotischen Kirchen, jetzt den unsichtbaren Bau in Salomos Hallen am Tempel der Menschheit. Es ist ganz gleichgültig, welches auch der Ursprung der Freimaurerei ist. „An ihren Früchten sollt ihr sie erkennen!" sprach unser Meister. Wenn eine Einrichtung da ist und Früchte bringt, möge sie entstanden sein, wie sie wolle, möge sie sich ihres Ursprunges zu freuen oder zu schämen haben, was kümmert uns dieser? Steht die Gesellschaft auf dem Gipfel, auf welchem wir sie wünschen; ist sie das, wonach zu allen Zeiten alle Guten strebten, jeder Religion und Staatsverfassung unbeschadet, gleichsam das Auge und Herz der Menschheit, o, so bringt sie, über allen Unterschied der Stände, über jeden Sektengeist erhoben, den freien Seelen, die zu ihr gehören, die goldene Zeit zurück, die in unser aller Herzen lebet."

Herder hatte inzwischen das Englische Konstitutionenbuch gründlicher studiert, und er suchte nun im zweiten Gespräch: „Salomos Siegelring" den Ursprung der Freimaurerei in den alten Bruderschaften, welche die herrlichen Dome bauten. Mystery ist das Kunstgeheimnis. Hiram ist tot und der Tempelbau noch nicht vollendet. Mit dem Gesange der Linda:

„Weltgeist binde deine Töne
Liebend zusammen;
Und sie werden ein Saitenspiel"

tönt das Gespräch, das sich in der orientalischen Märchenwelt bewegt, aus. Im dritten Gespräch „Basilika" wird das Thema vom Zusammenhang der Freimaurerei mit den Bauhütten weiter ausgesponnen. Die schreckhaften Gebräuche der Aufnahme, der Eid, die Zeichen etc. sind Reste alter Handwerkerordnungen, die den Zweck hatten, rohe Gemüter und vielartige Stände zu verbinden. Das vierte Gespräch, „Massonerie", spielt sich in Horsts Basilika d. h. in seiner Bibliothek ab, in welchem dann noch manches über die Baukunst im Mittelalter genauer erklärt und weiter entwickelt wird.

Das oberste Gesetz für den Freimaurer ist der Spruch: „Was du willst, daß andere dir nicht tun sollen, tue ihnen auch nicht." Herders Humanitätsideal hat sich an Lessings Nathan gesättigt. Ein idealer Himmel wölbte sich über den von den großen Deutschen Dichtern geschaffenen Gestalten, „sie seien Morgenländer oder Abendländer, seien Juden, Christen, Muhamedaner. Das Zeitalter, da Humanus Herder predigte, da Goethe Griechen und Skythen durch reine Menschheit harmonisch verband und Schwerterklirren in ein freundschaftliches Lebewohl aus tiefster Brust verhallen ließ, da Schiller „diesen Kuß der ganzen Welt" zuwarf, selbst dem rohesten Kannibalen schwärmerisch den Becher sanfter Freude kredenzend, und der weltbürgerliche Malteser seine Liebe allen kommenden Geschlechtern zuschwor, hat sie alle geboren, die Männer und Frauen, die Alten und Jungen, die Erprobten und Irrenden, die Starken und Schwachen. Völlig verbannt aus diesen heiligen

Hallen, wo Liebe nur zur Pflicht führt, ist bloß der Eine, der flucht, statt zu segnen.“ [1]

Goethe erteilte Herders Humanitätsideal seinen Beifall, wenn auch nicht ohne einen leisen Zweifel: „Auf Herders dritten Teil,“ schreibt er seiner Freundin, „freu ich mich sehr, hebe mir ihn auf, bis ich sagen kann, wo er mir begegnen soll. Er wird gewiß den schönen Traumwunsch der Menschheit, daß es dereinst besser mit ihr werden möge, trefflich ausgeführt haben. Auch muß ich selbst sagen, halt ich es für wahr, daß die Humanität endlich siegen wird; nur fürchte ich, daß zu gleicher Zeit die Welt ein großes Hospital und einer des andern humaner Krankenwärter werden wird.“ [2] Goethe war eben der einzige Gesunde unter den Kranken, dem der Anschluß an das Leben der allgemeinen Natur nur die physische Seite seiner Genialität war. Auf ihn paßt vor allem der Römerspruch: „Ich bin ein Mensch, nichts menschliches achte ich mir fremd.“ Sein großer Geist umfaßte und erkannte die Menschheit und Natur in ihrer ganzen Realität und Idealität. Das schöne Wort Jung-Stillings: „Goethes Herz, das nur wenige kannten, war so groß, wie sein Verstand, den alle kannten,“ hat sich durch sein ganzes Leben bewahrheitet und ebenso das Lob Schlossers: „Wenn er einmal in der Welt glücklich wird, so wird er Tausende glücklich machen; und wird ers nie, so wird er immer ein Meteor bleiben, an dem sich unsere Zeitgenossen würden müde gaffen und unsere Kinder wärmen werden.“ [3] Schiller, der ihn anfangs mit Mißtrauen betrachtete, rühmte an Goethe sein Dichtergenie: „Nach meiner innigsten Überzeugung kommt kein anderer Dichter ihm an Tiefe

---

[1] E. Schmidt, Lessing II p. 535.

[2] Brief vom 8. Juni 1787. Weimarer Ausgabe VIII, 233.

[3] Leider fehlt es noch immer an einer würdigen Goethe-Biographie, die erst möglich sein wird, wenn die große Weimarer Ausgabe fertig ist. Die beste Arbeit bietet A. Bielschowsky, Goethe. Sein Leben und seine Werke. München. I. Dritte Auflage 1902. II. 1904 (nach seinem Tode herausgegeben mit einem banalen Schluß von Th. Ziegler). Vgl. V. Hehn, Gedanken über Goethe u. J. Pietsch, J. W. von Goethe als Freimaurer. Leipzig 1880. Brennecke in der Bauhütte 1875 p. 50 ff.

der Empfindung und Zartheit derselben, an Natur und Wahrheit und zugleich an hohem Kunstverdienste auch nur von weitem bei. Die Natur hat ihn reicher ausgestattet, als irgend einen, der nach Shakespeare aufgestanden ist." Aber auch als Mensch schätzte er ihn: „Wenn er nicht als Mensch den größten Wert von allen hätte, die ich persönlich je habe kennen lernen, so würde ich sein Genie nur in der Ferne bewundern." „Er hat eine hohe Wahrheit und Biederkeit in seiner Natur und den höchsten Ernst für das Rechte und Gute."

Unmöglich, daß ein solcher Mensch dem Freimaurerbunde fern bleiben konnte. Denn gerne verkehrte er mit gleichstrebenden Menschen und liebte eine heitere Geselligkeit. Freilich sein erster Versuch führte zur Gretchenkatastrophe und er ergab sich einige Zeit lang völliger Einsamkeit. Doch suchte er bald wieder Anschluß an edle Jünglinge und bat im Mai 1764 brieflich Ludwig Ysenburg von Buri im Neuhof um Aufnahme in den von ihm gegründeten Tugendbund, die „arkadische Gesellschaft". Allein, da ihn jene böse Gretchengeschichte tugendhaften Leuten verdächtig gemacht hatte, wurde er abgewiesen.[1] Mit der Freimaurerei hat diese arkadische Gesellschaft so wenig etwas zu tun als die Tischgesellschaft in Straßburg, deren Mitglieder Goethe, Jung-Stilling, Lerse etc. waren.[2] Erst in seiner Vaterstadt Frankfurt trat die Versuchung an ihn heran sich als Mitglied des ehrwürdigen Bundes aufnehmen zu lassen. Früh schon hatte die Freimaurerei in Frankfurt Wurzeln gefaßt. Ihr gehörten vor allen die Mitglieder der reformierten Gemeinde an, intelligente, aufgeweckte Leute. Goethes Verlobung mit der reizenden Lili Schönemann führte zu einem schweren Konflikte. Denn die Eltern der beiden Verlobten standen zueinander im denkbar größten Gegensatz. Lili, diese elegante Weltdame paßte ganz und gar nicht in das altfränkische

---

[1] Briefe in der Weimarer Ausgabe I. vom Mai und Juni 1764. Vgl. Keller, Herder p. 42 Anm. 3.

[2] Auch über diese Dinge bringt L. Keller unglaubliche Fabeleien vor l. c. p. 41 ff.

Haus der Eltern Goethes, und doch war dieser von seinem Vater abhängig, da er keine Stellung besaß. Die nächsten Verwandten und Freunde der Schönemanns in Offenbach waren nun Freimaurer und boten dem jungen Wolfgang ihre Hilfe an. Dieser aber lehnte „jede nähere Verknüpfung ab, aus einem Unabhängigkeitsgefühl, welches mir später als Verrücktheit erschien, nicht gewahrend, daß diese Männer, wenn schon im höheren Sinn verbunden, mir doch bei meinen, den ihrigen so nah verwandten Zwecken, hätten förderlich seyn müssen."

Erst viel später öffneten sich ihm die Pforten der Loge, indem er sich, wie es die Satzungen des Bundes fordern, aus freiem Entschluß zum Eintritt gemeldet hat. Und dieser Entschluß, sich in die Weimarer Loge aufnehmen zu lassen, ist um so höher zu schätzen, da damals gerade der Mann an der Spitze der Loge stand, den zu lieben er keine Ursache hatte. Denn der Freiherr J. Fr. von Fritsch hatte beim Herzog Karl August gegen die Rangerhöhung Goethes zum Geheimrat protestiert und mit seinem Abschied gedroht, worauf ihm der Fürst die berühmte, ihn so sehr ehrende Antwort gab: „Einsichtsvolle wünschen mir Glück, diesen Mann zu besitzen. Sein Kopf, sein Genie sind bekannt. Einen Mann von Genie an anderem Orte zu gebrauchen, als wo er selbst seine außerordentlichen Gaben gebrauchen kann, heißt ihn mißbrauchen. — Die Welt urteilt nach Vorurteilen, ich aber sorge und arbeite, wie jeder andere, der seine Pflicht tun will, nicht um des Ruhmes, nicht um des Beifalls der Welt willen, sondern um mich vor Gott und meinem eigenen Gewissen rechtfertigen zu können." Am 23. Juni 1780 erfolgte seine Aufnahme durch Bode, indem Fritsch wahrscheinlich ein Zusammentreffen nach seiner Niederlage scheute. Sogleich teilte Goethe das Ereignis seiner Freundin mit, in einer Weise, die nur ein Freimaurer versteht. Ein Jahr nach seiner Aufnahme in den Lehrlingsgrad bat er den Meister um Beförderung in den Gesellengrad. „So sehr ich mich allen unbekannten Regeln des Ordens unterwerfe, so wünsche ich doch auch, wenn es den Gesetzen nicht zuwider wäre, weitere Schritte zu tun, um mich dem Wesentlichen mehr zu nähern. Ich wünsche es sowohl um mein selbst als um der Brüder willen, die manchmal in Verlegenheit kommen, mich als einen Fremden traktieren zu müssen. Sollte es möglich sein, mich gelegentlich bis zum Meistergrad hinauf zu führen, so würde ich's dankbarlichst erkennen. Die Bemühungen, die ich mir bisher in nützlichen Ordenskenntnissen gegeben, haben mich vielleicht nicht ganz eines solchen Grades unwürdig gelassen." Goethe veranlaßte dann auch seinen fürstlichen Freund Karl August zum Eintritt in den Bund, und beide wurden am 2. März 1782 zum Meister befördert. Leider war es Goethe nicht lange vergönnt, den Arbeiten der Loge beizuwohnen, denn am Johannisfest 1782 brach zwischen Bode, der das System der strikten Observanz mit Übereifer verteidigte, und dem Kabinetsrat Bertuch, welcher Redner war, ein heftiger Streit los. Man erhitzte sich derart, daß der Meister vom Stuhl die Arbeiten suspendieren mußte, wegen des „Ekels, Überdrusses und Unwillens an den mancherlei Verirrungen, Täuschungen und Betrügereien in der Maurerwelt und der Ungewißheit, welchem System man sich am zweckmäßigsten anzuschließen habe." Wir haben ja erfahren, in welcher Gährung und Krisis damals die Freimaurerei war, wie die Systeme einander jagten und wie die freimaurerischen Kongresse keineswegs die erhoffte Klärung brachten. Die herrlichen Arbeiten Lessings und Herders, die besonnenen historischen Studien eines Vogel,[1] trugen am meisten dazu bei, die Freimaurerei wieder auf den richtigen Weg zu bringen, und Schröder war der Mann dazu, der Loge eine zweckentsprechende Organisation zu geben und die Rituale von ihrem mystischen Schwulste zu reinigen. Herzog Karl August teilte die Anschauungen seines Freundes über den Hochgradschwindel, und mit seiner Genehmigung richtete er 1808 an die unter der Großloge zu Hamburg arbeitende Loge Günther zum stehenden Löwen in Rudolstadt folgendes bezeichnende Schreiben:

---

[1] Briefe die Freimaurerei betreffend. 3 Sammlungen. Nürnberg 1783 bis 1785.

„Zeit und Umstände veranlaßten uns 1782, die Arbeiten unserer Loge Amalia einzustellen und bis jetzt ruhen zu lassen; Zeit und Umstände veranlassen uns anjetzt, unsere Loge Amalia wieder zu eröffnen und unsere Arbeiten in derselben wieder zu erneuern. Wir sind indessen als Maurer nicht untätig gewesen, wir haben in der Stille Welt und Menschen, den Geist der Zeit und die Resultate seines Wirkens, den Fortgang der Maurerei zu ihrer Vervollkommnung beobachtet und auch ohne Logenverband unsere Maurerpflichten getreu zu erfüllen gesucht, so gut es uns möglich war. Mehrere Erfahrungen, die wir indessen sammelten, und schätzbare Aufklärungen, die wir über Zweck und Wesen unseres Ordens erhalten, haben bei uns den Entschluß bewirkt, bei unseren Arbeiten das ehedem bei der Loge Amalia angenommene, anjetzt aber nicht mehr brauchbare System der strikten Observanz zu verlassen und anjetzt das weit mehr gereinigte zweckmäßigere und dem Geist unserer Zeit und Kenntnisse mehr entsprechende System der großen Provinzial-Loge von Niedersachsen zu Hamburg, nach welchem auch Sie arbeiten, anzunehmen und uns mit gedachter Provinzial-Loge zu vereinigen." An der Wiederbelebung der Loge Amalia hatte also Goethe den größten Anteil. Mit dem 24. Oktober 1808 eröffnete die Loge Amalia unter der Hammerführung Fr. J. Bertuchs ihre Arbeiten. Die erste gedruckte Logenliste weist 17 Gründernamen auf, wozu dann noch zwölf Brüder beitraten. Welch eine Fülle geistiger Kapazitäten findet sich in diesem Verzeichnis. Wer in Weimar Anspruch auf Geist erhob, schloß sich der Loge an, selbst der 79jährige Wieland wollte nicht zurückbleiben. Leider war Fr. Schiller, ein begeisterter Anhänger des Nathanevangeliums, schon dahingeschieden, sonst hätte er gewiß nicht gefehlt. Schon in Mannheim hatte er wackere Freimaurer kennen gelernt, dann verband ihn treue herzinnige Freundschaft mit Chr. G. Körner, der bis zu seinem Tode, 13. Mai 1831, ein eifriger Freimaurer war. Allein Schillers Armut hinderte ihn einer Loge beizutreten, und als er dann in Jena und Weimar seinen bleibenden Wohnsitz aufschlug, fehlte ihm hier die

Gelegenheit eine Loge zu besuchen, weil an beiden Orten die Logenarbeiten suspendiert worden waren. Bode wollte ihn veranlassen, dem Freimaurerbunde beizutreten, doch Freund Körner riet ihm ab. In dem zehnten Briefe über Don Carlos[1] sagt Schiller: „Ich bin weder Illuminat noch Maurer, aber wenn beide Verbrüderungen einen moralischen Zweck miteinander haben, und wenn dieser Zweck für die menschliche Gesellschaft der wichtigste ist, so muß er mit demjenigen, den Marquis Posa sich vorsetzte, wenigstens sehr nahe verwandt sein. Was jene durch eine geheime Verbindung mehrerer durch die Welt zerstreuter tätiger Glieder zu bewirken suchen, will der letztere, vollständiger und kürzer, durch ein einziges Subjekt ausführen: durch einen Fürsten nämlich, der Anwartschaft hat, den größten Thron der Welt zu besteigen, und durch diesen erhabenen Standpunkt zu einem solchen Werke fähig gemacht wird." Don Carlos enthält viele Anklänge an die Freimaurerei. Namentlich sein „Lied an die Freude" ist ein echt freimaurerisches Lied.

Doch kehren wir zu Goethe zurück. Alles was er angriff, erfaßte er mit ganzer Kraft. Der Herdersche Idealismus genügte seinem tätigen Sinne nicht, er wollte nicht nur Freimaurer in dem weiten mehr platonischen Sinne eines Lessing oder Herder sein, sondern er wollte auch in der Loge seinen Mann stellen. Goethe beschämt viele Freimaurer und Nichtfreimaurer, die sich auf Lessings Ablehnung der Logenarbeit berufen und sich damit trösten, auch fern von der Loge seien sie rechte Freimaurer. Nein, solche, die kühl auf die am Baue Arbeitenden heruntersehen, sind so wenig Freimaurer als man ein Geiger ist, wenn man nicht spielt. Goethe war von ganzer Seele ein Freimaurer, innerhalb und außerhalb der Loge. „Des echten Maurers wahre Feier ist die Tat," sagte er und diesem Spruche gemäß lebte er, mit aller Energie unablässig an seiner Bildung arbeitend. Er gebrauchte einmal von sich das schöne Wort von dem von Schlacken gereinigten Eisen. „Die Worte sind gut,"

---

[1] Säkularausgabe 1905. XVI, 86 f.

heißt es im Lehrbrief Wilhelm Meisters, „sie sind aber nicht das Beste. Das Beste wird nicht deutlich durch Worte. Der Geist, aus dem wir handeln, ist das Höchste." Die ganze Menschheit umfaßt seine große Seele. „Die Menschheit ist erst der wahre Mensch, und der einzelne kann nur froh und glücklich sein, wenn er den Mut hat, sich im Ganzen zu fühlen." Allein er ließ es bei der platonischen Menschenliebe nicht bewenden, er gab vielmehr die Fülle seines Seins seinen Mitmenschen und verbreitete um sich zutrauliche Fröhlichkeit. Diesen Zug hatte er von seiner Mutter, der Frau Aja, geerbt, die einmal das schöne Wort sprach; „Ich habe die Gnade von Gott, daß noch keine Menschenseele mißvergnügt von mir weggegangen ist, weß Standes, Alters und Geschlechts sie auch gewesen ist. Ich habe die Menschen sehr lieb und das fühlt alt und jung; gehe ohne Prätensionen durch die Welt, und dies behagt allen Erdensöhnen und Töchtern; bemoralisiere niemanden, suche immer die gute Seite auszuspähen, überlasse die schlimme dem, der die Menschen schuf und der es am besten versteht, die Ecken abzuschleifen, und bei dieser Methode befinde ich mich wohl, glücklich und vergnügt." Goethe bat Gott: „daß er mich täglich haushälterischer werden lasse, um freigebig sein zu können, es sei mit Geld oder Gut, Leben oder Tod!"

Diese Gesinnung strömt das echt freimaurerische Lied: „Das Göttliche" aus:

Edel sei der Mensch,
Hülfreich und gut!
Denn das allein
Unterscheidet ihn
Von allen Wesen,
Die wir kennen.

Heil den unbekannten
Höhern Wesen
Die wir ahnen!
Ihnen gleiche der Mensch!
Sein Beispiel lehr uns
Jene glauben.

Denn unfühlend
Ist die Natur:
Es leuchtet die Sonne
Über Bös' und Gute,
Und dem Verbrecher
Glänzen, wie dem Besten,
Der Mond und die Sterne.

Wind und Ströme,
Donner und Hagel
Rauschen ihren Weg
Und ergreifen,
Vorübereilend,
Einen um den andern.

Auch so das Glück
Tappt unter die Menge,
Faßt bald des Knaben
Lockige Unschuld,
Bald auch den kahlen
Schuldigen Scheitel.

Nach ewigen, ehrnen,
Großen Gesetzen
Müssen wir alle
Unseres Daseins
Kreise vollenden.

Nur allein der Mensch
Vermag das Unmögliche:
Er unterscheidet,
Wählet und richtet;
Er kann dem Augenblick
Dauer verleihen.

Er allein darf
Den Guten lohnen,
Den Bösen strafen,
Heilen und retten,
Alles Irrende Schweifende
Nützlich verbinden.

Und wir verehren
Die Unsterblichen,
Als wären sie Menschen,
Täten im Großen,
Was der Beste im Kleinen
Tut oder möchte.

Der edle Mensch
Sei hülfreich und gut!
Unermüdlich schaff' er
Das Nützliche, Rechte,
Sei uns ein Vorbild
Jener geahneten Wesen!

und dieser Gesinnung gemäß handelte Goethe.

Wir wissen jetzt aus dem Briefwechsel von einer Reihe von Fällen, wo er ganz unbekannten Menschen die rettende Hand geboten hatte. Dabei begnügte er sich nicht bloß, aus kalter Ferne zu geben, sondern er nahm menschlichen Anteil an dem unglücklichen Bruder, und oft half sein Trost und Zuspruch mehr als eine Gabe. „Eigentlichen Bettlern," sagt er einmal mit einem Anflug schalkhaften Humors, „alten gebrechlichen Leuten habe ich niemals gern gegeben; sie schienen mir in einen Zustand versetzt, sich darein geschickt zu haben, und mir däuchte Anmaßung, die grenzenlose Not mildern und mäßigen zu wollen. Einem tätigen, im Augenblick Bedürftigen dagegen fortzuhelfen, habe ich es nie an Beisteuer mangeln lassen. Besonders waren mir die Handwerksbursche empfohlen, mit denen ich früher als Fußreisender oft in Verbindung gewandert und in späterer Zeit immer demjenigen am liebsten gab, welcher am besten gekleidet war."[1] Er sah sich selbst nur als ein Werkzeug an, dessen sich die Vorsehung bediente, und er

[1] Ausgabe letzter Hand 45, p. 250.

erläutert dies durch ein köstliches Gleichnis: „wie ein guter, ehrlicher Landmann und Hausvater seinen Schnittern das ersehnte Mus zur Erquickung bringen will, von dem Engel aber beim Schopfe ergriffen, den Propheten in der Löwengrube speisen muß.“ Keiner konnte so neidlos fremdes Verdienst anerkennen als er, und keiner hat eine edle Tat herrlicher besungen. (Johanna Sebus). War Goethe also außerhalb der Loge im gewöhnlichen Leben ein echter Freimaurer, so hielt er sich nicht für zu vornehm, um an den Arbeiten der Loge teilzunehmen. Er, der Mittelpunkt einer vornehmen, geistig angeregten Gesellschaft, überhäuft mit Arbeiten aller Art, versäumte dennoch selten die Logenarbeiten. Den Sitzungen des historischen Engbundes wohnte er eifrig bei, und, wie uns sein Freund, der Kanzler von Müller, in der am 9. November 1832 auf Goethe gehaltenen Trauerrede versichert, nahm Goethe ununterbrochen an jedem bedeutungsvollen Ereignis, an jedem großen Feste der Loge so lebhaften Anteil, daß die wichtigsten Reden, Gesänge und Anordnungen meist seiner vorangehenden Prüfung und Billigung sich erfreuen durften. Auch andere Weimarer Brüder geben ihm dieses Zeugnis. „Ein Urbild höchster Maurerpflicht“, „einer der teuersten Eingeweihten und Veteranen unseres edlen Bundes“ etc., so tönt es hundertfältig aus den Reihen seiner Brüder. Welchen Wert er auf regelmäßigen Logenbesuch legte, beweist ein Passus in der schönen Trauerrede auf Wieland, wo es u. a. heißt: „Wie froh er in unsern teuern Bund getreten, wie anhaltend er unsere Versammlungen besucht, unsern Angelegenheiten seine Aufmerksamkeit gegönnt, sich der Aufnahme vorzüglicher junger Männer erfreut, unsern ehrbaren Gastmahlen beigewohnt und sich nicht enthalten, über manche wichtige Angelegenheit seine Gedanken zu eröffnen, davon sind wir alle Zeugen, wir haben es freundlich und dankbar anerkannt. Ja, wenn dieser altgegründete und nach manchem Zeitwechsel oft wiederhergestellte Bund eines Zeugnisses bedürfte, so würde hier das vollkommenste bereit sein, indem ein talentreicher Mann, verständig, vorsichtig, umsichtig, erfahren, wohldenkend und mäßig, bei uns seines Gleichen zu finden glaubte, sich bei uns in der Gesellschaft fühlte, die er, der besten gewohnt, als Vollendung seiner menschlichen und geselligen Wünsche so gern anerkannte." [1]

Äußerungen eines so eifrigen und genialen Freimaurers wie Goethe sind ohne weiteres bedeutsam. Wie dankbar wären wir ihm, wenn er gleich Lessing und Herder seine Gedanken über die Freimaurerei in systematischer Form niedergelegt hätte. Allein, das tat er nicht, auch die Freimaurerei, wie alles übrige faßte er vom künstlerischen Standpunkte auf. Wo er sich über die Freimaurerei äußert, geschieht es mehr gelegentlich, wie z. B. in der oben erwähnten Rede auf Wieland, wo er sich über die freimaurerischen Geheimnisse, wie folgt, ausläßt: „Schon als Jüngling mit demjenigen bekannt, was uns von den Mysterien der Alten historisch überliefert worden, floh er zwar nach seiner heitern Sinnesart jene trüben Geheimnisse, aber verleugnete sich nicht, daß gerade unter diesen, vielleicht seltsamen Hüllen zuerst unter die rohen und sinnlichen Menschen höhere Begriffe eingeführt, durch ahnungsvolle Symbole mächtige leuchtende Ideen erweckt, der Glaube an einen über alles waltenden Gott eingeleitet, die Tugend wünschenswerter dargestellt und die Hoffnung auf die Fortdauer unseres Daseins sowohl von falschen Schrecknissen eines trüben Aberglaubens, als von den ebenso falschen Forderungen einer lebenslustigen Sinnlichkeit gereinigt worden." In einer andern Trauerrede [2] faßte er menschlich das menschliche zusammen: daß unser Bund die Lebenden gleich macht, „und zwar in dem Sinne, daß er sie zu vereintem Wirken aufruft, deshalb jeden zuerst auf sich selbst zurückweist und sodann auf das Ganze hinleitet." Kühl und praktisch menschlich gedacht hört es sich an, wenn er in dieser Rede fortfährt: „Unser Bund hat viel Eigenes, wovon gegenwärtig nur das eine herausgehoben werden mag, daß, sobald wir uns versammeln, die entschiedenste Art von Gleichheit entsteht; denn nicht nur

[1] Abgedruckt in der Weimarer Ausgabe 36 p. 313 ff.
[2] Abgedruckt in der Weimarer Ausgabe 36, 349 ff.

alle Vorzüge von Rang, Stand und Alter, Vermögen, Talenten treten zurück und verlieren sich in der Einheit, sondern auch die Individualität muß zurücktreten. Jeder sieht sich an der ihm angewiesenen Stelle gehalten. Dienender Bruder, Lehrling, Geselle, Beamte, alles fügt sich dem zugeteilten Platz und erwartet mit Aufopferung die Winke des Meisters vom Stuhl: man hört keinen Titel, die notwendigen Unterscheidungszeichen der Menschen im gemeinen Leben sind verschollen, aber auch nichts wird berührt, was dem Menschen sonst am nächsten liegt, wovon er am liebsten hört und spricht; man vernimmt nichts von seinem Herkommen, nicht, ob er ledig oder verheiratet, vater- oder kinderlos, zu Hause glücklich oder unglücklich sei; von allem diesem wird nichts erwähnt, sondern jeder bescheidet sich, in würdiger Gesellschaft, in Betracht höherer, allgemeiner Zwecke auf alles Besondere Verzicht zu tun." Erst in der Trauerloge darf die Individualität hervortreten, „hier lernen wir erst einander als Einzelne kennen, hier ist es, wo das bedeutende, wie das unbedeutende Leben in seinen Eigenschaften erscheint, wo wir uns in dem Vergangenen bespiegeln, um auf unsern gegenwärtigen lebendigen Wandel aufmerksam zu werden." Man erkennt unschwer in diesen Äußerungen die gelassene Auffassung des Alters. Auch seine für die Loge gedichteten Lieder stammen alle aus den letzten Jahrzehnten und haben mit Ausnahme des „Symbolum" geringen poetischen Wert.[1]

Des Maurers Wandeln
Es gleicht dem Leben,
Und sein Bestreben
Es gleicht dem Handeln
Des Menschen auf Erden.

Die Zukunft decket
Schmerzen und Glücke,
Schrittweis dem Blicke,
Doch ungeschrecket
Dringen wir vorwärts.

Und schwer und schwerer
Hängt eine Hülle
Mit Ehrfurcht. Stille
Ruhn oben die Sterne
Und unten die Gräber.

Betracht' sie genauer
Und siehe, so melden
Im Busen der Helden
Sich wandelnde Schauer
Und ernste Gefühle.

---

[1] Unter dem Titel „Loge" sind im 3. Band der Gedichte (Weimarer Ausgabe) 8 freimaurerische Gedichte abgedruckt. Dazu kommen aus dem Nachlaß noch zwei (Band IV p. 309 ff.) Auch der Spruch IV p. 138 gehört dahin. Sie fallen in die Jahre 1816—1830.

Doch rufen von drüben
Die Stimmen der Geister,
Die Stimmen der Meister:
Versäumt nicht zu üben
Die Kräfte des Guten.

Hier winden sich Kronen
In ewiger Stille,
Die sollen mit Fülle
Die Tätigen lohnen!
Wir heißen euch hoffen.

Goethes ganzes Sein ist eine Einheit. Er war nicht nur in der Loge ein Freimaurer, sondern der freimaurerische Ideengehalt hatte seinen ganzen Menschen durchdrungen und demgemäß auch seine Geistesprodukte, die ja wiederum nur eine Auslösung seines Wesens sind. Darum hatte Goethe vollkommen Recht, wenn er am 11. Okt. 1828 zu Eckermann sagte: „Meine Sachen können nicht populär werden. Wer daran denkt und dafür strebt, ist in einem Irrtum. Sie sind nicht für die Masse geschrieben, sondern nur für einzelne Menschen, die etwas Ähnliches wollen und suchen und die in ähnlicher Richtung begriffen sind.“ In der Tat, ein Ton kann nur dann in der Seele eines andern anschlagen, wenn eine verwandte Saite vorhanden ist. Eben darum ist Schiller der populärere Dichter, weil er mit seiner packenden Rhetorik und seinen himmlischen Gefühlen die Massen ergriff.

Mit leichter Mühe ließen sich fast in allen Dichtungen freimaurerische Anklänge finden, namentlich in den Sprüchen, Zahmen Xenien etc.

Z. B. Tust deine Sache und tust sie recht,
Halt fest und ehre deinen Orden;
Hältst du aber die Andern für schlecht,
So bist du selbst ein Pedant geworden.

Oder im West-östlichen Divan:

Lange hab ich mich gesträubt,
Endlich gab ich nach:
Ist der alte Mensch zerstäubt,
Wird der neue wach.

Und so lang du dies nicht hast,
Dieses: Stirb und werde!
Bist du nur ein trüber Gast
Auf der dunkeln Erde.

Es gibt wohl wenige Logen Deutscher Zunge, wo nicht das echtfreimaurerische „Bundeslied“ gesungen würde,[1] das freilich schon 1776 gedichtet wurde; ferner die übrigen geselligen Lieder: „Dauer im Wechsel“ (1804), das wundervolle Tischlied:

„Mich ergreift, ich weiß nicht wie,
Himmlisches Behagen“ (1804),

„Ergo bibamus“ (1811) und so viele andere. Sodann das schöne 1821 gedichtete Lied: „Eins und Alles“:

Im Grenzenlosen sich zu finden
Wird gern der Einzelne verschwinden,
Da löst sich aller Überdruß.
Statt heißem Wünschen, wildem Wollen,
Statt läst'gem Fordern, strengem Sollen,
Sich aufzugeben ist Genuß.

Weltseele komm uns zu durchdringen!
Dann mit dem Weltgeist selbst zu ringen
Wird uns'rer Kräfte Hochberuf.
Teilnehmend führen gute Geister,
Gelinde leitend, höchste Meister,
Zu dem, der alles schafft und schuf.

Und umzuschaffen das Geschaffne,
Damit sich's nicht zum Starren waffne,
Wirkt ewiges, lebend'ges Tun.
Und was nicht war, nun will es werden,
Zu reinen Sonnen, farbigen Erden,
In keinem Falle darf es ruhn.

Es soll sich regen, schaffend handeln,
Erst sich gestalten, dann verwandeln;
Nur scheinbar stehts Momente still.
Das Ewige regt sich fort in allen:
Denn alles muß in Nichts zerfallen,
Wenn es im Sein beharren will.

Ferner das mit obigem Lied verwandte „Vermächtnis“:

Kein Wesen kann zu Nichts zerfallen!
Das ewge regt sich fort in allen,
Am Sein erhalte dich beglückt!

---

[1] „In allen guten Stunden“ etc. fehlt wohl in keinem maurerischen Liederbuche.

Das Sein ist ewig: denn Gesetze
Bewahren die lebend'gen Schätze,
Aus welchen sich das All geschmückt.

Das Wahre war schon längst gefunden,
Hat edle Geisteskraft verbunden,
Das alte Wahre faß es an!
Verdank' es, Erdensohn, dem Weisen,
Der ihr die Sonne zu umkreisen
Und dem Geschwister wies die Bahn.

Sofort nun wende dich nach innen,
Das Zentrum findest du da drinnen,
Woran kein Edler zweifeln mag.
Wirst keine Regel da vermissen:
Denn das selbständige Gewissen
Ist Sonne deinem Sittentag.

Den Sinnen hast du dann zu trauen,
Kein Falsches lassen sie dich schauen,
Wenn dein Verstand dich wach erhält.
Mit frischem Blick bemerke freudig,
Und wandle sicher wie geschmeidig
Durch Auen reichbegabter Welt.

Genieße mäßig Füll und Segen,
Vernunft sei überall zugegen,
Wo Leben sich des Lebens freut.
Dann ist Vergangenheit beständig,
Das Künftige voraus lebendig,
Der Augenblick ist Ewigkeit!

Und war es endlich dir gelungen,
Und bist du vom Gefühl durchdrungen:
Was fruchtbar ist, allein ist wahr,
Du prüfst das allgemeine Walten,
Es wird nach seiner Weise schalten,
Geselle dich zur kleinsten Schar.

Und wie von Alters her im Stillen
Ein Liebewerk nach eignem Willen
Der Philosoph, der Dichter schuf,
So wirst du schönste Gunst erzielen:
Denn edlen Seelen vorzufühlen
Ist wünschenswertester Beruf.

Nicht minder schön und tief sind die „Urworte“. Das sind Dinge, die nicht zerpflückt, sondern empfunden und genossen sein wollen. Wer wollte vollends dem wundervollen Fragmente „Geheimnisse“ den freimaurerischen Gehalt absprechen! Goethe hatte von Jugend an eine Neigung für das Geheimnisvolle und für Symbolik, die im Laufe seiner Jahre zunahm. Man denke nur an die „Natürliche Tochter“. In den Geheimnissen erscheint Humanus als der Hohepriester der Humanität. Das einfache und rein Menschliche, die Idee der Humanität, ganz im Sinne Herders, wird hier als die innere Triebkraft und Wesenheit aller Religion dargestellt; „die verschiedenen Religionen sind nur durch Volkstümlichkeit und Klima verschiedenartig bedingte, bald mehr, bald weniger verschleierte Spiegelungen dieser ursprünglichen reinen Menschheitsidee.“ (Hettner.) Später, 1816, gab er diesem rätselhaften, 1784 verfaßten Gedichte, das eben darum immer wieder die Phantasie reizt, eine Auslegung. „Wäre dieses Gedicht vor dreißig Jahren, wo es ersonnen und angefangen worden, vollendet erschienen, so wäre es der Zeit einigermaßen vorgeeilt. Auch gegenwärtig, obgleich seit jener Epoche die Ideen sich erweitert, die Gefühle gereinigt, die Ansichten aufgeklärt haben, würde man das nun allgemein Anerkannte im poetischen Kleide vielleicht gerne sehen und sich daran in den Gesinnungen befestigen, in welchem ganz allein der Mensch auf seinem eigenen Montserrat Glück und Ruhe finden kann.“ Eine dem Uneingeweihten dunkle Symbolik spielt auch in dem „Märchen“, wo die drei metallnen Könige die drei Lichter: Weisheit, Schönheit und Stärke darstellen.

Im Wahren, Guten und Schönen resolut zu leben, war auch der Wahlspruch W. A. Mozarts.[1] Diesem kindlich reinen Menschen hatte es die Freimaurerei angetan, denn er fand im Tempel wahrhaftige Befriedigung seiner höhern gesellschaftlichen und geistigen Bedürfnisse. Seine echte Humanität, sein warmes Mitgefühl für menschliche Leiden und Freuden, sein herzlichstes Bedürfnis, zu helfen und wohlzutun, alles das machte ihn für

[1] O. Jahn, W. A. Mozart. 3. Aufl. Leipzig 1889. 2 Bände.

die Offenbarungen der Freimaurerei empfänglich. Das ernste und lebendige Streben nach einer auf geistiger und sittlicher Bildung beruhenden Freiheit wurde damals, zumal in Österreich, durch die Freimaurerei vertreten, und in einen Kreis von Männern eingeführt zu sein, die in zusammenhängender Tätigkeit die höchsten Probleme theoretisch und praktisch zu lösen beflissen waren, konnte auf ihn nur günstig wirken. Auch das Geheimnisvolle und Symbolische des Bundes zog seinen Geist an und wirkte auf seine rege Phantasie befruchtend. Tiefer, als man es seiner Leichtlebigkeit zutrauen könnte, war der Eindruck, den die Todessymbolik des Meistergrades auf ihn machte. Er, der Lebensprudelnde, immer heitere, konnte sich sogar mit dem Tode befreunden. Das Glück, das ihm die Freimaurerei gewährte, hat er ihr reichlich vergolten. Abgesehen von den Kantaten und andern musikalischen Stücken, die er eigens für seine Loge „Zur gekrönten Hoffnung" komponierte, namentlich die wunderschöne Trauermusik (1785), in welche Mozart seine tiefsten Gefühle niederlegte und in der er sein innerstes Seelenleben offenbarte — hat er in der Zauberflöte der Menschheit das herrlichste, unvergänglichste Vermächtnis hinterlassen. Die veränderte politische Richtung der Regierung unter Kaiser Leopold II. hatte dem Freimaurerorden nicht allein die Gunst entzogen, die ihm unter Josef gewährt worden war, sondern auch er wurde nun als ein Hauptorgan des politischen und religiösen Freisinns verdächtigt, angefeindet und verfolgt. Eine Verherrlichung desselben von der Bühne herab durch eine Darstellung, die die Symbolik seiner Gebräuche in ein glänzendes Licht stellte und die sittliche Tendenz seiner Ansichten rechtfertigte, so daß dem Eingeweihten die Befriedigung eines geheimen Einverständnisses, dem Uneingeweihten neben reichlichem Sinnengenuß auch die Ahnung einer tieferen Bedeutung gegeben wurde, mußte daher als eine liberale Parteidemonstration, die weder den Bund selbst noch auch einzelne Personen bloßstellte, sehr zeitgemäß erscheinen. Mozart, der überzeugt war, daß der Freimaurerbund in der Tat zu echter Menschenliebe und wahrer Freundschaft leite, hat mit aller Wärme und Innigkeit, und so einfach und schön, als könnte es eben nicht anders ausgedrückt werden, dem edlen und hohen menschlichen Gefühl den reinsten und edelsten künstlerischen Ausdruck gegeben. Die Zauberflöte ist das volkstümlichste und deutscheste Werk Mozarts und zugleich sein gedankentiefstes. Die wunderbarste Kunst der Gegensätze! und noch wunderbarer ist die hohe Kunst und Gewandtheit, mit der der Künstler ganz allmählich und innerlich folgerichtig von der süßen Innigkeit der Liebesszenen und von der ergötzlichsten Lustigkeit Papagenos hinüberleitet zu der ehrfurchterweckenden Feierlichkeit der priesterlichen Mächte. Das großartige Finale, eines der unvergleichlichsten Musikstücke Mozarts, mit seinem milden Ernst und leuchtendem Glanz, wie tief ergreifend schildert es das selige Glück des Eingeweihten, das aller Erdenbedrängung enthobene Gottgleichsein. Es ist das ätherreine Leben im Ideal, das der Grundgedanke der philosophischen Gedichte Schillers ist. (O. Jahn.) Man hat sich oft genug über die Trivialität des Textes lustig gemacht. In der Tat war Emanuel Schikaneder kein großer Dichter. Obwohl Freimaurer, war er ein ziemlich liederlicher Kumpan, ein Schwelger und Wüstling, dem es bei seiner Oper nicht auf Veredelung ankam, sondern lediglich auf Kassenerfolg. Der dramatische Aufbau ist äußerst mangelhaft, der Dialog banal, die Situationen und Charaktere sind unwahrscheinlich, die Verse erbärmlich und lächerlich. Aber was hat das Genie aus diesem elenden Libretto zu machen gewußt? Die freimaurerische Grundidee, der Kampf zwischen Licht und Finsternis, erfaßte Mozart mit aller Kraft. „Die hohe Würde, der leuchtende Glanz, wodurch die Musik die Symbolik dieser Mysterien verklärt hat, haben sicherlich in seiner innigen Hingebung an die freimaurerischen Ideen ihren Grund.“ [1]

Goethe schätzte Mozart überaus hoch. „Was ist Genie anders, als jene produktive Kraft,“ sagte er zu Eckermann, „wodurch

[1] Ein edler Dunkelmann hat in einem Phamphlet: Geheime Geschichte des Verschwörungssystems der Jacobiner in den Österreich. Staaten 1795 die Zauberflöte für die Revolution verantwortlich gemacht.

Taten entstehen, die vor Gott und der Natur sich zeigen können und die eben deswegen Folge haben und von Dauer sind? Alle Werke Mozarts sind dieser Art; es liegt in ihnen eine zeugende Kraft, die von Geschlecht zu Geschlecht fortwirkt und so bald nicht erschöpft und verzehrt sein dürfte." Namentlich die Zauberflöte war ihm überaus lieb. Er beurteilt den Text ganz richtig, daß er „voller Unwahrscheinlichkeiten und Spässe sei, die nicht jeder zurechtzulegen und zu würdigen wisse; aber man müsse doch auf alle Fälle dem Autor zugestehen, daß er in hohem Grade die Kunst verstanden habe, durch Kontraste zu wirken und große theatralische Effekte herbeizuführen," und Goethe führt den großen Erfolg der Oper auf die Freude des Publikums an der Erscheinung zurück. „Dem Eingeweihten wird zugleich der höhere Sinn nicht entgehen." Eben dieser Erfolg bewog ihn, einen zweiten Teil zu schreiben, „um," wie er dem Musiker Wranitzky am 24. Januar 1796 schrieb, „sowohl dem Publico auf dem Wege seiner Liebhaberei zu begegnen, als auch den Schauspielern und Theaterdirektionen die Aufführung eines neuen und komplizierten Stücks zu erleichtern; die Personen sind alle bekannt, die Schauspieler auf diese Charaktere geübt, und man kann ohne Übertreibung, da man das erste Stück schon vor sich hat, die Situationen und Verhältnisse steigern und einem solchen Stücke viel Leben und Interesse geben." Wir ertappen hier Goethe auf einer unbegreiflichen Naivität. Mit Recht bemerkt Wranitzky in seiner ablehnenden Antwort, daß „der Kontrast zwischen Goethes und Schikaneders Dichtung ebenso bedenklich werde, wie zwischen Mozarts und seiner Musik."[1] In Folge davon ließ Goethe seinen Plan fallen. Doch bietet das Fragment „Der Zauberflöte zweiter Teil" großes Interesse. Bekanntermaßen repräsentiert die Königin der Nacht die Kaiserin Maria Theresia, Monostatos das Pfaffentum, Sarastro den Meister vom Stuhl, Tamino den Kaiser Joseph II. und Pamina das Österreichische Volk. Papageno ist im Gegensatz zu den Eingeweihten, die durch Bestehung der drei Proben

[1] Briefe (Weimarer Ausgabe) XI p. 13 ff. 308.

geläutert werden,[1] der Naturmensch, welcher sich seinen sinnlichen Trieben hingibt. Die Königin der Nacht, die Feindin des Lichtes, wird durch den Bund Taminos (Kaiser Josephs) mit der Pamina (den Österreichischen Volke) besiegt. Aus diesem Bunde entspringt nun bei Goethe der Genius der Aufklärnng, den die heilige Priesterschaft, d. h. die Freimaurer beschützen.

Cagliostro[2] interessierte Goethe aufs lebhafteste, und sein Geschick und die ungeheure Katastrophe, in die dieser große Schwindler verwickelt war und wodurch die Revolution eingeleitet wurde, beschäftigten seinen Geist nachhaltig, bis er sich, seiner Gewohnheit gemäß, des Stoffes dichterisch entledigte. Herder und Schiller lobten den „Groß-Kophta", und Goethe legte Gewicht auf dieses Stück, weil es ein so gutes Sujet enthalte. „Ich sage, ein so gutes Sujet, denn im Grunde ist es nicht blos von sittlicher, sondern auch von großer historischer Bedeutung; das Faktum geht der Französischen Revolution unmittelbar voran und ist davon gewissermaßen das Fundament. Die Königin, der fatalen Halsbandgeschichte so nahe verflochten, verlor ihre Würde, ja ihre Achtung, und so hatte sie denn in der Meinung des Volkes den Standpunkt verloren, um unantastbar zu sein. Der Haß schadet niemand, aber die Verachtung ist es, was den Menschen stürzt." Indirekt verkennt er jedoch das Verfehlte nicht. „Die behandelten Verbrechen behalten immer etwas Apprehensives, wobei es den Leuten nicht heimlich ist." Der mystische Betrug, der der Dichtung zu Grunde liegt, entbehrt jedes poetischen Reizes, und darum konnte dieses Drama keinen Erfolg haben.

Zwei Werke, Faust und Wilhelm Meister, begleiteten Goethe durch einen großen Teil seines Lebens; beide sind noch in

---

[1] Der, welcher wandelt diese Straße voll Beschwerden,
Wird rein durch Wasser, Feuer, Luft und Erden;
Wenn er des Todes Schrecken überwinden kann,
Schwingt er sich aus der Erde himmelan.
Erleuchtet wird er dann imstande sein,
Sich den Mysterien der Isis ganz zu weihn.

[2] s. o. p. 265 ff.

höherm Grade als seine übrigen Produktionen Bekenntnisse. Der große Roman ist eine Bildungsgeschichte, indem er zeigt, wie man im 18. Jahrhundert die großen Fragen der Erziehung auffaßte; zugleich stellt er sich als das getreueste Zeitbild dar. Der Roman hat, wie Faust, lange keinen Abschluß gefunden; lange Zeit blieb er liegen und als dann der Dichter im höhern Alter die Arbeit wieder in Angriff nahm, war die künstlerische Gestaltungskraft erlahmt. Die verschiedenen Teile erscheinen demgemäß von sehr ungleichem Werte. Oft läßt der Autor den Faden der Erzählung ganz fallen, eine Masse von heterogenen Bestandteilen, die mit dem eigentlichem Thema nichts zu tun haben, wie z. B. die Bekenntnisse einer schönen Seele, Novellen, Spruchsammlungen etc., sind darin aufgespeichert worden. „Dieses Werk," bemerkte Goethe seinem getreuen Eckermann, „gehört zu den inkalkulabelsten Produktionen, wozu mir fast selbst der Schlüssel fehlt. Man sucht einen Mittelpunkt, und das ist schwer und nicht einmal gut. Ich sollte meinen, ein reiches mannigfaltiges Leben, das unsern Augen vorübergeht, wäre auch an sich etwas ohne ausgesprochene Tendenz, die doch bloß für den Begriff ist . . . Denn im Grunde scheint doch das Ganze nichts anderes sagen zu wollen, als daß der Mensch trotz aller Dummheiten und Verwirrungen, von einer höhern Hand geleitet, doch zum glücklichen Ziele gelange." Die Anfänge des Romans fallen in die Zeit, als Goethe mitten im Strudel des Hoflebens schwamm. „Wie will der Weltmann," sagt Wilhelm Meister, „bei seinem zerstreuten Leben die Innigkeit erhalten, in der ein Künstler bleiben muß, wenn er etwas vollkommenes hervorzubringen denkt, und die selbst demjenigen nicht fremd sein darf, der einen solchen Anteil am Werke nehmen will, wie der Künstler ihn wünscht und hofft." Die Realität der Darstellung behagte den Zeitgenossen wenig; das Bild ihres eigenen Seins war ihnen zu nahe gerückt und sie erschraken darüber; fehlte doch der Dichtung das Heroische, alle und jede Phraseologie und vor allem die Moral. Herder, Jacobi und die andern prüden Seelen bekreuzten sich bei der Lektüre der sinnlichen Szenen. Herder bemerkt dazu: „Wahrheit der Szene ist ihm alles, ohne daß er sich eben um das Pünktchen der Wage, das aufs Gute, Edle, auf die moralische Grazie weiset, ängstlich bekümmert.“ Selbst seine Freundin, Charlotte, der er die innersten Falten seines Seelenlebens bloßlegte, verstand ihn nicht, fand alle seine Frauen im Romane unschicklich. Goethe fühlte sich durch diesen Widerspruch beleidigt und wehrte sich durch das Epigramm:

Hast du an liebender Brust das Kind der Empfindung gepfleget,
Einen Wechselbalg nur gibt dir der Leser zurück —

oder:

Was belohnet den Meister? der zartantwortende Nachklang
Und der reine Reflex aus der begegnenden Brust.

Um so wohler tat ihm das Urteil Schillers, der als Künstler den Künstler verstand und würdigte:

Dich erwähl ich zum Lehrer, zum Freund. Dein lebendiges Bilden
Lehrt mich, dein lehrendes Wort rühret lebendig mein Herz.

„Gegen Goethe,“ schrieb Schiller an Körner, „bin und bleib ich eben ein poetischer Lump.“ „Ich kann Ihnen nicht beschreiben, wie sehr mich die Wahrheit, das schöne Leben, die einfache Fülle dieses Werkes bewegte! Ruhig und tief, klar und doch unbegreiflich wie die Natur, so wirkt es und so steht es da, und Alles, auch das kleinste Nebenwerk, zeigt die schöne Gleichheit des Gemütes, aus welchem alles geflossen ist.“ Die Romantiker Schlegel, Novalis etc. rühmen namentlich den wunderbaren Wohllaut der Sprache, ihre Anmut und magische Wirkung.

Ein unendliches Leben pulsiert in diesem Roman. Die verschiedenen Stände treten handelnd und leidend in den ihnen charakteristischen Eigenschaften auf: der kühne Soldat, der rasche Prinz, der derbe Landbaron, der phantastisch aufgestutzte Student, der bewegliche Ladendiener, der schwankfüßige genügsame Domherr, der freundlich glattplatte Hofmann, der eingebildete Kaufmannssohn, der gewandte abwiegende Hofmann, der junge, aus der Bahn schreitende Geistliche, der steife aufmerksame Geschäftsmann, der demütig-stolz verlegene Gelehrte, der gelassene, sowie der schnelle und tätig spekulierende Kaufmann etc. Der Roman zeigt, wie Goethe, der Bürgerssohn aus Frankfurt, schrittweise zum Edelmann wird. Vortrefflich charakterisiert Wilhelm Meister in seinem Brief an Werner (Buch V, 3. Kap.) den Unterschied des Edelmanns und des Bürgers, wo er u. a. sagt: „in Deutschland ist nur dem Edelmann eine gewisse allgemeine, wenn ich sagen darf personelle, Ausbildung möglich. Ein Bürger kann sich Verdienst erwerben und zur höchsten Not seinen Geist ausbilden, seine Persönlichkeit geht aber verloren, er mag sich stellen, wie er will." Der Edelmann allein ist eine öffentliche Person, „und je ausgebildeter seine Bewegungen, je sonorer seine Stimme, je gehaltener und gemessener sein ganzes Wesen ist, desto vollkommener ist er." Um in der Welt tätig sein zu können, mußte man adlig sein. Das Theater ist für Wilhelm Meister die hohe Schule der Lebenserfahrung, der äußern und innern Bildung. Verdrießlich schildert Wilhelm Meister das nichtige, eitle Treiben der Schauspieler, worauf sein Freund Jarno plötzlich in ein schallendes Gelächter ausbrach und dem erstaunten Wilhelm sagte: „Wissen Sie denn, daß Sie nicht das Theater, sondern die Welt beschrieben haben?" Wilhelm wird endlich gewahr, daß er nicht zum Schauspieler geschaffen sei. Er kommt nun auf das Schloß Lotharios, in einen andern Lebenskreis, in eine höhere, edlere Bildungs- und Gesinnungssphäre; „durch furchtbare Schicksale, durch Krankheit und Tod vertieft sich die Betrachtung, läutert sich die Ansicht des Lebens, die trübe, verworrene Leidenschaft löst sich in weise Humanität auf. Wilhelm, der anfangs auf so viel falschen Wegen irrte, hat sich zurecht gefunden; er hat im Umgang mit edlen Frauen und äußerlich reichen und vornehmen, innerlich gehaltvollen Männern die Harmonie von Geist und Körper erreicht, die die Idee des Adels bildet." [1]

Welch bedeutsames Kulturelement am Ende des 18. Jahrhunderts die Freimaurerei war, offenbart gerade dieser Roman. Wilhelm Meister hatte, so freundlich er auch von Lothario aufgenommen worden war, bemerkt, daß man vor ihm manches

[1] Hehn, l. c. p. 261.

verheimliche. Eines Abends eröffnete ihm Jarno, daß er nun tiefer in ihre Geheimnisse eingeführt werden sollte. „Es ist gut, daß der Mensch, der erst in die Welt tritt, viel von sich halte, daß er sich vorab Vorzüge zu erwerben denke, daß er alles möglich zu machen suche; aber wenn seine Bildung auf einem gewissen Grade steht, dann ist es vorteilhaft, wenn er sich in einer größeren Masse verlieren lernt, wenn er lernt, um anderer willen zu leben und seiner selbst in einer pflichtgemäßen Tätigkeit zu vergessen. Da lernt er erst sich selbst kennen, denn das Handeln eigentlich vergleicht uns mit andern.“ Zur bestimmten Stunde wird nun Wilhelm in den geheimnisvollen Turm geführt. Er wird gewahr, daß man seinen Lebensgang, ihm unbewußt, genau beobachtet hatte. Eine Stimme rief ihm entgegen: „Nicht vor Irrtum zu bewahren, ist die Pflicht des Menschenerziehers, sondern den Irrenden zu leiten, ja ihn seinen Irrtum aus vollen Bechern ausschlürfen zu lassen, das ist Weisheit der Lehrer. Wer seinen Irrtum nur kostet, hält lange damit Haus, er freuet sich dessen als eines seltenen Glücks: aber wer ihn ganz erschöpft, der muß ihn kennen lernen, wenn er nicht wahnsinnig ist.“ Er bekam darauf einen Lehrbrief voller weiser Lebenswahrheit. Dieser Lehrbrief enthielt auch Aufschlüsse über die wahre Tendenz der Gesellschaft: „Die Neigung der Jugend zum Geheimnis, zu Zeremonien und großen Worten ist oft außerordentlich, und oft ein Zeichen einer gewissen Tiefe des Charakters. Man will in diesen Jahren sein ganzes Wesen, wenn auch nur dunkel und unbestimmt, ergriffen und berührt fühlen. Der Jüngling, der vieles ahnt, glaubt in einem Geheimnis viel zu finden, in ein Geheimnis viel legen und durch dasselbe wirken zu müssen.“ Aus diesen Gesinnungen entstand die geheime Gesellschaft. „Es blieb etwas Gesetzliches in unsern Zusammenkünften, man sah wohl die ersten mystischen Eindrücke auf die Einrichtung des Ganzen, nachher nahm es, wie durch ein Gleichnis, die Gestalt eines Handwerks an, das sich bis zur Kunst erhob. Daher kamen die Benennungen von Lehrlingen, Gehilfen und Meistern . . . Nicht allen Menschen ist es eigentlich um ihre

Bildung zu tun; viele wünschen nur so ein Hausmittel zum Wohlbefinden, Rezepte zum Reichtum und zu jeder Art von Glückseligkeit. Alle diese, die nicht auf ihre Füße gestellt sein wollten, wurden mit Mystifikationen und anderm Hokus Pokus teils aufgehalten, teils beiseite gebracht. Wir sprachen nach unserer Art nur diejenigen los, die lebhaft fühlten und deutlich bekannten, wozu sie geboren seien, und die sich genug geübt hatten, um, mit einer gewissen Fröhlichkeit und Leichtigkeit, ihren Weg zu verfolgen." In diesen Worten erkennen wir die Ansicht Goethes über die Entstehung und das Wesen der Freimaurerei. Er sieht in ihr hauptsächlich ein Bildungselement, das den Wilhelm Meister fortan auf die rechte Bahn bringen soll, gemäß dem Spruch: Der Mensch ist nicht eher glücklich, als bis sein unbedingtes Streben sich selbst seine Begrenzung bestimmt. Während er selbständig, wenn auch irrend den Weg zur Wahrheit gesucht hatte, sollte er nun Mitglied einer Gesellschaft sein, deren Obere ihm befahlen und seine Schritte leiteten. Als aufmerksam beobachtender Wanderer lernte er die Welt kennen und er ergriff einen sichern Beruf. Seinem Sohn Felix wurde nun die Wohltat zu teil, die ihm in der Jugend gefehlt hatte, in einer methodisch geleiteten Anstalt zum Jüngling herangebildet zu werden. Die geheimen Lenker des Bundes bleiben meist im Hintergrund, und nur zuweilen tritt einer hervor. Über die Tendenzen des Bundes erhalten wir durch eine Rede Lenardos nähern Aufschluß. Der bekannte Spruch: „Wo mirs wohlgeht, ist mein Vaterland!" wird darin umgeändert: „Wo ich nütze, ist mein Vaterland!" „Trachte jeder überall sich und andern zu nützen!" Diese Rede ist ein glänzendes Lob auf die menschliche Beweglichkeit. Nicht aus Gewohnheit oder Trägheit soll der Mensch am Boden haften bleiben, sondern hinaus auf das Meer des Lebens. Die verschiedenen Stände werden uns nun vorgeführt, wie sie von der Neugierde, der Wanderlust oder der Gewinnsucht getrieben, den heimatlichen Boden verlassen und sich in fremden Landen herumtreiben, vom Handwerksburschen bis zu jenem kaiserlichen Wanderer, Hadrian,

„welcher zu Fuß an der Spitze seines Heeres den bewohnten, ihm unterworfenen Erdkreis durchschritt und ihn so erst vollkommen in Besitz nahm." Indes jetzt ist die Zeit vorüber, wo man abenteuerlich in die weite Welt rannte, denn die Wissenschaft hat uns die Erde genügend bekannt gemacht. „Doch kann zu einer vollkommenen Klarheit der Einzelne nicht gelangen. Unsere Gesellschaft aber ist darauf gegründet, daß jeder in seinem Maß, nach seinen Zwecken aufgeklärt werde. Hat irgend einer ein Land im Sinne, wohin er seine Wünsche richtet, so suchen wir ihm das Einzelne deutlich zu machen, was im Ganzen seiner Einbildungskraft vorschwebte ... Doch was der Mensch auch ergreife und handhabe, der Einzelne ist sich nicht hinreichend, Gesellschaft bleibt eines wackern Mannes höchstes Bedürfnis. Alle brauchbaren Menschen sollen in Bezug unter einander stehen, wie sich der Bauherr nach dem Architekt, und dieser nach Maurer und Zimmermann umsieht." Niemand gibt es, der nicht versichert wäre, daß er überall, wohin Zufall, Neigung, selbst Leidenschaft ihn führen könnte, sich immer wohl empfohlen, aufgenommen und gefördert, ja von Unglücksfällen möglichst wieder hergestellt, finden werde.

„Zwei Pflichten sodann haben wir aufs strengste übernommen: jeden Gottesdienst in Ehren zu halten, denn sie sind alle mehr oder weniger im Credo verfaßt; ferner alle Regierungsformen gleichfalls gelten zu lassen, und, da sie sämtlich eine zweckmäßige Tätigkeit fordern und befördern, innerhalb einer jeden uns, auf wie lange es auch sei, nach ihrem Willen und Wunsch zu bemühen. Schließlich halten wir's für Pflicht, die Sittlichkeit ohne Pedanterie und Strenge zu üben und zu fördern, wie es die Ehrfurcht vor uns selbst verlangt, welche aus den drei Ehrfurchten entsprießt, zu denen wir uns sämtlich bekennen,[1] auch alle in diese höhere allgemeine Weisheit, einige sogar von Jugend auf, eingeweiht zu sein das Glück und die Freude haben.

[1] Siehe Goethes Religionsanschauung in s. Werken, Ausgabe lezter Hand 22, p. 14 ff.

Bleibe nicht am Boden heften,
Frisch gewagt und frisch hinaus!
Kopf und Arm mit heitern Kräften
Überall sind sie zu Haus;
Wo wir uns der Sonne freuen,
Sind wir jede Sorge los.
Daß wir uns in ihr zerstreuen,
Darum ist die Welt so groß.

Der Freimaurerbund erweitert sich Goethe zu einem Weltbund, der sich die tätige Menschenliebe zur Pflicht gemacht hat. „Des Mannes echte Feier ist die Tat“; darin gipfelt die maurerische Lebensweisheit Goethes, die zuletzt in Faust ihre poetische Verklärung gefunden hat:

Das ist der Weisheit letzter Schluß:
Nur der verdient sich Freiheit wie das Leben,
Der täglich sie erobern muß,
Und so verbringt, umrungen von Gefahr,
Hier Kindheit, Mann und Greis sein flüchtig Jahr.
Solch' ein Gewimmel möcht ich sehn,
Auf freiem Grund mit freiem Volke stehn.

Zum Augenblicke dürft ich sagen:
Verweile doch! du bist so schön!
Es kann die Spur von meinen Lebenstagen
Nicht in Aeonen untergehn!
Im Vorgefühl von solchem hohen Glück
Genieß ich jetzt den höchsten Augenblick.

Die Worte aber, welche er der Parze Atropos in den Mund legt, sollen den Jüngern der königlichen Kunst eine heilige Mahnung sein, stets das Angedenken dieses großen Maurers in Ehren zu halten, dadurch, daß sie nicht bloß mit großen Worten sich als Maurer beweisen, sondern durch Taten.

Er lebt, lebt ewig in der Welt Gedächtnis,
Das von Geschlecht sich zu Geschlechtern reiht,
Sein Name wirkt, ein heiliges Vermächtnis,
In seinen Jüngern fort und fort erneut:
Und so in edler Nachfolg und Gedächtnis
Gelangt die Tugend zur Unsterblichkeit.
Zu gleichem Preise sieht sich aufgefordert,
Wem gleicher Trieb im edlen Busen lodert!

ZEHNTES KAPITEL.

# Die Reform der Freimaurerei.

„Nicht Stillstand, sondern Fortschritt."
*Kaiser Friedrich.*

Die großen Denker und Dichter haben in goldenen Schalen ihre kostbaren Früchte der Menschheit dargereicht. Es war nun Pflicht der Freimaurer, diesen Schatz für ihren Bund fruchtbar zu machen. Die Freimaurerei hatte ihre Sturm- und Drangperiode gehabt, eine Erscheinung, die aus einem zu großen Kraftüberschuß herzuleiten ist. Eine ernstere Stimmung griff nun um sich, im Einklang mit den Zeitereignissen, die seit den achtziger Jahren sich stürmischer anließen. Da mußten die falschen Ideale verfliegen, und was nicht lebenskräftig war, wurde eine Beute des über die Erde dahinbrausenden Sturmwindes. Eine große Anzahl von Logen deckte oder schlief an Teilnahmlosigkeit ein; verhältnismäßig nur wenige überdauerten die Revolutionszeit. Um so stärker pulsierte in den wenigen das Leben. Man gelangte zur Selbstbesinnung und Selbsterkenntnis; nun studierte man eifrig die Geschichte der Freimaurerei, wodurch dann wiederum die Bahn geebnet wurde für die richtige Durchführung der so nötigen Reformen des Logenlebens. Freilich fehlte es nicht an Schwankungen und Irrungen, aber zuletzt drang man doch siegreich zur Wahrheit durch. Es gab ja überaus wackere Männer, die, wie z. B. der vortreffliche Hamburger Sieveking, die Freimaurerei aus ihrer Versumpfung nur dadurch glaubten retten zu können, daß man den Freimaurerbund in eine gemeinnützige Gesellschaft umwandle. Andere, wie der

Philosoph K. L. Reinholt, wollten ihn in einen Wahrheits- und Freundschaftsbund umgestalten,[1] beziehungsweise die Freimaurerei von allem fremdartigen, wie Symbolik, Hieroglyphen, Mysterien, Magie, Mystik etc. reinigen und sie durch zweckmäßige aber den Grundgesetzen nicht widersprechende Verbesserungen zu einem Mittel der Vergegenwärtigung und Belebung des Geistes der Humanität erheben. Obschon eine Anzahl bedeutender Männer, wie der berühmte Göttinger Historiker Spittler etc., dem Bunde beitraten (1794), so zerfiel er doch bald wieder in sein Nichts, weil man Anfechtungen von seiten der Regierungen und Mißhelligkeiten in den maurerischen Kreisen befürchtete. Einsichtige beurteilen den Plan Reinholds ganz richtig: „Man suche eher das vorhandene minder Gute durch Bearbeitung und Polierung allmählig besser zu machen, als daß man zur schnelleren Hervorbringung des Vollkommenen eine Revolution unternimmt, deren Erfolg sich nicht wie der Mechanismus einer Uhr vorherberechnen läßt. Die Freimaurerei, auch da, wo sie noch sehr dem alten gedankenlosen Schlendrian huldigt, hat sich doch schon sehr dem besseren Zeitgeiste angeschmiegt, statt Schellengeklingel leerer Worte, die Abgeschmacktheit unbedeutender Zeremonien einsehen und die große Wahrheit begreifen gelernt, daß der vernünftige Mann seine Zeit zu etwas mehr als zum Spiele gebrauche. Ist aber ein solches Bündnis der Edleren, Besseren unter den Menschen wünschenswert, so kann es durch und auf die Maurerei gegründet werden, und bedarf keines weiteren Vorschlags, keiner lauten Aufforderung zur Teilnahme.“ In der Tat, die Freimaurerei war zwar sehr reformbedürftig, aber zur völligen Hinrichtung war sie doch nicht reif.

Welch gute lebenskräftige Elemente trotz aller Versumpfung noch vorhanden waren, zeigt die Geschichte der Loge zur Einigkeit in Frankfurt a. M.[2] Goethe wird in der herr-

---

[1] Vgl. den guten Aufsatz: Der moralische Bund Reinholds und der Einverstandenen in Latomia XX, 1 ff., 132 ff.

[2] (Kloß) Annalen der Loge zur Einigkeit etc. Frankfurt 1842. W. Keller, Geschichte des eklektischen Freimaurerbundes etc. Gießen 1857. 2. Aufl. B. Reges, Geschichte der Loge zur Einigkeit. Frankfurt 1892.

lichen Schilderung seiner Jugendzeit seiner Vaterstadt nicht ganz gerecht. Er hatte ja später wohl Ursache zur Verstimmung, allein das Bild, das er von dem geistigen Niveau Frankfurts entwirft, ist doch allzu grau in grau gehalten. Frankfurt zeichnete sich vor vielen andern Reichsstädten durch ein frisches Leben aus und zählte sowohl unter dem Patriziat als namentlich unter der Französischen reformierten Gemeinde eine Anzahl bedeutender Männer. Viele Geschäftsträger auswärtiger Fürsten schlugen hier ihren Wohnsitz auf und die berühmte Frankfurter Messe brachte einen beständigen Zufluß Fremder, von denen sich viele in die Loge aufnehmen ließen, die dann wiederum die königliche Kunst in allen Landen verbreiteten. So nimmt Frankfurt in der Geschichte der Freimaurerei eine bedeutsame Stellung ein. Hier wurde das Englische Konstitutionenbuch in Französischer und Deutscher Übersetzung wiederholt gedruckt, ebenso andere freimaurerische Schriften, die hauptsächlich zur Verbreitung freimaurerischer Ideen beitrugen.

Am 27. Juni 1742 wurde die Loge zur Einigkeit durch drei Brüder der Großloge in London feierlich installiert. Den Geist, der in dieser Loge herrschte, erkennt man am besten aus der schönen Instruktionsrede des ersten Meisters vom Stuhl, Ph. Fr. Steinheil. In dieser wird die Freimaurerei als eine Verbindung einsichtsvoller Männer charakterisiert, die vereinigt durch das Band der Bruderliebe, geleitet durch die Grundsätze der Moral, sich bestreben, eine vernünftige Gesellschaft zu bilden, zu welcher jedes Mitglied alle Eigenschaften mitbringen soll, welche die Gesellschaft nützlich und angenehm machen.[1] Hier erhielt auch der Freiherr von Hund[2] das erste Licht. Zwar gründeten einige Brüder 1753 eine Schottische Loge zur Aufrichtigkeit, allein sie hatte keinen Einfluß auf die Johannisloge und erlosch bald wieder. Die Loge zur Einigkeit zeichnete sich durch echte Brüderlichkeit und große Ordnungsliebe aus.

---

[1] S. Keller, Geschichte des eklekt. Freimaurerbundes p. 71 ff.

[2] S. o. p. 232 ff.

Die Logengesetze vom Jahre 1744 und 1763 geben uns vollen Einblick in das innere Leben. Die Loge hielt sich für verpflichtet, über die maurerische Reinheit der Lehre zu wachen, und sie verschloß den damals häufig auftauchenden Glücksrittern und Abenteurern ihre Pforte. Auch zur Konstituierung von anderen Logen, in Marburg, Nürnberg, Zweibrücken, hielt sie sich für kompetent, und sie setzte sich mit auswärtigen Logen, z. B. in Genf, Basel, Zürich etc. in Verbindung. Große Gefahr drohte ihr durch die Strikte Observanz, deren Hauptagent, der Ritter vom Strauße (Schubart), alle Johannislogen, die sich nicht rektifizieren ließen, für Winkellogen erklärte. Selbst die Loge zu den drei Weltkugeln in Berlin, zu der die Einigkeit lange Zeit in einem intimen Verhältnis gestanden hatte, drohte ihr mit dem Ausschlusse ihrer Mitglieder. Der Meister vom Stuhl, J. W. Behaghel, Edler von Hack, Reichsritter, war vom Baron von Hund für sein System gewonnen worden, und er brannte nun vor Eifer, auch seiner Loge dieses Glück zu verschaffen, aber er fand an J. Peter Gogel, der in Oxfort studiert hatte, einen eifrigen Anhänger der reinen Maurerei und einen energischen Gegner aller Hochgrade. Gogel reiste nach England und erreichte daselbst, daß er zum Provinzialgroßmeister des Oberrheinischen und Niederrheinischen, sowie des Fränkischen Kreises ernannt wurde (Okt. 1766). Gleichwohl intriguierte Hack, was dann zu einer Sezession seiner Anhänger führte. Sie gründeten am 16. Februar 1767 die Loge zu den drei Disteln, welche von der Strikten Observanz ein Konstitutionspatent bekam. Die daselbst errichtete Präfektur erhielt den Namen Rittersfelde. Die Strikte Observanz machte rasche Fortschritte, und die Loge zur Einigkeit wurde von allen Seiten umgarnt, aber sie ließ sich nicht vom rechten Weg ablocken und weder ein Schrepfer, noch der erlauchte Bruder Prinz L. G, K. von Hessen-Darmstadt konnten etwas ausrichten. Man hatte ja in Frankfurt Gelegenheit, einige Musterexemplare maurerischer Schwindler in der Nähe zu beobachten, wie den berüchtigten Kaffeesieder Schrepfer, Gugomus und andere. Wie leicht es war, die nach Geheimnissen

Lüsternen zu betrügen, zeigt ein komischer Vorfall. Als einige fremde Brüder, u. a. der Preußische Kammerherr von Bischoffswerder und der nachmalige Minister von Wöllner beim Provinzialgroßmeister Gogel zu Mittag aßen, gelangten sie zufälligerweise in das Schlafzimmer, das mit allerlei geheimnisvollen maurerischen Hieroglyphen bemalt war. Sie hielten nun den Bruder Gogel für einen Wissenden und drangen lebhaft in ihn, das Rätsel zu lösen. Gogel wies sie an den Maler und Erfinder dieser Geheimzeichen, den alten Mund. Voller Humor ging dieser auf den Spaß ein und gestand unter dem Siegel der Verschwiegenheit, daß er die seltensten Manuskripte besitze, die er aus fremden Landen, namentlich aus Homburg vor der Höhe (sic!) erhalten habe; er dürfe sie aber ohne Rücksprache mit seinem Obern nicht mitteilen. Es war absoluter Blödsinn, den er selbst erdacht hatte, aber nur mit Mühe konnten die Fremden abgehalten werden, sich Abschriften zu verschaffen.

Die Loge zur Einigkeit nahm damals die einzig richtige Stellung ein, indem sie nicht auf das System sah, dem ein Bruder angehörte, sondern auf seine moralischen Eigenschaften. Sie erkannte in der Wohltätigkeit einen Hauptzweck der Freimaurerei und sie pflegte eine durch edle Ungezwungenheit und Frohsinn gewürzte Geselligkeit. Diesen versöhnlichen Sinn beförderte der von Knigge gestiftete Freimaurerklub, zu dem jeder Bruder Zutritt hatte, „welches auch die Farbe seiner Schürze war, und wo das offene Herz sich ohne Mißtrauen und Furcht, frei ergießen, sich der gesitteten, unschuldigen Fröhlichkeit ohne Zurückhaltung ergeben und das Ungemach des Lebens an der Seite geprüfter und gewählter Freunde vergessen konnte."

Schließlich gelang es doch der Liebenswürdigkeit des Prinzen von Hessen bei einem Mahl, das er den Brüdern zur Einigkeit in der Loge zu den drei Disteln gab, einige Brüder zum Eintritt in den Hohen Orden zu bewegen. Ganz gefährlich wurde die Lage infolge des Vertrages, den die Großloge in London mit der Großen Landesloge in Berlin am 30. November 1773 geschlossen hatte, wonach alle Deutschen Logen unter der Autorität der letztern stehen sollten. Es war den Frankfurter Brüdern ein unleidlicher Gedanke, von Berlin abhängig zu sein und um dem zu entgehen, erklärte sich die Loge zur Einigkeit am 29. November 1782 für unabhängig. Wahrscheinlich wäre sie indes diesen Einwirkungen doch erlegen, wenn sie nicht ganz unerwartet kräftige Hilfe erhalten hätte.

Franz Dietrich, Freiherr von Ditfurth, Reichskammergerichtsassessor zu Wetzlar, war ein Mann von lauterm Charakter, der, wie G. Kloß sagt, mit Wärme und Innigkeit am Maurerbunde hing, „indem er in ihm das schönste Institut zur Verbreitung echter Humanität und Aufklärung erkannte und aus dem Zusammenwirken aller zu diesem Zwecke die feurigsten Hoffnungen für eine Epoche geistiger Erlösung aus den Banden des Vorurteils und des Aberglaubens schöpfte.“ Er war Mitglied der Loge zu den drei Helmen in Wetzlar, trat dann in den Orden der Strikten Observanz unter dem Namen Eques ab Orno und wurde zum Präfekten des Kapitels in Kreuznach bestellt. Das Treiben der Dunkelmänner, der Rosenkreuzer und Mystiker erfüllte ihn mit Ekel und freudig trat er daher dem Illuminatenorden bei. Knigge glaubte ihn für seine Zwecke benutzen zu können, allein das selbständige zielbewußte Auftreten Ditfurths am Wilhelmsbadener Kongreß, 1782, machte diesem Wahn ein Ende. Auch der Frankfurter Stuhlmeister Brönner betrachtete Knigge mit Mißtrauen. Letzterer wollte in Frankfurt eine Illuminatische Loge gründen, was Brönner verhinderte, worauf Knigge in seiner Wohnung von sich aus nach Belieben Freimaurer machte.

Auf Anregung Ditfurths wurde am 18. März 1783 ein Zirkularschreiben an alle Logen erlassen, worin zum Beitritt zum Eklektischen Bunde aufgefordert wurde. Toleranz in allen Systemfragen wurde darin als Grundpflicht des Ordens anerkannt und die Lehre aufgestellt, daß Freiheit und eigene Überzeugung herrschen müsse und daß sich darinnen der Vernunft nicht gebieten lasse. Rückkehr zur alten Einfachheit war die Losung des neuen Bundes, dessen Grundlagen Freiheit und Gleichheit sein müssen. Das Aufsehen in der maurerischen Welt war außerordentlich groß. 53 Logen in Deutschland, Polen, Dänemark, Neapel erklärten ihre Zustimmung. Die auswärtigen Logen mußten aus politischen Rücksichten zurückgewiesen werden; immerhin bestand der Eklektische Bund 1789 aus 30 Logen, von denen jedoch 8 im Verzeichnis nicht genannt sein wollten, worauf Ditfurth sie streichen ließ, weil, wie er richtig bemerkte, durch die Hinsetzung der Anfangsbuchstaben nur die Neugierde gereizt würde und dann sei es so arg, oder noch ärger, als ständen sie darin abgedruckt. Wer sich nicht öffentlich vor der ganzen maurerischen Welt Augen mit uns verbinden wolle, möge zu Hause bleiben, damit er, wenn er Verdruß habe, nicht über uns schreie und unsere Ohren mit seinen durch Unvorsichtigkeit, wie die Illuminaten in Bayern, sich selbst zugezogenen Klagen erfülle. Nicht die Zahl der Brüder und Logen, sondern unsere redliche Absicht, moralische und maurerische Tugend und reines Gewissen machen unsern Vorzug aus, der uns weit über alle andern Maurer erheben müsse. Unsere Verbindung müsse die Brustwehr und der Ableiter des Übeln sein, was heimliche Gesellschaften über die Menschheit verbreiten wollten, und wenn sie den Zweck erreicht, so sei sie gewiß von sehr erhabenem Nutzen.[1] Es fehlte natürlich nicht an gehässigen Angriffen, von denen der der Großen Mutterloge zu den drei Weltkugeln in Berlin der infamste war. Diese stand damals unter dem Einflusse des mystischen frömmelnden Ministers von Wöllner. In einer Erklärung vom 11. November 1783 bot diese Großloge allen andern Logen maurerische Freundschaft an mit Ausnahme einer maurerischen Sekte, welche sie nicht nötig habe bei Namen zu nennen und welche sie niemals für Maurer erkennen werde.

---

[1] Keller, Geschichte des Eklekt. Bundes p. 108. Diese vortrefflichen Argumente lassen sich auch gegen den hier und da verbreiteten Usus anwenden, wonach einzelne Brüder sich in den Verzeichnissen mit den Anfangsbuchstaben oder gar mit * * * bezeichnen. Wer auf sein Geschäft Rücksicht zu nehmen hat, bleibe der Loge ferne.

Der Vorwurf politischer und religiöser Schwärmerei war damals, wo sich bereits überall die Gährung in den Gemütern kundgab, überaus gefährlich, und in verschiedenen Kundgebungen lehnte die Frankfurter Loge diesen Vorwurf ab. Ditfurth bemerkte mit Recht, es stehe am allerwenigsten Brüdern, „welche noch immer die Schwärmerei zur Goldgrube, den Aberglauben zinsbar und die Dummheit in Kontribution zu setzen Lust hätten," zu, eine andere Loge als eine deistisch-atheistische Sekte zu denunzieren, da doch die Frankfurter Loge gerade, „um uns nicht gegen die weltliche Obrigkeit respondabel zu machen und unserm Verstande keine Schandsäule zu errichten", sich auf die drei Grade beschränkt habe. Die Frankfurter ließen sich durch diese Feindseligkeiten nicht beirren. Man ging lebhaft an den innern Ausbau des Bundes. Gesetzlich wurden nur die drei Johannisgrade anerkannt, im übrigen jeder Loge die Freiheit gelassen, auch in höhern Graden zu arbeiten. „In dem ersten Grade weihen wir den Lehrling zur Erkenntnis seiner selbst ein. In dem zweiten Grade führen wir den Gesellen auf die Erkenntnis der Natur. In dem dritten Grade lassen wir den Meister seine Betrachtungen bis zu dem Schöpfer und Urheber aller Dinge hinaufschwingen, damit er den auf die Einheit gegründeten dreifachen Grund näher erkennen lerne und um dadurch zu der allerverborgensten Weisheit durchzudringen." Allen Schwärmereien, törichten Goldmachertheorien, Theosophien, Theurgien, Universalmedizinen wurde der Krieg angekündigt. Ditfurth wünschte einen vierten Grad, worin alles, was man von der Maurerei nur irgend erfahren kann, gelehrt würde. Doch der Antrag wurde abgelehnt, während Schröder und Feßler fest von der Notwendigkeit überzeugt waren, man bedürfe einer Übergangsstufe von der Systemsmaurerei zur alten Englischen, um den Hang derer zu befriedigen, die in der Maurerei höhere Kenntnisse suchten, Ditfurth wurde durch das ablehnende Verhalten der Frankfurter Brüder gegenüher seinen Vorschlägen verstimmt, und er hielt sich seitdem den Arbeiten fern. Indeß empfand die Loge zur Einigkeit das Bedürfnis, aus ihrer Isoliertheit herauszutreten und begann durch Vermittlung des Bruders von Gräfe mit London zu verhandeln. Am 1. März 1788 wurde die Wiedervereinigung mit England beschlossen. Unter dem Schutze der Englischen Großloge arbeitete nun die Provinzial-Großloge in Frankfurt rüstig fort; die Stürme der Revolution und der darauffolgenden Kriege hemmten nur auf kurze Zeit die Arbeit. Da entstand plötzlich eine Störung des guten Verhältnisses zu England. Ditfurth hatte die Stelle in den Alten Pflichten über die Religion in einem eingeschränkten Sinne aufgefaßt, als ob bloß die christlichen Konfessionen in der Duldung eingeschlossen sein sollten. Auch die Strikte Observanz und die Berliner Großlogen bekannten sich zum christlichen Prinzip. Um vor den verleumderischen Angriffen gedeckt zu sein, nahm das Gesetzbuch des Eklektischen Bundes ausdrücklich das christliche Prinzip an, und bei der Revision der Rituale im Jahre 1811 wurde die Frage eingeschoben: „Bekennt sich der Suchende zu der Religion, die wir nach ihrem erhabenen Stifter die christliche nennen?“ wodurch jedem Nichtchristen die Türe der Loge gesperrt war. Nun war in Frankfurt eine neue Loge „Zur aufgehenden Morgenröte“ gegründet worden, der zahlreiche Juden, u. a. auch der junge Börne[1] und später B. Auerbach, angehörten. 1814 mußte sie sich vom Großorient von Frankreich trennen; sie erbat sich nun ein Konstitutionspatent vom Landgrafen Karl von Hessen, der sich als Großmeister des Tempelherrenordens verehren ließ. Dieser richtete ein Schottisches Kapitel und ein Altschottisches Direktorium ein, und nun arbeiteten die Juden fröhlich an der Wiederherstellung eines christlichen Ritterordens. Einzelne bemerkten doch das Absurde dieser Idee, und da das Direktorium die Logenbeamten grundsätzlich nur aus den christlichen Brüdern nahm, so erzürnten sich darob die Juden. Die Christen traten darauf aus, und die Loge erbat sich und erhielt von der Großloge in London ein Patent, was jedoch die Provinzialloge als einen Vertragsbruch ansah. Sie hob daher 1823 ihre Verbindung mit England auf,

[1] Eine feurige Rede von ihm ist in der Bauhütte abgedruckt 1886, p. 174. 182. 1889 p. 330.

und erklärte sich als unabhängige Großloge des Eklektischen Bundes. Trotz aller vortrefflichen Grundsätze unterlag auch die Frankfurter Großloge dem Gesetz menschlicher Unvollkommenheit; aber wenn sie auch zuweilen strauchelte, so hat sie doch im Geiste der reinen wahren Freimaurerei gewirkt. Sie zählt seit ihrer Gründung eine große Anzahl bedeutender wackerer Männer, die dem fortschreitenden Zeitgeiste Rechnung getragen haben. Namentlich gereicht es ihr zur hohen Ehre, daß ihr ein Mann angehörte, der das große Verdienst hat, die Nebel, welche sich über der freimaurerischen Vergangenheit lagerten, durch seine gründlichen Forschungen zerstreut zu haben.

Dem Eklektischen Bunde gehörte auch die Loge zum Kompaß in Gotha an. Hier verkehrte der Hofrat Bode, ein Mann, der in alle freimaurerischen Dingen tief eingeweiht war und trotz aller Enttäuschungen immer wieder von neuem Hoffnung auf eine bessere Zukunft faßte, ein Feind der Geheimniskrämerei, des Aberglaubens und jeder Schwärmerei. Er war mit der Unterwerfung des Eklektischen Bundes unter die Großloge in London nicht einverstanden, und darum entwarf er 1790 im Einverständnis mit andern kundigen Brüdern in Gotha den Plan eines Bundes der Deutschen Freimaurer.[1] Als Endzweck der Freimauerei bezeichnete er: „eine innige Verbindung edeldenkender Menschen zu solchen gemeinnützigen und wohltätigen Endzwecken, welche ohne eine stille Vereinigung zerstreuter Kräfte entweder gar nicht oder doch nicht so leicht und sicher erreicht werden könnten. Dieser gegen die Suprematie der Großen Loge von England gerichtete, auf Freiheit und Gleichheit gegründete Bund, welcher nur die drei symbolischen, sogenannten blauen Grade der Freimaurerei anerkennt, sollte unter einer jährlich im Turnus der verbundenen Logen wechselnden Direktorialloge oder, sobald die Zahl der verbundenen Logen 27 übersteige, unter mehreren je in den neun Kreisen Deutschlands zu errichtenden Direktoriallogen stehen.“ Diese Organi-

[1] Latomia XXXII p. 91 ff.

sation wurde ein Vorbild der Schweizerischen Großloge Alpina. Die Absicht ging hauptsächlich auf die Erleichterung des Einverständnisses der Logen Deutscher Nation zu den bessern Endzwecken, die durch das engste Band der Brüderschaft zu erreichen sind. Allein für eine solche Einheit war Deutschland noch nicht reif. Nur 17 Logen gingen auf das Zirkular ein, und nur wenige stimmten freudig zu, die andern äußerten ihre Bedenken oder lehnten völlig ab; namentlich betonte Karlsruhe die Zersplitterung Deutschlands als Haupthindernis der Einigung der Deutschen Logen. Die Frankfurter Provinzialloge war bei der Versendung des Gothaer Rundschreibens übergangen worden, und erbittert strich sie die Loge zum Kompaß von der Liste des Eklektischen Bundes; aus der Anwesenheit Weishaupts in Gotha schloß man in Frankfurt, jener Plan sei ein Werk der Illuminaten, und in blinder Furcht vor diesem Gespenst, verwarf man auch das Gute, das der Illuminatismus erstrebt hatte. Dessenungeachtet gaben 13 Logen ihre Zustimmung zum Bodeschen Projekt. Auch eine innere Reform, die Verbesserung der Logenarbeit, faßte Bode ins Auge, und zum Zwecke der Klärung ließ er in der von ihm geleiteten geheimen Buchdruckerei in Weimar eine Anzahl von Materialien, Ritualen etc. drucken. Alles war im besten Gange, als Bode plötzlich am 13. Dezember 1793 starb und gleich darauf der Herzog Ernst von Gotha die Loge zum Kompaß schließen ließ. Schon vorher war das gesamte maurerische Archiv Bodes in Besitz des Herzogs übergegangen, der diese kostbare Sammlung jedem Auge verschloß; später wurde sie nach Upsala verkauft.

Die Anregung Bodes ging indes nicht ganz verloren. Die 1789 gestiftete Loge zu den drei Pfeilen in Nürnberg, der eine Anzahl Nürnberger Patrizier und Gelehrter, u. a. der tüchtige Geschichtsforscher P. J. S. Vogel in Altdorf, angehörten, beschloß, wenigstens auf dem Korrespondenzwege in Fühlung mit den zum Deutschen Bunde gehörigen Logen zu bleiben.[1] Am 19. Aug. 1793

[1] Latomia XXVIII, 51 ff. Die Zirkelkorrespondenz, der Engere Geschichtliche Bund und die Vertrauten Brüder.

erließ sie ein Zirkular an 16 Logen,[1] worin sie eine Zirkelkorrespondenz vorschlug; Gegenstände der Besprechung sollten sein: Nachrichten über den Personalbestand einzelner Logen; Mitteilung von Einrichtungen derselben; Anzeige von wohltätigen Anstalten; Zusendung von Reden mit begleitender Kritik. Allmählig erweiterte sich die Korrespondenz auf 32 Logen in Nord- und Süddeutschland. In dieser Korrespondenz wurden alle möglichen Fragen behandelt und eine reiche Fülle von Anregungen gegeben. Mehr und mehr näherten sich die Nürnberger Brüder Schröder, und die Loge zu den drei Pfeilen nahm 1803 das neue Hamburger Ritual an.

Friedrich Ludwig Schröder,[2] geboren den 3. November 1744 zu Schwerin, war ein armes Theaterkind, das eine solch entsetzlich traurige, gottverlassene Jugendzeit durchmachen mußte, daß man es wirklich als ein Wunder Gottes ansehen muß, wenn es nicht an Leib und Seele zu Grunde ging. Die Natur hatte ihn reich an Körper, Geist und Gemüt ausgestattet. Er besaß eine außerordentliche geistige Begabung und einen brennenden Ehrgeiz, es allen vorzutun. Obgleich das Wanderleben des Schauspielerberufs seiner Bildung hinderlich war, erwarb er sich dessenungeachtet ausgebreitete Kenntnisse; neben etwas Latein verstand er die meisten lebenden Sprachen, und in späteren Jahren benutzte er jede Muße zur Vertiefung seiner Bildung. Damals stellte man an den Schauspieler noch höhere Anforderungen als heute, er mußte Sänger, Tänzer und Schauspieler in einer Person sein und womöglich die Gabe der Improvisation besitzen. Schröder bezauberte schon als kleiner Knabe die Zuschauer, Kaiser und Könige ehrten ihn wegen seiner Kunst und er gewann sich später als gereifter Mann durch seine Gewissenhaftigkeit und sein ganzes tapferes Wesen die Achtung und Liebe der bedeutendsten Männer seiner Zeit. In Hamburg

[1] S. Merkel, Die Loge zu den drei Pfeilen in Nürnberg, Latomia XXIII, 97 ff.

[2] Meyer, Fr. L. Schröder 1819. Zwei Bände. B. Litzmann, Fr. L. Schröder. Hamburg u. Leipzig. I. 1890. Vgl. auch Raumers Histor. Taschenbuch. V. Folge. V. 1875, p. 245 ff.

lernte er J. Chr. Bode kennen, ebenfalls ein Mann, der sich aus eigener Kraft emporgearbeitet hatte, und zwischen beiden Männern entstand bald eine enge Freundschaft. Bode führte Schröder in den Tempel der Freimaurerei; er wurde am 8. September 1774 in der Loge Emanuel zum Maienbaum in Hamburg, die zum System der strikten Observanz gehörte, aufgenommen; allein, er scheint hier das nicht gefunden zu haben, was sein Gemüt befriedigte, denn er bekümmerte sich wenig um die Loge, ja bevor er noch Geselle und Meister war, gründete er eine neue Loge Elise zum warmen Herzen, deren Mitglieder, Brüder des Zinnendorfschen Systems, meist Schauspieler waren. Wir müssen zur Erklärung dieser Seltsamkeit uns der Tatsache erinnern, daß die meisten Brüder zu den höhern privilegierten Ständen zählten und daß damals der Schauspieler noch auf der untersten Stufe der sozialen Leiter stand, nicht viel höher gewertet, als der Seiltänzer und Possenreißer. Schröder hat am 28. Dezember 1793 seinem treuen Freunde Bode Worte der Erinnerung ins Grab gerufen. Hier sagte er: „Durch Bode ward ich Maurer, nur im Vertrauen auf ihn trat ich zu einer Gesellschaft, die ich nicht kannte. Er belohnte dieses Vertrauen mit dem seinigen, freilich ward auch er getäuscht, aber als ein Mann nicht durch törichte Hirngespinnste, sondern durch Dinge, die im Gebiete der Möglichkeit lagen. Er war aber einer der Ersten, die hinter den Vorhang blickten, einer der Tätigsten, die die Deutschen Maurer aus Ägyptischer Sklaverei und Finsternis leiteten, in welcher sie die hohen, teils bekannten, teils unbekannten Obern gefesselt hielten etc.“ Vor allen Dingen war Schröder durch seinen Beruf in Anspruch genommen; überall, in Hamburg, Mannheim, München, Wien etc. feierte er großartige Triumpfe, aber auch die Sorgen der Theaterunternehmungen quälten ihn. Von seiner Mutter hatte er die geniale Künstlernatur geerbt und zugleich die Gabe pünktlicher und praktischer Geschäftsführung. Dank diesen Eigenschaften wurde er, was vorher nie einem Theaterdirektor gelungen war, ein reicher Mann. 1778 war Bode nach Weimar übergesiedelt. Schröder blieb zwar in brieflichem Verkehr mit ihm, aber die persönliche Anregung fehlte doch. Da wurde er, ihm ganz unerwartet, 1787 von den Brüdern der fünf vereinigten Hamburger Logen aufgefordert, die Hammerführung in der Loge Emanuel zu übernehmen; nur mit Widerstreben gehorchte er, aber von diesem Momente an regte sich sein maurerisches Pflichtgefühl und er wurde, wie er selbst sagt, warm.

In Hamburg[1] hatte die Freimaurerei schon sehr früh Wurzel gefaßt, aber trotz dem regen Verkehr mit England war man hier bald auf Abwege geraten. Alle Systeme waren verbreitet, zuletzt noch die Berliner Rosenkreuzerei, und der Provinzialmeister J. G. von Exter hatte sich tiefer als einer in den mystischen Unsinn eingelassen. Wohl fehlte es in Hamburg nicht an tüchtigen verständigen Männern, die sich von dem mystischen Unwesen angeekelt fühlten und daher am liebsten alle Symbole und Zeremonien über Bord geworfen hätten. Gegen beide Richtungen mußte nun der Kampf geführt werden. Schröder griff die Sache am rechten Fleck an, indem er zuerst die Logen ökonomisch sicher stellen wollte. Er entwickelte eine ungeheure Arbeitskraft. Jede freie Stunde widmete er freimaurerischen Forschungen und er verwendete ein großes Kapital zum Ankauf freimaurerischer Schriften. Noch gefährlicher als die Mystiker erschienen ihm die stürmischen Neuerer. G. H. Sieveking, Stuhlmeister der Loge Georg leitete seine Amtsführung mit einer Rede ein, in der er die Gebräuche, Symbole und Eide der Freimaurerei für Possen erklärte und die Brüder aufforderte, ihm zur Einrichtung einer vernünftigen, Herz und Geist befriedigenden, auf Freiheit und Gleichheit beruhenden Freimaurerei behilflich zu sein. Da trat Schröder am 3. September 1789 gegen Sieveking auf. „Mein Wort, meine Pflicht und meine Überzeugung hindern mich, je meine Stimme dazu zu geben, daß man die Grundfeste der Freimaurerei erschüttere. Denn die Symbole aufheben, heißt die Freimaurerei aufheben.

[1] F. Brandt, Geschichte des Alten Logenhauses der 5 vereinigten Logen in Hamburg. 1891.

Gibt es eine gesellige Tugend, die nicht in der Lehre der Freimaurerei liegt? Was kann man uns also Neues und Besseres geben? Was, das mit den Hieroglyphen unverträglich wäre? Und hauptsächlich, das Bestand verspricht? Aber durch Verwerfung der Hieroglyphen und Gebräuche will man uns etwas sehr Wichtiges, etwas Unzuersetzendes nehmen; man will die Kette zerreißen, die uns an so viele tausend zerstreute Brüder knüpft; eine Kette, der Mancher seine Wohlfahrt, die Freuden seines Lebens und selbst sein Leben zu danken hat."[1] Die Folge seiner Rede war, daß Sieveking zurücktrat. In diesem Kampfe wurde Schröder namentlich von J. Ph. Beckmann unterstützt, einem hochgebildeten und vorurteilslosen Mann. 1790 gelang es ihm, die Schottische Loge aufzuheben und Ende 1792 gründete er den monatlichen Zirkel, dessen Zweck war: gemeinnützige Anstalten ins Leben zu rufen, die Logenverwaltung zu erleichtern und das Geheimnisvolle der Freimaurerei durch historische Forschungen zu enträtseln. Die Gesellschaft eröffnete am 11. Jan. 1793 ihre Sitzungen und ihre erste Frucht war die Stiftung eines Krankenhauses, das noch heute besteht. In der Loge herrschte Ordnung und Einigkeit, allein man vermißte ein reges geistiges Interesse und die Gefahr lag nahe, daß die Loge bald wieder in die alte Versumpfung zurücksinken würde. Als Gegengift schlug Schröder 1797 die Einrichtung einer Instruktionsloge und einer ökonomischen Loge für Brüder des III. Grades vor. Dieser Plan, die Brüder zu höherer geistiger Selbsttätigkeit anzuleiten, war vortrefflich, aber er scheiterte an der Indolenz der ältern Brüder.[2] Am 15. November 1800 wurde das neue Logenhaus eingeweiht und damit begann eine neue Epoche.

Schröder hatte unablässig seinen maurerischen Forschungen obgelegen; durch persönlichen Umgang mit Herder suchte er seine Anschauungen zu erweitern und zu vertiefen.[3] Auch mit andern Forschern, wie z. B. Feßler in Berlin, Schneider in

---

[1] Bauhütte 1858 p. 197.

[2] Latomia XXVIII, 54.

[3] S. o. p. 335; Herders sämtliche Werke ed. Suphan XXIV p. 597 f.

Altenburg, trat er in Gedankenaustausch. Er forderte die Logen, welche auf seine Forschungen und Pläne einzugehen geneigt waren, auf, je sieben Brüder zu bezeichnen, denen er gegen Unterschreibung eines Reverses, der sie zur Geheimhaltung und zur Unterstützung verpflichtete, seine Materialien mitteilen wollte, wenn sie überzeugt davon seien, daß seine Bestrebungen gut, edel, ausführbar und heilsam seien. „Findet man Wahrheit in meiner Darstellung, dann werde ich eine unabhängige Verbindung der Logen durch ein allgemeines Ritual, welches sich so sehr als möglich dem alten Englischen nähert, und die Errichtung einer Art von vierten Grad vorschlagen, in welchem geprüften Brüdern Wahrheit gezeigt wird.“ Damit war das Institut der „Vertrauten Brüder“ gegründet. In Hamburg selbst entstand 1802 der „Engere geschichtliche Bund“, der dann auch in Oldenburg, Hannover etc. Anklang fand. Schröder hatte eine reichhaltige Sammlung von Ritualen, Katechismen etc. angelegt, die die Grundlage zu seinem großen Werke: „Materialien zur Geschichte der Freimaurerei etc.“ [1] bildeten. Er wollte jedoch in edler Uneigennützigkeit seinen Schatz auch andern Brüdern nutzbar machen, und eben zu diesem Zwecke schuf er einen vierten Grad, die Erkenntnisstufe. „Ich glaube, der Maurerei wesentlich zu dienen, wenn ich denen, die am Ruder stehen, die bisherigen Täuschungen entdecke und sie vor neuen bewahre; — dies ist mein Hauptzweck.“ „Durch den engern Verein sollen nicht allein redliche, wißbegierige Brüder vor aller Schwärmerei nebst ihren unzähligen schlimmen Folgen bewahrt und mit allen Torheiten, die man Freimaurerei nannte und noch nennt, bekannt gemacht werden, sondern er soll auch einen engern Kreis rechtschaffener Brüder aus dem großen Haufen der Freimaurer bilden, der sich die Ausübung, Erhaltung und Fortpflanzung der von dem ganzen Verein anerkannten echten Freimaurerei in ihrem Geist und Wesen zum ganz besondern Augenmerk macht,

[1] Nur als Manuskript in zwei Auflagen gedruckt. Vgl. auch Abhandlung über alte und neue Frei-Maurerei für Br. Meister mit Anmerkungen von Schneider in Wedekind's Baustücke II. p. 301 ff.

der, ohne sich in die Regierung der Loge zu mischen, sich angelegen sein läßt, die edlen Zwecke der Freimaurerei zu erfüllen und durch Tat und Lehre den andern Brüdern zum Beispiel zu dienen."[1] Bekanntermaßen bestehen diese Engbünde noch jetzt in Hamburg und Leipzig.[2]

Gleich seinem Freunde Herder erkannte Schröder als das innerste Wesen der Freimaurerei die Lehre und Übung der Humanität. Aber sie war ihm zugleich eine Kunst, „deren Moral so rein, so vortrefflich und jedem großen Endzwecke angemessen ist, die Menschen besser zu machen; die eine erklärte Feindin aller Vorurteile ist; die die Scheidewand, welche der Unterschied der Religion, des Vaterlandes und des Standes zwischen den Menschen aufgerichtet, niedergerissen und die durch den Brudernamen, das kostbarste Überbleibsel der ersten Rechte der Menschheit, fremde Menschen wie wirkliche Brüder vereint und die zuerst wahre Duldung gelehrt hat." Dieser Kunst ist aber die Form unentbehrlich. Die Symbole sind das Gewand, in welches sich die Wahrheit, die sie lehren wollen, zur bessern und dauernden Erkenntnis einkleidet. Die Wahrheit soll an sich einfach sein; demgemäß muß auch das Symbol, das sie lehren soll, einfach und in dieser Einfachheit klar und verständlich sein. Alles zuviel ist verwirrend und darum auch verwerflich und eben deshalb machte es sich Schröder zur Lebensaufgabe, alles überflüssige Beiwerk, Flitter und Tand, von den Ritualen abzustreifen. Die Einfachheit in Lehre und Symbolik fand er in den Alten Pflichten und dem Englischen Ritual. „Mein Bestreben," schreibt er am 17. April 1804 an Moßdorf,[3] „ist: die von London 1723 verbreitete Maurerey von allen Zusätzen zu reinigen, um sie nicht allein unschädlich, sondern nützlich zu machen." Es lag ihm also alles daran, den echten Wortlaut des Englischen Rituals aufzufinden. Doch das hatte seine Schwie-

---

[1] Latomia XXVIII, 57.

[2] Das weitere über den Engbund s. in der Latomia XXVIII, 58 ff. Die Zirkelkorrespondenz wurde zuerst handschriftlich, später lithographisch mitgeteilt.

[3] Latomia XXIX, 103 ff.

rigkeit, da dasselbe weder geschrieben, noch gedruckt werden durfte. Nach Auflösung der Strikten Observanz trat die Provinzialloge in Hamburg wieder in Beziehung zur Großloge in London, und am 24. August 1786 installierte der Repräsentant der Großloge, von Gräfe, J. G. von Exter als Provinzial-Großmeister. Eben dieser Gräfe diktierte nun dem Br. Beckmann das Englische Ritual in die Feder, welches jedoch Exter mit allerlei mystischem Beiwerk verunstaltete. Nachher revidierte Schröder dieses Ritual. Aber es gab noch Brüder, die sich vom Bombaste nicht trennen wollten, und erst als 1799 Exter gestorben und Beckmann zum Provinzial-Großmeister gewählt worden war, erhielt Schröder freie Hand.

Im Jahre 1800 hatte er die Rituale entworfen; darauf trat er eine Reise über Hannover, Braunschweig nach Weimar an; überall besprach er mit den Vertrauten, Herder, Goethe, Hufeland etc. seine maurerischen Ideen. Namentlich mit Herder, der sich ja schon lange lebhaft mit dem Studium freimaurerischer Geschichte beschäftigte, schloß Schröder eine innige Freundschaft. Vergnügt berichtet letzterer über seine Zusammenkunft mit Herder. „Wir drei (d. h. Herder, Schröder und der Gymnasialdirektor K. A. Böttiger) waren allein und es verstrichen zwei der lehrreichsten Stunden meines Lebens. Alles ist in diesem Manne vereinigt: die reinsten Sitten, Offenheit, Gelehrsamkeit, Witz und Rechtschaffenheit. In seinem Umgange muß sich auch der Leichtsinnigste bessern und der Lernbegierige findet durch ihn gebahnte Wege zum Unterricht." Dieser fruchtbringende Verkehr wurde dann auf schriftlichem Wege fortgesetzt, indem Schröder seinem Freunde den Entwurf seiner Arbeiten zur Prüfung zuschickte, die dieser dann mit seinen Anmerkungen zurücksandte.[1] Schröder kargte gegenüber Herder nicht mit seinem Dank. Die Freimaurergespräche Herders in der Adrastea sind ein Echo dieses Freundschaftverkehrs.

Von Weimar aus (1800) schickte Schröder an J. Fr. Zöllner, National-Großmeister der Großloge zu den drei Weltkugeln in

[1] L. Keller, Herder p. 98 ff.

Berlin und an andere Logenmeister ein Zirkularschreiben, in dem er sich frei über sein Ziel[1] äußerte. Mit Feßler, der im Grunde genommen dasselbe erstrebte, konnte er sich am wenigsten verständigen, denn beide Charaktere waren zu verschieden, Schröder ein Protestant und Norddeutscher, Feßler ein Katholik und Österreicher; bei ihm überwog die Phantasie, bei Schröder der Verstand.[2] Wir begegnen in ihrem Briefwechsel denselben Vorwürfen, die noch heute sich Süd- und Norddeutsche machen. Feßler wirft Schröder vor, er wolle „nicht nur alle höhern symbolischen Grade, sondern auch alle geisterleuchtende und herzerwärmende Initiationen abschaffen und alles durch die Hamburgische Kaufmannskälte starr, kraft- und saftlos machen."[3] Schröder dagegen nennt Feßler den gefährlichsten Irrlehrer. „Sein mystisch-poetisches Reich Gottes, das durch die Freimaurerey erhalten wurde, ist ein Hirngespinnst, welches aber die Aufhebung der ganzen Deutschen Maurerey veranlassen kann, wenn es den Regierungen bekannt wird," und er beklagt den Mangel an maurerischer Diskretion. Feßler hingegen will nichts von einer Abhängigkeit von London wissen. „Wer im maurerischen Lichte wandelt, der ist ein Maurer, Freyheit, Kenntnis und Wärme sind die Losung meiner Partey. Was geht uns London, was alle von dorther patentisierte Großmeister und deren Konstitutions-Patente an?" Sein Urteil über Schröder ist hart, indem er ihm Mangel an wissenschaftlicher Kenntnis, Tiefsinn und Scharfsinn vorwirft. Besser war es bei dieser Divergenz der Meinungen, wenn jeder seines Weges ging. Schröder hatte bei Feßler ein Englisches Manuskript gesehen, welches eben das von ihm gesuchte alte Ritual enthielt. Dieses legte er nun seiner Bearbeitung zu Grunde. Feßler versah die von Schröder bearbeiteten Rituale mit Anmerkungen und er ließ mit dem Schröder'schen Entwurf seine Rituale zirkulieren. Darauf be-

---

[1] S. o. p. 379 f.

[2] S. die feinen Bemerkungen V. Hehns über Nord und Süd in „Gedanken über Goethe" p. 1 ff., sodann G. Keller, im Grünen Heinrich, III, 220 ff.

[3] Latomia XXXIX, 100 ff.

nützte Schröder die eingelaufenen Bemerkungen zu Verbesserungen, und in dieser Form gelangten die Schröderschen Rituale am 29. Juni 1801 in der allgemeinen Meisterversammlung der fünf vereinigten Logen zu Hamburg zur Annahme. 1816 wurden sie nochmals revidiert und gedruckt, und dergestalt dienen sie noch heute den unter der Großloge von Hamburg stehenden Logen (1890 waren es 32 Logen).

Irren ist menschlich. Dieser Satz bewährte sich auch am Schröder'schen Reformwerk. Er wollte zur Quelle der Freimaurerei herabsteigen; er glaubte diese Quelle im Altenglischen Ritual gefunden zu haben und er hatte keine Ahnung, daß das von ihm benutzte der Esslinger Loge[1] angehörige Ritual ein entstelltes war, das auf der Schrift Jachin und Boaz beruhte.[2] Er teilte diesen Irrtum mit Feßler, Schneider und Krause. Dessenungeachtet ist Schröders Bearbeitung ein immenser Fortschritt; namentlich hat er dem Meistergrad seine volle Würde wiedergegeben. Mit Recht hat daher dieses Ritual großen Anklang gefunden und wurde von einer großen Anzahl Logen in Deutschland, Italien und der Schweiz[3] der Neubearbeitung ihrer Rituale zu Grunde gelegt.

Am 19. April 1801 wurde sodann das neue Hamburger Konstitutionenbuch angenommen, und am 4. Febr. 1811 erklärte sich Hamburg von England unabhängig, ein Schritt, der in Deutschland Beifall fand. 1814 wurde Schröder zum Großmeister gewählt, aber schon am 3. September 1816 starb er. Er schied dahin, „wie die Sonne eines schönen Sommerabends, Licht und Wärme in den Strahlen des Abschieds verteilend, von Wolken unverhüllt."

Wie in Frankfurt und Hamburg, so begann man zur gleichen Zeit auch in Berlin Hand an die Reform des Logenwesens zu

[1] Dieses Ritual erschien bei Gerlach in Freyberg in Deutscher Übersetzung: Catechismus für Freymaurer.

[2] S. Schwalbach, Geschichte des ält. maur. Gebrauchtums p. 75 f.

[3] S. Schuhmacher, Das Ritual der Loge zur Hoffnung in Bern in Alpina 1884, p. 2 ff. Doch ist es unrichtig, wenn Schuhmacher p. 6 sagt, Schröder fuße auf Krause.

legen. Hier waren die Zustände schlimmer als irgendwo. In der Stadt der Intelligenz machte sich damals unter dem despotischen Willkürregiment des Ministers von Wöllner ein zelotischer Mysticismus breit, und in derselben Stadt, von wo aus ein Nicolai als Ritter der Aufklärung unermüdlich seine Lanze gegen die Mächte der Finsternis und des Aberglaubens schwang, gab man sich den Künsten der Magie hing und fing Sternschnuppen, zugleich bewies man eine Unduldsamkeit, als ob nie ein Lessing gelebt und gedichtet hätte. Das Hochgradwesen blühte hier in üppiger Fröhlichkeit. Man arbeitete in den Französischen Hochgraden und bis in die neunziger Jahren in Französischer Sprache. Hier zeigte das Logenwesen die schlimmsten Auswüchse. Ein kompetenter Beurteiler, Feßler, vergleicht dieses Logenwesen einem Mönchskloster,[1] „ein Tummelplatz des Ehrgeizes, der Eitelkeit, der Eifersucht, des Hasses, der Ränke und der Verschlagenheit, deren kleinliche, doch alle fernern und höhern Sozialverhältnisse zerreißende Künste in einem Fortspielen und nirgends wirksamer und deutlicher sich verraten, als bei Wahlen in Ämtern und Ehrenstellen, die jeder, in der Überschätzung seines Wertes, für sich oder für seinen Parteigenossen verlangt, jeder mit geheuchelter Bescheidenheit von sich ablehnt, und jeder den andern mit brüderlicher Gehässigkeit beneidet.“ Im besten Falle waren die Logen Ressourcen, in die sich jeder eindrängte, der nach Vergnügen lechzte. „Man erscheint bei den maurerischen Arbeiten, wenn man nichts Besseres anzufangen weiß, oder wenn man sich nötig zu sein glaubt, um die Absicht dieser und jener Partei durchzusetzen oder die zweckmäßigen Vorschläge der Freunde einer bessern Ordnung zu vereiteln und ihre Verfügungen zu hintertreiben. Bisweilen läßt man sich wohl auch mit einigen moralischen Sentenzen und blumenreichen Vorträgen unterhalten; denn man will doch einmal zeigen, daß man auch für Weisheit und Tugend Sinn habe.“[2] Die geweckten Erwartungen bleiben aber, wenn man auch die höchsten Grade

[1] Feßlers's Sämtliche Schriften über Freimaurerei. II, 67 f.
[2] Feßler l. c. I p. 173 f.

erlangt hat, unbefriedigt, und mit anmaßender Ignoranz erklärt man, „die ganze Maurerei sei nichts, als ein gehaltleeres Spiel, und das einzige Wahre gehe dahin hinaus, Spendungen an die Armen zu machen und die geselligen Vergnügen mitzunehmen."

In der großen Landesloge herrschte doch wenigstens Ordnung. Wir haben gesehen, wie Zinnendorf infolge verletzten Ehrgeizes sich mit Schubart überwarf, und nachdem er neue Aufschlüsse aus Schweden erhalten hatte, das System der Strikten Observanz für Betrug und sinnlose Schwärmerei erklärte. Er besaß ein großes Organisationstalent mit Preußischer Rücksichtslosigkeit.[1] Auch kann man dem Schwedischen System strenge Geschlossenheit und wohldurchdachte Gliederung nicht absprechen. So entstand 1770 die Große Landesloge aller Freimaurer von Deutschland.[2]

Nachdem der Wilhelmsbadener Kongreß Fiasko gemacht hatte, sagte sich die Große Mutterloge zu den drei Weltkugeln in Berlin von der Strikten Observanz los, erklärte sich für unabhängig und frei, und verkündete, daß sie allen Logen aller Systeme maurerische Freundschaft anbiete mit Ausschluß der Illuminaten. Man wollte die Große Loge im freien Geiste reformieren, allein der allmächtige Wöllner und viele Brüder, die noch zu sehr an den gewohnten Formen hingen, und die Hochgrade nicht missen wollten, bildeten ein Hindernis. Man glaubte nur vorsichtig und alle Verhältnisse sorgfältig abwägend fortschreiten zu dürfen, wenn man nicht Ursache zu neuen Spaltungen geben wollte. 1797 traten sieben der unterrichtetsten und durch ihre amtliche Stellung autorisierte Brüder zusammen und beschlossen, dahin zu wirken, daß eine selbständige, kraft- und geistvolle Bundes-Autorität eingesetzt, die Mutterloge zweckmäßig organisiert und mit allen ihren eigenen Rechten begabt, und daß zu einer Revision der Rituale geschritten werde, um sie von dem zu reinigen, was durch Einmischung fremder

---

[1] In einem Aktenstück vom J. 1767 im Archiv der Basler Loge wird ein böses Porträt von ihm gezeichnet.

[2] S. o. p. 258 ff.

Systeme sie verunstaltet hätte.[1] Man behielt im ganzen die Organisation der Strikten Observanz bei, indem man die oberste Leitung einem Altschottischen Direktorium übertrug, nur mit dem Unterschied, daß in der Großloge zu den drei Weltkugeln das Direktorium von der ganzen Bruderschaft gewählt wurde. Die Mitglieder des Schottischen Direktoriums bilden zugleich den höchsten innern Orient des Logenbundes, welcher die Verpflichtung hatte, die Lehre rein und von allen fremden Beimischungen frei zu erhalten, und den maurerischen Kenntnisschatz zu bewahren, zu vermehren und auszuspenden. Die Loge zerfiel: I. in die drei Johannisgrade; II. in die alte Schottische Loge mit 4 Graden, die aber keine Hochgrade sein sollten, indem sie keine Obergewalt über die Logen erhielten, „sich vielmehr allein auf die Befestigung in der Lehre und auf die weitere Entwicklung, keineswegs auf die Verwaltung und Gesetzgebung beziehen.“[2]

Das Jahr 1798 war für die Entwicklung der Freimaurerei in Preußen ein epochemachendes. Aus Angst vor der Revolution erließ der König Friedrich Wilhelm III. am 20. Oktober ein Edikt, das alle Teilnahme an geheimen Gesellschaften untersagte, ausgenommen waren nur die Große National-Mutterloge zu den drei Weltkugeln, die Große Landesloge und die Loge Royal York, samt ihren Töchterlogen. Jährlich müssen die Mitgliederverzeichnisse dem König vorgelegt werden, und die Vorstände einer jeden Loge sind für ihre Töchterlogen dem Staate verantwortlich. Diese privilegierte Stellung der drei Berliner Großlogen gereichte der Entwicklung der Freimaurerei in Preußen nicht zum Segen. Denn diese drei Großlogen pochten seitdem auf dieses Edikt, und suchten jeden Fortschritt zu verhindern, indem sie nicht nur sich gegen jede notwendige Reform sträubten, sondern auch gestützt auf dieses Edikt, sich jeder Gründung

---

[1] Keller, Geschichte der Freimaurerei in Deutschland p. 214. Geschichte der Großen National-Mutterloge zu den 3 Weltkugeln. Berlin 1875 p. 105 ff.

[2] Das seit 1888 erscheinende Bundesblatt gibt den besten Aufschluß über den Geist, in dem diese Großloge arbeitet.

von Logen seitens anderer Großlogen entgegenstellten. Doch ist mit dem Jahr 1893 der Bann dieses Edikts endgiltig gebrochen.

Die Große Landesloge bewies damals eine arge Intoleranz gegenüber der Loge Royal York, indem sie dieselbe als Großloge nicht anerkennen wollte, „denn es liefe gegen die Verfassung des uralten und ehrwürdigen Ordens, in einem Lande, wo bereits eine Große Landesloge gesetzlich existiere, eine zweite errichten zu wollen.“ [1] Sie gebärdete sich, als ob sie im alleinigen Besitz der alten echten und unveränderten Lehre wäre. Ihr Standpunkt war schon deshalb unhaltbar, weil die Großloge zu den drei Weltkugeln viel älter war, als sie. Die Große Landesloge vertrat schon damals, wie noch heute, die Ansicht, daß sie allein die wahre geheime Lehre uralten Herkommens besitze, an dem man nicht rütteln dürfe. Aber gerade damals wirkte in der Loge Royal York ein Mann, der mit kühner Hand es unternahm, der angefeindeten Großloge eine neue Verfassung zu geben. Dieser merkwürdige Mensch führte ein wechselvolles Leben; schwere Schicksalsschläge trafen ihn wiederholt, aber nie wurde seine philosophische Ruhe und sein Gottvertrauen dadurch erschüttert. Ignaz Aurelius Feßler war der Sohn eines ehemaligen Wachtmeisters und Schenkwirtes, geboren den 18. Mai 1756 zu Czurendorf (Zurány) in Niederungarn. Seine Mutter, eine schwärmerische Frau, weihte ihn dem Kloster. Seine Erziehung erhielt er bei den Jesuiten und 1773 trat er in den Kapuzinerorden. 1779 empfing der junge Frater Innocentius die Priesterweihe und 1781 wurde er nach Wien versetzt. Man muß die Geschichte seiner seelischen Leiden und Kämpfe im Kloster in seinen Rückblicken [2] selbst nachlesen, wo er ein erschütterndes Bild der Seelenqual enthüllt. Er wandte sich hilfeflehend an Kaiser Joseph II., der ihm seinen Schutz zusagte und ihn 1784 zum Professor der orientalischen Sprachen in Lemberg ernannte. Die Aufführung des von ihm verfaßten

[1] Keller l. c. p. 219 f.

[2] Rückblicke auf seine siebzigjährige Pilgerschaft. Breslau 1823. Resultate meines Denkens und Erfahrens etc. Breslau 1826.

Trauerspieles „Sidney“ erregte gewaltig den Zorn und Haß seiner Gegner; er glaubte seines Lebens nicht mehr sicher zu sein und entfloh 1788 nach Breslau. Er trat als Erzieher in die Dienste des Fürsten von Schönaich-Carolath. 1791 ging er zur Lutherischen Kirche über und 1792 vermählte er sich. Als Erzieher entlassen, siedelte er 1796 nach Berlin über, wo er 1797 eine Erziehungsanstalt gründete, die aber nicht prosperierte, weshalb er froh sein mußte, als er eine Anstellung als Konsulent in Kirchen- und Schulsachen erhielt. Die Schlacht von Jena beraubte ihn wieder dieser Stellung. Seine Ehe war höchst unglücklich gewesen und die Scheidung für beide Teile ein wahrer Segen. 1802 verheiratete er sich von neuem wieder. Der unpraktische Gelehrte träumte von einem Glück, das er mit seiner jungen Frau in der Einsamkeit zu finden hoffte. Er kaufte 1802 das Gut Kleinwall, geriet aber bald infolge seiner Unkenntnisse und der Kriegswirren in die tiefste Not, aus der ihn seine maurerischen Freunde mit rührender Bruderliebe retteten. 1809 nahm sich seiner die Königin Louise an, zu gleicher Zeit erhielt er einen Ruf nach Rußland, wo er am 15. Dezember 1839 als Kirchenrat starb. Er hatte sich unter schwierigen Umständen, Verfolgungen, Not und Sorgen, mit Anstrengung aller physischen und psychischen Kräfte eine umfassende philosophische Bildung erworben, doch war er mehr eine rezeptive, als produktive Natur. Er besaß das Talent, leicht und gewandt zu schreiben, aber seine Schriften gehen mehr in die Breite als in die Tiefe. Die Not trieb ihn zur Vielschreiberei. Seine historischen Werke, namentlich die Geschichte von Spanien und Ungarn, sind kritiklose Kompilationen, jetzt ganz veraltet, und auch seine historischen Romane, einst viel gelesen, haben der Zeit nicht Stand halten können. Namentlich sein Mark Aurel, breitspurig, ohne Handlung, aber voller moralischer Betrachtungen, fand große Verbreitung, wurde aber später durch Zschokkes Stunden der Andacht verdrängt. Von seiner Schriftstellerei dachte er freilich selbst sehr hoch. „Ich wünsche, daß niemand meine Schriften zum Zeitvertreib in die Hand nehmen möge; denn nicht dazu, sondern zur Zeitbenutzung für mich und für andere, denen das Leben des Geistes wie mir hoher Ernst, nicht leichtsinniges Spiel ist, und die auf denselben Wegen, wie ich, irren oder schwanken, sind sie geschrieben!" Immer lesenswert ist seine Selbstbiographie, und seine freimaurerischen Schriften sollten von jedem, der wirklich ein Freimaurer sein will, gelesen werden.

Schon bevor Feßler Freimaurer war, hatte er als Beichtvater das Logenwesen kennen gelernt, und er rühmt sich, viele Brüder der Loge und den kostspieligen Gradspielen entführt, andere hingegen wieder durch Aufhellung und Erweiterung ihrer Ein- und Ansichten der Freimaurerei erhalten zu haben. Am 11. Mai 1783 wurde er in Lemberg in der Loge Phönix zur runden Tafel aufgenommen. Dort erhielt er durch eingeweihte Brüder die gründlichsten Aufschlüsse über die Nichtigkeit aller Hochgrade und Logensysteme. Er setzte später diese Studien fort und gelangte immer mehr zur Erkenntnis, daß Logenwesen und Freimaurerei zweierlei Dinge seien. Der Druck seiner üblen häuslichen Verhältnisse trieb ihn zum Hause hinaus; er suchte Menschen und konnte solche nur in der Loge finden. Er stiftete in Schlesien den Evergetenbund, der das leisten sollte, was die Freimaurerei damals nicht erfüllte; dieser Bund löste sich 1795 wieder auf, weil er den Behörden staatsgefährlich erschien.[1] In Berlin gründete er sodann den Humanitätsbund. Dasselbe Motiv, der quälenden häuslichen Enge zu entrinnen und sich durch Übernahme von schweren Arbeiten zu betäuben, bewog ihn in Berlin, Hand an die Reform der Loge Royal York zu legen. Er war dazu, wie wenige, vorbereitet. In Österreich hatte er die verschiedenen Hochgradsysteme, teils durch eigene Erfahrung, teils durch vertrauten Umgang mit eingeweihten Maurern, teils durch das Studium der Literatur, namentlich auch der alten und neuen Rosenkreuzer, gründlich kennen gelernt; zudem besaß er philosophische Bildung und rednerisches Talent. Als er nach Berlin kam, war er dort ein ganz unbekannter Mensch. Zwar

[1] Feßler, Aktenmäßige Aufschlüsse über den Bund der Evergeten in Schlesien. Freyberg 1804.

wurde er durch den Maler Darbes veranlaßt, sich am 2. Juni bei der Loge Royal York affilieren zu lassen, aber einen Drang, in die Loge zu gehen, verspürte er nicht. Dessenungeachtet wurde er beauftragt, eine Revision der Rituale und des Logengesetzes vorzunehmen. Die Loge Royal York arbeitete nach Französischen Ritualen und in Französischer Sprache. Die Leitung hatte der Conseil Sublime; aber es fehlte an einer Verfassung, und dieser Mangel verursachte zahlreiche Mißstände. Die Schwierigkeiten einer Reform waren sehr groß, da die Macht der Gewohnheit, die Trägheit, Eingebildetheit, das Mißtrauen sich jedem reinen Streben entgegenstellten. Nur vorsichtig und langsam, Schritt für Schritt, durfte Feßler vorwärts gehen. Er benutzte für die Bearbeitung der Johannisgrade das gedruckte Ritual der Prager Loge[1] und Akten der Großen Landesloge. Außer den drei blauen Graden gab es in der Loge Royal York noch Elûs des neuf, des quinze et de Perignan; Ecossais rouges et Ecossais verds de St. André; Chevaliers de l'Orient; Chevaliers de l'aigle ou Princes Souverains de Rose-Croix. Da Feßler daran verzweifelte, in diesen Unsinn Sinn bringen zu können, so trug er auf Abschaffung aller höhern Grade an; allein dafür war die Zeit noch nicht reif, und so unterwarf er denn die Hochgrade einer gründlichen Revision. Er wählte als Grundlage das Clermont'sche Hochkapitel und stiftete einen Innersten Orient, der als achter Grad den Abschluß des ganzen Systems bilden sollte. Hierauf wurde Feßler zum Deputierten Großmeister erwählt. Am 7. Juni 1798 wurde die neue Fundamentalkonstitution angenommen, wodurch der bisher herrschenden Anarchie ein Ende gemacht wurde. Die Loge bestand demnach aus vier Kollegien: die Meisterloge, das Schottische Kollegium, das Conseil Sublime und der Innerste Orient. Alle vier zusammen bildeten eine einzige unzertrennliche Loge. Diese Verfassung war klug den damaligen Verhältnissen angepaßt. Die Brüder sollten zu einer

[1] System der Freymaurerloge Wahrheit und Einigkeit zu den drey gekrönten Säulen in P** Philadelphia (Prag) 1594 (1794). Das Zinnendorfsche System bildete die Grundlage.

höhern Stufe maurerischer Bildung erzogen werden und damit zu einer nach sozialrechtlichen Prinzipien eingerichteten Verfassung gelangen. Deshalb verlieh Feßler seiner Verfassung nur eine provisorische Dauer von drei Jahren. Da die Brüder absolut höhere Grade haben wollten, so blieb Feßler nichts übrig, „als ihnen die Bilder, Zeremonien, Zeichen, Worte und Griffe der erwähnten possierlichen Chevaliers zu lassen und den Bildern nur einen vernünftigeren Sinn, den Gebräuchen nur einen edleren Zweck und dem Ganzen nur eine moralische Tendenz unterzulegen. Dabei war ich beflissen, meinen Gegenstand so zu behandeln, daß die Ritualformeln dem gesunden schlichten Menschenverstande reichlichen Stoff zum Nachdenken über moralische Verhältnisse darbieten und den helldenkendsten Mann befriedigen konnten.“ Einige Brüder waren von dieser Umarbeitung vollständig befriedigt und erbauten sich an der herzerquickenden Moral; die Genußmenschen aber, die in der Mehrzahl waren, ärgerten sich über die frömmelnde Schwärmerei, hielten das ganze Machwerk für Kantische Philosophie oder gar für verkappten Jesuitismus. Namentlich der Großen Landesloge war diese Reform zuwider und sie verdächtigte die Loge Royal York des heimlichen Jakobinismus. Um jeder Gefahr zu begegnen, erbat sich Feßler unter Vorlegung der Konstitution den Schutz des Königs, worauf 1798 das schon erwähnte königliche Edikt erfolgte. Obwohl sich die Loge Royal York eine Großloge nannte und das Recht in Anspruch nahm, Töchterlogen zu errichten, war sie damals nur eine einzelne Loge. Nicht ohne Schwierigkeiten und Anfechtungen setzte es Feßler durch, daß die Loge, welche 200 Brüder zählte, sich in vier Logen teilte nämlich 1) Friedrich Wilhelm zur gekrönten Gerechtigkeit; 2) Zur Siegenden Wahrheit; 3) Urania zur Uusterblichkeit; 4) Pythagoras zum flammenden Stern. Aus den Repräsentanten dieser und den bereits früher gestifteten Logen bildete sich am 11. Juni 1798 eine eigene dirigierende Großloge der Freimaurer genannt Royal York zur Freundschaft.

Unter fortwährenden Reibungen und wachsender Opposition ging das Reformwerk von statten. Mit Freuden begrüßte daher

Feßler den Beitritt des berühmten Philosophen Fichte zur Loge Royal York. Dieser wackere Wahrheitskämpfer war wahrscheinlich in Zürich Freimaurer geworden. Seinem Freunde Schöne, dem spätern Burggrafen von Marienburg, schrieb er auf dessen Anzeige, daß er dem Bunde beigetreten sei: „In unserm durch Luxus zur Sklaverei und durch diese zu allem Verderben gebrachten Zeitalter scheint mir eine Gesellschaft, die für dasselbe ein Samen des Guten, die ihm ungefähr das werde, was das Vehmgericht und die Ritterschaft unsern verdorbenen Voreltern waren, sehr nötig, und dazu könnte die Freimaurerei, nicht in ihrer gegenwärtigen Verfassung, aber wenigstens ihrer schon autorisierten Hülle qualifizieren." Er hatte die verschiedenen freimaurerischen Systeme kennen gelernt, und so durfte man erwarten, daß ein fruchtbarer Ideenaustausch zwischen den zwei auf der Höhe der Bildung stehenden Männern stattfinden würde. Allein Fichte war ein Mann von eiserner Energie und rücksichtslosem Selbstbewußtsein, der sich niemals einer andern Meinung fügen konnte, und auch Feßler besaß die Gelehrtenunart der Starrköpfigkeit. So kamen sie schon über den Begriff der historischen Wahrheit hart hintereinander.[1] Feßler berief sich auf den Spruch Seneca's de vita beata c. VIII: „Durch nichts äußeres lasse sich der Mann bestechen oder überwinden! Er habe Zuversicht in sich selbst; aber, seiner Zuversicht mangele es nie an Einsicht, seiner Einsicht nie an Festigkeit etc.", dem Fichte als seinen Grundsatz die Verse entgegensetzte:

„Nichts wähn er (der Mensch) sein: Besitztum ist ihm Schranke,
Ruh Tod; ein ew'ger Kampf der Freiheit Wesen,
Es kümmr' ihn nie, was hinter ihm versunken.
Vernichtend, schaffend, wechsle der Gedanken.
Das Reinste sei zum Flammengrab erlesen,
Wo ihn, verjüngend, treffe Gottes Funken."

Das Verhältnis wurde immer gespannter, und da Fichte sich auch von einem andern Bruder beleidigt glaubte, so kehrte er erzürnt der Loge den Rücken.

---

[1] Die ganze sehr interessante Diskussion ist abgedruckt im Allgem. Handbuch der Freimaurerei. Leipzig, Brockhaus 1863. I. p. 341—348.

Fichte hatte vor Brüdern der verschiedenen Systeme im April 1800 eine Reihe von Vorlesungen gehalten, die nachher unter dem Titel: „Briefe an Constant über Philosophie der Freimaurerei“ in den Eleusinien des 19. Jahrhunderts erschienen sind. Wenn auch nur Ein unstreitig weiser und tugendhafter Mann sich ernsthaft mit dem Freimaurerorden beschäftige, so ist es kein Spiel, sondern hat gewiß einen ernsten und erhabenen Zweck. Und dieser Zweck ist der: „Die Nachteile der Bildungsweise in der größern Gesellschaft wieder aufzuheben, und die einseitige Bildung für den besondern Stand in die gemeine menschliche Bildung, in die allseitige des ganzen Menschen als Menschen zu verschmelzen, und zwar inwiefern eine solche Bildung durch eine ausdrücklich für diesen Zweck errichtete Gesellschaft möglich ist.“ „Die Freimaurerei ist nicht Selbstzweck, so wenig als die Kirche. Wie diese die Religiösität, so hat jene die rein-menschliche Bildung zum Zwecke. Was wirkt der Orden? Derjenige, der in demselben steht, muß, er stehe auf einer Kulturstufe, auf welcher er wolle, der Reife näher kommen, als dasselbe Individuum außer dem Orden ihr gekommen sein würde. Reife ist gemeinmenschliche Ausbildung; ihr Hauptkennzeichen ist Kraft mit Anmut gemildert. Sowie die Reife erfolgt, vermählt holde Poesie sich mit der Klarheit des Kopfes und der Rechtschaffenheit des Herzens; die Schönheit tritt in den Bund mit der Weisheit und Stärke.“ Wohl kann auch ein Mann, ohne Freimaurer zu sein, dem Bilde eines vollendeten Menschen nahe kommen, aber das, was in der Gesellschaft entsteht, hat für die Praxis mehr Leben und Kraft, als das, was in der Abgeschiedenheit erzeugt wird. Die Freimaurerei bildet, indem sie Menschen bildet, zugleich die tauglichsten Mitglieder der Gesellschaft, sie hat den vorteilhaftesten Einfluß. Die Aufgabe, die einseitige Standesbildung zu einer allgemeinen und rein menschlichen umzubilden, gleichsam die Zusammensetzung eines ganzen rechten Menschen aus mehreren Personen wirklich zu machen, sodaß jeder einzelne für sich so sehr als möglich jener einzelne rechte Mensch in der Tat sei, — diese Aufgabe ist nirgends in der großen Gesellschaft gelöst, sie ist der einzige mögliche Zweck einer aus allen Ständen und allen gebildeten Völkerschaften, durch Absonderung von der größern Gesellschaft entstandenen kleinen Gesellschaft, welche sich nun eben Freimaurerei nennt! Der Freimaurer ist nicht religiös, er denkt und handelt religiös; die Religion ist ihm kein Gegenstand, sondern nur der Äther, in dem ihm alle Gegenstände erscheinen. In seinem Gemüte ist Vaterlandsliebe und Weltbürgersinn innigst vereinigt: Vaterlandsliebe ist seine Tat, Weltbürgersinn ist sein Gedanke.

Fichte gehört zu jenen rücksichtslosen Prophetennaturen, die unbekümmert um die Wirklichkeit, ihr Ideal in Leben umzusetzen suchen. Die Gedanken in seinen schönen „Reden an die Deutsche Nation“ berühren sich innig mit denen in den Freimaurerbriefen. Die Nation soll zum Pflichtbewußtsein erzogen werden; mit dieser Lehre wurde der Philosoph der stärkste Feind des großen Korsen, denn, indem Kant und Fichte die Fahne des kategorischen Imperativs entfalteten, haben sie die Begeisterung der Deutschen Freiheitskämpfer entflammt und dadurch die Welt vom größten Menschenverächter befreit.

Trotzdem Feßler mit Fichte im Streite lag, erkannte er neidlos das große Wissen dieses Mannes an, und er sagte traurig, als man ihm den Absagebrief Fichtes mitteilte: „So haben die lieben Brüder ihrem hinschwindenden Körper wieder einen tüchtigen lebendigen Kopf abgeschlagen.“ Feßler ahnte, daß es ihm ebenso gehen würde, wie Fichte. Dessenungeachtet arbeitete er an der Revision der Rituale rüstig weiter. Die drei Johannisgrade gestaltete er nach dem Altenglischen Ritual um. Am liebsten hätte er die höhern Grade ganz abgeschafft, allein die Brüder hingen einmal an ihnen. Was bezwecken denn eigentlich die maurerischen Rituale? „Nicht Mittel, die Neugierde der Brüder zu unterhalten und zu spannen; nicht symbolische Vorbildungen der letzten Aufschlüsse, die noch in höhern Aufschlüssen wieder enträtselt, ihrer täuschenden Hülle beraubt und in ihrer Blösse hingestellt werden müßten; nicht feierliche Versprechungen einst mitzuteilender Geheimnisse, sondern reine belehrende, auf die edlern Gefühle des Menschen berechnete Darstellungen, durch welche das von dem Verstande erkannte Wesen der Freimaurerei dem Herzen näher gelegt und dasselbe dafür erwärmt und begeistert würde." [1] An Stelle der Grade setzte er seine Erkenntnisstufen. Diese sollen in einem ausführlichen historischen Unterrichte von den verschiedenen, teils erloschenen, teils noch tätigen Logensystemen bestehen. Die Initiationen sind rein moralische Mysterien, das heißt dramatische Akte, die nicht für Freimaurerei gehalten werden sollen, sondern nur als Mittel dienen, um auf das moralische Gefühl zu wirken, dasselbe bisweilen zu erwärmen und für den Zweck der Brüderschaft zu begeistern."

In der Nacht, die das neue Jahrhundert vom alten schied, wurden die neuen Rituale angenommen. Aber die Brüder murrten, daß es keine Kordons, keine Degen, keinen Ritterschlag mehr gäbe, daß es folglich mit der Freimaurerei zu Ende sei. Feßler hatte inzwischen Schröder kennen gelernt. Schröder plante eine nähere Verbindung der drei Großlogen Hamburg, Hannover und Royal York. Feßler arbeitete einen Entwurf aus und am 13. September 1801 wurde die Vereinsurkunde in der Loge Royal York verkündet. Darnach erkannten diese Logen das älteste Englische Ritual der drei Grade als die beste historische Erkenntnisquelle des Wesens und der Tendenz des Freimaurerbundes an! [3] Ihnen ist der Zweck der Freimaurergesellschaft: Gemeinschaftliche äußere Ausbildung, Erhaltung und Fortpflanzung der Freimaurerei.

Undank ist der Welt Lohn! Das sollte Feßler bitter genug an sich erfahren. Die Reibungen wurden zuletzt so stark, daß er es vorzog, der Loge den Rücken zu kehren. „Der einzelne erleuchtete und vollendete Freimaurer tut besser, wenn er sich von aller Logenamtstätigkeit entfernt hält und dafür lieber den einzelnen würdig befundenen Logenbruder durch freundschaftliche Mitteilung seiner Kenntnisse, Erfahrungen und Ein-

---

[1] Feßlers Schriften II, 347.
[2] Schriften II, 348 f. III p. XI. f.
[3] Keller, Geschichte der Freimaurerei in Deutschland p. 225 ff.

sichten zum Lichte führt." Mit dem durch die Bitterkeit erlittener Kränkung geschärften Blicke bemerkte Feßler alle Mängel des Logenwesens. Die meisten Brüder kommen mit hochgespannten Erwartungen in die Loge, und da sie selbst nichts tun, um das in der Phantasie ausgemalte Bild der Wirklichkeit nahe zu bringen, so werfen sie die Schuld auf die andern und beklagen sich, sie seien hinters Licht geführt worden. Feßler aber war in denselben Fehler gefallen, indem er an die Brüder viel zu hohe Anforderungen gestellt und nichts dafür getan hatte, sich ihre Freundschaft zu erwerben. Er verkannte völlig die menschliche Natur, die eine große Spannung der Seele nicht lange erträgt. Die meisten Brüder sind Geschäftsleute ohne höhere Bildung. Von der Wochenarbeit kommen sie ermüdet in die Loge, in der Erwartung, hier angenehme Gesellschaft und Unterhaltung zu finden. Die Brüder in der Loge Royal York vermißten in den Feßlerschen Initiationen das Sinnliche, weshalb sie später wieder rückwärts revidiert wurden, in dem Sinne, daß die Erkenntnisstufen in wirkliche Hochgrade umgewandelt und dem Innersten Oriente die Entscheidung über Lehre und Ritual übertragen wurde.

Noch ehe Feßler aus Berlin schied, hatte er einen Bund scientifischer Freimaurer gegründet, der ähnliche Zwecke verfolgte, wie der Engbund.[1] Den Undank der Berliner Brüder empfand er bitter, und grollend wollte er sich fortan von allem Logenwesen abwenden. Allein gerade in der Zeit der größten Not erprobte sich an ihm die schönste Tugend der Freimaurerei: aufopferungsvolle Freundschaft. Die Brüder der Logen Apollo in Leipzig, Goldener Apfel in Dresden, Zu den drei Bergen in Freiberg, nahmen sich seiner höchst liebevoll an.[2] An Friedrich Moßdorf fand er einen hingebenden, immer hilfsbereiten Freund, der Feßlers große Bedeutung für die Freimaurerei voller Dankbarkeit anerkannte und ihm, obwohl auch er zuweilen das

---

[1] S. den schönen Aufsatz von W. O. Helmert in der Freimaurer-Zeitung 1861 Nr. 1—5.

[2] S. Hellmert in der Latomia XVIII, 1 ff.

schroffe Wesen Feßlers unangenehm zu empfinden bekam, unverbrüchlich treu blieb. Moßdorf gehörte eben zu den sehr seltenen Menschen, die vergeben und vergessen können. Dieser wackere Mann hat sich um die Herausgabe der Feßler'schen freimaurerischen Schriften verdient gemacht. Denn wenn auch die historischen Arbeiten Feßlers heute veraltet sind, ebenso wie die von Schröder, Schneider und Krause, so enthalten diese Schriften dennoch eine Fülle von Belehrung und Anregung. Jeder denkende Maurer wird seinem abschließenden Urteil über die Freimaurerei[1] zustimmen müssen. Mag man von der Freimaurerei halten, was man will, dem einzelnen erwächst aus seiner Zugehörigkeit zur Loge immer ein sittlicher Gewinn, Lebenserfahrung und Menschenkenntnis.

Die Loge Archimedes zu den drei Reißbrettern in Altenburg,[2] die 1742 gestiftet worden war und einige Zeit zur Großen Landesloge gehört hatte, aber 1785 sich als eine unabhängige Loge erklärte, nimmt in der Geschichte der Freimaurerei eine ehrenvolle Stellung ein. Seit ihrer Gründung bis zur Gegenwart zählt sie bedeutende hochachtbare Männer zu Mitgliedern, die der Loge den Geist der Unabhängigkeit einflößten, ich nenne nur J. Fr. Pierer, K. Fr. Waitz, J. G. J. Schuderoff, J. A. Schneider u. s. w. Das von den Brüdern Pierer, Mörlin, Schuderoff, Merzdorf und Schneider bearbeitete Konstitutionenbuch (1803) gehört zu den besten und interessantesten Leistungen auf diesem Gebiet. Diese Loge gab auch das Journal für Freimaurerei[3] heraus, das höchst wertvolle Aufsätze enthielt, die zum Teil noch heute nicht veraltet sind. Der Stolz der Loge ist aber Johann August Schneider, Fürstl. Sächsischer Rat und Lehenssekretär in Altenburg, geboren den 26. Mai 1756, gestorben den 13. August 1816, ausgezeichnet durch seine gründliche, juristische und philosophische Bildung, Wahrheitsliebe und strenge Rechtlichkeit.

[1] Rückblicke p. 286.

[2] S. Waitz, Die St. Johannisloge Archimedes etc. 1842, E. G. Dietrich Aus vergangenen Tagen. Altenburg 1889.

[3] Altenburg 1804 und 1805, in 2 Bänden. 1812 erschien eine neue Folge s. Taute, Bbl. p. 17.

Er hatte sich mit den freimaurerischen Problemen vertraut gemacht, und er verfolgte die Arbeiten von Schröder und Feßler mit kritischem Verständnis. In ihm lebte ein Geist rücksichtslosester Unabhängigkeit, der sich vor keiner Autorität beugte, was ihm Schröder und Feßler sehr übel nahmen. Schneider war wie Feßler, im Gegensatz zu Schröder, ein Feind jeder Geheimniskrämerei und ein Freund der Öffentlichkeit, und er teilte seine Forschungen gern andern mit. So erfuhr auch K. Chr. Krause (geboren 14. Mai 1781 zu Eisenberg, gestorben 27. September 1832) vieles von Schneider über die Freimaurerei und wurde dadurch angeregt, 1805 sich in die Altenburger Loge aufnehmen zu lassen. Dieser Schritt wurde für die Geschichte der Freimaurerei epochemachend, denn keiner hat so viel zur Aufklärung und zur Vertiefung der Freimaurerei getan wie Krause. Freilich ihm wurde der Beitritt zur Loge verhängnisvoll. Weil er es gewagt hatte, den Schleier zu lüften, der über der Freimaurerei lag, wurde er bis zu seinem Tode von unsichtbaren Feinden verfolgt; sein Leben war das eines Geächteten und von der Gesellschaft Ausgestoßenen.[1] Seine Schriften wurden so wenig beachtet, daß er für die meisten keinen Verleger fand.[2] Erst als Ahrens sie ins Französische übersetzte, da schenkte man ihm wieder Aufmerksamkeit, und heute gilt Krause den Romanischen Völkern als der größte der Deutschen Philosophen. Krause ist in jener großen Blütezeit der Deutschen Philosophie ein Mitstrebender gewesen, der eine durchaus selbständige Stellung neben Kant, Fichte, Hegel und Schelling einnimmt. „Er verlangt von der philosophischen Forschung eine selbständige Bearbeitung und Umwandlung des Gesamtstoffes, auch sein Geist möchte in kühnem Fluge die Welt umfassen und nachbilden, alles Menschliche von dem All, das Einzelne vom Ganzen begreifen.“ Die

---

[1] H. S. Lindemann, Übersichtl. Darstellung des Lebens und der Wissenschaftslehre Krauses etc. München 1839. A. Procksch, Krause, ein Lebensbild. Leipzig 1880. R. Eucken, Zur Erinnerung an Krause. Leipzig 1881. Der von P. Hohlfeld und A. Wünsche veröffentlichte Briefwechsel. Leipzig 1903 deckt uns die ganze Tragik dieses Gelehrtenlebens auf.

[2] S. P. Hohlfeld in Monatshefte der Comenius-Gesellschaft 1892, I. p. 3 ff.

Hauptaufgabe aber ist: „ein ganzer, selber, vollwesentlicher Mensch“ zu sein. „Der Mensch soll sich nicht in die Tätigkeit verlieren, er soll nicht blos aus sich herauswirken, sondern er soll seine Kräfte zurückrufen und sie auf die Einheit des Innenlebens, als den überlegenen Grund, beziehen.“ „Der Mensch soll fester in sich selbst wurzeln und sich aus allem Lärm der Welt zurückziehen können in das stille Heiligtum des Gemüts, um hier alles Erlebte zu läutern und zu befestigen.“ Eine tiefe Religiösität erwärmt alle seine Schriften, und durch die Forderung der Verbindung echter Religiösität mit energischer Kulturarbeit wird er uns Modernen sympathisch. Er sucht die Welt als Gottesreich zu verstehen, aber besonders energisch erfaßt er die Idee der Menschheit. „Von rechtlichem, sittlichem und religiösem Idealismus getragen, sucht er die notwendigen Entwicklungsformen zu begreifen, welche alles menschliche wie das organische Leben im Individuum und in der Gattung als parallele Prozesse durchzumachen hat, und sieht die Aufgabe des Menschengeschlechts in der durch äußere Zusammengehörigkeit ebenso wie durch innere Gemeinschaft sich ausprägenden Vereinigung der Geister.“ [1] Diesem Zwecke entspricht sein Menschheitsbund. „Die Menschen sollen heraus aus der Vereinzelung und der Gleichgiltigkeit gegeneinander, ein jeder soll sich für die andern und den Zustand des Ganzen verantwortlich fühlen, wir alle sollen solidarisch unser Geschick erfüllen und unsere Arbeit verrichten.“ „In jedem Einzelnen eröffnet sich eine ewige Quelle des Lebens und der Schönheit, ein unerschöpflicher Schatz von Anlagen und Kräften.“ „Jeder Mensch, wie gering auch Mancher erscheine, ist ein Wesen von unendlicher, unergründlicher Tiefe.“ Ein jeder aber ist Mitglied des Geisterreichs und er dient daher einer Notwendigkeit seines eigenen idealen Wesens, wenn er größern Zusammenhängen zustrebt und sich mehr und mehr als Glied eines Ganzen begreift. Die Einigung soll aber aus freiem Willen, nicht aus Zwang geschehen. Die naturgemäße Form des menschlichen Gemeinlebens ist daher die

[1] Windelband l. c. II, 282.

der freien Gesellschaft, die allmählich wachsend die gesamte Menschheit umfassen muß. Ein Keim dieses Menschheitsbundes ist die Freimaurerei. Höher und höher schwingt sich der Flug seiner Phantasie, indem er hofft, daß einmal dieser Menschheitsbund „sich als Erdenmenschheit dem allgemeinen Bunde der Menschen des Sonnensystems einfügen und so die Lebensgemeinschaft mit allen vernünftigen Geistern und mit der Gottheit, zu der wir bestimmt sind, erreichen werde.“[1]

Seine Lehre war der Ausfluß eines reinen wahrhaftigen Gemüts; sie gab ihm Kraft zum Kampfe ums Dasein. Denn trotz allem Mißgeschick, allen Feindseligkeiten und Verfolgungen, allem Elend und aller Not, blieb er sich immer selbst getreu und ließ niemals Unmut, Groll und Neid in sich aufkommen. „Ich bin reicher als die Reichen und glücklicher als die Glücklichen“, pflegte er zu sagen und „die Liebe trägt den Sieg davon.“ Im wohltuenden Gegensatz zu dem krankhaften Pessimismus unserer Zeit, war er überzeugt, daß wir uns in einer langsam aufsteigenden Entwicklung befänden. „Es ist Morgendämmerung, nicht Abenddämmerung.“

Sein Dasein ist leider ein dunkles Blatt in der Geschichte der Freimaurerei. Noch ein jeder, der als Reformer im Freimaurerbunde auftrat, mußte dafür schwer büßen. Feßler entzog sich der Feindschaft durch seine Übersiedelung nach Rußland, Schröder war ein energischer Mann in angesehener Lebensstellung, ebenso Schneider, der sich seiner Feinde zu erwehren wußte. Krause hingegen, ein Privatgelehrter ohne Amt und Namen, der von seinen Mitstrebenden auf dem Gebiete der Philosophie, einem Hegel und Schelling, mit schnödem Übermut zurückgestoßen wurde, sollte für seine Überzeugung das Opfer werden. 1805 siedelte er nach Dresden über, um daselbst die Kunstschätze zu studieren. Von Schneider empfohlen, ließ er sich in die Loge zu den drei Schwertern, der auch Körner, der Freund Schillers als eifriger Maurer angehörte,[2] aufnehmen. Hier übte

[1] Windelband l. c. II, 282.

[2] Eine maurerische Rede von Körner ist abgedruckt bei A. Kohut, Theodor Körner. Berlin 1891 p. 279 ff.

Krause das Amt eines Redners aus.[1] Mit Fr. Moßdorf verband ihn bald eine innige Freundschaft, geadelt durch den nämlichen Trieb der Wahrheitsliebe. Krause suchte durch seine wirklich schönen und gehaltvollen Reden auf eine Veredlung der Brüder hinzuwirken. Sein Freund Moßdorf war ein Feind jeder Gemütsduselei und Schwärmerei und bekämpfte den Unsinn der Hochgrade, was vielen Brüdern, namentlich denen vom Adel, übel gefiel. Krause wurde in seinen historischen Studien von Schneider und Moßdorf wirksam unterstützt. Am 26. September 1808 verfaßte er den Entwurf zu seinem großen Werke: „Die drei ältesten Kunsturkunden"; am 6. Juni 1810 war der erste Band im Drucke vollendet.[2] Im Oktober vorher war die Ankündigung dieses Werkes von Moßdorf verfaßt und verschickt worden.[3] Diese Ankündigung fiel wie eine Bombe in das Stillleben der Logen hinein. Energisch wird hier für das Recht der Publizität eingetreten. „Nur keine engherzige Zurückhaltung! Auf der andern Seite rücksichtslose Freimütigkeit im Urteil, scharfe Zergliederung der bereits von Andern aufgestellten Hypothesen, vor allem Wahrheitsliebe." Ebenso scharf wie Moßdorf verurteilt Krause die Geheimniskrämerei, und er behielt sich das Recht vor, seine Forschungen, die Eigentum seines Geistes seien, allen Brüdern mitzuteilen. „Alles, was die Menschheit angeht," meinte Moßdorf, „und Eigentum der ganzen Menschheit ist — dürfe von keinem Geheimnis umschlossen werden." Aus Reinhards „System der christlichen Moral" werden eine Reihe von Stellen zitiert, die eine scharfe Kritik und Verurteilung der geheimen

---

[1] Krause, Höhere Vergeisterung der echt überlieferten Grundsymbole der Freimaurerei in 12 Logenreden. Dresden 1811.

[2] Dresden 1810. LXVIII und 596 Seiten. Das der Loge in Basel gehörige, von Felix Sarasin geschenkte Exemplar trägt die Nummer 672 und die Unterschrift Krauses. Der zweite Band erschien 1813. 12., XXX und 543 Seiten. Eine zweite umgearbeitete Auflage erschien 1819 und 1821 s. Taute, Bibl. Nr. 311. Zur Geschichte dieses Werkes vgl. Moßdorf, Mitteilungen an denkende Brüder. Dresden 1818. (Gerlach). Logenhierarchie. Freiberg 1819; namentlich Chr. Klötzer, Die Ausschließung der Brr. Moßdorf und Krause etc. Leipzig 1881.

[3] Die Ankündigung zählt 19 Seiten und 2 Blätter.

Gesellschaften enthalten. Eben dieses Geheimtun habe der Freimaurerei unendlich geschadet. Freudig begrüßte die Mannheimer Loge diese Ankündigung, meinte aber bedenklich, viele würden dagegen schreien. In der Tat, das Schreien blieb nicht aus, ein Sturm des Unwillens entfesselte sich gegen die kühnen Reformer. Alle Dunkelmänner und ängstlichen Seelen hielten das Heil der Freimaurerei durch die Veröffentlichung ihrer Urkunden für gefährdet. Jetzt offenbarte sich der beschränkte reaktionäre Geist der drei Berliner Großlogen in greller Weise, indem sie Unterdrückung des Werkes verlangten. Leider mischte sich auch die Hamburger Großloge in den Chor der Unken. Wir wissen ja, daß Schröder ein Feind der maurerischen Publizität war. Anfänglich standen die Dresdener Brüder mannhaft zu Krause; hatten sie doch vorher den Plan gebilligt. Als aber von allen Seiten die Anklagen auf sie einstürmten, da entstand bei den einen Kleinmut, bei den andern Zorn, und so kam es schließlich am 5. Oktober 1810 zur Abstimmung. Von 111 Mitgliedern stimmten 62 für die Ausschließung der Brüder Moßdorf und Krause. Letzterer hatte sich mehrmals energisch gegen die Anmaßung einer Logenzensur über freimaurerische Schriften verwahrt. „Die Wahrheit zeigt sich selbst an, und ob sie nur Einer oder Tausende einsehen, das macht sie nicht wahrer." Auch der wackere Nicolai in Berlin äußerte sich entrüstet über einen solchen intoleranten Despotismus. Krause ließ sich durch alle diese Kränkungen nicht beirren. Unter den größten Entbehrungen beendete er seine Forschungen. Seine Kunsturkunden sind das gründlichste Werk über die Freimaurerei; hier sind alle Quellen, so weit man sie damals kennen konnte, abgedruckt und kommentiert. Krause war nun allerdings mehr ein spekulativer, als ein historisch-kritischer Kopf. Er erkannte nicht, so wenig wie Schröder, Feßler und Schneider, die Unechtheit seiner drei ältesten Urkunden (1. das Freimaurerverhör unter Heinrich VI.; 2. der älteste Katechismus; 3. die Yorker Konstitution von 926). Auch fehlt es nicht an mancherlei Irrtümern in den zwei gewaltigen Bänden, namentlich sind seine gelehrten

Abhandlungen über die Römischen Baukorporationen und ihren Zusammenhang mit den mittelalterlichen Bauzünften gänzlich verfehlt und veraltet. Dessenungeachtet ist dieses Werk durch seine ungeheure Stoffmasse, Gedankenreichtum, die edle Gesinnung und hohe Auffassung der Freimaurerei von unvergänglichem Werte. In seiner Einleitung legte er das Zukunftsprogramm der Freimaurerei nieder. Fröhlich schloß er seine Vorrede mit den Worten: „Einst wird auf Erden Licht! — Schon bricht das Morgenrot des neuen Tages an!“ Auch sein Freund Moßdorf teilte diese Hoffnung. In seiner schönen Anrede an seinen Sohn[1] stellt er als die Grundlagen unseres Bundes die brüderliche Liebe und die Wahrheit hin. Er wurde nicht müde, die Ideen seines Freundes Krause zu popularisieren und er selbst hat wesentlich zum Aufbau der maurerischen Geschichte beigetragen.

„Die Freimaurerbrüderschaft,“ sagt Krause, „als Anfang des werdenden Menschheitbundes betrachtet, kann und darf in ihrer ganzen Entfaltung nie stillstehen, noch zurückgehen, sondern sie kann und sie soll sich ihrem ganzen Leben urgestaltend, mit der sich stetig höher auf Erden ausbildenden Menschheit fortschreiten. Sie soll ihren eigenen Zustand prüfen, sich selbst danach vollkommener in Verfassung, Bundlehre und Bundinnigung (Liturgie) gestalten, und so, mit unermüdetem Kunstfleiße nach richtigem, voll und schön entworfenen Musterbilde sich selbst belebend, eine wesenreichere, schönere Zukunft in der Gegenwart begründen.“ Leider hielten die Fortschritte der Freimaurerei mit den Wünschen Krauses nicht gleichen Schritt. Das letzte Viertel des 18. Jahrhunderts zeichnet sich durch eine großartige geistige Produktivität aus, und jene Vorkämpfer der reinen freimaurerischen Lehre, Lessing, Herder Goethe, Schröder, Feßler, Fichte und Krause, haben ein Kapital aufgespeichert, an dem die heutige Generation zehrt und woran auch die folgenden zu zehren haben werden. Aber ach! aus Trägheit und Stumpfsinn hat man diesen Schatz nicht in dem Maße benützt, wie es Pflicht

[1] Mitteilungen p. 1 ff.

gewesen wäre. Zwar sind heute die ärgsten Ausschreitungen des Logenwesens größtenteils verschwunden. Niemand sucht mehr nach dem Stein der Weisen oder will Gold aus unedlen Metallen machen und Geister bannen; man gehorcht nicht mehr unbekannten Obern und es gibt auch keine Geheimnisse mehr; mit dem unnützen Prunk von Dekorationen und hochtrabenden Titularen hat man ebenfalls ziemlich aufgeräumt und allenthalben strebt man nach Vereinfachung der Zeremonien. Aber die Schattenseiten, welche einst Feßler so scharf und treffend gegeißelt hatte, und die er als Logenwesen brandmarkte, sind noch heute vorhanden und nicht minder die Streitsucht und Unduldsamkeit. „Nur am hellen Tage kann und muß sich das Leben vollendet gestalten,“ sagte einst Moßdorf. Aber es gibt auch heute noch viele, viele Stuhlmeister, die das helle Licht scheuen, und das Schauspiel von Zensuredikten und Ketzergerichten kann man leider auch jetzt noch erleben.

Die Geschichte der Deutschen Freimaurerei in unserm Jahrhundert steht in Parallele zur politischen Geschichte Deutschlands. Mit Begeisterung ergriff das Volk die Waffen gegen die fremden Bedränger, und jubelnd feierte die Loge Archimedes zu den drei Reißbrettern in Altenburg die Siege ihres großen Heldenbruders, des Marschalls Vorwärts. Aber das Deutsche Volk wurde um die Früchte seiner erkämpften Siege betrogen. Anstatt eines freien einigen Deutschlands entstand der Deutsche Bund unglückseligen Angedenkens und eine trübselige Zeit der Reaktion. Das Vereinswesen wurde wie die Presse polizeilich geknebelt und jede freie Regung gewaltsam darniedergehalten und erstickt. Auch die Logen wurden in vielen Staaten, wie Kurhessen, Baden, Bayern und Österreich verboten, und wo sie erlaubt waren, herrschte ein kümmerlicher, philiströser Geist. Der Deutsche, nachdem der Rausch seiner Siegesbegeisterung verschwunden war, fiel wieder in sein altgewohntes Träumen zurück, und ein ungesundes Literaturwesen schoß üppiger als je ins Kraut. Der einzig gesunde unter so vielen Schattenmenschen war Goethe, der 1822 meinte: „Mir ist nicht bange, daß Deutschland eins werde; unsere guten Chausseen und künftigen Eisenbahnen werden schon das Ihrige tun. Vor allem aber sei es eins in Liebe unter einander und immer sei es eins gegen den auswärtigen Feind.“ Es fehlte natürlich in den Logen nicht an hochstrebenden idealgesinnten Männern, die, wie z. B. der Darmstädter Freiherr von Wedekind,[1] im Sinne Lessings wirkten; allein in den meisten Logen fiel man wieder in die alten Torheiten zurück und verschloß engherzig und gegen den maurerischen Geist den Nichtchristen die Pforten.

Mit der Revolution von 1830 regte sich wieder ein frischeres Leben und neue Hoffnungen erwachten auch in der Brust der Deutschen Patrioten. Die Einheitsidee der Freimaurerei lebte auf in der Form maurerischer Kongresse (1846 zu Straßburg, 1847 zu Stuttgart und 1848 in Basel). Es ist eine traurige Tatsache, daß die Deutsche Einheit nur durch Blut erfochten werden konnte. Aber dem Deutschen Idealismus ist doch ein großer Anteil an dieser Errungenschaft gutzuschreiben. Das seit der Revolution von 1848 freigegebene Vereinsleben wirkte auch erfrischend auf die Logen, denn nun mußte man sich mehr anstrengen, um die Konkurrenz mit andern gemeinnützigen Vereinen aushalten zu können. Eine Anzahl von Zeitschriften entstanden im Laufe der Zeit zur Beförderung des maurerischen Geistesleben und zur Wahrung maurerischer Interessen, namentlich hat sich Findels Bauhütte um die Erfrischung maurerischer Geistestätigkeit ein großes Verdienst erworben. Man bemühte sich, den Forderungen der Zeit nachzugeben und vorwärts zu schreiten. Auch die historische Forschung erlahmte nicht. Zwar das Geschick Krauses machte anfangs Eindruck und gleich dem nächsten Forscher, der mit den Ergebnissen seiner historischen Studien hervortrat, Fr. Heldmann, schien ein ähnliches Los wie Krause bevorzustehen, indem die Hamburger Loge gegen das Erscheinen seines von der Sauerländerschen Buchhandlung in Aarau angekündigten Buches: Die drei ältesten geschichtlichen

[1] s. Handbuch der Freimaurerei III, 452 ff. Altenburger Zeitschrift 1823, 49 ff. 425 ff. 1824, 15 ff. 1825, 1 ff.

Denkmale der D. Freimaurerbrüderschaft etc. (Aarau 1819) protestierte und dem Schottischen Direktorium in Basel das Recht und die Pflicht vindizierte, Zensur auszuüben. Das Buch erschien aber doch. Von großer Wichtigkeit war sodann die Publikation der Lenningschen Encyklopädie der Freimaurerei,[1] worin hauptsächlich die Ergebnisse der Forschungen von Feßler und Krause niedergelegt wurden. Dieses Werk trug wesentlich zur Verbreitung maurerischer Kenntnisse bei. Von den maurerischen Zeitschriften diente die von Meißner, Schletter und Merzdorf herausgegebene Latomia[2] speziell der historischen Forschung. In den 29 Bänden von dieser gut redigierten Zeitschrift findet sich eine große Anzahl der vortrefflichsten historischen Arbeiten und Aufsätze über andere Gebiete der Freimaurerei nebst freimaurerischer Statistik. Aber das größte Verdienst um die freimaurerische Geschichte hat sich Dr. med. Georg Kloß in Frankfurt erworben. Er war der Reformator der Frankfurter Loge, ein Feind jeder Abweichung von den „Alten Pflichten", der unbekümmert um alle Feindseligkeiten seines Weges ging und der erkannten Wahrheit den Sieg erkämpfte, ein Mensch im besten Sinne des Wortes. Er imponierte durch seine umfassenden Kenntnisse. Kloß besaß die größte maurerische Bibliothek, in der bibliographische Seltenheiten allerersten Ranges sich befanden. Gestützt darauf publizierte er seine freimaurerischen Werke: 1842 Annalen der Loge zur Einigkeit in Frankfurt, 1844 Bibliographie der Freimaurerei, 1846 Die Freimaurerei in ihrer wahren Bedeutung, 1847 Geschichte der Freimaurerei in England, Irland und Schottland, 1852 und 1853 Geschichte der Freimaurerei in Frankreich, 2 Bände. Im Gegensatz zu allen frühern maurerischen Geschichtsschreibern besaß Kloß einen scharfen kritischen Kopf, und er räumte unerbittlich mit den

---

[1] Leipzig, Brockhaus 3 Bände 1822—1828. Die Hauptarbeit besorgte Moßdorf. Die zweite total umgearbeitete Auflage erschien unter dem Titel: Allgemeines Handbuch der Freimaurerei in 4 Bänden 1863—1879 bei Brockhaus. Die dritte Auflage in 2 Bänden. Leipzig, Max Hesse 1900/1901.

[2] Leipzig, J. J. Weber 1842—1873.

alten Fabeln auf. Überall ging er auf die ursprünglichen Quellen zurück, eine ganz riesige Arbeit, da diese in einer Unmasse von Schutt begraben lagen. Seine Werke, der Anlage nach mehr Materialiensammlungen als Bearbeitungen, bilden die beste Grundlage für jede künftige Geschichtsforschung auf diesem Gebiet. Gestützt darauf hat dann Wilhelm Keller in Gießen den gelungenen Versuch gemacht, in knapper Form eine wirkliche Geschichte der Freimaurerei zu schreiben, wobei er auch die innern Verhältnisse, das Logenleben, berücksichtigte.[1] Ergänzend und erweiternd trat sodann J. G. Findel in Leipzig seit 1861 mit seiner Geschichte der Freimaurerei vor das Publikum, ein Buch, das bis jetzt 6 Auflagen erlebt hat, und in das Englische, Französische, Holländische und Spanische übersetzt worden ist, trotz vieler Mängel dadurch von Wert, daß es sämtliche Länder, wo Logen existieren, behandelt. G. A. Schiffmann führte die Forschungen von Kloß selbständig weiter. Seine verschiedenen Arbeiten, wie A. M. Ramsay 1878, Die Entstehung der Rittergrade in der Freimaurerei 1882, Die Freimaurerei in Frankreich 1881, sind wertvolle gutgeschriebene Monographien. Zuletzt hat R. Walden[2] durch seine originellen Anschauungen neuerdings wieder die Aufmerksamkeit auf diese Dinge gelenkt und neue Anregungen gegeben. Von größtem Werte sind sodann die außerordentlich gewissenhaften Arbeiten von W. Begemann, auf die wir bereits früher aufmerksam gemacht haben.

Jede Erweiterung und Vertiefung der freimaurerischen Geschichte bedeutet ja zugleich eine Vertiefung der freimaurerischen Erkenntnis. Nur das helle Licht der geschichtlichen Erkenntnis kann die Nebel zerstreuen, welche so lange über der Freimaurerei sich gelagert hatten; das erkannte ja auch der edle Kronprinz von Preußen, als er die Freimaurer zum Forschen und Prüfen aufforderte. Ein heißer Drang nach Reformen tat sich in den letzten Jahren unter den Deutschen Maurern kund,

---

[1] Kurzgefaßte Allgemeingeschichte der Freimaurerei 1860. Geschichte der Freim. in Deutschland 1859. Geschichte des eklektischen Bundes 1857.

[2] Beiträge zur Vorgeschichte der Freimaurerei. 4 Hefte. Berlin 1889—1890.

allein dem sehnlichen Wunsche, die Brüder in einer Großloge zu vereinigen, stellten sich unüberwindliche Schwierigkeiten entgegen. 1861 wurde der Verein Deutscher Freimaurer gestiftet, der auf der Versammlung zu Worms 1867 ein „Allgemeines Grundgesetz des Freimaurerbundes" an alle Großlogen der Welt ausgehen ließ. Dieser Verein wurde der Mittelpunkt der reformerischen Bestrebungen, und seine „Mitteilungen" enthalten viel wertvolles Material. Auf seine Anregung wurde 1868 der Großmeistertag gestiftet. Die Stürmer und Dränger scharten sich um Findel und gründeten 1884 den Lessingbund, der der Freimaurerei ein erweitertes Arbeitsfeld: „erhöhte planmäßige Werktätigkeit" zuweisen wollte. Die Deutschen Freimaurer sollten in einer Arbeitsgemeinschaft geeinigt werden[1]. Die Loge wurde als ein Hemmschuh des Fortschrittes bezeichnet. Allein, das konservative Element, das in den Logen liegt, war diesen himmelstürmenden Bestrebungen nicht günstig, und mancher mochte im Stillen Bluntschli beistimmen, der resigniert meinte: jede Reform, die der Deutschen Maurerei ein tatkräftiges Wirken ermöglicht, ist aussichtslos. „Der alte Schlendrian, die Gemütsduselei und das Scheinleben werden fortdauern. Ich hatte gehofft, den Bund, dessen Organisation vortrefflich ist und der eine Fülle von Ideen in seinen Symbolen veranschaulicht, wirksam zu machen zur Stärkung der moralischen Kräfte der Nation, und durch ihn auch in den Mittelklassen die idealen Güter im Gegensatz zu dem bloßen Materialismus zu Ehren zu bringen, für geistige Freiheit ohne Zügellosigkeit und Rohheit besser zu arbeiten und auch Humanität gegenüber den untern Klassen auszuüben. Meine Illusion ist zerstört. Das Instrument ist unbrauchbar."[2] Allein, alle Bestrebungen, die Loge zu einem Werkzeug irgend einer Parteipolitik oder irgend eines Zweckes machen zu wollen, der außerhalb des Wesens der Freimaurerei liegt, müssen scheitern[3]

[1] S. Jahrbuch des Lessingbundes Deutscher Freimaurer. Leipzig, Findel 1884. 1886 etc.

[2] S. bei Settegast, Die Deutsche Freimaurerei. 6. Aufl. Berlin 1892 p. 50.

[3] Vgl. die treffliche Rede von Tscharner, Der Loge Haltung nach Außen. Lausanne 1873. Bauhütte 1873, 221. B. Ritter, Die alte Freimaurerei und ihre modernen Aufgaben. Leipzig 1890.

und ebenso das Bemühen, eine Deutsche National-Großloge zu gründen, so lange es nicht Ein Deutsches freimaurerisches System gibt, das seine Gleichartigkeit auch mit Bezug auf das Gradwesen und das religiöse Bekenntnis der Bundesbrüder außer Zweifel stellt.[1]

Diese Unzufriedenheit mit dem gegenwärtigen Logenwesen, diese Gährung der Geister, ist nur ein Zeichen der Gesundheit und nicht, wie so viele in pessimistischer Stimmung meinen, der unheilbaren Erkrankung. Wie dem Einzelnen, so ist auch der Gesamtheit die Selbsterkenntnis notwendig und nur dadurch können Mittel gefunden werden zur Abwendung künftiger Gefahren. Es schadet der Freimaurerei auch gar nichts, wenn sie von Zeit zu Zeit von außen her angegriffen wird. Die größte Gefahr droht ihr von einer andern Seite: der geistigen Blutarmut. Während im vorigen Jahrhundert die Logen die Elite der Gesellschaft umfaßten, änderte sich dies in unserm Jahrhundert. Aus einer aristokratischen Gesellschaft wurde sie mehr und mehr zu einer demokratischen.[2] Der Adel hat sich von der Loge zurückgezogen, ebenso die Geistlichkeit. So lange die regierenden Fürsten an der Spitze der Loge standen, galt es in den Offiziers- und Beamtenkreisen für ehrenvoll, der Loge anzugehören. Auch hierin scheint seit dem Tode Kaiser Friedrichs eine Wandlung eingetreten zu sein. Der Gelehrtenstand bildete immer die Minderheit in den Logen, weil die großen Kosten abschreckten. Hochmütig sprechen viele moderne Gelehrte das Todesurteil über die Freimaurerei und bezeichnen sie als ein veraltetes Insitut, als „Altersdasein" oder als „Harmloses Stillleben." Sie zitieren selbstgefällig den Spott Lessings über die schalen Reden, und in der Tat, wenn man einen Blick in die landläufige freimaurerische Literatur wirft, wenn man etwa in den Freimaurerzeitschriften die Reden liest, die in monotonem Einerlei immer wieder die selben abgedroschenen Phrasen ab-

---

[1] Settegast l. c. p. 49.

[2] Vgl. M. Heyne, Demokratische Strömungen etc. in Mitteilungen des Vereins d. Freimaurer 1890/91. p. 57 ff.

haspeln, so kann man ihnen nicht ganz Unrecht geben. Die Flut des Geringwertigen und Mittelmäßigen erstickt das Gute. Diese geistige Mittelmäßigkeit und geistige Schlaffheit macht sich auch in den Logen breit. Man baut die schönsten Logenhäuser mit prachtvollen Klubsälen und Kegelbahnen, aber für die Unterstützung irgend eines geistigen Werkes hat man kein Geld, und die Bibliothek steht meist bestaubt und unbenutzt in einem Winkel. Gerade weil die Freimaurerei gegenwärtig nicht mehr in der Mode ist, sollte man sich ihr mit doppelter Hingebung widmen, indem man sich sagt: „Wir sind die Erben eines uns überkommenen unersetzlichen Schatzes; wir haben die tiefe Lebensauffassung aus einer jetzt entgegenstehenden oberflächlichen Strömung hinüberzuretten bis auf bessere Zeiten.“ Ist denn wirklich die Freimaurerei überflüssig geworden? Die Gegensätze zwischen den Nationen, den Konfessionen und den Ständen sind heute schroffer als zur Zeit, in der Lessing seinen Nathan schrieb. Auch jetzt wäre mit Lessing recht sehr zu wünschen, daß es in jedem Staate Männer geben möchte, die über die Vorurteile der Völkerschaft hinweg wären und genau wüßten, wo Patriotismus Tugend zu sein aufhört. Recht sehr zu wünschen, daß es in jedem Staate Männer geben möchte, die dem Vorurteile ihrer angebornen Religion nicht unterlägen; nicht glaubten, daß alles notwendig gut und wahr sein müsse, was sie für gut und wahr erkennen. Recht sehr zu wünschen, daß es in jedem Staate Männer geben möchte, welche bürgerliche Hoheit nicht blendet und bürgerliche Geringfügigkeit nicht ekelt; in deren Gesellschaft der Hohe sich gern herabläßt und der Geringe sich dreist erhebet!

# Inhaltsregister.

Die mit einem * versehenen Namen sind Freimaurer.

SEVERUS Verlag

**Bisher im SEVERUS Verlag erschienen:**

**Achelis. Th.** Die Entwicklung der Ehe * Die Religionen der Naturvölker im Umriß, Reihe ReligioSus Band V * **Andreas-Salomé, Lou** Rainer Maria Rilke * **Arenz, Karl** Die Entdeckungsreisen in Nord- und Mittelafrika von Richardson, Overweg, Barth und Vogel * **Aretz, Gertrude (Hrsg)** Napoleon I - Briefe an Frauen * **Ashburn, P.M** The ranks of death. A Medical History of the Conquest of America * **Avenarius, Richard** Kritik der reinen Erfahrung * Kritik der reinen Erfahrung, Zweiter Teil * **Beneke, Otto** Von unehrlichen Leuten: Kulturhistorische Studien und Geschichten aus vergangenen Tagen deutscher Gewerbe und Dienste * **Berneker, Erich** Graf Leo Tolstoi * **Bernstorff, Graf Johann Heinrich** Erinnerungen und Briefe * **Bie, Oscar** Franz Schubert - Sein Leben und sein Werk * **Binder, Julius** Grundlegung zur Rechtsphilosophie. Mit einem Extratext zur Rechtsphilosophie Hegels * **Bliedner, Arno** Schiller. Eine pädagogische Studie * **Birt, Theodor** Frauen der Antike * **Blümner, Hugo** Fahrendes Volk im Altertum * **Brahm, Otto** Das deutsche Ritterdrama des achtzehnten Jahrhunderts: Studien über Joseph August von Törring, seine Vorgänger und Nachfolger * **Braun, Lily** Lebenssucher * **Braun, Ferdinand** Drahtlose Telegraphie durch Wasser und Luft * **Brunnemann, Karl** Maximilian Robespierre - Ein Lebensbild nach zum Teil noch unbenutzten Quellen * **Büdinger, Max** Don Carlos Haft und Tod insbesondere nach den Auffassungen seiner Familie * **Burkamp, Wilhelm** Wirklichkeit und Sinn. Die objektive Gewordenheit des Sinns in der sinnfreien Wirklichkeit * **Caemmerer, Rudolf Karl Fritz Die** Entwicklung der strategischen Wissenschaft im 19. Jahrhundert * **Casper, Johann Ludwig** Handbuch der gerichtlich-medizinischen Leichen-Diagnostik: Thanatologischer Teil, Bd. 1 * Handbuch der gerichtlich-medizinischen Leichen-Diagnostik: Thanatologischer Teil, Bd. 2 **Cronau, Rudolf** Drei Jahrhunderte deutschen Lebens in Amerika. Eine Geschichte der Deutschen in den Vereinigten Staaten * **Cunow, Heinrich** Geschichte und Kultur des Inkareiches * **Cushing, Harvey** The life of Sir William Osler, Volume 1 * The life of Sir William Osler, Volume 2 * **Dahlke, Paul** Buddhismus als Religion und Moral, Reihe ReligioSus Band IV * **Eckstein, Friedrich** Alte, unnennbare Tage. Erinnerungen aus siebzig Lehr- und Wanderjahren * Erinnerungen an Anton Bruckner * **Eiselsberg, Anton Freiherr von** Lebensweg eines Chirurgen * **Eloesser, Arthur** Thomas Mann - sein Leben und Werk * **Elsenhans, Theodor** Fries und Kant. Ein Beitrag zur Geschichte und zur systematischen Grundlegung der Erkenntnistheorie. * **Engel, Eduard** Shakespeare * Lord Byron. Eine Autobiographie nach Tagebüchern und Briefen. * **Ewald, Oscar** Nietzsches Lehre in ihren Grundbegriffen * Die französische Aufklärungsphilosophie * **Ferenczi, Sandor** Hysterie und Pathoneurosen * **Fichte, Immanuel Hermann** Die Idee der Persönlichkeit und der individuellen Fortdauer * **Fourier, Jean Baptiste Joseph Baron** Die Auflösung der bestimmten Gleichungen * **Frimmel, Theodor von** Beethoven Studien I. Beethovens äußere Erscheinung * Beethoven Studien II. Bausteine zu einer Lebensgeschichte des Meisters * **Fülleborn, Friedrich** Über eine medizinische Studienreise nach Panama, Westindien und den Vereinigten Staaten * **Gmelin, Johann Georg** Quousque? Beiträge zur soziologischen Rechtfindung * **Goette, Alexander** Holbeins Totentanz und seine Vorbilder * **Goldstein, Eugen** Canalstrahlen * **Graebner, Fritz** Das Weltbild der Primitiven: Eine Untersuchung der Urformen weltanschaulichen Denkens bei Naturvölkern * **Griesinger, Wilhelm** Handbuch der speciellen Pathologie und Therapie: Infectionskrankheiten * **Griesser, Luitpold** Nietzsche und Wagner - neue Beiträge zur Geschichte und Psychologie ihrer Freundschaft * **Hanstein, Adalbert von** Die Frauen in der Geschichte des Deutschen Geisteslebens des 18. und 19. Jahrhunderts * **Hartmann, Franz** Die Medizin des Theophrastus Paracelsus von Hohenheim * **Heller, August** Geschichte der Physik von Aristoteles bis auf die neueste Zeit. Bd. 1: Von Aristoteles bis Galilei * **Helmholtz, Hermann von** Reden und Vorträge, Bd. 1 * Reden und Vorträge, Bd. 2 * **Henker, Otto** Einführung in die Brillenlehre * **Kalkoff, Paul** Ulrich von Hutten und die Reformation. Eine kritische Geschichte seiner wichtigsten Lebenszeit und der Entscheidungsjahre der Reformation (1517 - 1523), Reihe ReligioSus Band I * **Kautsky, Karl** Terrorismus und Kommunismus: Ein Beitrag zur Naturgeschichte der Revolution *

SEVERUS Verlag

**Kerschensteiner, Georg** Theorie der Bildung * **Klein, Wilhelm** Geschichte der Griechischen Kunst - Erster Band: Die Griechische Kunst bis Myron * **Krömeke, Franz** Friedrich Wilhelm Sertürner - Entdecker des Morphiums * **Külz, Ludwig** Tropenarzt im afrikanischen Busch * **Leimbach, Karl Alexander** Untersuchungen über die verschiedenen Moralsysteme * **Liliencron, Rochus von / Müllenhoff, Karl** Zur Runenlehre. Zwei Abhandlungen * **Mach, Ernst** Die Principien der Wärmelehre * **Mausbach, Joseph** Die Ethik des heiligen Augustinus. Erster Band: Die sittliche Ordnung und ihre Grundlagen * **Mauthner, Fritz** Die drei Bilder der Welt - ein sprachkritischer Versuch * **Meissner, Franz Hermann** Arnold Böcklin * Meyer, Elard Hugo Indogermanische Mythen, Bd. 1: Gandharven-Kentauren * **Müller, Adam** Versuche einer neuen Theorie des Geldes * **Müller, Conrad** Alexander von Humboldt und das Preußische Königshaus. Briefe aus den Jahren 1835-1857 * **Oettingen, Arthur von** Die Schule der Physik * **Ostwald, Wilhelm** Erfinder und Entdecker * **Peters, Carl** Die deutsche Emin-Pascha-Expedition * **Poetter, Friedrich Christoph** Logik * **Popken, Minna** Im Kampf um die Welt des Lichts. Lebenserinnerungen und Bekenntnisse einer Ärztin * **Prutz, Hans** Neue Studien zur Geschichte der Jungfrau von Orléans * **Rank, Otto** Psychoanalytische Beiträge zur Mythenforschung. Gesammelte Studien aus den Jahren 1912 bis 1914. * **Ree, Paul Johannes** Peter Candid * **Rohr, Moritz von** Joseph Fraunhofers Leben, Leistungen und Wirksamkeit * **Rubinstein, Susanna** Ein individualistischer Pessimist: Beitrag zur Würdigung Philipp Mainländers * Eine Trias von Willensmetaphysikern: Populär-philosophische Essays * **Sachs, Eva** Die fünf platonischen Körper: Zur Geschichte der Mathematik und der Elementenlehre Platons und der Pythagoreer * **Scheidemann, Philipp** Memoiren eines Sozialdemokraten, Erster Band * Memoiren eines Sozialdemokraten, Zweiter Band * **Schlösser, Rudolf** Rameaus Neffe - Studien und Untersuchungen zur Einführung in Goethes Übersetzung des Diderotschen Dialogs * **Schweitzer, Christoph** Reise nach Java und Ceylon (1675-1682). Reisebeschreibungen von deutschen Beamten und Kriegsleuten im Dienst der niederländischen West- und Ostindischen Kompagnien 1602 - 1797. * **Sommerlad, Theo** Die soziale Wirksamkeit der Hohenzollern * **Stein, Heinrich von** Giordano Bruno. Gedanken über seine Lehre und sein Leben * **Strache, Hans** Der Eklektizismus des Antiochus von Askalon * **Sulger-Gebing, Emil** Goethe und Dante * **Thiersch, Hermann** Ludwig I von Bayern und die Georgia Augusta * Pro Samothrake * **Tyndall, John** Die Wärme betrachtet als eine Art der Bewegung, Bd. 1 * Die Wärme betrachtet als eine Art der Bewegung, Bd. 2 * **Virchow, Rudolf** Vier Reden über Leben und Kranksein * **Vollmann, Franz** Über das Verhältnis der späteren Stoa zur Sklaverei im römischen Reiche * **Wachsmuth, Curt** Das alte Griechenland im neuen * **Weber, Paul** Beiträge zu Dürers Weltanschauung * **Wecklein, Nikolaus** Textkritische Studien zu den griechischen Tragikern * **Weinhold, Karl** Die heidnische Totenbestattung in Deutschland * **Wellhausen, Julius** Israelitische und Jüdische Geschichte, Reihe ReligioSus Band VI ***Wellmann, Max** Die pneumatische Schule bis auf Archigenes - in ihrer Entwickelung dargestellt * **Wernher, Adolf** Die Bestattung der Toten in Bezug auf Hygiene, geschichtliche Entwicklung und gesetzliche Bestimmungen * **Weygandt, Wilhelm** Abnorme Charaktere in der dramatischen Literatur. Shakespeare - Goethe - Ibsen - Gerhart Hauptmann * **Wlassak, Moriz** Zum römischen Provinzialprozeß * **Wulffen, Erich** Kriminalpädagogik: Ein Erziehungsbuch * **Wundt, Wilhelm** Reden und Aufsätze * **Zallinger, Otto** Die Ringgaben bei der Heirat und das Zusammengeben im mittelalterlich-deutschem Recht * **Zoozmann, Richard** Hans Sachs und die Reformation - In Gedichten und Prosastücken, Reihe ReligioSus Band III

www.severus-verlag.de